L'UNIVERS DE L'ART

Sous la dir
de P

FRANK WILLETT

L'Art africain

Une introduction

Traduit de l'anglais par Catherine Ter-Sarkissian

261 illustrations dont 61 en couleurs

Nouvelle édition

THAMES & HUDSON

A mon excellent ami William Fagg,
qui m'a appris à approfondir mon goût pour l'art africain
en m'en offrant une meilleure compréhension.

COUVERTURE : Masque Bobo, bois, 69 cm, v. 1910-1930,
Museum of Mankind, Londres.

Nouvelle édition 1994
L'édition originale de cet ouvrage a paru sous le titre *African Art*
chez Thames and Hudson Ltd, à Londres.

Cet ouvrage composé par Cicero à Paris
a été reproduit et achevé d'imprimer en avril 1994
par C.S. Graphics
pour les Éditions Thames & Hudson

Dépôt légal : avril 1990
ISBN 2-87811-014-5
Imprimé à Singapour

Sommaire

Préface à la nouvelle édition

Ce livre est né de l'insatisfaction de l'auteur face à la rareté des textes disponibles sur le sujet lorsqu'il a commencé à enseigner l'art africain en 1966. Son point de vue semble rester valide aujourd'hui puisque, non seulement il continue d'être utilisé dans les universités mais encore, *l'Art africain* de J. Kerchache *et al.* (Mazenod, 1988), le nouvel ouvrage de référence, reprend plusieurs de ses thèmes, quoique de manière plus philosophique. Le lecteur se reportera, pour une bibliographie plus détaillée sur les travaux effectués dans le domaine au cours de ce dernier quart de siècle, aux excellents articles de Paula Ben-Amos et de Monni Adams, parus tous deux en 1989 dans l'*African Studies Review*.

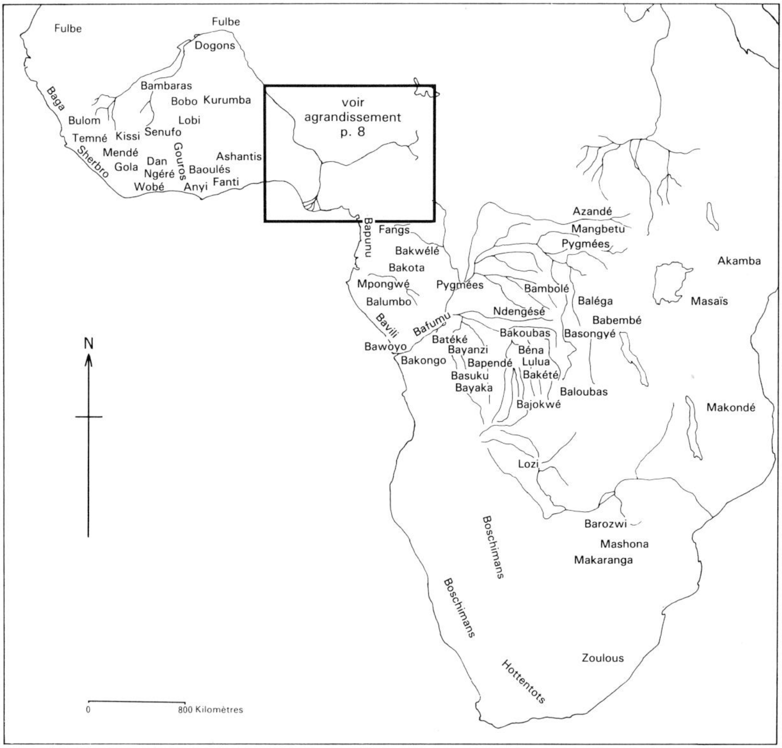

1A Ethnies mentionnées dans le texte.

L'étude de l'art africain, comme le continent africain, est en pleine évolution. Les connaissances gagnent du terrain, mais si les noms de certaines ethnies sont connus du public, d'autres le sont moins ; nous avons choisi d'accorder les noms de la première catégorie, de laisser invariables les seconds. Afin d'éviter toute confusion, précisons également que certains noms, tel Bénin, renvoient à plusieurs réalités : Bénin est à la fois l'ancienne ville, l'ancien royaume et le nouvel État, alors que par Benin on entend Benin City, la ville située aujourd'hui au Nigeria. (N.d.R.)

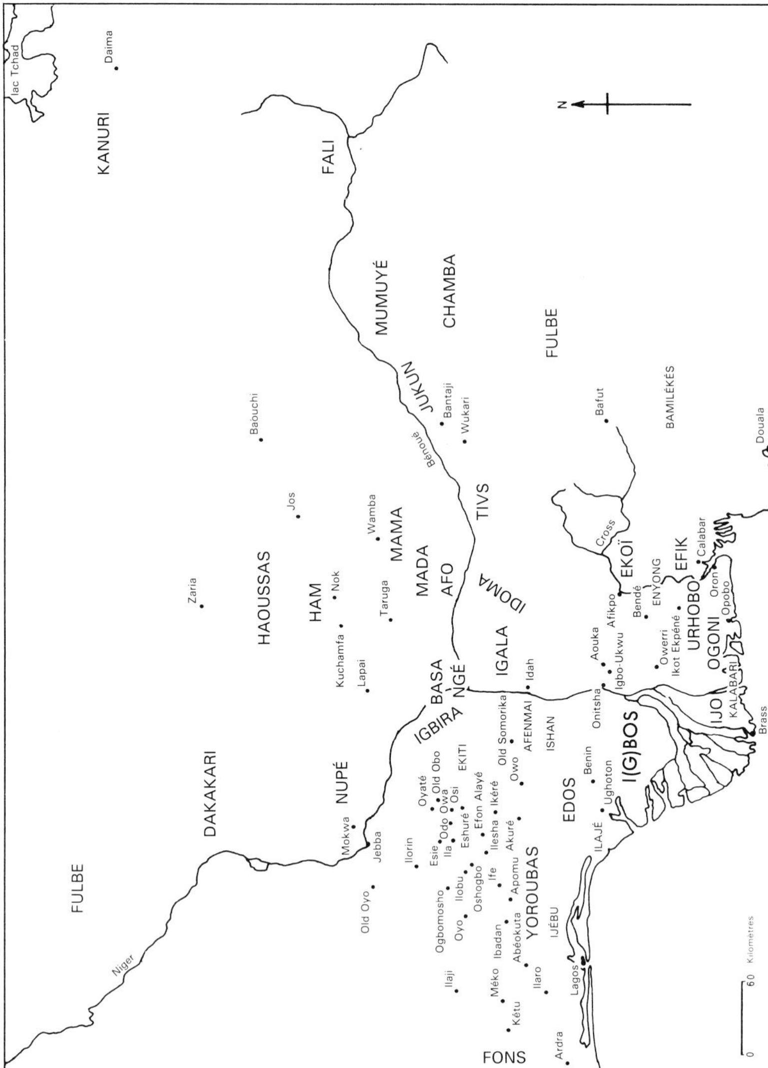

1B Ethnies et localités du Nigeria et des environs.

CHAPITRE UN

Présentation de l'Afrique

Il existe de nombreux ouvrages sur l'art africain, souvent plus intéressants par leurs illustrations que par leur texte. Les études les plus sérieuses portent en général sur un domaine limité, sur l'art de telle ou telle société ou région. Les livres et les articles de ce type bénéficient rarement d'une large diffusion, et le lecteur ordinaire n'a à sa disposition que des livres (comme celui-ci !) qui traitent de l'art sur tout le continent. La plupart ont un trait commun : celui d'énoncer des affirmations générales sur l'Afrique comme si ce continent vaste et varié formait une unité homogène. Traduites en données statistiques, cela donne des assertions du genre : une famille africaine moyenne est composée d'un mari, d'une femme et demi et de quatre enfants trois quarts [1]. Mais les déclarations sur les sociétés, les artistes ou l'art africains ne comportent pas de signaux d'alarme aussi évidents, et il est donc conseillé de les considérer avec scepticisme.

Les seules dimensions du continent africain indiquent les dangers de la généralisation. Avec ses trente millions de kilomètres carrés, il fait trois fois l'Europe et cinquante-quatre fois la France. Sa population est d'environ cinq cents millions d'habitants, la densité dépassant rarement dix habitants au kilomètre carré, ce qui n'explique d'ailleurs qu'en partie pourquoi il abrite davantage d'ethnies et de cultures qu'aucun autre. Ses plaines côtières sont relativement étroites et, bien que les grands fleuves soient navigables sur des distances considérables dans l'intérieur, ils descendent souvent des plateaux en cascades et en rapides (les chutes Victoria du Zambèze font cent dix mètres de hauteur, deux fois plus que celles du Niagara, et le débit des chutes Stanley du Congo – Zaïre – est le double de celui du Niagara) pour se terminer en vastes deltas plutôt qu'en estuaires navigables. Seule la côte méditerranéenne occidentale offre de bons ports. Il en résulte que les influences externes directes, à l'exception de celles d'origine crétoise à la fin du IIe millénaire av. J.-C. et de celles résultant de l'invasion assyrienne en Égypte en 666 av. J.-C. (cette dernière semblant n'avoir eu de toute façon que fort peu de conséquences culturelles), furent longtemps limitées aux zones côtières, même si les produits importés étaient transportés dans les terres. La pénétration d'étrangers vers l'intérieur ne commença qu'avec la révolution industrielle, lorsque l'Europe se mit en quête de sources de matières premières et de marchés pour les produits finis. Aujourd'hui, avec la mise en place de toute sorte de communications, il ne reste plus une seule partie de l'Afrique qui soit totalement coupée du reste du monde, et les valeurs matérialistes de la société occidentale, si faciles à exporter, y remplacent presque partout les valeurs spirituelles. Les sociétés africaines changent, de même que leurs arts, lesquels sont de plus en plus le reflet, souvent inconscient, des nouvelles valeurs.

Certains des préjugés les plus persistants sur l'Afrique concernent l'environnement géographique. On croit souvent que le continent tout entier est recouvert par la «jungle» — mot qui n'est jamais utilisé dans le contexte local — ou le désert. En fait, il existe une gradation de l'un à l'autre. On trouve le désert, bien sûr, au Sahara, en bordure de la corne (à l'extrémité orientale), et dans le Kalahari au sud. Mais il ne s'agit pas d'étendues de sable nu; elles sont aux neuf dixièmes couvertes de broussailles éparses. La forêt humide tropicale, connue sous le nom de «jungle» en Asie australe et de «selvas» en Amérique du Sud, est réduite en étendue. On la trouve le long de la côte occidentale ou guinéenne — avec une interruption assez importante au Togo et au Bénin —, au Cameroun, au Gabon, au Congo-Brazzaville et dans le nord du Zaïre. Une bande de forêt isolée court le long de la côte est de Madagascar. A l'est et au sud de la forêt tropicale, située dans des régions de pluies abondantes (plus d'un mètre cinquante par an), se trouve la forêt sèche. Partout on passe lentement des bordures des forêts à une mosaïque forêt/savane, résultat de l'agriculture, puis à une succession de savanes boisées et enfin à une savane herbeuse à l'approche des déserts. La vaste étendue de ces prairies représente d'étonnantes réserves de gibier dans le sud et l'est de l'Afrique, ainsi que dans la ceinture soudanaise[2], ce qui encourage l'élevage. A l'extrême nord et à l'extrême sud, des zones de climat méditerranéen favorisent les forêts tempérées, tandis que les régions montagneuses de l'est et de l'ouest ont leur propre végétation d'altitude.

Mais cette végétation n'a pas toujours été telle qu'elle est aujourd'hui. L'excès de culture, synonyme d'érosion, a transformé les prairies en déserts, tandis que l'agriculture d'abattage et de brûlis a créé des enclaves de savane dans les franges des forêts : c'est la mosaïque forêt/savane. Se sont également produits des changements climatiques à long terme. Dans le Ténéré (à l'est du Niger), aujourd'hui un désert extrêmement sec, on a retrouvé des restes d'ossements d'hippopotames et des carapaces de bivalves lacustres que la datation au radiocarbone fait remonter respectivement à 1400 av. J.-C. ±200 ans (Gif-76)[3] et à 1230 av. J.-C. ±200 ans (Gif-284), ce qui implique soit la persistance de grands lacs datant d'une période antérieure, soit leur reformation au cours d'une récession du dessèchement du Sahara.

2 La végétation en Afrique.

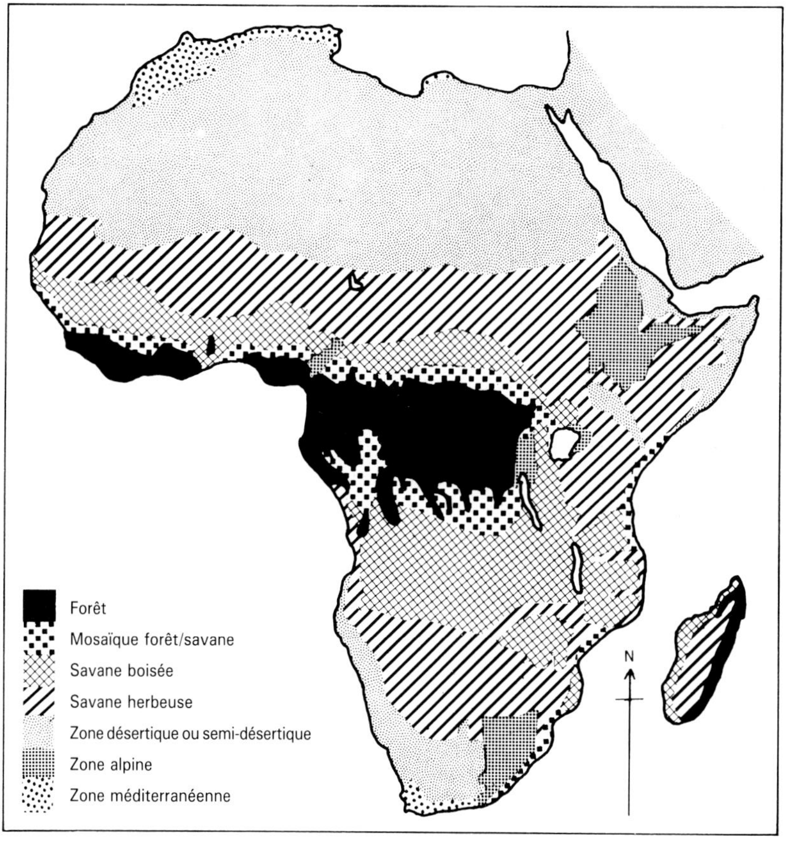

A une période d'humidité plus importante avant le début du IIe millénaire av. J.-C., le Sahara était une prairie ouverte abritant, comme le prouvent les peintures rupestres, de grands troupeaux. Contrairement à ce que l'on croit, le Sahara n'a jamais été un obstacle aux déplacements de l'homme ; le commerce transsaharien existe depuis au moins deux millénaires.

Avant que le dessèchement ne provoque la désertification, il est probable que les forêts étaient plus vastes qu'actuellement, et qu'elles devaient s'étendre au-delà des zones de mosaïque forêt/savane. L'étude de l'histoire de la végétation en Afrique n'en est malheureusement qu'à ses balbutiements et nous sommes à peine en mesure de tracer des cartes du continent qui indiquent ses différentes étapes dans le passé. L'identification des grains de pollen retrouvés dans les couches successives mises à nu par les excavations archéologiques ou autres sont d'une extrême importance pour notre compréhension de l'histoire de l'homme africain: les plantes en effet s'adaptent beaucoup moins bien que l'animal à l'environnement, et les analyses polliniques constituent notre première source d'indices en ce qui concerne les changements climatiques, car certaines plantes meurent et d'autres les remplacent en fonction des variations de température ou de précipitations. L'histoire de l'homme jusqu'à ses dernières phases est très largement celle de ses rapports avec son environnement, et dans bien des cas son art est utilisé dans des cérémonies destinées à exercer un pouvoir sur cet environnement; ainsi, les coiffes de danse
3 bambaras représentent l'esprit *chi wara* qui introduit, sous la forme d'une antilope, la connaissance de l'agriculture; les danses, exécutées deux par deux par des jeunes gens à la saison des semailles, visent à assurer la germination et une bonne récolte.

L'Afrique moderne est peuplée d'une grande variété d'ethnies dont, semble-t-il, nous ne découvrirons jamais les origines véritables. Le peuple le plus ancien est peut-être celui des Boschimans du désert du Kalahari, dont la culture cynégétique semble être fort semblable à celle qui caractérisait le paléolithique supérieur. En fait, l'étude des Boschimans modernes a fourni de précieux renseignements ethnographiques pour l'interprétation des matériaux découverts par les archéologues[4]. Il semble néanmoins peu vraisemblable qu'ils n'aient pas modifié leur mode de vie. Ayant été poussés pendant des siècles par les ethnies voisines vers des régions inhospitalières, leur mode de vie présent reflète probablement davantage certaines adaptations à un environnement hostile qu'une survivance de l'âge de pierre. Mais les modifications n'ont sans doute

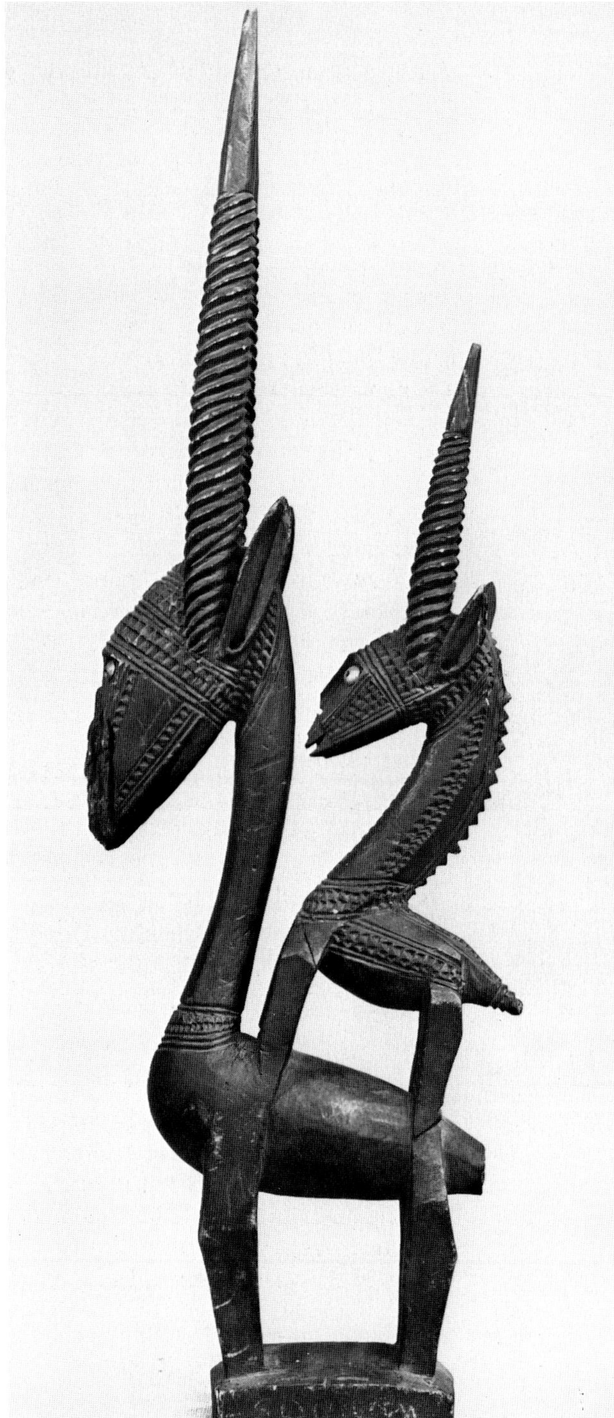

3 Sommet de coiffe de danse figurant une antilope et son petit, représentant l'esprit *chi wara*. Ces coiffes, fixées à une calotte en vannerie, sont portées deux par deux par des jeunes gens du *flankuru*, ou groupe de coopération de paysans, qui, à la saison des semailles et des récoltes, dansent en imitant les bonds de l'antilope. (British Museum, Londres. Haut. : 79 cm.)

4 Figure d'ancêtre dans le sous-style ségou des Bambaras. (British Museum, Londres. Haut. : 60 cm.)

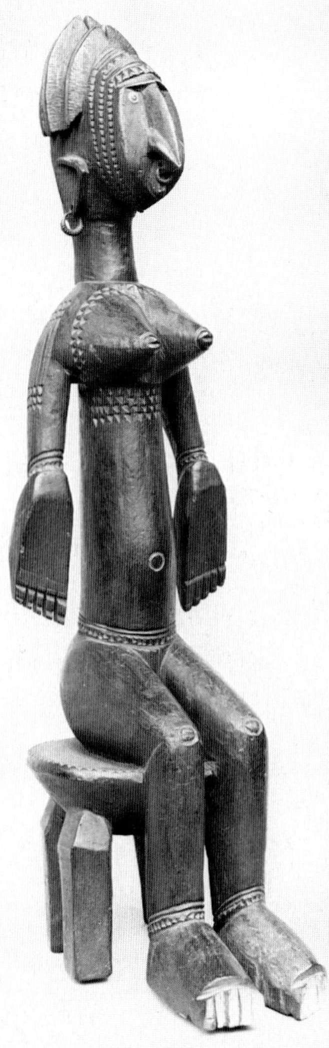

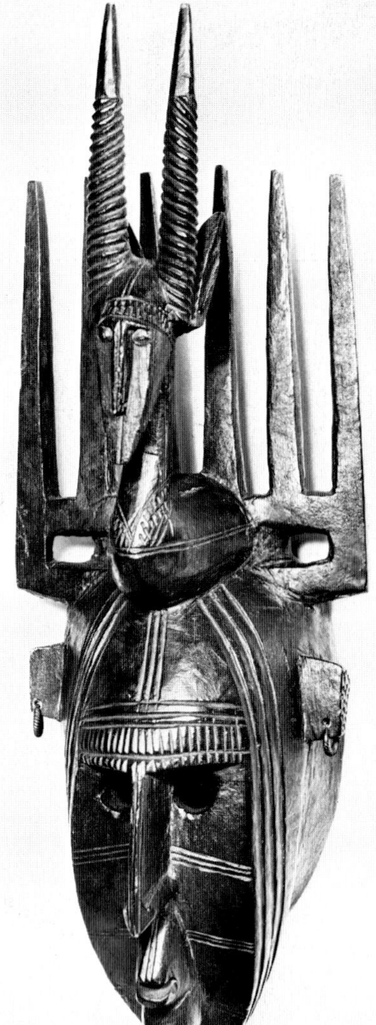

5 Masque dans le sous-style ségou des Bambaras, porté par les garçons non circoncis, regroupés dans une société dite *Ntomo*. Ils les portent lors de danses pendant le battage de la récolte du millet, en demandant de la nourriture pour le festin de la société ; ils se donnent aussi mutuellement des coups de bâton sur les jambes, en retenant leurs larmes pour prouver leur maturité. (British Museum, Londres. Haut. : 60 cm.)

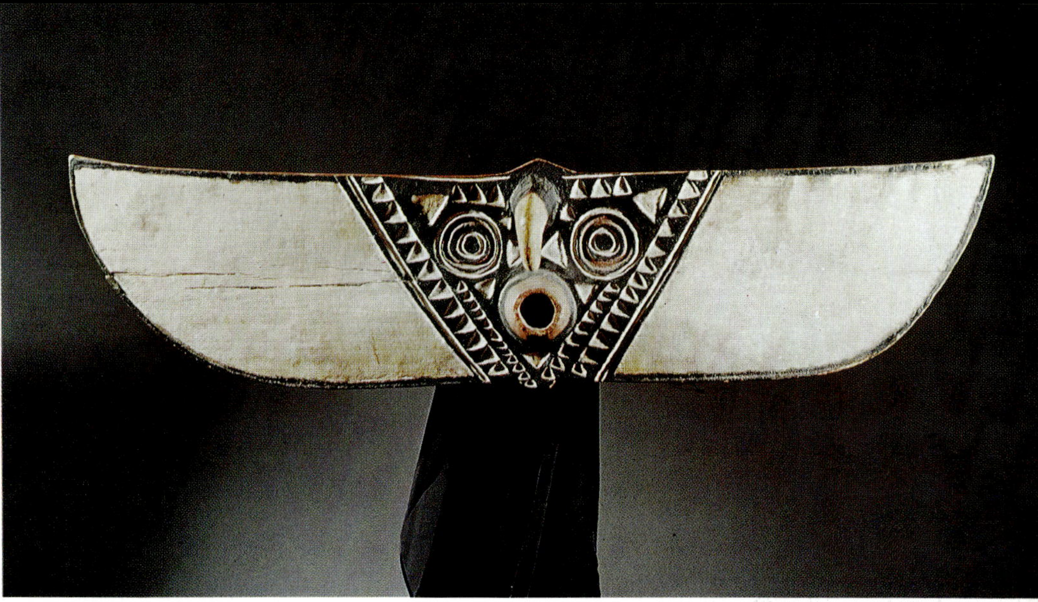

6 Masque représentant un papillon, servant à invoquer la divinité Do au cours de cérémonies visant à appeler la pluie et la fertilité des champs au moment des semailles et après la récolte. Les papillons arrivant par essaims après les premières pluies, au début de la saison des semailles, constituent un motif approprié. (The Metropolitan Museum, New York. Larg. : 130 cm.)

pas été fondamentales, car n'ayant jamais appris à travailler le fer, ils continuent à utiliser le bois, l'os et le cuir pour la fabrication des outils qui assurent leurs moyens d'existence.

Les Pygmées également, qui occupent certaines parties de la forêt équatoriale, semblent être les survivants d'une population de l'âge de pierre. Eux aussi chassent dans les forêts, bien que de nombreux groupes aient mis au point un mode d'existence symbiotique, échangeant avec leurs voisins cultivateurs bantous les produits de leur chasse contre des produits agricoles et du fer pour leurs lances et leurs pointes de flèches.

Boschimans et Pygmées étaient contraints de se déplacer beaucoup pour trouver du gibier ; aussi leurs habitations sont-elles de simples abris : quelques branches que les Pygmées, dans un environnement plus humide, recouvrent de feuilles. Cela ne laisse pas grand-place au développement de l'architecture, ni même à la décoration intérieure (contrairement aux Indiens des plaines d'Amérique, également des chasseurs nomades, mais qui emportaient avec eux leurs *tipi*, faits de peaux de buffle qui devenaient le support de dessins et de peintures). De même, pour ne pas gêner

leurs déplacements, les Boschimans et les Pygmées possèdent fort peu
de biens matériels, qui peuvent toutefois être décorés, telles les coquilles
7 d'œufs d'autruche utilisées comme gourdes par les Boschimans. De par
leur mode de vie, ces peuples ne pratiquent pas les arts plastiques, ce qui ne signifie pas que leur vie est dénuée d'art: dans ces deux sociétés, la musique et la danse sont très développées[5].

Les Boschimans cependant, à l'instar des peuples chasseurs d'Australie, pratiquent l'art glyptique sur des supports naturels — gravures et peintures sur corniches rocheuses ou parois de cavernes. Les lieux où ces formes d'art étaient pratiquées semblent avoir été les centres où les chasseurs retournaient régulièrement pour de grands rassemblements, à l'occasion de l'initiation des jeunes garçons ou de mariages entre groupes. Peut-être un besoin fondamental pousse-t-il une communauté à revenir sans cesse au même endroit pour ses cérémonies; et ce même besoin, une fois assurée, grâce à l'agriculture, une production de nourriture suffisante, aurait conduit à la sédentarisation puis à la croissance des villes. Tandis que les arts éphémères — musique, danse, poésie et récitation orale — peuvent se pratiquer n'importe où, quelle que soit la taille du groupe, les arts durables, telles la peinture et la sculpture, reposent en grande partie sur l'existence d'agglomérations fixes, avec une société de type essentiellement agricole, ou tout au moins d'un point rituel central où peuvent retourner de temps à autre les groupes nomades.

Beaucoup de peuples africains mènent une vie pastorale, faisant paître des bovins, des moutons ou des chèvres. Ils ont également un mode de vie nomade, se déplaçant à la recherche de nouveaux pâturages ou d'eau pour eux-mêmes et leurs troupeaux. D'habitude ils n'ont guère l'occasion de s'exprimer au travers d'arts durables, mais ils décorent fréquemment leurs corps et leurs récipients à lait tandis que certains ont acquis une grande maîtrise dans l'art de la vannerie, puisque ce sont des objets légers et peu fragiles qui se transportent facilement. Néanmoins, lorsque l'occasion s'en présente, il arrive que les bergers, eux aussi, s'expriment par la peinture. Ainsi, les Masaïs du Kenya et du nord de la Tanzanie ne peignent pas seulement sur leurs boucliers des décorations correspondant à leur groupe ou à leur société, mais reproduisent également ces motifs, et d'autres, sur des surfaces fixes telles que des abris en pierre, voire des réservoirs en béton[6]. L'un des plus riches trésors de l'art africain, les peintures rupestres du Sahara, nous a été légué par des peuples de bergers qui revenaient manifestement à maintes reprises aux mêmes endroits servant de points de rassemblement pour leur société, proba-

7 Œuf d'autruche décoré utilisé comme gourde par les Boschimans de la baie Lüderitz, dans le désert de Nabib (Namibie). Les lignes gravées sont teintes avec du pigment rouge et noir. (Collection ethnologique de l'Université de Zurich. Haut. : 16 cm.)

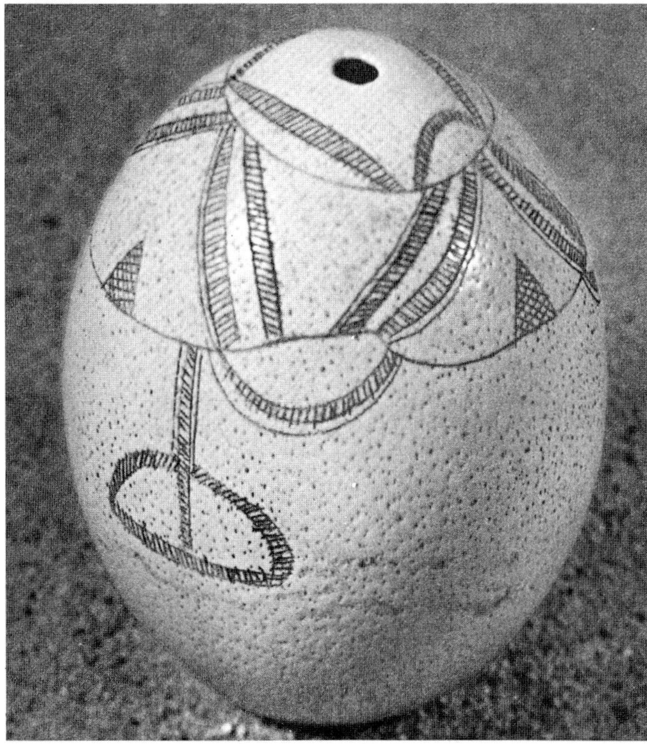

blement, comme nous l'avons dit, à l'occasion de l'initiation des jeunes, car c'est cette cérémonie récurrente qui assure leur cohésion non seulement aux sociétés nomades mais aussi aux groupes agricoles vivant en peuplements éparpillés, sans villes ni institutions politiques fortement centralisées. Au sein de tels groupes, l'initiation est souvent l'institution principale par laquelle s'exprime leur unité, et elle exige la présence d'objets d'art tels que masques et coiffes de cérémonie.

Mais dans l'ensemble ce sont les agriculteurs qui ont produit la plus grande part de la célèbre statuaire africaine, en particulier ceux de la forêt tropicale humide, qui cultivent essentiellement des tubercules, et certains paysans des savanes boisées en lisière des forêts. Ailleurs, chez les paysans et les bergers de l'est et du sud de l'Afrique, la sculpture est généralement de dimensions réduites et relativement peu développée[7]. Le peuple qui occupe le cœur géographique de la sculpture africaine ne compose pas un groupe unique ; on y trouve non seulement celui qu'on appelle le « vrai Noir de la forêt », mais aussi des peuples paléonigritiques (de petite taille, vivant dans des régions où ils semblent avoir été refoulés par des immigrants postérieurs) et les peuples parlant le bantou. La prédominance de cette zone est probablement due à la conjonction de deux facteurs déterminants. L'un est le caractère agricole de la communauté, qui a permis des peuplements permanents où les plus belles œuvres pouvaient être conservées en sécurité et où l'architecture évoluée demandait à son tour aux sculpteurs de fournir des portes, des volets et des poteaux ; l'autre est la disponibilité de bois variés convenant à tous les usages : lourds bois résistants comme l'*iroko* (*Chlorophora excelsa*) pour la charpente, bois plus légers comme le *Cordia Millenii* pour les tambours et les masques de danse. Là où la sculpture est présente dans les régions moins boisées de l'est et du sud du continent, son échelle est réduite et les matériaux utilisés sont plutôt l'argile et les perles. Un examen des statuettes en bois reproduites par Ladislav Holy dans *The Art of Africa*, montre que seuls les quatre piliers de tombeaux venus d'Éthiopie, mesurant de un mètre vingt à un mètre trente-trois, dépassent une hauteur de quatre-vingt-quinze centimètres, la taille médiane du groupe étant de cinquante-trois centimètres[8], alors que celle des masques va de huit à soixante-quinze centimètres, avec une taille médiane de vingt-six centimètres. Par contre, lorsqu'en 1965 William Fagg étudie les produits de cent vingt-deux traditions différentes sur tout l'ensemble du continent, il trouve un échantillonnage de tailles allant de dix-sept centimètres et demi à un mètre vingt (avec un seul exemple d'un mètre soixante-quinze) et une taille médiane de soixante et un centimètres, alors que les masques vont de vingt-deux centimètres à un mètre cinq (avec un seul de un mètre soixante-douze de long) et une taille médiane de quarante centimètres. Il apparaît alors — et cela va de soi — que le manque de matériau d'une taille respectable a sur les sculpteurs en bois de grande échelle un effet inhibiteur, mais l'effet ne s'arrête pas là. La disponibilité de matériaux, souvent liée à des institutions politiques élaborées, semble avoir encouragé la production artistique en quantité mais aussi, en Afrique comme ailleurs, en qualité. Ce sont en effet les traditions les plus productives qui nous ont donné certaines des plus belles sculptures africaines, car haute productivité signifie rémunérations suffisantes permettant au sculpteur doué de continuer sa pratique et de laisser évoluer son style; cela signifie aussi qu'il y aura du travail également pour les sculpteurs moins brillants. Le père Carroll, qui a passé de nombreuses années en contact étroit avec des sculpteurs travaillant dans la tradition des Yoroubas — probablement la plus riche —, fait remarquer à ce propos:

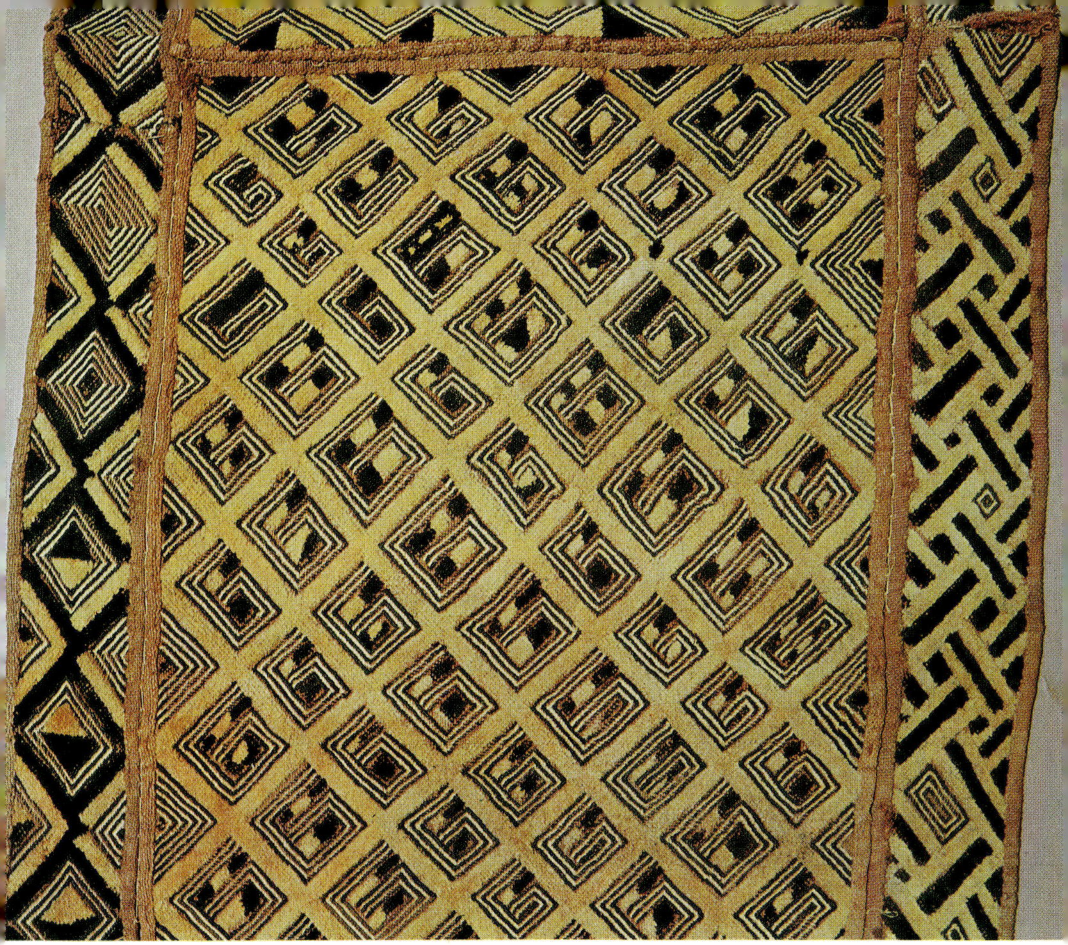

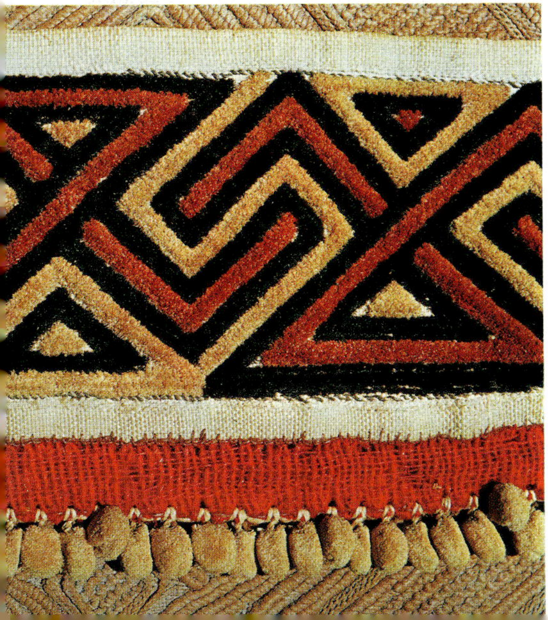

8, 9 La fabrication de sculptures figuratives n'empêche pas la floraison des arts décoratifs. Les Bakoubas excellent dans les deux domaines. *Ci-contre et ci-dessus*: deux exemples de tentures en raphia. (Hampton Institute, Hampton, Virginie.)

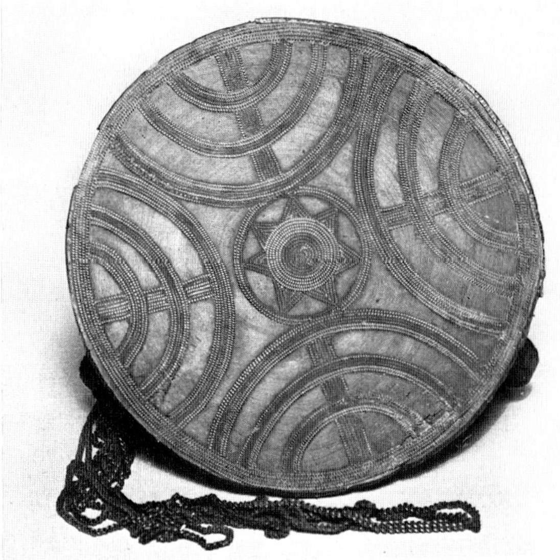

10 Beaucoup d'ethnies africaines ne font pas de statuettes mais gravent et décorent leurs ustensiles usuels. Ici, tabouret en bois incrusté de fil de cuivre et de laiton, utilisé par les anciens chez les Akamba. (Musée de Manchester. Diam. : 23 cm.)

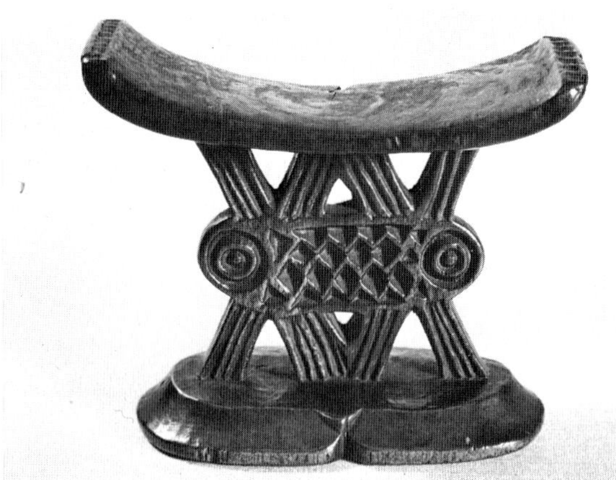

11 De même, les Mashona sont célèbres pour leurs appuis-tête décoratifs, utilisés comme oreillers pour ménager leurs coiffures compliquées. Celui-ci vient d'Umtali, au Zimbabwe. (Musée de Manchester. Haut. : 11 cm.)

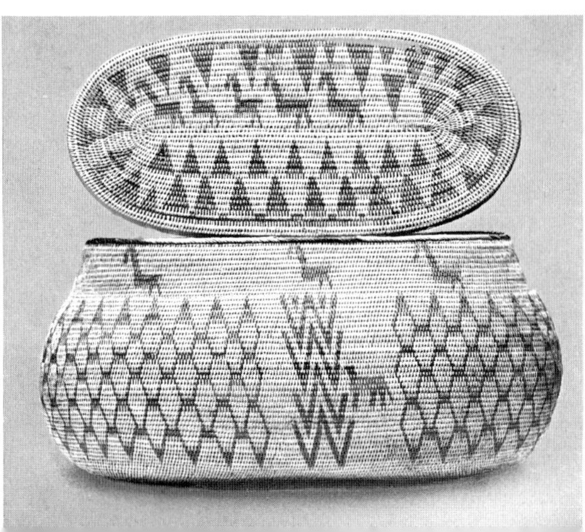

12 L'art plastique des Lozi, connus autrefois sous le nom de Barotsé, est surtout représenté dans les collections des musées par la vannerie, réalisée avec leur technique particulière. Ils exécutent aussi des bols en bois ornés d'animaux. (British Museum, Londres. Long. : 62 cm.)

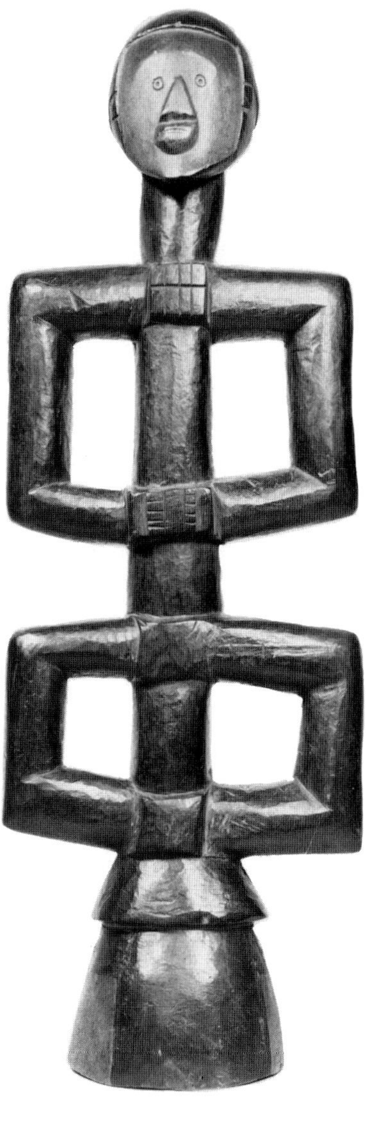

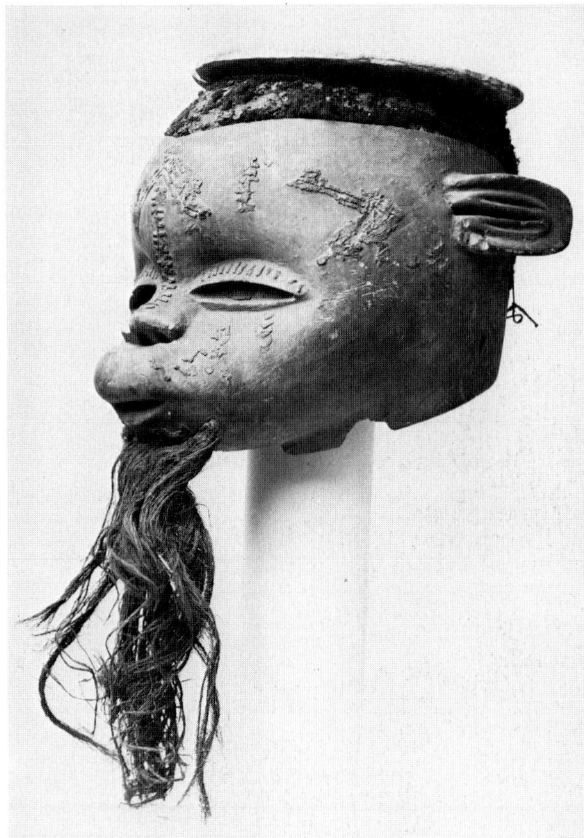

13 *A gauche:* Les statuettes ne provenant pas de la région où elles abondent semblent avoir été faites par des peuples venus des forêts. Ici une figure, probablement zouloue, à la fonction indéterminée. (British Museum, Londres. Haut.: 63 cm.)

14 *Ci-dessus:* Les Makondés, qui fabriquèrent ce masque destiné aux sociétés masculines, sont un groupe venu du sud du bassin du Congo, qui a émigré vers l'est du continent. On apparente leur art à l'ensemble des styles baloubas (voir ill. n° 218-222). (British Museum, Londres. Haut.: 25,5 cm.)

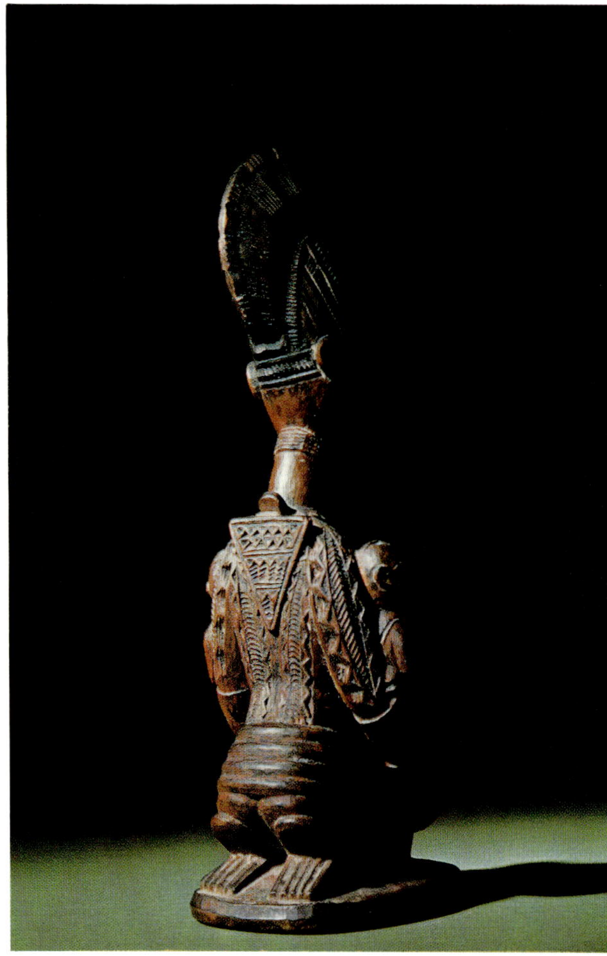

« Un travail approprié et constant est nécessaire au développement total des facultés d'un sculpteur. C'est, dans un district, un groupe de sculpteurs qui, répétant les mêmes thèmes avant d'en introduire peu à peu de nouveaux, crée un talent collectif capable de soutenir les moins brillants. C'est [...] l'évolution du groupe, davantage que l'intensité religieuse ou l'émotion des sculpteurs, qui donnait sa puissance artistique à la sculpture ancienne. Si l'on pouvait employer autant de sculpteurs à plein temps dans les conditions actuelles, le niveau artistique du groupe dans son ensemble s'en trouverait élevé et l'on verrait émerger des talents individuels[9]. »

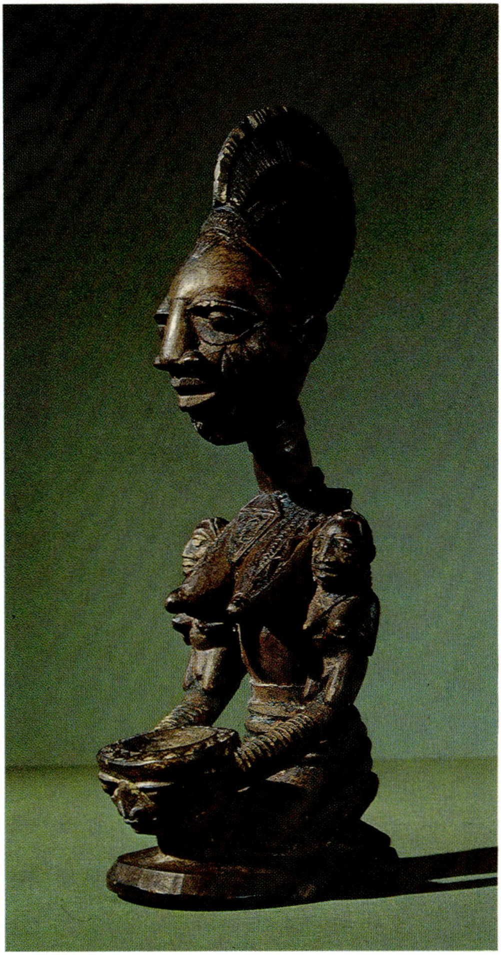

15, 16 Bol en forme de femme agenouillée, sculpté à Ilesha (Nigeria), où il fut saisi par les soldats d'Ibadan dans les années 1880, après quoi il fut conservé dans l'enceinte d'Olubadan, jusqu'à ce qu'il fût vendu en 1953. (Anc. coll. R. P. Armstrong. Haut.: 30 cm.)

Il semble y avoir une corrélation entre la répartition de la sculpture sur bois en Afrique et la localisation des forêts et des zones boisées. Il est probable que la région où les plus anciennes communautés agricoles ont eu à leur disposition d'importantes réserves de bois sont les lisières des forêts d'Afrique occidentale. On n'en connaît pas exactement la date ni l'origine, mais la sculpture la plus ancienne connue à l'heure actuelle vient de cette partie du continent, au sud du Sahara; il s'agit de terres cuites de la culture de Nok du Nigeria qui remontent au moins à la seconde moitié du Ier millénaire av. J.-C. et portent des signes indiquant l'existence antérieure de la sculpture sur bois. Certaines présentent en effet un style caractéristique du travail du bois (le bloc étant dégrossi), alors qu'avec des matières malléables, on utilise normalement un style additif (accumulation de matériau).

Ces quelques remarques quant à l'influence de l'environnement et du mode de vie sur la capacité potentielle des êtres à produire des objets sculptés ou peints sont à peu près tout ce que l'on peut affirmer sans risque de se tromper en matière de généralités. Cependant, l'art de la forêt

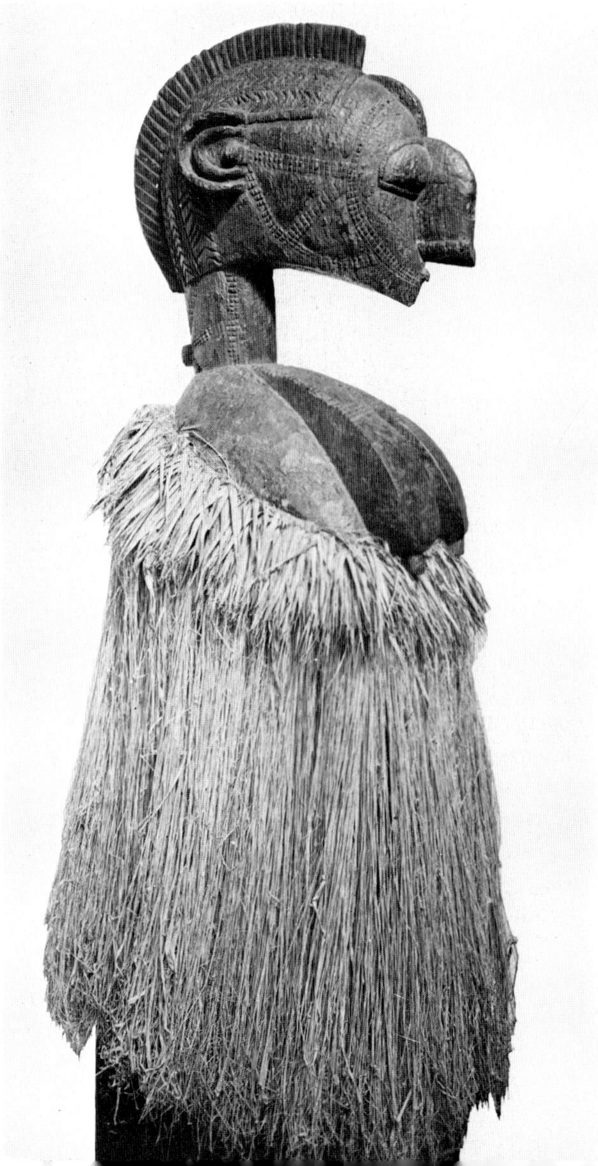

17 Masque *demba* représentant une femme ayant déjà porté des enfants. Portées sur la tête, ces magnifiques sculptures de dimensions imposantes reposent sur les épaules du danseur, qui voit d'ordinaire à travers une fente pratiquée entre les seins. (British Museum, Londres. Haut. : 122 cm - sans le costume en franges.)

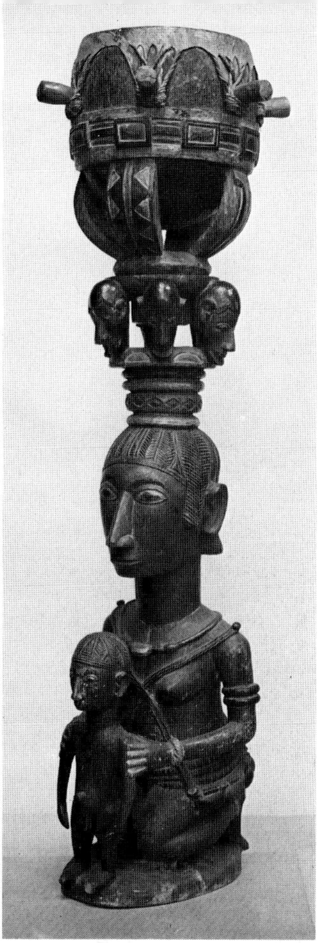

18 Tambour baga. Le style est assez éloigné de celui du masque *demba* (ill. n° 17). On a dit que ce genre de tambour servait dans les cérémonies funèbres, mais il est peu probable que ce soit son unique utilisation. (British Museum, Londres. Haut. : 112 cm.)

et l'art de la savane sont souvent opposés, et leurs différences liées aux caractéristiques des sociétés dans ces divers environnements. On a ainsi prétendu que les peuples de la forêt ne formaient pas de grands groupes sociaux, qu'ils vivaient en communautés isolées, chacune craignant ses voisines et redoutant la forêt, enfin que la lutte perpétuelle pour empêcher la forêt d'empiéter sur leurs clairières absorbait toute leur énergie et les décourageait, à l'inverse des peuples de la savane qui bâtirent des empires — l'ancien Ghana, l'Empire songhaï, les sultanats du nord du Nigeria — avec un État régulier, une administration complexe s'exerçant à l'aide de rouages nombreux et bien définis, des milieux dirigeants favorables aux artistes, et des fêtes et cérémonies publiques permettant d'utiliser leurs productions [10]. C'est là pour une large part un tableau théorique, découlant plus de la façon dont l'Européen imagine la réaction de l'Africain face à son environnement que d'une observation réelle des faits. S'y reflètent aussi l'admiration de certaines puissances coloniales pour les peuples et les cultures de l'Afrique islamique, jugée civilisée, et le mépris relatif vis-à-vis de ceux qui avaient conservé leurs propres croyances religieuses et leurs propres modes de vie, jugés barbares, voire sauvages. Les anthropologues et autres spécialistes des sciences humaines qui ont abordé les peuples d'Afrique avec un état d'esprit plus ouvert ont montré à quel point ces modèles étaient erronés. Colin Turnbull a décrit de manière très éloquente la vie des Pygmées de la forêt Ituri au Zaïre, montrant que c'était l'un des peuples les plus heureux de la terre, pour qui la forêt est une amie pourvoyeuse de nourriture [11]. En outre, parmi les États les plus puissants d'Afrique, certains se sont formés dans la forêt : le Bénin, Ijebu et Ife par exemple. En tout cas, les États soudanais n'étaient pas aussi centralisés que le pensaient naguère les universitaires européens. Ainsi ils n'avaient pas de capitale déterminée, et l'administration s'exerçait à travers les chefs de famille et de village, dont l'autorité découlait de leur rôle dans le culte des ancêtres et de leur rapport avec la terre. Nombre de ces empires reposaient sur l'islam qui, officiellement tout au moins, décourageait l'art figuratif, réservé, comme auparavant, davantage au service des ancêtres que de la cour.

3-5 D'un autre côté, l'ethnologue Marcel Griaule fait remarquer que les
17-18 Bambaras, les Kurumba et les Baga (tous peuples de la savane) n'ont certes pas fondé des États. Mais ils ont créé certaines institutions, comme celle de l'initiation, qui peuvent donner lieu à la fabrication d'(...) un matériel encombrant ; elles jouent dans la vie de l'art le rôle d'un État en établissant des règles qui, dépassant les cadres restreints, s'appliqueront avec quelques variantes à de vastes régions [12]. Il s'agit là d'une idée beaucoup plus intéressante, et l'on pense tout de suite à la société *Poro*, que l'on connaît surtout au Liberia [13], mais qui est aussi influente en Sierra Leone — d'où vient en fait le nom « Poro » —, en Guinée et en Côte-d'Ivoire,
174-175 et dont les masques utilisés pour les rites abondent dans les collections des musées.

CHAPITRE DEUX

L'étude de l'art africain et son évolution

La plus grande contribution faite à ce jour par l'Afrique au patrimoine culturel de l'humanité tient à sa sculpture, d'une richesse et d'une variété étonnantes. Quasi inconnue en dehors du continent jusqu'à la fin du XIXe siècle, son effet libérateur et rénovateur sur l'art occidental a été immense au XXe siècle. Forme artistique extrêmement évoluée et sophistiquée, avec des milliers d'années d'histoire derrière elle, elle est parfois considérée comme une subdivision de l'«art primitif», concept issu de l'évolution darwinienne. Il existe une théorie, émanant de Léonard de Vinci, selon laquelle la peinture serait la forme d'art la plus élevée et la dernière à avoir émergé, et menant à la conclusion que les sociétés ne possédant que la sculpture sont attardées. A la fin du XIXe siècle, la découverte de peintures rupestres datant de l'âge de pierre annula cette théorie, mais l'idée d'un art «primitif» arriéré persista.

Le mot «primitif» a certes des acceptions multiples. Son sens originel est «premier dans le temps», et par extension arriéré, simple, brut, non sophistiqué. Or, ce que l'on appelle «art primitif» n'est rien de tout cela: l'art le plus ancien que nous connaissions, le plus primitif au sens propre du terme, à savoir les peintures rupestres européennes de l'âge de pierre, est hautement sophistiqué. Tout art est sophistiqué, faute de quoi il n'est qu'un heureux hasard.

Les historiens d'art tentent parfois de justifier l'usage du terme «art primitif»: «Nous savons ce que nous entendons par là», disent-ils, ajoutant que les différentes traditions classées dans cette catégorie partagent un non-respect du naturalisme dans les proportions du corps humain. Toujours est-il qu'ils n'ont pas donné de définition pertinente; si nous acceptons comme symptomatique le non-respect des proportions naturalistes, alors une bonne partie de l'art occidental du XXe siècle devrait être englobée dans la catégorie «art primitif», tout le reste de l'art du monde occidental étant alors qualifié d'« art du réalisme social ». En outre, les historiens d'art parlent des « primitifs italiens », qui sont en un certain sens « premiers dans le temps », et du primitivisme de certains peintres modernes en référence au caractère naïf de leur vision, ce qui indique bien l'ambivalence de ce concept.

L'expression « art primitif » est héritée des anthropologues du XIXe siècle, qui considéraient l'Europe de leur époque comme l'apogée de l'évolution sociale. Dans son acception courante, c'est un concept négatif, défini comme appartenant aux régions ne faisant pas partie des traditions occidentale et orientale. D'ailleurs, s'il n'existait pas de sources écrites sur l'art oriental, il aurait également été considéré comme « primitif ». Il s'agit donc assurément d'une définition ethnocentrique. La seule façon sensée d'aborder les traditions artistiques étrangères serait d'utiliser leurs propres termes et, pour ne pas les dénaturer, nous devrions spécifier leurs régions d'origine et parler d'art traditionnel africain, océanien ou américain. Il faut dire traditionnel car, dans ces régions du monde, les anciennes formes d'art ont subi ou subissent encore des modifications et les artistes sont entraînés dans le monde cosmopolite de l'art du XXe siècle, comme nous le verrons dans le dernier chapitre [14].

On considère d'habitude que l'art africain est uniquement représenté par la sculpture et dépourvu d'histoire, alors qu'en fait le plus ancien que nous connaissions appartient à la glyptique : c'est-à-dire des peintures et des gravures sur des surfaces lisses en pierre. D'autre part, bien qu'au début de ce siècle la peinture semble être d'une importance moindre que la sculpture, l'évolution la plus passionnante de l'art africain contemporain se situe davantage au niveau de la peinture et des arts graphiques que de la sculpture. De plus, des recherches archéologiques se poursuivent un peu partout en Afrique et notre connaissance de l'histoire de la sculpture africaine, principalement au Nigeria, ne cesse de s'élargir. La véritable histoire de l'art africain est en train de s'écrire, avec des ouvrages comme *l'Art africain* de Kerchache, Paudrat et Stephan, ou l'*Histoire générale de l'Afrique* de l'Unesco, et nous prendrons en considération certaines sources susceptibles de contribuer à cette entreprise.

Afin de comprendre comment le temps et le progrès des connaissances ont fait évoluer les idées sur le sujet, reportons-nous à un grand nombre d'enquêtes qui, précisons-le, n'ont pas eu trait exclusivement à l'Afrique, et même, à l'occasion, n'en ont pas parlé du tout.

Les études sur l'art africain, américain et océanien ont commencé vers la seconde moitié du XIXe siècle, à une période où l'idée de l'évolution

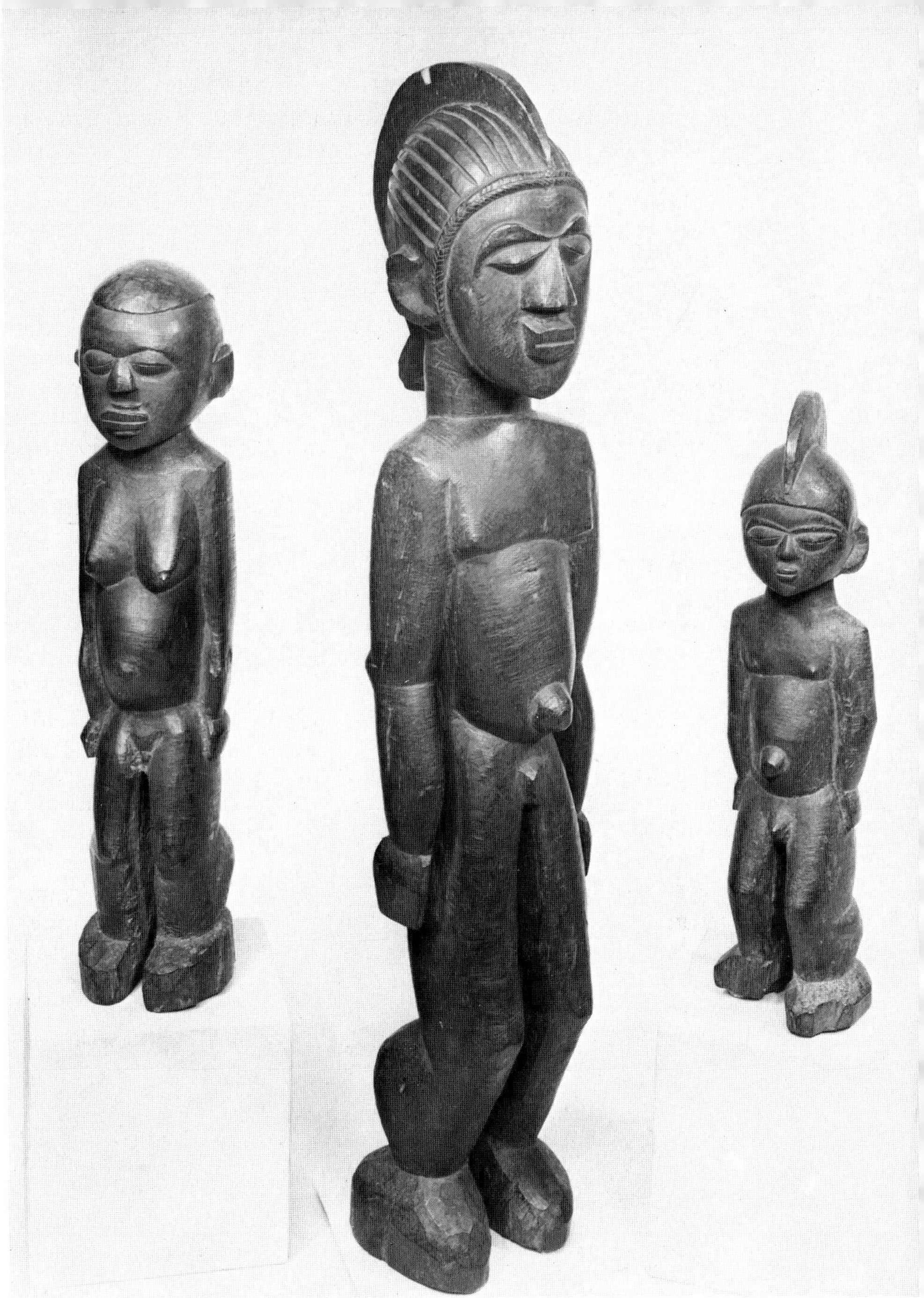

19 Trois statuettes des Lobi venant probablement de l'autel d'un ancêtre. La plus grande paraît être appelée *kontornbe*, les petites *kô pwimda*. Ces statuettes sont le plus souvent en terre. (British Museum, Londres. Haut. : 44,5 cm, 72,5 cm et 37,5 cm.)

imprégnait toute pensée scientifique. En étudiant ces régions peu connues, on recherchait par conséquent l'origine première de l'art, en s'appuyant davantage sur l'analyse des motifs décoratifs des objets utilitaires que sur la sculpture. Plus anthropologues qu'historiens d'art, les chercheurs voyaient dans l'art qu'ils étudiaient un reflet du progrès de la culture matérielle de l'humanité. C'est à Altamira qu'on découvrit, en 1878, des peintures rupestres de l'âge de pierre en Europe, mais il fallut attendre le début du XXe siècle pour que leur ancienneté fût communément reconnue. Avant cela, ceux qui étudiaient les origines de l'art devaient procéder par recoupement et déduction en s'appuyant sur des exemples modernes. *Le Style dans les arts techniques et tectoniques, ou l'Esthétique pratique*, de Gottfried Semper, parut au début des années 1860 [15]. Architecte de formation, pionnier en la matière, Semper était intéressé au premier chef par l'étude des formes architecturales. Pour assurer sa propre protection et celle de son foyer, l'homme avait tressé des nattes d'herbe pour se garantir du vent et de la pluie. La technique du tressage conduisit à celles du tissage et à la recherche délibérée d'un motif. La vannerie fournit ensuite des modèles à la poterie, malgré les modifications dues à la différence de matériau. Le raisonnement de Semper fut transformé par

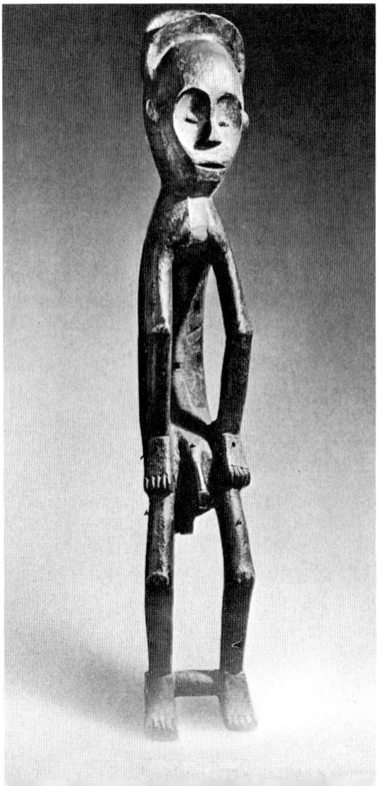

20 Statuette en bois représentant un membre de la société *Lilwa* pendu pour avoir révélé ses secrets, dont le but était de rappeler aux initiés l'importance du secret. Bambolé. (Musée royal de l'Afrique centrale, Tervuren [Belgique]. Haut. : 92 cm.)

ses successeurs en un système matérialiste et déterministe expliquant toutes les formes d'art non occidentales. Néanmoins, rien n'étayait ces hypothèses, pures extrapolations de ses propres pensées. Cependant, il poussa d'autres chercheurs à réunir des informations adéquates, et W. H. Holmes écrivit de nombreux articles entre 1883 et 1903, apportant sa contribution à la théorie [16]. Puis en 1905 Max Schmidt publia ses *Études sur les Indiens du Brésil central* [17]. Il y montrait comment les motifs apparus dans les techniques de tressage furent appliqués à la décoration des poteries ; là aussi, il est clair qu'il a choisi ses exemples en fonction de ce qu'il voulait démontrer — ne tenant pas compte, par exemple, de motifs tels que les spirales et les lignes ondulantes qui, bien que géométriques, peuvent difficilement dériver des motifs linéaires de la vannerie. En outre, comme le fait remarquer Adrian Gerbrands, Schmidt a négligé le fait que les aborigènes d'Australie utilisent des motifs courbes ou rectilignes sans posséder de vannerie du type dont ces motifs sont censés dériver [18].

On expliquait l'aspect figuratif de l'art en supposant que, un motif géométrique ayant évoqué un certain objet, le côté réaliste de la représentation avait été par la suite délibérément renforcé. Cette théorie fortement évolutionniste fut contrée par une école de pensée non moins évolutionniste par ses conceptions, mais qui avait le mérite de fonder sur des faits ses hypothèsés : la « théorie de la dégénérescence » élaborée par ses partisans démontra que l'imitation servile et sans compréhension d'une représentation naturaliste menait à des formes purement géométriques. Les principales contributions à ces études vinrent de Hjalmar Stolpe [19], A. C. Haddon [20], A. H. Lane-Fox Pitt-Rivers [21] et Henry Balfour [22] ; ce dernier devait devenir le conservateur du musée construit par l'Université d'Oxford et destiné à abriter la collection Pitt-Rivers d'objets du monde entier : il avait pour but de montrer l'évolution de l'objet d'artisanat, même s'il ne relevait pas de l'art. L'école de la dégénérescence reconnut rapidement que tout le matériel étudié était contemporain, et les exemples « anciens » furent appelés « survivances ». Dans l'ensemble, son travail était assez rigoureux et reste intéressant, mais les informations recueillies n'étaient pas toujours fiables. Toute la théorie était fondée sur l'observation d'objets modernes, d'après lesquels on émettait des suppositions sur les productions les plus anciennes, méthodologie dont la stérilité nous apparaît évidente aujourd'hui ; en tout cas, la révélation de l'art de l'âge de pierre, à peu près à la même époque, fournit une preuve directe de l'art préhistorique et de son évolution, et invalida cette hypothétique histoire de l'art.

Ces premières études se sont uniquement attachées à la décoration dont elles ont cherché l'origine dans l'artisanat. L'une d'elles, une étude philosophico-théorique de Wilhelm Worringer, datant de 1908[23], repoussa cette origine technologique de l'art. L'auteur considérait tout art comme une expression de la volonté, susceptible d'être modifiée par l'objectif, la nature du matériau ou d'autres considérations techniques. Il proposait des idées dignes d'intérêt: «Ce qui apparaît de notre point de vue la plus grande distorsion dut être en son temps, pour le créateur, la beauté la plus haute et l'accomplissement de sa volonté artistique[24].» De fait, ses idées sur la nature de l'abstraction en art en font l'une des études qui ont le plus influencé l'acceptation progressive de l'art moderne en Europe. Pourtant Worringer était un parfait évolutionniste: il croyait que les premières formes d'art avaient été des abstractions géométriques menant logiquement et inévitablement au naturalisme, ce qui l'entraîna à considérer que les peintures rupestres figuratives du sud de la France n'étaient en aucun cas de l'art, puisqu'elles contrariaient sa théorie. De même il répudia «les "productions artistiques" des indigènes africains» et de «la majorité des peuples primitifs[25]», à l'exception de ceux qui avaient exercé leurs talents dans des domaines purement décoratifs.

L'étude de l'ornement prit une nouvelle direction avec Franz Boas, qui devait devenir l'un des professeurs d'anthropologie les plus influents d'Amérique. Son premier article important fut «l'Art décoratif des Indiens de la côte du Pacifique Nord de l'Amérique», publié en 1897[26] et revu et réimprimé dans son *Art primitif* (1927). Le reste de ce dernier ouvrage a trait à des travaux menés sous sa direction par ses élèves — Dixon, Kroeber, Lowie et Wissler — sur la signification des motifs décoratifs chez les Indiens d'Amérique. Dans son livre Boas détruit la théorie de la dégénérescence, bien que ses idées fassent davantage référence à la décoration qu'à la sculpture. Boas considérait que l'art ne pouvait exister si l'artiste n'avait pas une maîtrise suffisante de son matériau; quoique exacte, cette idée a peu d'applications pratiques. Il faisait aussi remarquer que bien que la forme, la symétrie et le rythme dégagent ensemble une certaine esthétique, la forme pouvait aussi servir de support à un sens lui ajoutant une valeur affective et augmentant son effet. Boas divise l'art en deux catégories: figuratif et symbolique — autrefois appelé «géométrique». Dans la première catégorie, la forme et le contenu sont d'importance à peu près égale, mais dans la seconde le contenu est beaucoup plus important. Après avoir établi cette distinction nécessaire, Boas ne traite plus que du symbolisme et du sens, presque comme s'ils étaient les seuls éléments de l'art. Néanmoins, une des conclusions auxquelles il parvint est capitale pour tous les types d'art, à savoir que la même forme peut véhiculer des significations différentes dans des sociétés différentes. Il s'ensuit évidemment que la forme et le contenu ne peuvent être étudiés séparément, sans tenir compte de l'époque, du lieu, ou de la combinaison de ces deux aspects, que nous appelons «diffusion». Boas lui-même ne semblait pas en être conscient, car pour lui la forme — d'origine technique — était primordiale et le fond une accrétion secondaire.

Autre classique, recouvrant un domaine plus étendu puisqu'il pose le problème de l'art et de la décoration dans le cadre plus large de la culture matérielle: l'ouvrage de R. U. Sayce, *Arts et métiers primitifs*[27], qui s'appuie largement mais d'une façon critique sur les études antérieures; il est précieux surtout par ses mises en garde au moyen d'exemples, qui montrent en particulier la convergence de motifs issus de sources totalement différentes.

Une autre leçon de ces premières études reste importante à retenir: il est parfaitement exact que les techniques de tissage, que ce soit pour la fabrication de nattes, de paniers ou de tissus, tendent par leur nature

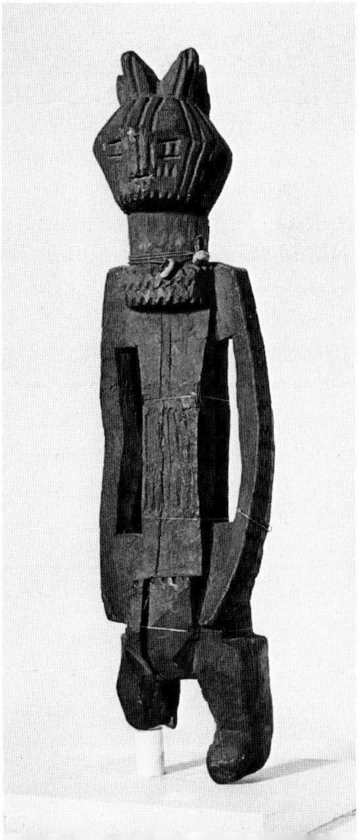

21 Cette statuette fut trouvée par Northcote Thomas à Sabongida, à soixante-dix kilomètres au nord-est de Benin, dans la division d'Afenmai, au Nigeria. Son traitement cubiste illustre la tradition artistique des ethnies de langue Edo de l'empire du Bénin, qui contraste avec l'art plus connu de la cour de Bénin (voir ill. 84-88, 97, 169-171, 251). (Musée d'archéologie et d'ethnologie de l'Université de Cambridge. Haut.: 61 cm.)

même à produire une série de motifs de caractère essentiellement géométrique, que nous pourrions appeler «technomorphes» puisque leur forme dérive de la technique. Toute société possédant l'une de ces techniques de tissage est susceptible de présenter les technomorphes correspondants qui peuvent être copiés sur un autre support, tels les motifs de tressage que l'on retrouve gravés sur la poterie, les bois et les ivoires du Bénin. Ayant vraisemblablement une origine indépendante à l'intérieur de la société, ils ne peuvent servir d'indicateur à l'influence d'une société sur une autre.

Le dessin en deux dimensions a été relativement négligé récemment au profit de la sculpture, mais il convient de citer l'*African Design* de Margaret Trowell[28], étude beaucoup plus élaborée et moins prétentieuse que celles de ses prédécesseurs. Elle décrit les matériaux et les variétés de motifs utilisés dans toute l'Afrique, et admet volontiers qu'il s'agit d'un échantillonnage restreint de l'ensemble du matériel disponible — la seule faille étant que les sources sont tellement orientées sur l'Afrique orientale que certaines conclusions ne peuvent s'appliquer à l'Afrique occidentale.

Les études de la sculpture, par opposition à l'ornement, ont commencé à la toute fin du siècle dernier et reposent sur l'une des deux approches suivantes: l'approche ethnologique, similaire à celle de Boas, qui considère la connaissance du contenu d'une œuvre d'art comme essentielle à sa compréhension et même à son appréciation; ou l'approche esthétique, qui considère que cette connaissance est superflue et que l'on peut apprécier une œuvre pour elle-même. Dans la forme extrême de cette seconde approche, représentée par l'ouvrage de Carl Einstein *Negerplastik*[29], on estime même que la connaissance du contenu nuit au plaisir esthétique produit par l'œuvre d'art. Ces deux écoles de pensée se sont peu à peu rapprochées l'une de l'autre, car les anthropologues s'intéressent de plus en plus à l'esthétique et à l'histoire de l'art, et les critiques d'art de plus en plus au contexte culturel de l'art africain, tant il est vrai que la forme et le fond ne sont guère séparables dans des sociétés où l'artiste, partie intégrante de la communauté, ne recherche pas l'expression d'une vision purement individuelle.

Au début, les anthropologues ne voyaient dans la sculpture qu'un aspect de la religion, mais ils prirent bientôt en compte le fait que les statuettes ne respectaient pas les proportions naturelles. On l'attribuait généralement à un manque d'attention vis-à-vis de la forme globale, l'artiste ne se souciant, tel un enfant, que des détails. Des études sur le terrain portant sur des artistes en activité ont finalement montré quel soin ils apportaient à ébaucher les formes, prouvant ainsi que les proportions étaient déterminées dès le départ et les détails laissés pour la fin[30].

Leo Frobenius fut l'un des premiers anthropologues à faire de l'Afrique son terrain d'étude privilégié. Dès 1896 il écrivait sur les peuples non européens, avançant la thèse qu'ils ont tendance à copier les formes naturelles et que ces copies sont porteuses d'idées et de sens, c'est-à-dire que le contenu donne le sens à la forme. La reproduction fidèle de la nature devient ainsi, après un temps, moins nécessaire, puisque la forme suggère suffisamment d'associations pour véhiculer le sens. De telles réactions sont, bien sûr, déterminées culturellement, et la forme n'acquiert ce sens que pour la société à laquelle elle appartient[31]. Malheureusement, Frobenius n'a pas poursuivi dans cette voie, avançant par la suite la théorie selon laquelle les statuettes à têtes démesurément grandes dérivaient de la coutume consistant à planter un bâton surmonté d'un crâne sur les tombes, supposition difficile à prouver. De même, pour lui, les masques avaient leur origine dans la pratique, courante dans le Pacifique, de conserver le crâne d'un ancêtre dans une petite hutte en herbe, mais il s'agit là d'une théorie trop générale et trop globale pour être convaincante[32].

Avant que Frobenius ne commence à écrire, Gauguin était parti pour Tahiti, se montrant l'un des rares à se tourner vers une culture non européenne en cette fin du XIXe siècle et début du XXe, à une époque où les artistes européens étaient avides de nouvelles expériences artistiques; mais il fallut attendre 1904 ou 1905 pour que l'art africain commence à exercer une influence particulière.

Une œuvre précise est identifiable: il s'agit d'un masque offert à Mau- 22
rice Vlaminck en 1905. Il raconte que Derain resta «bouche bée» lorsqu'il le vit, qu'il le lui acheta et le montra à son tour à Picasso et à Matisse, qui furent également très frappés. Ambroise Vollard le lui emprunta ensuite et en fit faire un moulage en bronze par le fondeur de Maillol. La révolution de l'art occidental avait commencé.

De nombreux artistes ont consigné leurs premières réactions face à l'art africain. Georges Braque raconte que «les masques nègres [...] m'ont ouvert un horizon nouveau». Juan Gris fit même, en 1922, une copie en carton
d'une statuette funéraire du Gabon pour décorer son appartement. C'est 183
un prolongement d'un grand intérêt, que nous ne pouvons malheureusement pas examiner ici. Il est recommandé de lire à ce propos l'excellente étude de Michel Leiris (1968), qui connut beaucoup de ces artistes

personnellement, ou celle de Jean Laude (1968), et de voir les reproductions des œuvres collectionnées par les artistes européens dans le catalogue du musée de l'Homme: *Arts primitifs dans les ateliers d'artistes* (Paris, 1967)[33]. On se reportera également à l'ouvrage de William Rubin's *«Primitivism» in 20th Century Art* (New York, 1984). Les premières œuvres qui frappèrent ces artistes n'avaient rien de particulier par leur qualité, mais l'intérêt qu'elles suscitèrent sensibilisa d'autres personnes, et pas seulement des artistes, à la sculpture africaine. Cet engouement donna lieu à de nombreux textes, caractérisés en général davantage par leur enthousiasme que par leur lucidité. Une approche essentiellement subjective, limitée au «que signifie cette sculpture pour moi?», suffit pour juger une œuvre, mais elle ne mène pas à la compréhension totale d'un art, pour laquelle il est nécessaire de posséder une certaine connaissance de la société dans laquelle a travaillé l'artiste. L'un des premiers à avoir tenté de replacer l'art dans son contexte socioculturel fut E. Vatter, avec son livre intitulé *Religiöse Plastik der Naturvölker* (Sculpture religieuse des peuples primitifs, Francfort, 1926), où il explique que le rôle de l'artiste traditionnel africain n'était pas, contrairement à ce qu'il est généralement en Europe occidentale, d'exprimer sa propre personnalité, mais plutôt de servir la communauté. Il affirme ensuite que l'artiste africain est anonyme, idée communément acceptée, et probablement responsable de ce que, pendant longtemps, personne ne s'est jamais préoccupé de s'enquérir du nom des artistes.

On verra par la suite que non seulement l'artiste individuel existe dans de nombreuses sociétés africaines, mais que plus il est brillant, plus sa renommée grandit.

Dans les années 20, un autre Allemand, Eckart von Sydow, écrivit cinq livres offrant des considérations sur l'art d'Afrique et d'Océanie de différents points de vue, y compris celui de la psychanalyse, bien qu'il ait commencé à travailler en tant qu'historien d'art. En 1930 sortait son ouvrage *Handbuch der Afrikanischen Plastik, I Die Westafrikanische Plastik* (Manuel de la sculpture africaine, I Sculpture de l'Afrique occidentale, Berlin), qui prenait ses sources dans les musées et les textes antérieurs. La seconde partie, *Afrikanische Plastik* (La sculpture africaine), date de 1954 (éd. G. Kutscher, Berlin). Au cours de son travail, von Sydow comprit que seule une étude sur le terrain pouvait fournir une documentation adéquate, et en 1936 il se rendit au Nigeria; mais le livre qui retrace cette expérience, *Im Reiche des Gottähnlicher Herrscher* (Dans les royaumes des souverains divins, Brunswick), fort divertissant, est un simple récit de voyage.

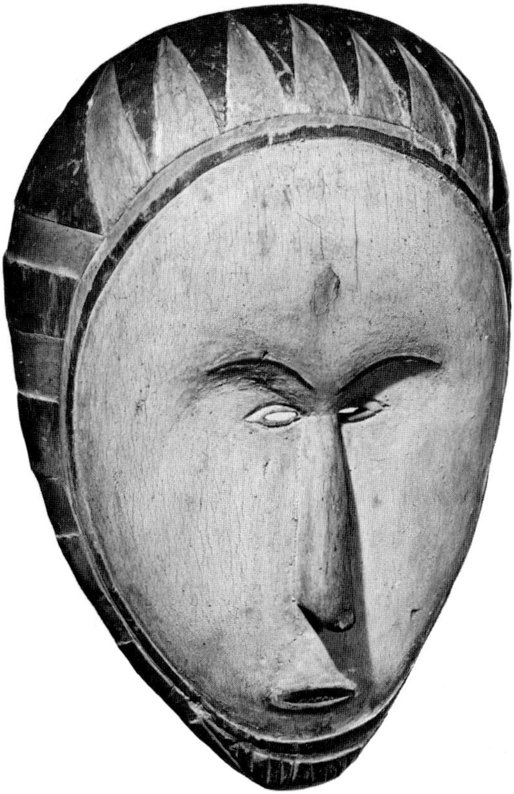

22 Masque exécuté par les Fangs, donné en 1905 à Maurice Vlaminck. Ce n'était pas la première sculpture africaine qui attirait Vlaminck, mais il semble que ce soit la seule de cette époque encore identifiable avec certitude. (Musée National d'Art Moderne, Paris. Haut. : 48 cm.)

Parallèlement, d'autres chercheurs travaillaient sur des collections de musées, ce qui donna des études classiques comme celles de Carl Kjersmeier (*Centres de style de la sculpture nègre africaine*, en quatre volumes, Paris et Copenhague, 1935-1938), F. M. Olbrechts (*Plastiek van Kongo*, Anvers, 1946)[34], ou Paul S. Wingert (*The Sculpture of Negro Africa*, New York, 1950).

En tant qu'élèves de Boas, Melville Herskovits et F. M. Olbrechts choisirent d'autre part de travailler dans une optique différente. En 1931, Herskovits effectua des recherches au Dahomey sur tous les aspects de la culture des Fons et poussa ses étudiants à faire des enquêtes sur le terrain, entre autres William R. Bascom, Justine Cordwell et James Fernandez. Des élèves d'Olbrechts, A. Maesen, P. J. L. Vandenhoute et Daniel Biebuyck se rendirent aussi sur place. De la Sorbonne, Marcel Griaule organisa des expéditions chez les Dogons en 1931, 1935 et 1937, et les élèves qui

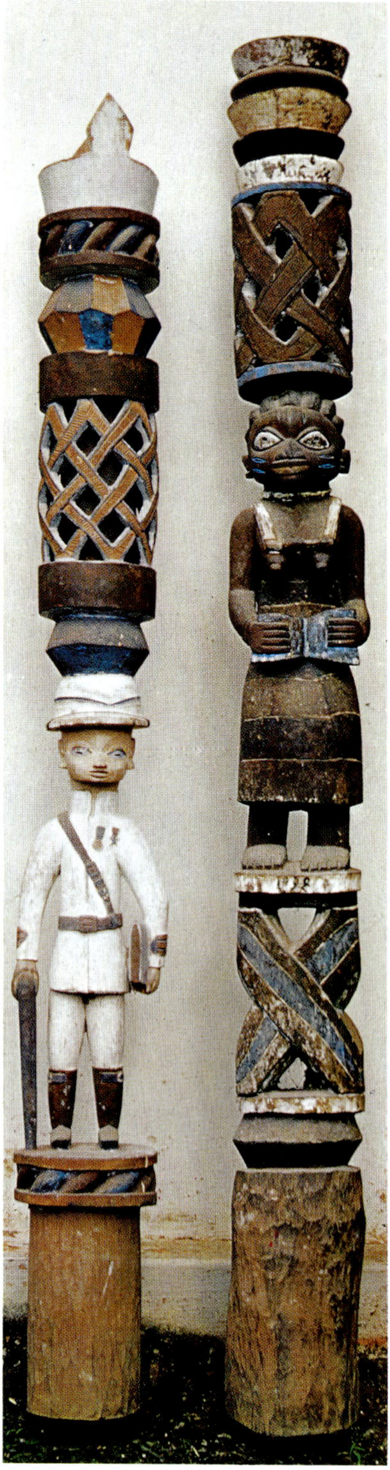

23 Poteaux gravés par un sculpteur yorouba à Ketu, au Dahomey (actuel Bénin), et envoyé par l'Alaketu en 1938 comme présent à l'oni d'Ife. Les entrelacs et le choix des couleurs sont typiques de la sculpture yorouba du Dahomey. (Musée d'Ife. Haut. : 147 cm [*à gauche*] et 152 cm [*à droite*].)

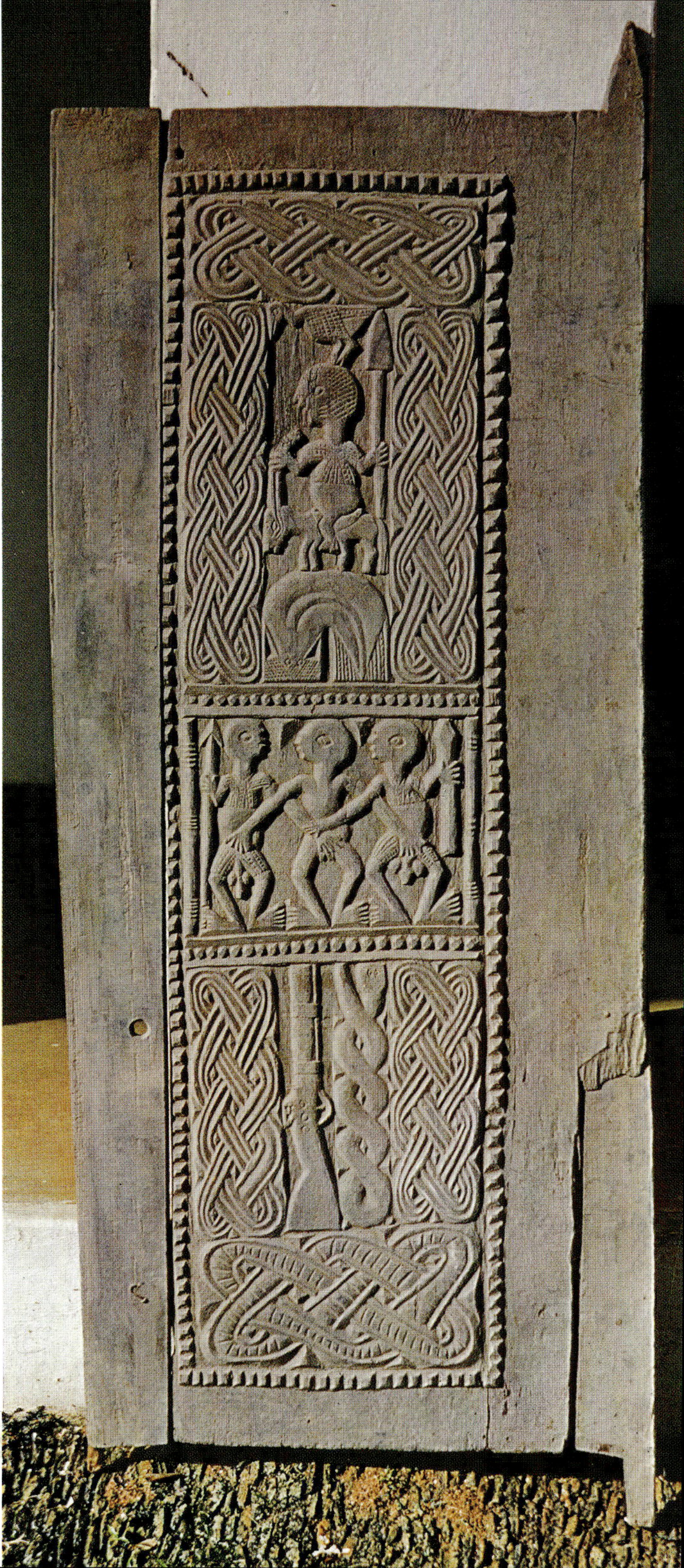

24 De même que les poteaux, les portes gravées peuvent orner des sanctuaires ou, plus simplement, la maison d'un notable. Celle-ci fut trouvée à Modakéké, Ife. (Musée d'Ife. 128×58 cm.)

l'accompagnaient se dispersèrent pour travailler ailleurs — Germaine Dieterlen, Solange de Ganay, J. P. Lebeuf et Denise Paulme entre autres. F. H. Lem, lui, alla seul au Soudan[35]. L'ouvrage présent est largement redevable aux études effectuées par ces observateurs, ainsi que par Hans Himmelheber (qui travailla sur le terrain en 1933 et plus tard), et son fils E. Fischer, comme on le verra par la suite.

Quant au monde anglophone, sa principale contribution vint de William Fagg, qui commença à étudier les riches collections du British Museum avant de se rendre en Afrique en 1949-1950, 1953, 1958-1959, ainsi que lors de voyages ultérieurs de plus courte durée. Il a travaillé principalement au Nigeria où son frère, Bernard Fagg, archéologue officiel puis directeur des Antiquités, découvrit les sculptures préhistoriques de la culture de Nok, les plus anciennes d'Afrique en dehors de l'Égypte. Les livres de William Fagg, *la Sculpture africaine* (en collaboration avec Eliot Elisofon, Paris, 1958), *Merveilles de l'art nigérian* (Paris, 1963), et *Tribus et formes dans l'art africain* (Paris, 1966)[36], ainsi que de nombreux catalogues d'exposition, sont caractérisés par l'exactitude de leur documentation d'œuvres individuelles.

Le travail de Fagg au Nigeria doit beaucoup à celui de Kenneth Murray, le premier responsable du Bureau des antiquités. Artiste lui-même, Murray était très proche des artistes en activité et des groupes religieux bien avant qu'on ne lui demande, en 1943, d'entreprendre une étude des antiquités du Nigeria, qui ne mena pas simplement à la fondation dudit bureau, mais révéla que ce pays était encore plus riche en traditions sculpturales que le bassin du Congo.

Le travail sur le terrain est maintenant presque une obligation, faute de quoi les considérations des auteurs ne sont pas prises au sérieux. De plus en plus, les textes consistent en enquêtes détaillées portant sur des régions déterminées. Certains livres tirent cependant leurs sources de textes basés sur des études de terrain. L'exemple le plus remarquable est celui d'Adrian Gerbrands, *Art as an Element of Culture, especially in Negro Africa* (Leyde, 1957), qui utilise des comptes rendus d'autres auteurs, publiés ou non, et auquel le présent ouvrage fait amplement référence[37]. S'appuyant également sur une étude critique des textes et des collections des musées, on peut citer le livre de Michel Leiris et Jacqueline Delange, *Afrique noire, la création plastique* (Paris, 1967), qui comporte une excellente introduction, bien que la section centrale du livre tente d'appliquer à l'ensemble de l'art africain la division tripartite de Marcel Mauss (les arts du corps, de l'environnement, et les arts figuratifs autonomes), ce qui en réduit la valeur. La troisième partie fournit une excellente — bien que trop brève — étude régionale des styles artistiques. Jacqueline Delange, auteur de cette partie, a publié toutefois une étude universitaire plus complète des divers styles d'art du continent dans son livre *Arts et peuples de l'Afrique noire* (Paris, 1967). Ces deux ouvrages évitent soigneusement les généralisations trompeuses sur l'art africain évoquées précédemment.

Margaret Trowell, elle, s'est laissée aller à des généralisations inhabituelles[38], établissant une distinction entre trois types d'art: art «spirituel», art «de l'homme» et art des «manifestations rituelles»; elle a cependant le grand mérite de souligner la fonction de l'art dans la société, bien qu'une même société puisse produire des sculptures de diverses catégories. Les sculptures des Dogons[39], figures d'ancêtres et masques, sont à l'évidence faites pour influencer le monde des esprits, ceux des ancêtres ou des animaux et des arbres qui les entourent; de même, la sculpture des Ijo Kalabari[40] s'adresse plus aux esprits qu'à l'homme. Il n'empêche que les Yoroubas ont des masques de danse, les *egungun*, destinés à la fois à s'assurer que les ancêtres reposent en paix et à distraire les vivants; d'autre part, les poteaux et les portes sculptés de leurs demeu- 23, 24
res glorifient leurs propriétaires, tandis que ceux des temples honorent les esprits. Sans information recueillie sur place, il serait donc impossible d'établir une distinction entre la forme profane et la forme religieuse, entre l'art «de l'homme» et l'art «spirituel».

Il est vrai que les spécialistes des sciences de l'homme doivent tendre vers la généralisation et que les anthropologues tentent de fournir une base statistique pour des affirmations générales, utilisant les techniques des banques de données. Malheureusement, les études individuelles d'où sont tirées les données initiales sont de qualité inégale et négligent trop souvent certains aspects des sociétés. En principe, on cherche des corrélations entre les caractéristiques artistiques et d'autres phénomènes de société même sans rapport direct. On s'attendrait ainsi à trouver des figures d'ancêtres royaux uniquement dans les sociétés à régime monarchique. L'examen statistique d'Alvin Wolfe, dans «Bases structurales sociales de l'art[41]», confirme la thèse exposée plus haut (p. 15-16) en montrant que «l'agglomération et la sédentarisation sont en partie liées au développement de l'art»; la corrélation entre production artistique et congrégations est à peine moins nette: nous savons que les sociétés à initiation sont au nombre des plus importants consommateurs d'art en Afrique.

Cette conception n'en est qu'à ses débuts, et jusqu'à présent seules des questions primaires ont été posées (l'étude de Wolfe traite surtout de la quantité d'œuvres produites), mais du moins elle ouvre une voie [42]. Les progrès dans ce domaine sont entravés par le nombre relativement restreint d'études détaillées sur le terrain; or c'est là un problème urgent, car les bases culturelles traditionnelles de l'art s'épuisent au fil des jours. Par bonheur, les anthropologues déjà orientés vers le travail sur le terrain par leur discipline sont de plus en plus conscients de l'importance de l'art dans les sociétés africaines, et les historiens d'art se tournent de plus en plus vers l'Afrique et mènent des enquêtes dans un domaine qui, superficiellement du moins, est difficile à distinguer de celui des anthropologues. L'un des plus éminents spécialistes de l'art africain se plaignit un jour auprès de moi de ce que l'un de ses jeunes collègues poussait ses étudiants vers l'anthropologie plutôt que vers l'histoire de l'art. Il est certain que si nous voulons comprendre l'art africain, il nous faut compter avec ces deux disciplines.

CHAPITRE TROIS

Vers une histoire de l'art africain

DESSINS ET PEINTURES RUPESTRES

On a souvent écrit sur l'art africain comme s'il était figé et immuable, alors qu'en fait il n'a cessé d'évoluer, plus ou moins rapidement selon les époques et les régions. Les datations au radiocarbone et la tradition orale indiquent que le style de sculpture hautement naturaliste d'Ife a couvert la même durée que la fonderie de bronze au royaume du Bénin; pourtant, le travail d'Ife, quoique très varié en raison des styles individuels des différents sculpteurs, présente un canon presque immuable du XIIe au XIVe siècle, tandis qu'au royaume du Bénin, entre le XVe et le XIXe siècle, il est facile de montrer le passage d'un naturalisme modéré à une nette stylisation[43].

Les données sur l'histoire de l'art africain proviennent de diverses sources de valeur inégale, mais il est certain que d'importants progrès ont été faits depuis que Marcel Griaule a écrit, en 1947: «Nous ne parlerons pas de l'art préhistorique dont de nombreuses manifestations rupestres nous sont conservées, ni de l'art historique pour lequel les données sont inexistantes[44].»

La contribution majeure à notre connaissance de l'histoire de l'art africain vient des explorations archéologiques. Depuis l'époque de Griaule, on a découvert bien d'autres peintures et gravures rupestres dans de nombreuses régions d'Afrique, ainsi que des sculptures antiques. Il est d'ailleurs un fait souvent passé sous silence, à savoir que ces découvertes précédèrent celles du même genre en Europe.

Dès 1721, on trouva des peintures d'animaux au Mozambique, et la première mention des peintures des Boschimans en Afrique du Sud date de 1752[45], alors qu'en Europe elles étaient totalement inconnues avant que la fille de Sautuola ne regarde le plafond de la caverne d'Altamira en

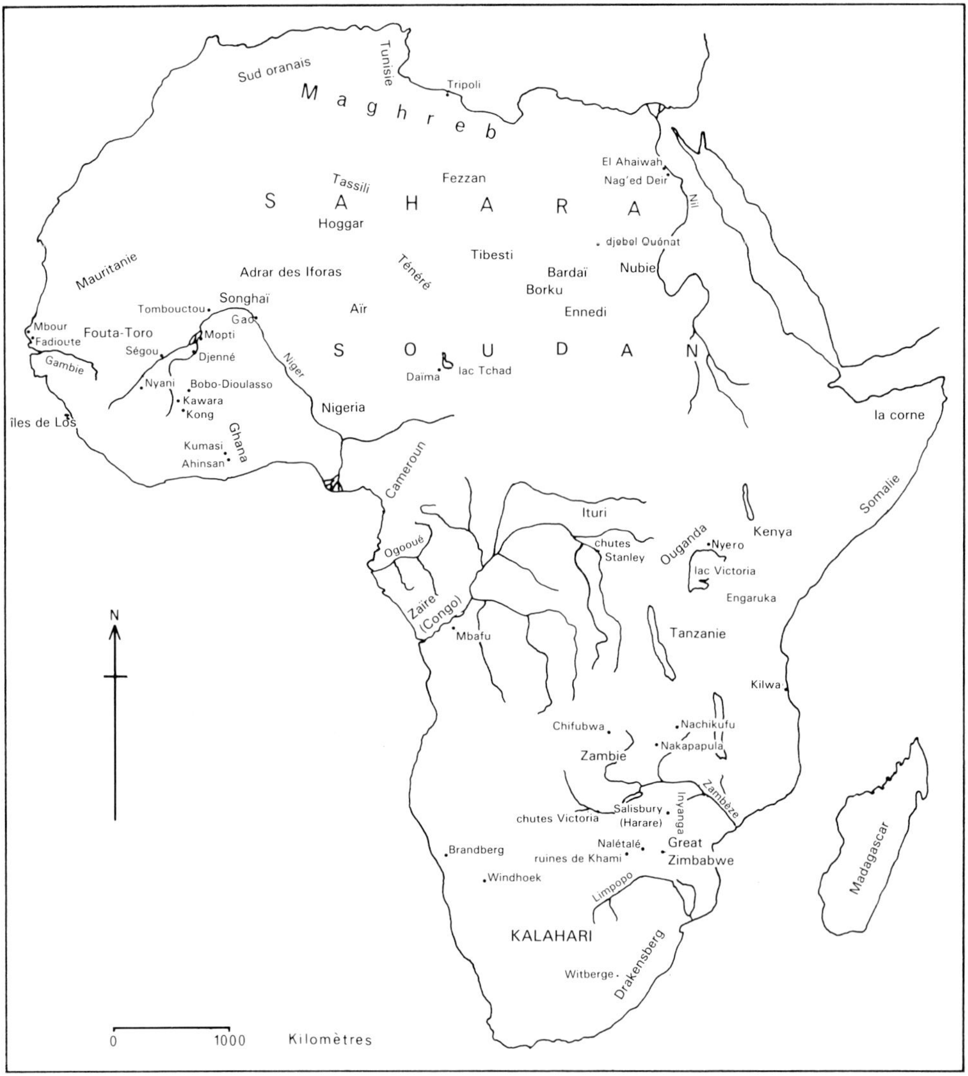

25 Lieux mentionnés dans le texte.

1878. En Afrique du Nord, ce sont des officiers de l'armée française voyageant ensemble dans le Sud oranais en 1847 qui, les premiers, virent des gravures d'éléphants, de lions, d'antilopes, de bovidés, d'autruches, de gazelles et d'hommes armés d'arcs et de flèches. Lorsqu'en 1850 le grand explorateur Heinrich Barth traversa le Sahara de Tripoli à Tombouctou, il trouva des gravures semblables dans le Fezzan. Avec trente mille exemplaires recensés, dont la moitié dans le Tassili, il est maintenant évident que toutes les régions montagneuses du Sahara abritent des gravures et des peintures rupestres[46].

Elles ne sont pas toutes de la même époque et l'on a employé différents critères pour tenter de les dater, tant les unes par rapport aux autres que dans l'absolu. La datation relative est naturellement plus facile à effectuer, car plusieurs types de preuves peuvent indiquer une succession dans une série donnée de gravures ou de peintures. Les styles évoluent avec le temps et il arrive qu'un dessin soit superposé à un autre et soit donc postérieur au style de base. Le sujet reflète également des changements,

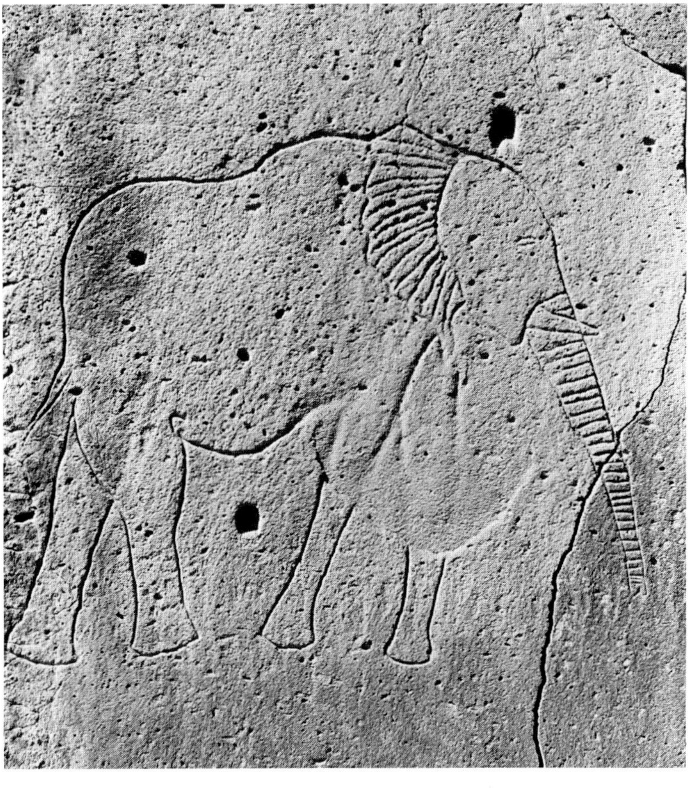

26 Gravure d'un éléphant à Bardaï, dans le Sahara oriental, de la période du bubale ou de la période bovidienne. (Haut. : 18 à 20 cm.)

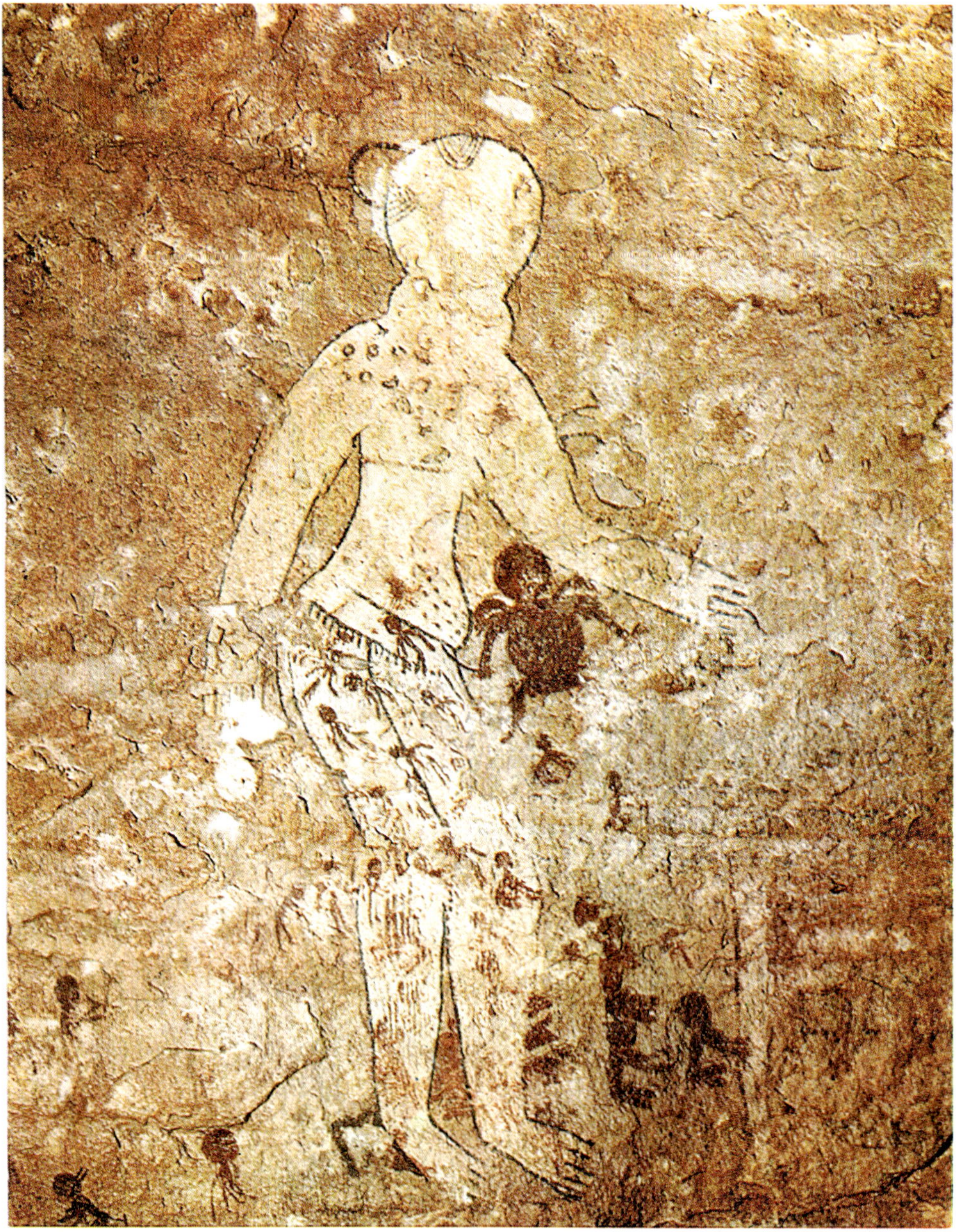

27 Personnage sans visage à Tin Teferiest, dans le Tassili. Période archaïque. Il semble que soient superposées à cette figure d'autres plus petites dans un style analogue, mais d'après Lajoux il est impossible de déterminer celle qui a été peinte la première. La difficulté d'établir de telles relations complique la détermination d'une chronologie stylistique dans toutes les études de l'art rupestre. (Haut. : 99 cm.) Une peinture de ce style, dans l'Acacus, en Libye, était recouverte de dépôts remontant au 5e millénaire av. J.-C.

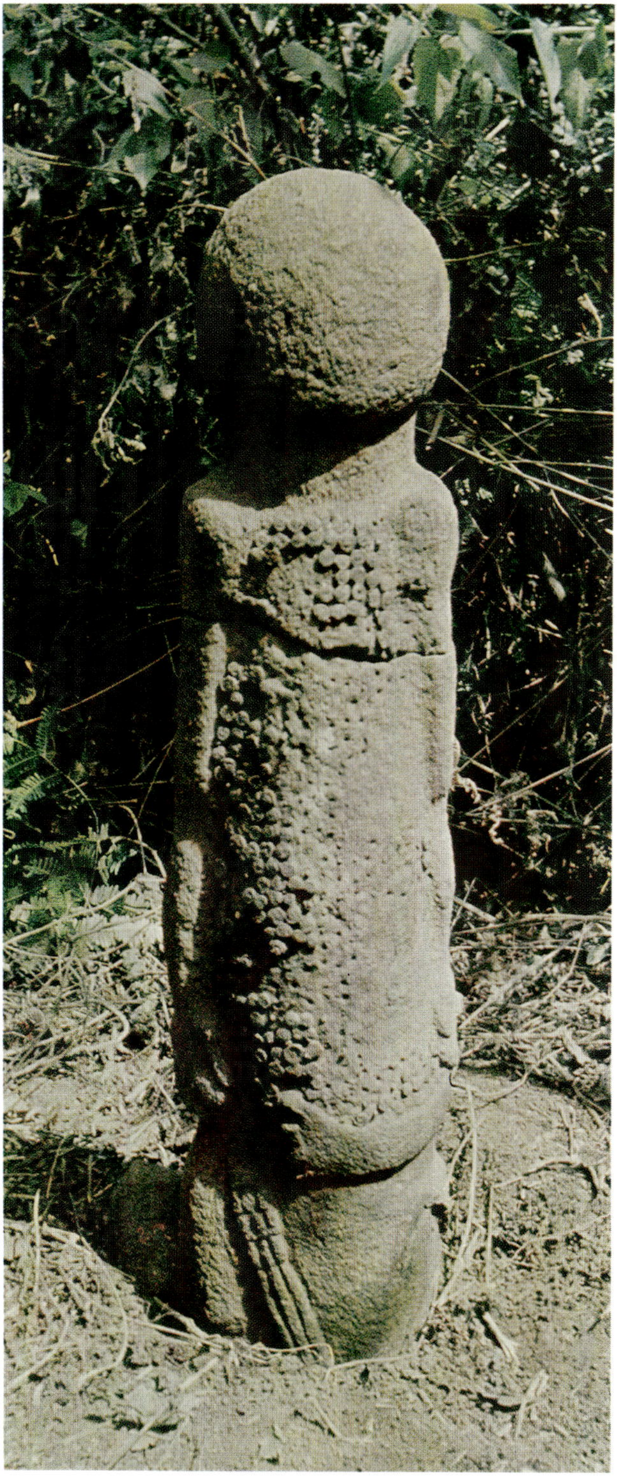

28 Statue de pierre à Eshuré, secteur d'Ekiti (nord-est du pays yorouba). Le tronc est couvert de clous en fer à tête spiralée semblables à ceux qui ont été trouvés sur des sculptures de pierre à Ife, auxquelles est sans doute apparenté le groupe de sculptures d'Eshuré. Il est peu plausible que celles-ci soient postérieures au XIVe siècle, et possible qu'elles aient plusieurs siècles de plus. (Haut. : 107 cm.)

et certaines gravures rupestres représentent des animaux aujourd'hui disparus dans la région: éléphant, rhinocéros, hippopotame et buffle. L'apparition des bovins est postérieure, et encore plus récente celle d'animaux encore présents au Sahara — le chameau, le cheval et le mouflon. Les armes portées par les humains évoluent de même: haches, bâtons de jet, arcs, javelots, sabres, et enfin armes à feu. On a essayé d'employer d'autres critères permettant d'indiquer l'âge relatif des gravures, telle l'usure du trait — plus celui-ci se fond dans la patine de la surface, plus il serait ancien —, indication fort peu fiable, car on a pu démontrer que certaines parties d'une même gravure sont plus patinées là où elles ont été exposées au soleil. On a également tenté de distinguer différentes techniques de gravure; cependant, aucune correspondance concrète n'ayant pu être établie entre celles-ci et la séquence chronologique définie par d'autres indices, il semblerait que plusieurs techniques aient été utilisées simultanément. On fonde beaucoup d'espoirs aujourd'hui sur l'analyse du vernis et de l'érosion des cristaux exposés par la gravure.

Les périodes des gravures rupestres

Les gravures rupestres ont été divisées principalement d'après les sujets traités, mais aussi d'après leur style, en quatre périodes dont l'une est subdivisée en trois. La première reflète un mode de vie fondé sur la chasse, seuls étant représentés des animaux sauvages tels le buffle antique, ou bubale, aujourd'hui disparu, l'éléphant, le rhinocéros, l'hippopotame, la girafe, les antilopes chevalines et les autruches. Quelques béliers et bovidés apparaissent, indiquant peut-être une phase transitionnelle tardive de l'art. Le mode de dessin est naturaliste et une grande attention est portée au détail. Les dessins sont souvent de grande taille: un rhinocéros, à Ouadi-Djerat dans le Tassili, mesure huit mètres de long; les hommes font souvent plus de trois mètres de hauteur; ces derniers sont armés de massues, de bâtons de jet, de haches et d'arcs, mais jamais de lances. On qualifiait autrefois cette époque de «période des chasseurs», terme abandonné à cause de la représentation de béliers et de bovidés, et remplacé par l'appellation *période du bubale*. Néanmoins, A. Muzzolini (1986) a montré que cette espèce disparue a survécu assez tard et il remet en question l'existence de la *période du bubale* dans le Sahara central : pour lui, les gravures, dans cette région, sont contemporaines des peintures de la période suivante.

Celle-ci s'appelle la *période des pasteurs à bovidés*. Le bubale n'est plus représenté, mais d'autres animaux sauvages continuent d'être dessinés en même temps que les bovidés. Le style est plutôt moins naturaliste, avec moins d'attention aux détails, les sabots étant souvent absents par exemple; la pose est plutôt rigide; les cornes sont généralement représentées en «perspective tordue», c'est-à-dire frontalement, alors que le reste de l'animal est dessiné de profil. Les gravures sont plus petites, en général entre quarante-cinq centimètres et un mètre vingt. Les hommes sont maintenant armés d'arcs.

La phase suivante, la *période du cheval*, est subdivisée en trois, dont la première est la *sous-période des chars*. L'éléphant y est parfois reproduit, mais aucun autre grand pachyderme ni antilope chevaline; le bœuf domestique persiste, et les mouflons et les chiens domestiques sont courants. Le trait est de plus en plus stylisé: les premiers chars sont bien dessinés, avec un seul timon et un cheval de chaque côté; plus tard ne sont plus représentés que les roues et le timon, la figure humaine étant réduite à deux triangles isocèles joints par les sommets. Les gravures sont encore plus petites, la plupart mesurant entre vingt-cinq et cinquante centimètres. On trouve quelques arcs, mais surtout de nouvelles armes: javelots et boucliers ronds, tandis que, plus tard, on verra un «couteau pendant à l'avant-bras».

Dans la *sous-période des cavaliers*, la monte remplace le charroi, bien que l'on trouve encore quelques chars. Les mêmes animaux sont dans un style «semi-naturaliste», l'homme étant toujours bitriangulaire. La taille reste la même, boucliers ronds et couteaux demeurent, rejoints par des arcs, le choix des armes reflétant apparemment des préférences régionales. Partout les guerriers portent des coiffures ornées de plumes, et des caractères libyco-berbères apparaissent dans les gravures du Sahara central.

La *sous-période du cheval et du chameau* marque l'apparition du chameau, le cheval restant utilisé. La faune est identique mais le bœuf devient l'exception. On assiste à une certaine décadence du style, même si l'on trouve encore quelques dessins semi-naturalistes. Ils sont plus petits, de vingt à quarante centimètres. Même armement, mêmes coiffures à plumes.

La *période du chameau* est la plus récente, et se prolonge encore actuellement, car non seulement le chameau est le principal animal domestique au Sahara, mais ses propriétaires continuent à le dessiner et à le graver. Les autres animaux représentés sont ceux qui peuplent aujourd'hui la région: antilopes, oryx, gazelles, mouflons, autruches, zébus et chèvres. Le cheval fait encore quelques apparitions, surtout en Mauritanie, harnaché avec une selle de type arabe et des étriers. Le style est très schématique; la forme bitriangulaire des personnages est remplacée par des formes linéaires encore plus simples, et les dessins sont plus petits que jamais, de quinze à vingt centimètres. Au début, le javelot est la seule arme, puis apparaissent le sabre et le fusil.

Cette classification générale sert de guide dans l'étude des peintures, dont la plupart n'ont été retrouvées qu'après son élaboration. Un système plus détaillé sera toutefois nécessaire pour classifier les styles de peinture.

Les peintures sont moins répandues que les gravures, car elles nécessitent des surfaces lisses et pour survivre doivent être mises à l'abri. Des peintures protégées des éléments ont été retrouvées dans l'Ennedi, le Djebel Ouénat, le Hoggar, le Tibesti, des parties de la Mauritanie, mais principalement dans le Tassili. Jusqu'à l'expédition de Henri Lhote au Tassili en 1956-1957, on pouvait faire entrer la plupart des peintures dans les mêmes catégories que les gravures; mais les peintures trouvées par cette expédition et les suivantes obligèrent à un remaniement, car en nombre, en qualité et en variété, elles dépassaient tout ce qui était antérieurement connu.

On distingue au moins trente styles qui peuvent être insérés dans les trois grandes divisions des bovidiens, des cabalins et des camelins. Quant aux autres, si certains peuvent être contemporains de la période du bubale, la majorité doit s'échelonner entre celle-ci et celle des pasteurs à bovidés. Parfois dénommée *période archaïque*, cette phase voit une utilisation considérable de symboles et de masques ressemblant aux masques actuels d'Afrique occidentale. On a pu dire que ce style constituait la première forme d'art connue des Noirs africains. Il est intéressant
27 de noter qu'au début la tête n'a pas de traits, comme par exemple sur
28 sur une sculpture en pierre d'Eshuré, dans la terre des Yoroubas, au Nige-
29 ria; les figures masquées sont postérieures.

Les outils de pierre abondent dans le Sahara; la carte de répartition détaillée montre qu'on y a découvert des vestiges archéologiques un peu partout. Toute la région semble avoir été peuplée autrefois par une suite de cultures — depuis les assez rares «galets aménagés» du paléolithique inférieur jusqu'aux abondants exemples de haches du complexe chelléo-acheuléen, apparemment fabriquées par une variété de l'*Homo erectus* appelée *Atlanthropus mauritanicus* Arambourg. Le complexe atérien, avec ses éclats de soies de silex — c'est le représentant africain du moustéro-

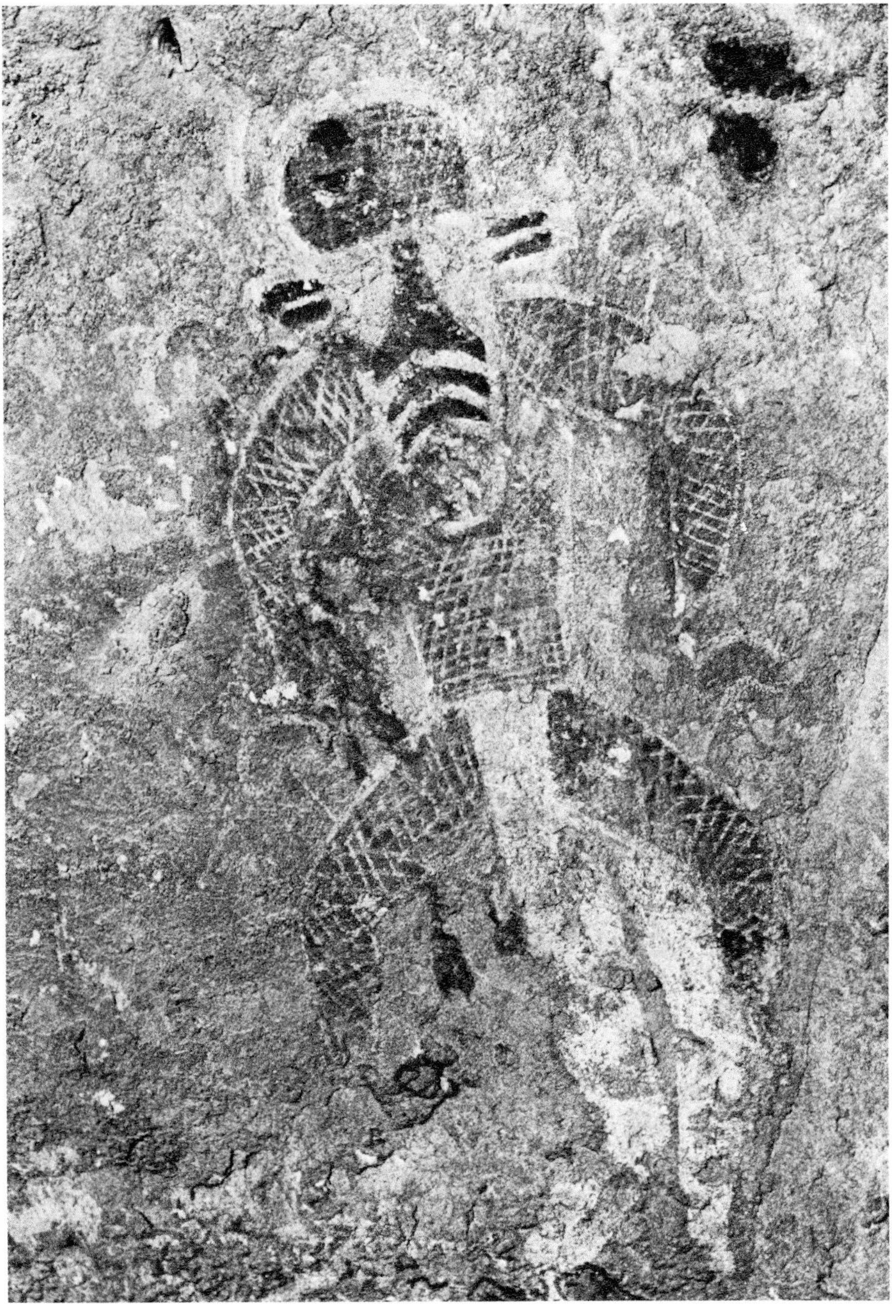

29 Danseur masqué à Inaouanrhat (Tassili). Il existe des peintures de figures de ce type et de masques seuls dans plusieurs sites du Tassili. On est en droit de se demander si cela signifie que les peintres étaient les ancêtres de certaines ethnies actuelles utilisant des masques. Néanmoins, les tentatives visant à établir des parallèles précis entre les peintures et les masques modernes ne sont pas convaincantes. (Haut. : env. 80 cm.)

levalloisien du paléolithique moyen —, moins abondant, est situé plus au nord, peut-être à cause des conditions climatiques. On ne trouve aucune trace d'industrie du paléolithique supérieur; apparemment le Sahara était trop sec pour être habité, car on a retrouvé des dunes de sable fossiles. Suit un renouveau soudain d'occupation des lieux par une population nombreuse qui, déjà au 7e millénaire av. J.-C., faisait de la poterie, utilisait des haches en pierre polie et chassait avec des flèches à pointe de pierre.

Dans le sud du Sahara, on vivait souvent de la pêche et de la chassse à l'hippopotame; d'après des restes de squelettes, il semble qu'il se soit agi de Noirs. En certains lieux, l'élevage devint le cœur de l'économie, comme l'attestent des ossements de bétail retrouvés sur les sites habités à l'époque. Mais ce sont les peintures qui nous fournissent les meilleures informations à ce sujet, car le manque d'eau rend les fouilles difficiles au Sahara. Les agglomérations se sont approchées des lacs et des fleuves puis ont peu à peu disparu.

Comment cette séquence archéologique correspond-elle aux phases successives de l'art? La plus grosse difficulté consiste à démontrer un rapport positif entre un style quelconque de peinture sur la paroi d'un abri de roche et les outils ou les datations au radiocarbone d'une phase d'occupation. Lorsqu'on aura étudié plus de sites, peut-être pourra-t-on établir des corrélations systématiques entre les objets découverts dans les fouilles et les styles particuliers et, grâce à la datation au radiocarbone de charbon de bois ou d'ossements retrouvés avec ces objets, peut-être pourra-t-on dater ces styles.

Jusque-là, nous devons nous contenter de quelques indications générales. Une datation au radiocarbone du site de Titerast-n'-Elias n° 5 fait remonter la première occupation par l'homme du Tassili à 5450 ± 300 av. J.-C. (Gif-290), mais il n'est pas encore certain que les plus anciennes peintures soient aussi anciennes. Hassi Meniet, dans le Hoggar, juste au sud du Tassili, a donné la date de 3460 ± 300 av. J.-C. (Sa-59) pour un dépôt qui contenait des ossements de buffles antiques et d'animaux domestiques. La coexistence d'animaux sauvages et domestiques, dont les représentations ont été prises comme indicateurs des différentes phases successives de l'art rupestre, fait penser qu'il y eut probablement une phase transitoire, à l'époque où les animaux sauvages étaient encore chassés par des peuples qui domestiquaient déjà des bovidés.

Des sites du Tassili ont fourni une série de dates allant du milieu du IVe au début du IIe millénaire av. J.-C., ce qui semble correspondre à la période des bovidiens. Il y avait aussi, dans le site de Titerast-n'-Elias n° 3, des peintures de bœufs sur les parois et des ossements autour du foyer pour lesquels on obtint la date de 2610 ± 250 av. J.-C. (Gif-288)[47].

Ces niveaux datés ne recouvrent pas les peintures pariétales et ne peuvent y être directement liés. On a essayé de dater la peinture elle-même, à partir de son contenu organique. Il s'agissait d'un échantillon de peinture blanchâtre supposée « d'origine animale » couvrant d'autres peintures à Initinen n° 8. On estima que la date fournie, 300 ± 200 av. J.-C. (Gif-289), était trop tardive. Ce type de test est rare car il endommage les peintures et il faudra attendre d'avoir un échantillon de dates suffisant pour établir des statistiques et permettre des corrélations avec la succession de styles artistiques[48].

Pour l'heure, on ne peut établir qu'une ligne hypothétique. La première occupation par l'homme du Tassili semble remonter au milieu du VIe millénaire av. J.-C., et la pratique de la peinture pourrait sans doute avoir débuté peu de temps après. Elle semble avoir continué jusqu'au Ier millénaire av. J.-C. Dans le Hoggar, comme nous l'avons déjà dit, des ossements de buffles antiques datés remontent au milieu du IVe millénaire av. J.-C., et on peut supposer que les gravures du bubale ont duré aussi longtemps.

On a constaté que dans les abris où l'on ne trouve que des figures à 27
tête ronde, elles sont associées avec des haches grossières mais jamais avec de la poterie ou des meules, que l'on trouve communément associées aux peintures de la période bovidienne. Les figures à tête ronde pourraient donc bien être contemporaines des séries du bubale[49].

On a retrouvé avec des peintures représentant des scènes de la vie pastorale des poteries, des haches en pierre polie, des meules et des pointes de flèches, ainsi que des ossements de bœufs, de moutons et de chèvres. Les datations au radiocarbone font remonter le début de cette période à environ 4000 av. J.-C. ; elle semble se terminer avec l'arrivée des cavaliers, que l'on peut dater vers 1200 av. J.-C. d'après des informations obtenues en Égypte, et si l'on s'en réfère aux textes de Strabon et d'Hérodote — car ces peintures semblent refléter une influence crétoise, non seulement par le style du dessin (tel le mouvement du galop des chevaux[50]) mais aussi en raison des armes. C'est de Crète que vint à cette époque le « peuple de la mer » pour soutenir l'attaque des Libyens de Cyrénaïque contre l'Égypte.

Au cours des siècles suivants, le cheval et le char de guerre menèrent les conquérants libyens sur une bonne partie du Sahara, bien que les dessins stylisés semblent indiquer que les artistes indigènes n'aient jamais

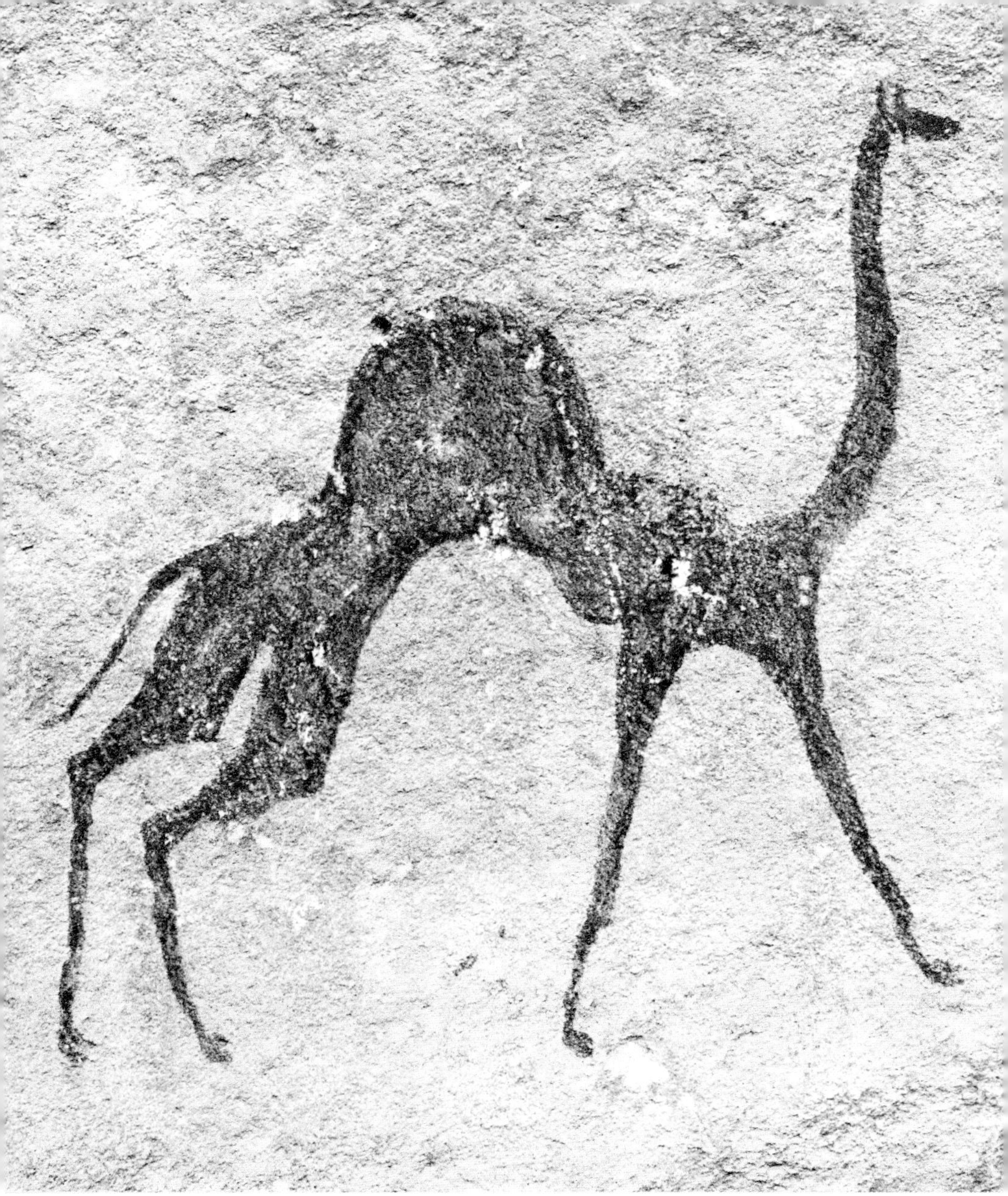

30 Chameau : petite peinture de la période tardive de l'art du Tassili. Ouan Bender.

possédé de tels véhicules. La désertification rendait la vie de plus en plus difficile aux propriétaires de chevaux, mais les chars persistent jusqu'à la phase de déclin des gravures montrant des chevaux. Le chameau est 30
caractéristique de la dernière phase de l'art pariétal saharien, mais la date de son introduction, encore discutée, est certainement antérieure aux Romains et se situe peut-être vers 700 av. J.-C.

La peinture et la gravure semblent refléter, en partie tout au moins, différentes traditions, car malgré le nombre de roches adéquates, on ne trouve pas une seule gravure sur les sites de la période bovidienne dans le Tassili. Les êtres humains se retrouvent dans les peintures mais ils sont rarement gravés; de plus, les peintures sont souvent des compositions de plusieurs personnages et/ou animaux, alors que les gravures représentent presque toujours des sujets isolés. Il est naturel d'en conclure que ces différentes traditions sont le reflet de différences de populations. Lhote[51] avance l'hypothèse que la tradition picturale dans la période bovidienne a été introduite par des bergers, qui amenèrent les bœufs chez des chasseurs dont la forme d'art était la gravure. Mais les gravures de la période du bubale (on ne connaît aucune peinture de cette période) sont restreintes à trois zones éloignées les unes des autres, le Sud oranais, le Tassili et le Fezzan.

Les variations des sujets représentés dans ces trois grandes zones tendent à prouver que, si ces gravures peuvent effectivement représenter une tradition artistique commune, elles reflètent des idées religieuses différentes. Lhote pense qu'elles ont été réalisées par des hommes de race blanche: en effet, une plaquette gravée découverte dans une couche capsienne, dans le sud de la Tunisie, montre une figure dans un style qui rappelle celles du Sud oranais, et le capsien semble avoir été développé par des groupes liés au type européen de Cro-Magnon.

Lhote croit les peintures d'hommes à tête ronde postérieures aux gravures de la période du bubale; elles seraient l'œuvre de Noirs, comme doivent l'être les peintures de masques, qui évoquent ceux qu'on voit encore en Afrique au sud du Sahara. Bien qu'aucun squelette n'ait été extrait du Tassili, de nombreux tombeaux n'attendent que la venue des archéologues.

Les peintres du bovidien se représentent souvent eux-mêmes; la peau 31
cuivrée et les cheveux raides, ils ressemblent beaucoup aux bergers Fulbe qui font paître aujourd'hui leurs troupeaux depuis les prairies du Cameroun jusqu'au Sénégal. On pense que la langue Fulbe est née dans la vallée centrale du Sénégal et dans le Fouta-Toro[52], et il est certain que

l'on peut y retrouver ce peuple au VIIIᵉ siècle de notre ère. Il est tentant de supposer que ce sont les bergers nomades Fulbe qui ont peint les scènes du Tassili, mais les indices sont insuffisants. Avec une connaissance plus détaillée des mouvements de ce peuple et des mécanismes par lesquels une langue en remplace une autre, peut-être pourrons-nous un jour étayer cette affirmation. Au nord du Sahara, on a découvert des objets d'art plus anciens encore : la corne d'un mouflon en terre cuite de Tamar (Algérie) remonterait à 18 000 av. J.-C. L'art rupestre étant relativement rare en Afrique occidentale, on peut actuellement le considérer comme une extension méridionale de l'art saharien; c'est pourtant là que fut démontrée l'intéressante relation entre peintures pariétales, phonolithes et glissades sur rochers, d'une part, et rites initiatiques d'autre part. On découvrit plus tard que les phonolithes et glissades étaient tout aussi répandus en Europe qu'en Afrique, et que l'ensemble pourrait bien remonter au néolithique[53]. On trouve des gravures et des peintures dans d'autres parties de l'Afrique, principalement dans le Sud et l'Est. Lors de fouilles dans la grotte Apollo 11, dans les montagnes Hun du sud-ouest de la Namibie, on a découvert sept petites plaques de pierre portant des peintures stylisées d'animaux, parmi les restes d'une industrie du paléolitique moyen à laquelle le radiocarbone attribue une ancienneté de vingt-cinq mille cinq cents à vingt-sept mille cinq cents ans. Elles remontent donc approximativement à la même époque que l'art mobilier le plus ancien des cavernes européennes ; or, étant détachées (elles ne proviennent pas des murs), on peut croire qu'elles sont de l'art mobilier. Les fouilles ayant été beaucoup moins nombreuses en Namibie qu'en Europe, des découvertes restent à faire et la théorie selon laquelle l'art, comme l'humanité, aurait ses sources en Afrique, pourrait bien s'avérer un jour. Dans la partie australe du continent, on parle souvent d'art «boschiman» en raison de relations écrites décrivant les peintres boschimans à la fin du XVIIIᵉ et au XIXᵉ siècle. Ainsi, en 1869, Stow parla du peintre !Gcu-wa, qui portait deux ou trois cornes autour de la taille, chacun contenant une couleur différente. La pratique de la peinture semble s'être évanouie peu après, et des tentatives pour obtenir des Boschimans des interprétations de peintures rupestres à partir de la fin du XIXᵉ siècle n'ont fourni que des explications superficielles. Des tentatives plus récentes ont été faites pour les interpréter à la lumière des légendes des Boschimans qui ont pu être répertoriées[54]: ainsi, les éléphants seraient des nuages de pluie, l'élan un symbole lunaire. Il est certain que la rareté de la représentation du springbok, le gibier favori des Boschimans, montre bien qu'il ne s'agit pas

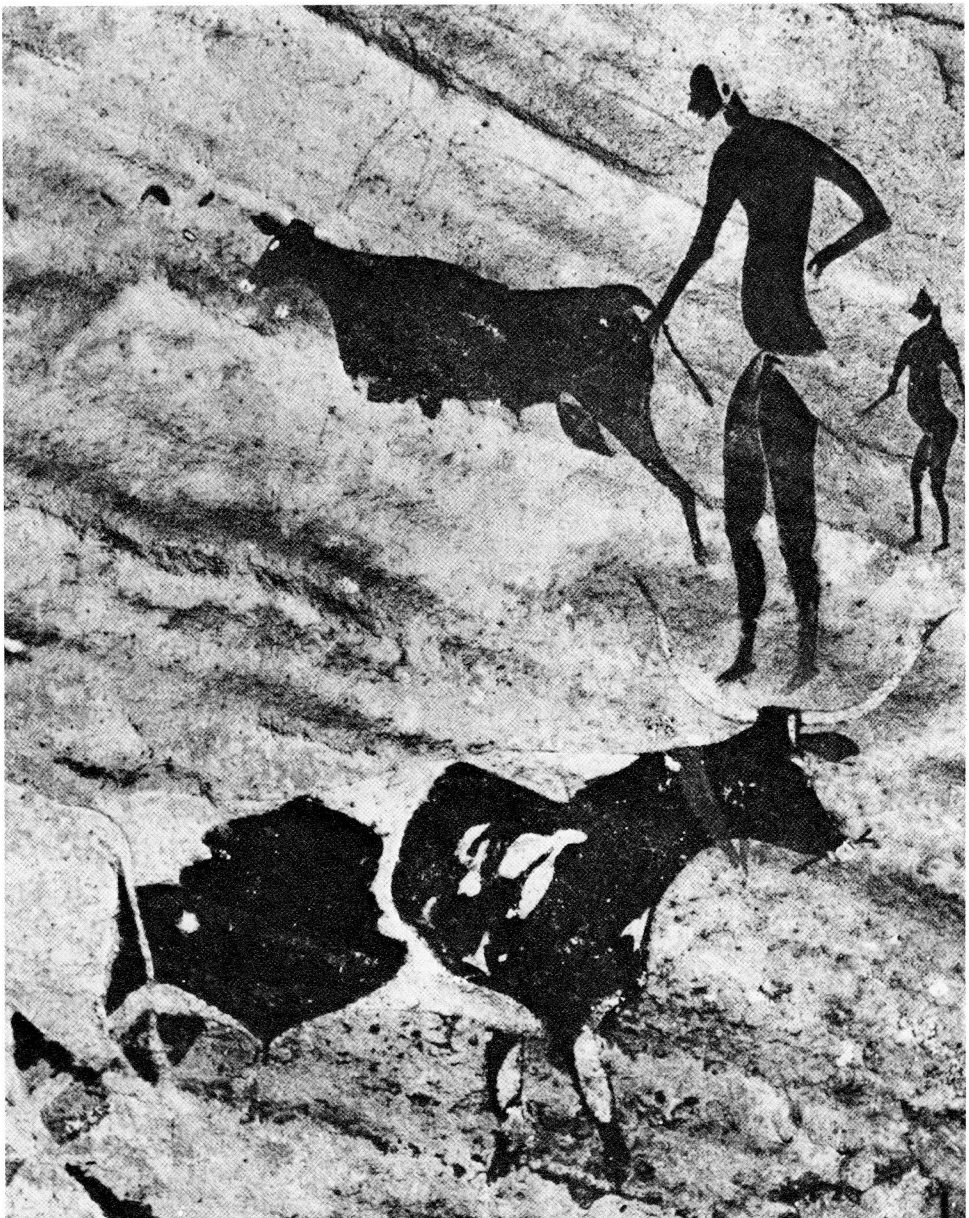

31 Pasteurs et bœufs à Tin Tazarift, au Tassili. L'animal du bas porte un collier autour du cou et tient un objet fourchu dans sa gueule. Période des pasteurs à bovidés. La taille des personnages de cette série de fresques varie de 15 à 35 cm.

seulement d'une imagerie propitiatoire de chasseurs. Lewis-Williams (1983 et 1989) a lié la pratique artistique à l'expérience des transes.

S'il est certain que les Boschimans pratiquaient cet art avant d'être repoussés dans l'inhospitalier Kalahari, il est moins sûr qu'ils fussent les seuls : en effet, certaines peintures et gravures plus récentes semblent être dues à des peuples parlant des langues bantoues, et d'autres probablement à des Hottentots.

Il reste bien difficile de situer avec exactitude l'apparition de l'art dans le sud de l'Afrique. On a avancé qu'il était contemporain des peintures rupestres de l'est de l'Espagne, dont le style est assez proche, et que l'on estime dater du paléolithique supérieur ou du mésolithique, tandis que la culture matérielle de leurs exécutants semble provenir en grande partie d'Afrique du Nord.

Les découvertes de la grotte Apollo 11 ont prouvé que l'art boschiman est bien plus ancien. Notons que Willcox[55], entre autres, refusait de croire à la pertinence des datations quant à l'art pariétal.

La première date fut obtenue grâce au radiocarbone contenu dans un mélange de charbon de bois et d'ocre dont l'abbé Breuil prétendait qu'il avait été utilisé dans les peintures de la grotte Philipp, dans la région de Windhoek, en Namibie : 1418 ± 200 av. J.-C. (C-911). Plus récemment, on fit remonter du charbon de bois ramassé à la surface à 1670 ± 80 apr. J.-C. (R-23).

L'abri du Chifubwa en Zambie est couvert de gravures extrêmement schématiques de lignes parallèles, de U renversés avec un trait vertical au milieu et quelques traces de peinture : une seule industrie de pierre, appelée Nachikufan I, fut retrouvée dans le dépôt couvert de sable stérile qui cachait les gravures : le radiocarbone donna 4357 ± 250 av. J.-C. (C-663). Les datations de Nachikufan I à Nachikufu même s'échelonnent de 5590 ± 600 av. J.-C. (Y-624) à 1510 ± 200 av. J.-C. (Y-623).

Toutes les dates du complexe de Nachikufu sont réparties sans ordre : on ne peut donc être certain que l'abri du Chifubwa a été décoré à ces dates, d'autant plus qu'à Nakapapula, Serenje, en Zambie, la date de 770 ± 100 apr. J.-C. (Gxo-535) fut obtenue pour une industrie Nachikufan très tardive en pierre mélangée à de la poterie, et trouvée dans un abri rocheux dont les parois portaient des peintures réalistes recouvertes de motifs schématiques[56].

Il arrive que des blocs de pierre se soient détachés des parois, emportant avec eux une partie d'une peinture: on les retrouve alors dans des dépôts du paléolithique supérieur, mais ces sites n'ont pas encore été datés au radiocarbone.

L'art et la vie que représente l'art du sud de l'Afrique sont essentiellement d'un type paléolithique, comme l'économie boschimane. S'il est probable que la plupart des peintures connues datent des deux derniers millénaires, il est évident que la tradition remonte beaucoup plus loin. Il n'est guère plausible que toutes ces manifestations de peinture et de gravure pariétales en Europe et en Afrique soient contemporaines, ou même qu'elles représentent un continuum culturel de l'est de l'Espagne jusqu'au Cap; rien ne prouve non plus que l'art se soit répandu d'Europe vers le sud à travers l'Afrique. Il semble y avoir eu trois grandes zones d'évolution dans le sud, l'est et le nord de l'Afrique, mais, bien que l'on puisse relever un certain parallélisme dans leurs histoires respectives, les différences semblent plus importantes que les analogies.

Il est remarquable que l'analogie la plus frappante quant au style et au sujet concerne les arts les plus éloignés géographiquement, à savoir les peintures de l'est de l'Espagne et celles du sud de l'Afrique. Le fait que les autres arts rupestres, pourtant situés entre les deux, présentent peu de ressemblance avec l'une ou l'autre de ces traditions tend à prouver qu'il n'existe pas de connexion, d'autant que certaines peintures rupestres australiennes sont comparables aux deux.

La faune de l'Afrique australe, contrairement à celle du Nord, est restée inchangée depuis le milieu du pléistocène supérieur, ce qui empêche de tenir compte des animaux représentés pour établir une chronologie dans les peintures, à l'exception toutefois des bœufs et des moutons à grosse queue, qui ne peuvent être antérieurs à l'arrivée relativement tardive des bergers hottentots et bantous.

L'art le plus ancien consiste en de simples gravures, souvent à peine visibles. Les premières peintures ont aussi été estompées par le temps, ne laissant plus apparaître que de pâles silhouettes d'animaux sur la pierre. Elles sont caractérisées par leur style réaliste et leurs sujets paisibles — dont aucun sujet moderne reconnaissable. Les plus récentes, qui reproduisent des scènes élaborées de cérémonies, de razzias et de batailles, sont moins soigneusement exécutées.

Dans la première phase de cette époque, les différentes races semblent coexister pacifiquement, alors que la dernière, dont les peintures sont surtout concentrées autour du sud-est de l'Afrique du Sud, reflète une période de lutte constante.

Il est d'ordinaire possible de distinguer les Boschimans — de petite taille, peints en jaune, rouge ou brun, portant des arcs et des flèches —, et les Bantous — de grande taille, habituellement peints en noir, des ornements sur les bras et les jambes, armés de lances et de boucliers — des Européens — reconnaissables à leurs vêtements, portant souvent des fusils et accompagnés de chevaux. Les Hottentots, quant à eux, sont représentés comme les Boschimans, et on ne peut les distinguer de ceux-ci que dans les scènes de combat entre les deux groupes, où ils apparaissent plus grands, peints en rouge ou en brun et armés d'arcs et de flèches ou bien de lances.

De nombreux spécialistes ont voulu reconnaître dans cette forme artistique féconde telle ou telle influence étrangère. L'abbé Breuil en particulier a interprété certains sujets comme sumériens ou égyptiens, sans toutefois pouvoir étayer ses affirmations.

34 La fameuse « Dame Blanche du Brandberg » de Breuil est certainement un homme couvert de peinture blanche ou de perles en coquille d'œuf[57] et les « robes sumériennes » que portent certains personnages sont en fait des vêtements en peaux de bêtes à franges comme portent les Boschimans et les Bosotho des montagnes. En outre, malgré l'importance des fouilles réalisées en Afrique australe, on n'a pas trouvé d'objets méditerranéens ou moyen-orientaux.

La grande richesse de ces formes d'art du sud de l'Afrique a donné lieu à de nombreuses études et l'on découvre sans cesse de nouveaux sites, ainsi que le prouvent les compte-rendu du *South African Archeological Bulletin*. Les traditions diffèrent selon les lieux ; d'autre part, on a décrit maintes séquences de styles locaux.

Dans certaines régions on a prétendu pouvoir classer jusqu'à dix-sept styles chronologiquement en établissant un ordre de succession régulier et en déterminant les relations qu'ils entretenaient entre eux, mais des études postérieures plus poussées ont montré que ces séquences ne sont pas probantes[58].

En fait, Willcox a montré que dans le Drakensberg, bien que les peintures monochromes précèdent les peintures bichromes et que toutes deux précèdent les polychromes, la monochromie se perpétue dans les styles plus tardifs[59].

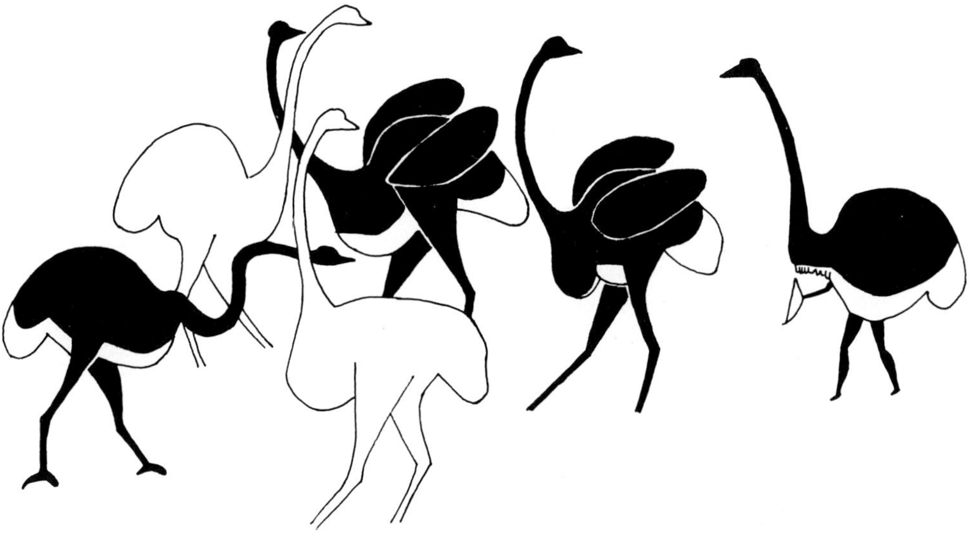

32 Peinture polychrome d'un Boschiman déguisé chassant des autruches à Herschel, Witberge, province du Cap, Afrique du Sud. (D'après Stow et Bleek. Larg.: 66 cm.)

L'apogée de la peinture des Boschimans fut indubitablement les pein- 33
tures polychromes, limitées au sud-est de l'Afrique du Sud. On distingue là deux périodes principales: la pré-et la post-bantoue, soit avant et après le début du XVIIe siècle, époque des peintures polychromes; la répartition très localisée peut signifier que le style apparut après que les Boschimans de l'est eurent été repoussés dans cette région par les Bantous. Ces peintures montrent une maîtrise de la perspective et de la composition de groupes de personnages. Les humains y sont parfois représentés avec des têtes d'animaux qui, a-t-on dit, représenteraient des esprits; en réalité de nombreux exemples indiquent que l'on chassait souvent les animaux au moyen de déguisements de ce type. On voit même un Bos-
chiman déguisé en autruche tenant son arc à la main, tandis que d'autres 32
dessins montrent des chasseurs avec des têtes d'animaux, sans doute des coiffes. La réussite de ces déguisements, qui permettaient au chasseur d'approcher sa proie, a peut-être favorisé les danses masquées pour des motifs rituels, mais il ne s'agit là que d'une supposition[60].

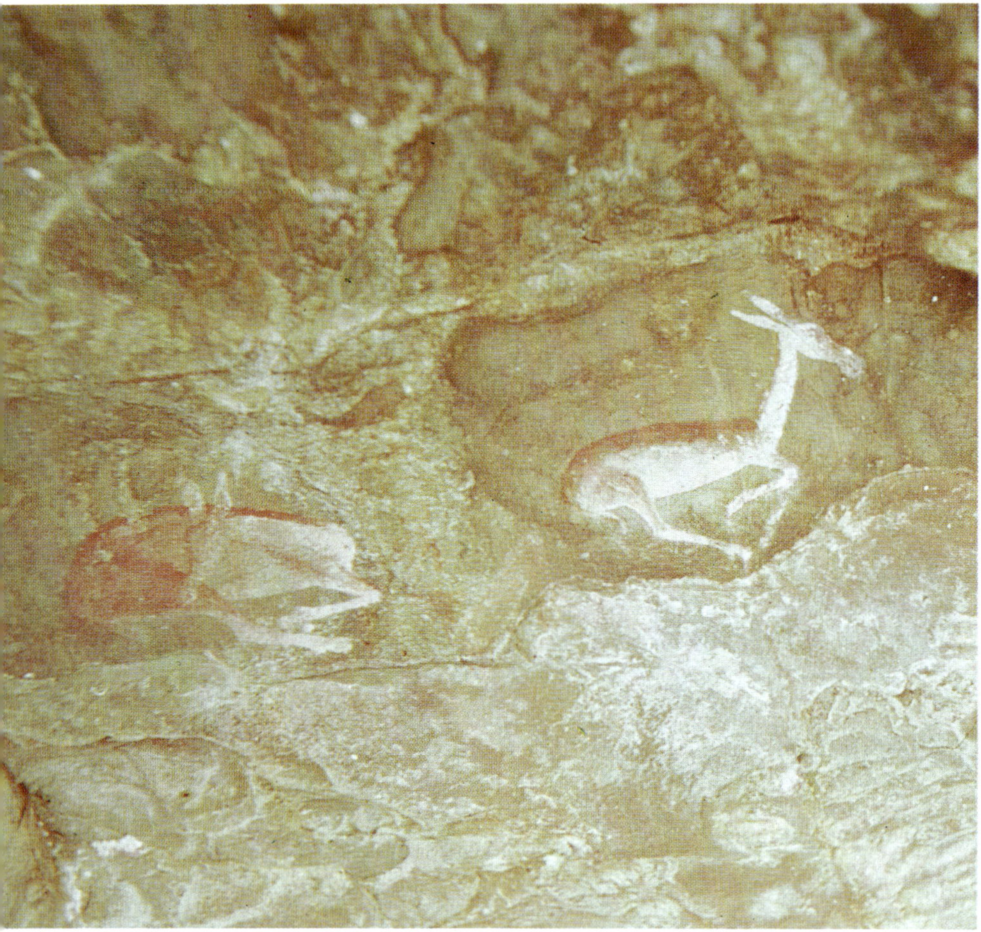

33 Peintures polychromes estompées représentant des chevreuils à la Caverne, site n° 1, Drakensberg, Afrique du Sud. La femelle sur la gauche tourne la tête pour se lécher la patte tandis que le mâle semble sur le point de se lever. La longueur de chaque peinture est inférieure à cinq centimètres.

34 Le personnage baptisé « Dame Blanche du Brandberg », de Tsisab Gorge en Namibie, est en fait un homme à la peau foncée couvert de peinture blanche ou de perles faites de coquilles d'œufs d'autruche. (Haut. : env. 40 cm.)

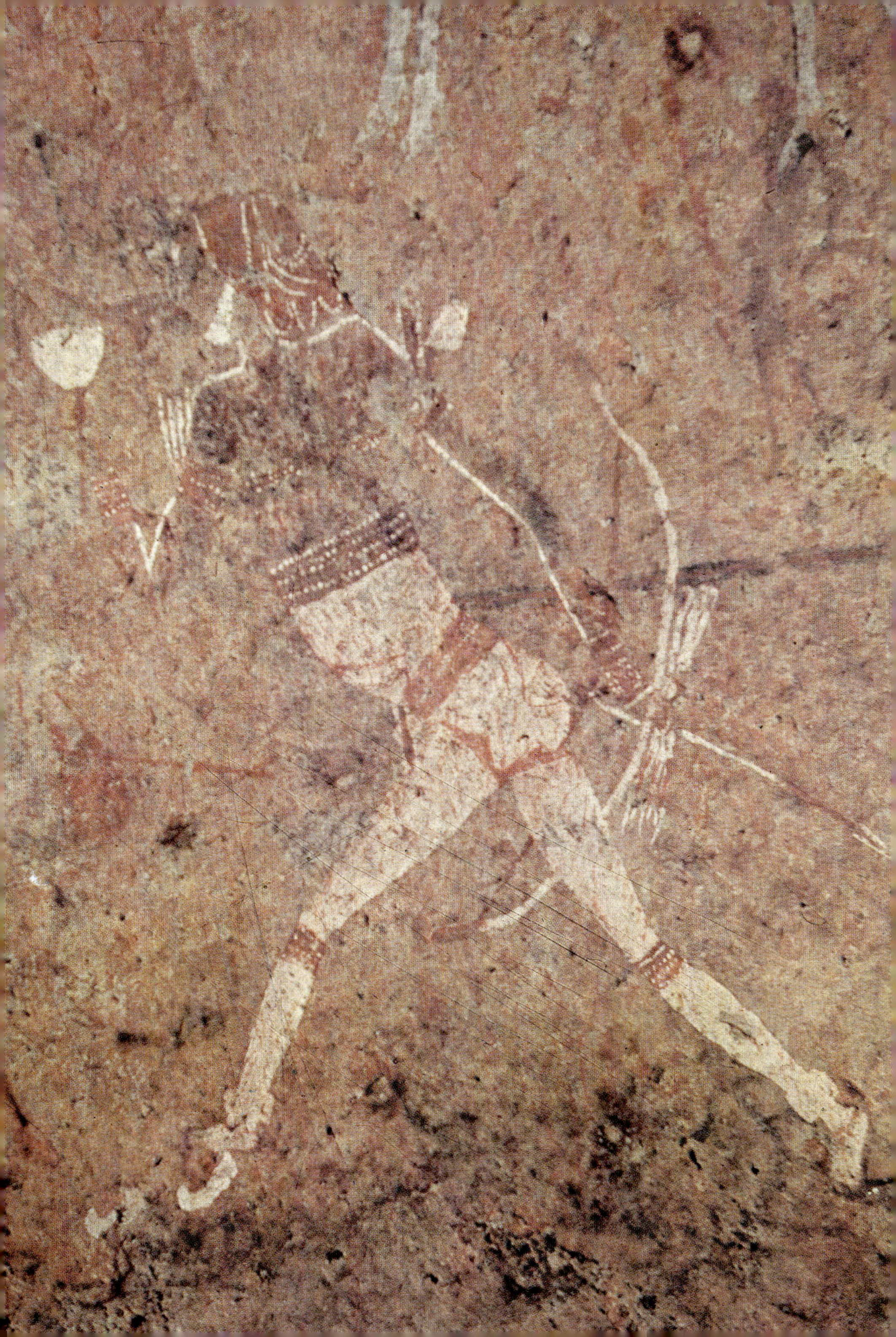

L'art rupestre de l'Afrique orientale est moins connu que celui des autres régions. Des milliers de sites ont été localisés en Tanzanie, où une séquence générale a été établie, en commençant par les animaux peints sous forme de silhouettes monochromes, suivis par des contours de plus en plus riches en détails, puis une phase de dégénérescence, l'attitude devenant rigide et le contour épais. La figure humaine apparaît surtout dans les phases tardives, alors que des dessins géométriques évoquant ceux de l'Ouganda sont plus précoces. Tout l'art ougandais (seize sites seulement) ne semble pas remonter au-delà de l'ère chrétienne; néanmoins, l'ensemble de la séquence tanzanienne couvre probablement plusieurs siècles, sinon plusieurs millénaires. Depuis la Zambie en allant vers le nord, en passant par la Tanzanie, le Kenya, l'Ouganda et la Somalie, la dernière phase consiste en figures blanches recouvrant grossièrement les autres. Elles sont certainement assez récentes; un exemple en Zambie représente même une automobile[61].

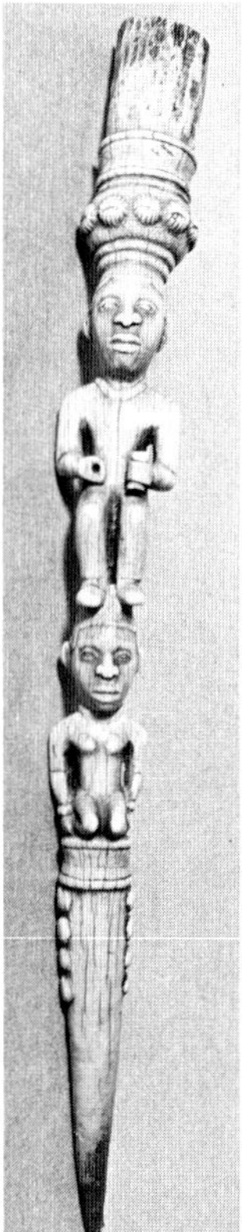

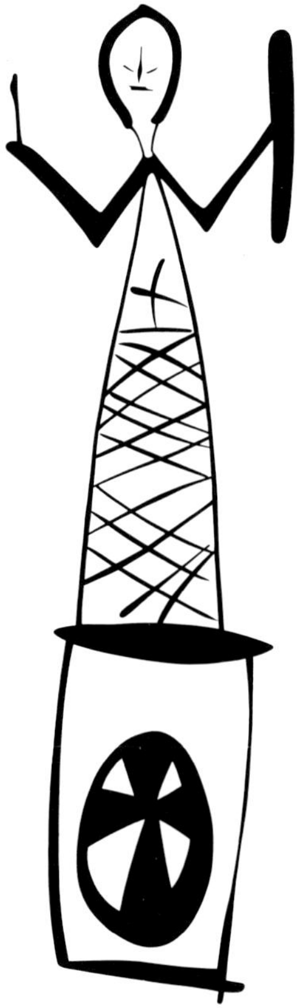

35 L'influence européenne sur le bas Congo transparaît dans cette défense d'éléphant gravée par un Bakongo et représentant un homme en vêtement européen, assis au-dessus d'une femme agenouillée. (Musée de Manchester, coll. Forrester-Warden. Long.: 43 cm.)

36 Peinture sur la paroi d'un abri à Mbafu représentant probablement don Henrique, le premier évêque congolais, ordonné en 1518. (Haut.: 33 cm.)

Un autre exemple d'art rupestre mérite d'être mentionné: la grotte de Mbafu dans le bas Congo. C'est une zone où l'influence portugaise fut importante dès la fin du XVe siècle et où le crucifix devint un symbole de pouvoir utilisé par les chefs lorsqu'ils rendaient un jugement. Les dessins rudimentaires sur les parois de l'abri montrent, entre autres motifs, une médaille avec un crucifix, une forme de bouclier avec une croix et un motif XP, mais le plus intéressant est un groupe de personnages dont la figure centrale porte une croix pectorale et se tient sur une plate-forme 36
où est représentée une croix latine. Ces motifs semblent commémorer l'ordination de don Henrique, fils du roi Afonso Ier des Bakongo, au titre de premier évêque congolais en 1518[62].

Ainsi, il est probable que la peinture rupestre africaine couvre une période d'environ trente mille ans, au cours desquels elle nous montre l'évolution des modes de vie jusqu'à aujourd'hui, bien que l'art mobilier ait commencé il y a quelque vingt-sept mille ans. Néanmoins, les archéologues ont encore beaucoup à faire avant de parvenir pour cet art à un classement chronologique définitif.

La sculpture antique

Il est intéressant de noter que l'art rupestre dont nous avons parlé se situe pour l'essentiel en dehors des régions où se pratiquait la sculpture. Il semble probable que les artistes des savanes se soient exprimés par la peinture et le trait, tandis que les peuples des forêts d'Afrique occidentale et du bassin du Congo auraient préféré l'expression sculpturale. S'il est possible que le climat humide soit responsable de l'effacement sur les parois de toute trace de peinture, les gravures sont si rares qu'il est permis de supposer que ces deux formes d'art furent quasi inexistantes. Les sculptures en pierre demeurent, elles, en abondance, si ce n'est que, comme les peintures, elles sont difficiles à dater directement[63].

A l'opposé, le bois se détériore rapidement s'il n'est pas soigneusement et délibérément protégé, et lorsqu'on étudie l'histoire de la sculpture africaine, il est nécessaire de se fonder sur des matériaux supportant l'incurie, principalement la terre cuite et les alliages de cuivre — moulages en bronze et en laiton. On a retrouvé des terres cuites dans de nombreuses parties du continent, généralement isolées et non apparentées à une tradition durable, mais nous avons eu la chance de découvrir en Afrique occidentale des spécimens de deux traditions sculpturales importantes

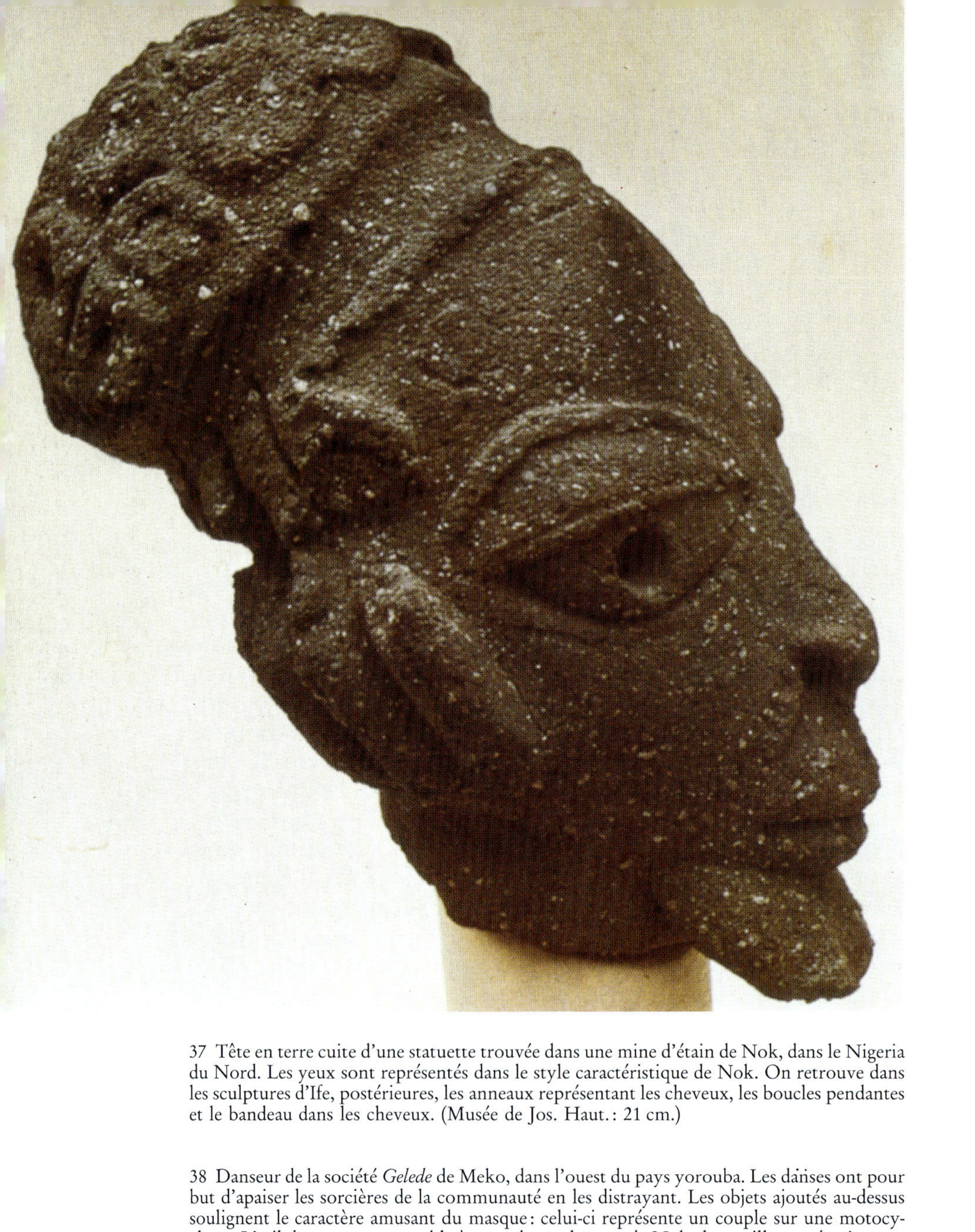

37 Tête en terre cuite d'une statuette trouvée dans une mine d'étain de Nok, dans le Nigeria du Nord. Les yeux sont représentés dans le style caractéristique de Nok. On retrouve dans les sculptures d'Ife, postérieures, les anneaux représentant les cheveux, les boucles pendantes et le bandeau dans les cheveux. (Musée de Jos. Haut.: 21 cm.)

38 Danseur de la société *Gelede* de Meko, dans l'ouest du pays yorouba. Les danses ont pour but d'apaiser les sorcières de la communauté en les distrayant. Les objets ajoutés au-dessus soulignent le caractère amusant du masque: celui-ci représente un couple sur une motocyclette. L'œil du masque ressemble à ceux des sculptures de Nok; la pupille percée n'est pas faite pour voir à travers, comme on peut le constater, puisque le visage du danseur se trouve en dessous du masque. De grandes quantités de plastique importé entrent dans la composition du costume coloré.

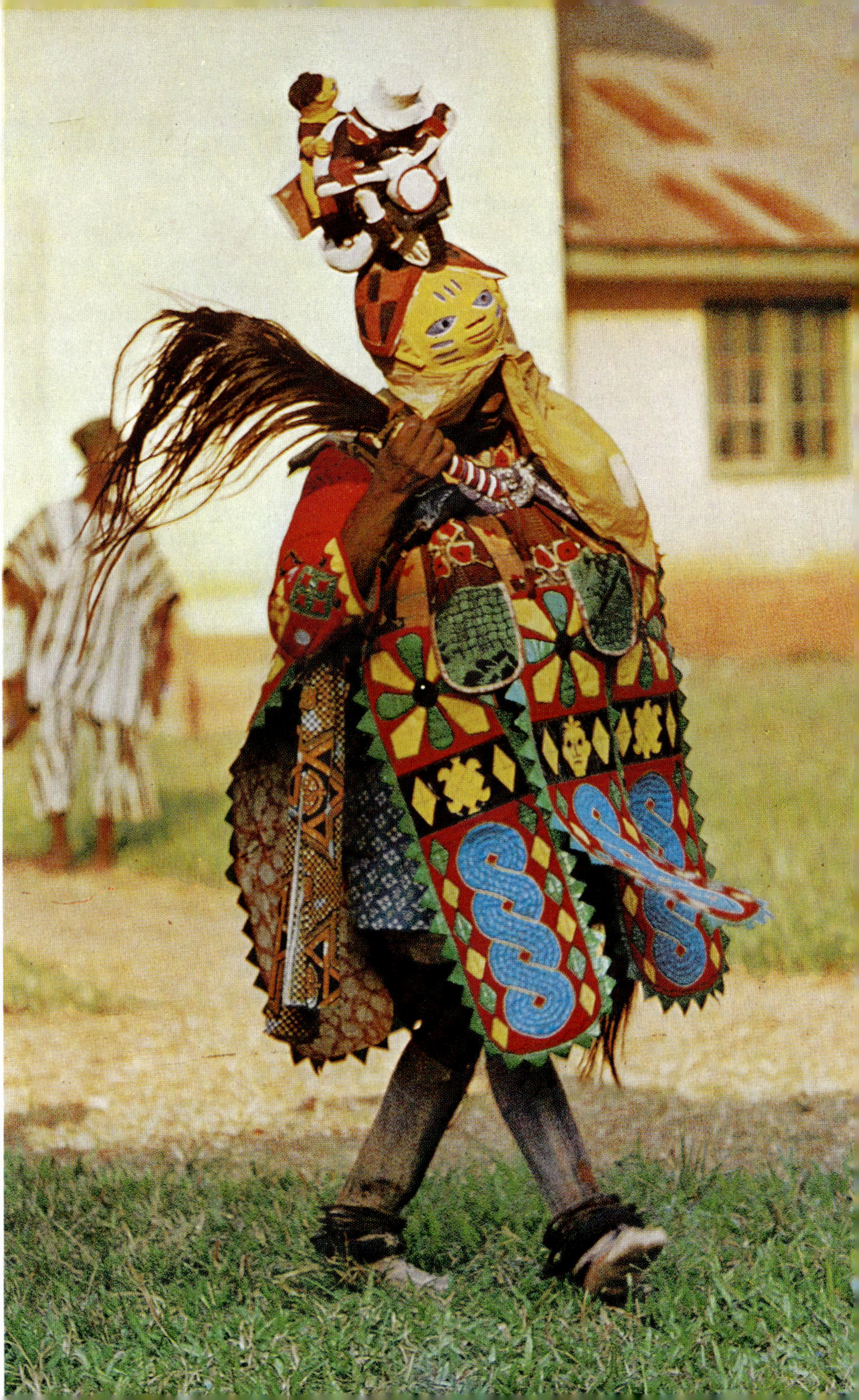

qui nous permettent d'observer l'évolution de la sculpture sur une période de deux mille cinq cents ans. En dehors de l'Égypte, la plus ancienne tradition se trouve au Nigeria, où l'on a trouvé, dans le nord du pays, des sculptures en terre cuite, souvent à grande échelle, de figures humaines et animales. Elles ont été exhumées dans des mines d'étain près du village de Nok dans l'Etat de Kaduna (Nigeria du Centre-Nord). Dans des dépôts inondés, on y trouva ces sculptures en même temps que des haches de pierre bien polies et des débris d'outillage de métallurgie. Les datations au radiocarbone donnèrent pour ce dépôt 200 ± 50 apr. J.-C. (Y-474) pour la couche où se trouvent les sculptures, et, pour la couche inférieure, une série de dates dont la plus récente était 925 ± 70 av. J.-C. (Y-142-4). Plus tard un site d'occupation a été découvert à Taruga, important centre métallurgique puisqu'on y a retrouvé plus d'une dizaine de fourneaux. Le charbon de bois bloqué à la base de l'un d'eux par des scories de fer a fourni la date de 300 ± 100 av. J.-C. (I-3400), tandis que la couche d'occupation où l'on retrouva les sculptures de Nok en terre cuite est datée de 440 ± 140 av. J.-C. (I-2960) et 280 ± 120 av. J.-C. (I-1459). De nombreuses datations à la thermoluminescence montrent que les sculptures datent d'environ 500 av. J.-C./500 apr. J.-C.[64].

La terre est un matériau souple qui exige un maniement différent de celui du bois. On sculpte le bois en retirant des morceaux de la pièce initiale — technique soustractive —, alors que pour la terre cuite on ajoute peu à peu de la matière — nous sommes là en présence d'une technique additive.

La malléabilité de la terre permet un travail délicat, alors que le bois appelle davantage une représentation cubiste. Certaines sculptures de Nok présentent des formes purement géométriques que l'on s'attendrait plu-
39 tôt à trouver exécutées sur bois : la bouche, ou la barbe, compose un bloc formant une protubérance sur le visage ; des lignes gravées marquent souvent les dents et le contour des lèvres. Il semble que les terres cuites de Nok soient issues d'une tradition de sculpture sur bois inconnue dans la mesure où aucun spécimen n'en a été conservé ; on ignore de même jusqu'où remonte une telle tradition, bien qu'on se demande dans quelle mesure certaines peintures du Tassili, censées représenter des masques et des personnages masqués, ne pourraient pas être la marque de cette
29 ancienne tradition.

La taille des sculptures de Nok varie de dix centimètres à un mètre vingt ou plus. Il est difficile d'établir la taille exacte des pièces les plus grandes car elles ne sont jamais intactes. Nous avons par exemple une tête de

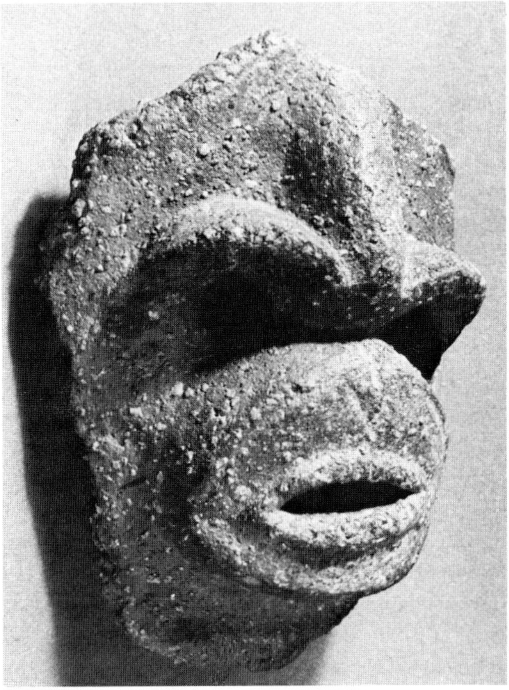

39 Fragment du visage d'une tête tubulaire en terre cuite de Tonga Nok, dans le Nigeria du Nord. Seuls subsistent le nez et la bouche. La facture de la bouche en bloc saillant sur lequel les détails sont gravés semble indiquer une tradition de sculpture sur bois ayant existé dans la région au cours des quatre ou cinq derniers siècles avant notre ère. (Musée de Jos. Haut. : 16 cm.)

Nok qui mesure trente-cinq centimètres de haut, ce qui implique une hauteur totale de un mètre vingt, même si cette tête est d'une taille exagérée ; la partie inférieure d'une statuette de Kuchamfa, du pied à la hanche, mesure près de soixante centimètres, ce qui suggère là aussi une hauteur totale d'au moins un mètre vingt. Les membres et les corps des représentations humaines, généralement simplifiés, sont de simples tubes couverts de perles enfilées. La tête est souvent cylindrique, sphérique ou conique, la coiffure élaborée et les oreilles diversement placées. Les lèvres, les oreilles, les narines et les pupilles sont généralement percées. L'œil est un segment sphérique, la paupière supérieure horizontale et la paupière inférieure dessinées en arc de cercle, l'ensemble composant parfois une sorte de triangle. La courbure du sourcil répond, souvent très précisément, à celle de la paupière inférieure. La forme de l'œil évoque celle des masques modernes yoroubas 37
gelede, où la pupille percée est un trait stylistique et non pas fonctionnel, car le masque se met sur la tête comme un chapeau et celui qui le porte regarde par l'interstice entre le tissu et le bas du masque. Dans la mesure où nous n'avons pas retrouvé, jusqu'à présent, cette particularité dans la période intermédiaire, il pourrait s'agir d'un exemple de convergence.

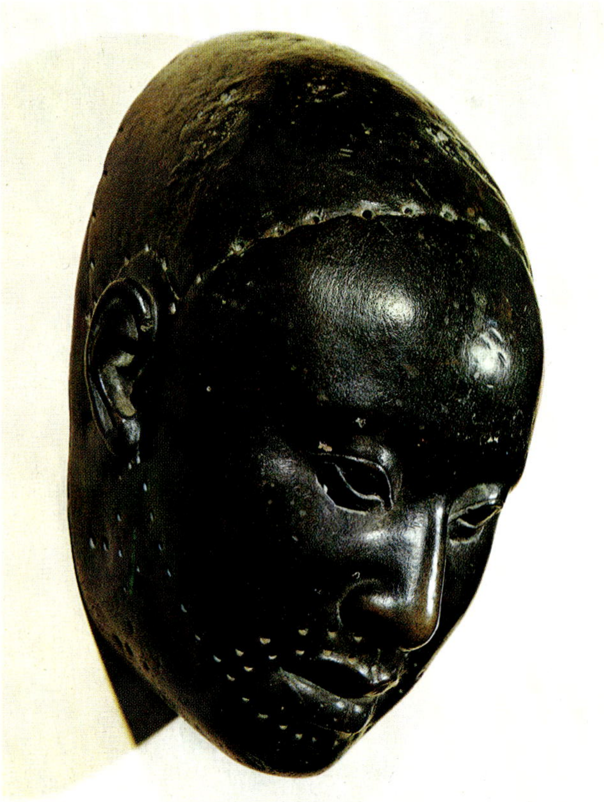

40 Masque coulé en cuivre presque pur dans le style naturaliste qui fait la célébrité de l'art d'Ife. Cet objet était visiblement destiné à être porté, peut-être lors de l'enterrement d'un roi d'Ife. On dit qu'il a toujours été conservé dans un sanctuaire au palais, et il fut longtemps le seul spécimen de métallurgie connu dans la ville. Il n'est donc pas étonnant que l'on ait pensé qu'il représentait Obalufon, censé avoir introduit cette technique à Ife. (Musée d'Ife. Haut. : 33 cm.)

41 Groupe de têtes très stylisées de diverses parties d'Ife, apparemment contemporaines d'autres, traitées dans un style intensément naturaliste. La deuxième à partir de la gauche allie une forme conique et des traits modérément réalistes. (Musée d'Ife. Haut. : 13 cm, 19 cm, 16,5 cm et 16 cm.)

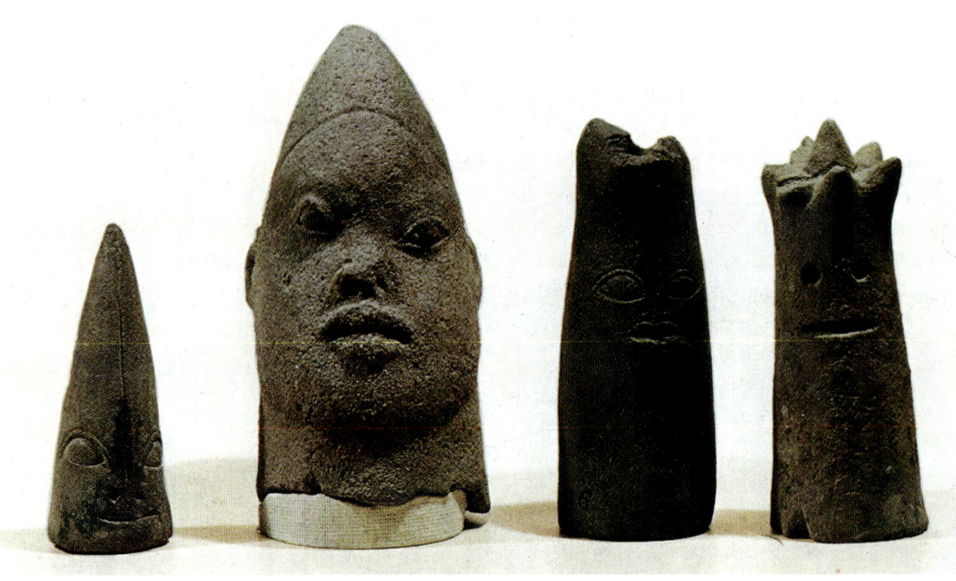

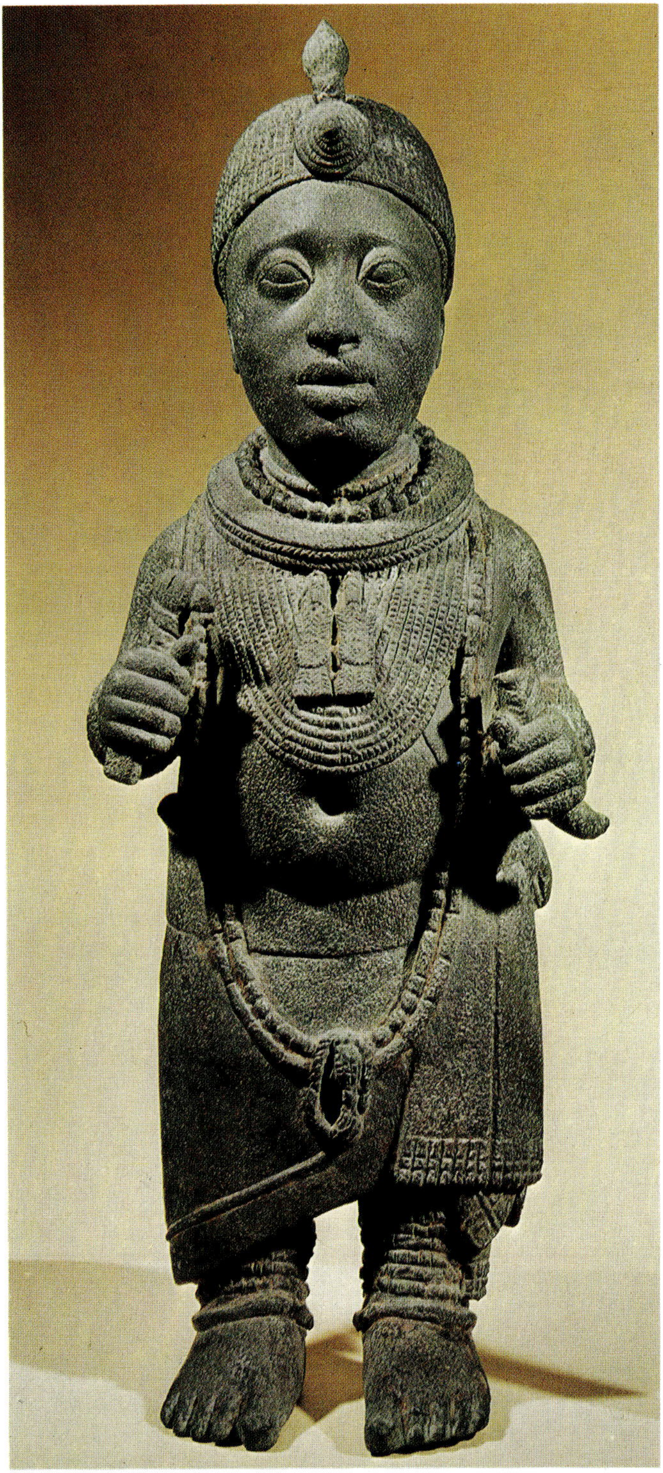

42 Statuette en laiton d'un oni d'Ife découverte en 1958 à Ita Yemoo. Les fouilles sur ce site ont montré que des sculptures en terre cuite d'un style semblable, mais de dimensions plus importantes, y avaient été abandonnées vers le XIIe siècle de notre ère. (Musée d'Ife. Haut. : 46,5 cm.)

Les figures humaines de Nok sont stylisées, alors que les animaux sont remarquablement réalistes, bien que tous aient le même type d'yeux. Un graveur gouro a raconté à Himmelheber qu'il n'avait jamais gravé un visage qui pût ressembler à une personne réelle, de crainte de se faire accuser de sorcellerie ; il est fort possible qu'il en aille de même pour les statuettes humaines exécutées par les sculpteurs de Nok, car il est évident qu'ils étaient parfaitement capables de représentations ressemblantes, comme le prouvent les statuettes d'animaux. On retrouve le même contraste entre des animaux plus ou moins réalistes et des figures humaines fortement stylisées dans l'art rupestre franco-cantabrien du paléolithique supérieur, peut-être dû aussi à la crainte d'accusations de sorcellerie. La sculpture de Nok semble représenter un stade séminal dans l'histoire culturelle de l'Afrique occidentale, car bien qu'on ne puisse établir aucune relation, on retrouve la même structure de tête tubulaire formant un angle avec un cou également tubulaire dans des sculptures en pierre non datées à Esie [65], dans les ivoires gravés afro-portugais du XVIe siècle de Sherbro [66], et dans
53 les figures *nomoli* de la Sierra Leone (voir p. 98) [67]. De même, on note dans les petites statuettes de Nok plus ou moins bien conservées les proportions les plus fréquentes dans la sculpture africaine : grosse tête et jambes courtes. On retrouve chez les petits groupes du plateau nigérian plusieurs détails de costume et de coiffure représentés dans les sculptures de Nok. Des communautés vivant aujourd'hui dans la région de la culture de Nok ou ses environs exécutaient encore des terres cuites il y a peu, ainsi les Tivs, les Dakakari et les Ham. Ce sont peut-être les restes d'une tradition remontant à plus de deux millénaires. Quoi qu'il en soit, on n'a encore identifié dans cette zone que de rares vestiges archéologiques susceptibles de combler le hiatus allant de l'époque florissante de la culture de Nok (du IVe siècle av. J.-C. au Ve siècle apr. J.-C.) à ces exemples du XIXe et du XXe siècle : une unique pièce Nok tardive (?, 1/500 apr. J.-C.) et des sculptures non datées trouvées près de Zaria (voir F. Willett [1986] et E. Eyo et F. Willet [1980], pp. 26, 42).

Il existe néanmoins un style sculptural florissant durant cette interruption, et possédant de nombreux traits communs avec le style de Nok. Il s'agit de l'art de la ville d'Ife, capitale religieuse et autrefois politique des peuples yoroubas, au sud-ouest du Nigeria. Le style artistique d'Ife
40 est caractérisé par un réalisme joint à une tradition d'extrême stylisation.
41 Il arrive parfois que ces deux tendances se combinent, donnant par exemple des têtes coniques à traits réalistes. Lors de fouilles réalisées par l'auteur du présent ouvrage à Ita Yemoo en pays Ife, les datations au radiocarbone

ont indiqué que les sculptures en terre cuite retrouvées dans un temple
étaient déjà brisées au XIIe siècle[68]. En s'appuyant sur la stratigraphie
archéologique, on considère comme contemporains les deux autres groupes
de sculptures, l'un consistant en sept moulages en bronze et l'autre 42
en sept statuettes en terre. Il convient cependant de noter qu'il s'agit de
la date du dépôt de ces pièces et non de leur fabrication qui, elle, demeure
encore incertaine. Les fouilles de E. Eyo à Lafogido ont donné une date
similaire (E. Eyo, « Excavations at Odo Ogbe Street and Lafogido », *West
African Journal of Archeology*, t. 4, 1974, pp. 99-109) ; celles de P. Galake
une date légèrement plus tardive (P. Galake, « Excavations at Obalara's
Land, Ife », *W. A.J.A.*, t. 4, 1974, pp. 111-148). Un autre site à Ife a donné
cinq datations au radiocarbone allant du VIe au Xe siècle, ce qui implique-
rait un chevauchement avec la culture de Nok, si toutefois la sculpture
était pratiquée à Ife à cette époque reculée[69]. De plus, les fouilles de
Thurstan Shaw à Igbo-Ukwu (Anambra), au Nigeria, ont montré que cette
riche collection de bronzes ornementaux date des environs du IXe siècle 43, 44
apr. J.-C.[70]. Bien que le style artistique et la composition des métaux
soient différents de ceux d'Ife, l'existence, à trois cents kilomètres de dis-
tance, d'un travail fort adroit du métal, coulé et forgé, renforce la possibi-
lité d'une date ancienne pour le commencement du moulage du bronze à Ife.

Une comparaison entre les sculptures de Nok et d'Ife laisse peu de doute
sur l'existence d'un rapport artistique entre elles, même si la nature exacte
de ces liens demeure obscure. De toute l'Afrique, ce sont les deux seules
traditions artistiques anciennes connues à avoir réalisé en terre cuite des
figures humaines à peu près grandeur nature. Les fragments de troncs et
de membres sont très semblables dans leur simplification, malgré le réa-
lisme des visages d'Ife. Dans les deux styles, les sculptures ont parfois un
socle en forme de globe ; il arrive que les cheveux soient représentés par 37
des cercles ou des boucles pendantes.

Les statuettes sont en général richement décorées de perles : non seulement elles portent de nombreux bracelets aux bras et aux chevilles, mais la disposition des perles sur la poitrine est souvent très semblable dans les deux traditions : un lourd collier recouvre de nombreux autres colliers de perles plus fines sous lesquels disparaît la poitrine. Il s'agit naturellement d'une analogie d'ordre culturel plutôt qu'artistique, même si les représentations des perles sont souvent très proches. Les deux groupes d'artistes s'intéressent manifestement à la maladie et à la difformité, trait caractéristique de la sculpture Ibibio actuelle qui, comme l'a suggéré Bernard Fagg, peut également reposer sur la tradition de Nok[71].

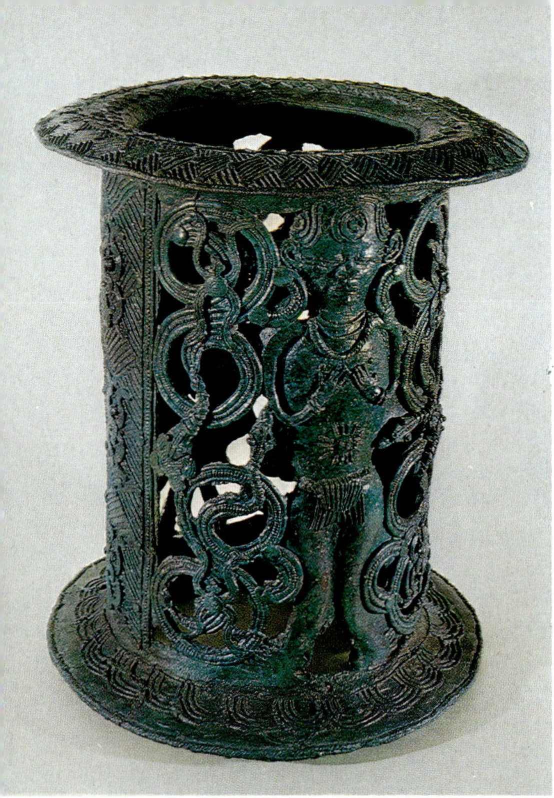

43 Socle d'autel en bronze exhumé par Thurstan Shaw à Igbo-Ukwu, au Nigeria. Les pièces coulées de ce site sont très richement décorées. Cet exemple comporte deux personnages, masculin d'un côté, féminin de l'autre, flanqués de panneaux ajourés représentant des serpents et des araignées. Ces objets furent enterrés vers le Xᵉ siècle de notre ère. (Musée national, Lagos. Haut. : 30 cm.)

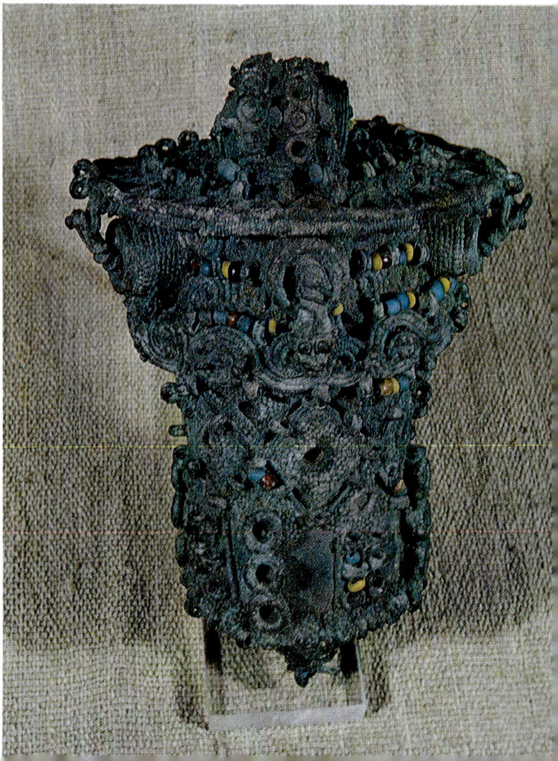

44 Nombre de bronzes d'Igbo-Ukwu étaient décorés de perles en verre et de pierres de couleur. Sous le rebord, des têtes de serpents apparaissant dans des tubes regardent alternativement vers le bas et le haut. On pense que cet objet était le sommet d'un bâton de cérémonie. (Musée national, Lagos. Haut. : 17 cm.)

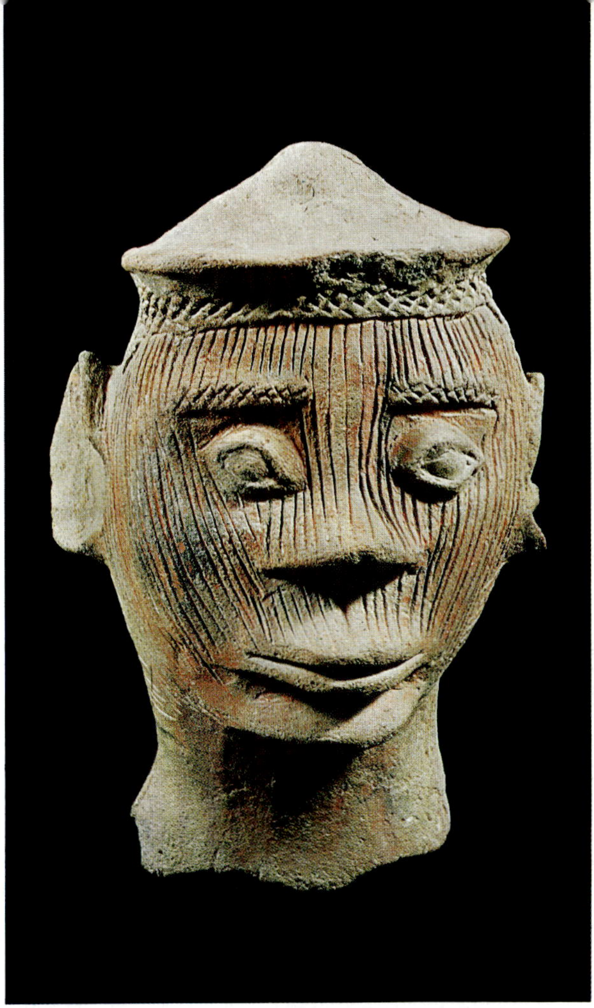

45 Tête en terre cuite trouvée par des chercheurs d'or dans le torrent Mokuro, à Ife. Les yeux proéminents, les lèvres plates et saillantes, et les oreilles stylisées indiquent sa position intermédiaire entre le style naturaliste de l'ancienne sculpture d'Ife et le travail actuel des Yoroubas. (Musée d'Ife. Haut. : 20 cm.)

A Nok comme à Ife, il semble y avoir eu une progression d'une extrême stylisation à un extrême réalisme. Dans la sculpture de Nok, la stylisation est prépondérante malgré la représentation naturaliste des animaux, tandis qu'à Ife animaux et visages humains sont réalistes alors que le reste de la figure humaine est modérément stylisé, certaines têtes étant même plus stylisées que celles de Nok. Il est possible que ce rééquilibrage vers le 41
naturalisme reflète un changement dans la philosophie de la cour et du clergé d'Ife ; peut-être assista-t-on alors à un rejet des inhibitions quant à la représentation réaliste du visage humain.

Dans l'art d'Ife, on peut toutefois distinguer un grand nombre de sculptures présentant une stylisation de plus en plus marquée dans la représentation du visage humain : les yeux se font protubérants, les lèvres sont représentées par deux protubérances horizontales, l'oreille étant rendue par une série de formes simplifiées. Ce sont là, dans le cadre d'une tradition de réalisme modéré, trois caractéristiques de la sculpture moderne yorouba. Dans la sculpture d'Ife, on assiste à un relâchement du réalisme rigoureux de l'âge classique, celui-ci faisant place à des œuvres postclassi-
45 ques de plus en plus stylisées ; on voit là la naissance d'un art sculptural africain moderne. Les fouilles du palais d'Ilesha, à trente kilomètres d'Ife,
46 ont révélé une phase de cette évolution de la sculpture yorouba au XIXe siècle. Dans ce style, la protubérance de l'œil atteint un maximum en formant une demi-sphère, que l'on retrouve encore dans certaines sculptures yoroubas modernes[72].

L'archéologie peut alors nous rapprocher de l'époque actuelle, mais pour les cinq derniers siècles, nous disposons d'autres sources. Il arrive que des sculptures assez anciennes soient encore utilisées, comme à Ife, bien que les antiquités, retrouvées par hasard, soient utilisées à des fins nouvelles et souvent totalement différentes. Bascom, Picton et Thompson ont retrouvé en usage dans la section Modakéké d'Ife un masque

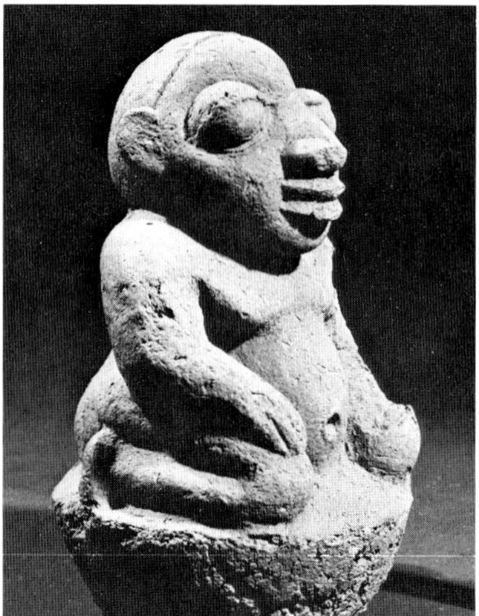

46 Une des nombreuses sculptures exhumées par l'auteur à Ilesha, à trente kilomètres au nord-est d'Ife. Ces sculptures, en terre cuite à peine passée au four, dans le style yorouba de la maturité, semblent dater du XIXe siècle. (Musée d'Ife. Haut. : 24 cm.)

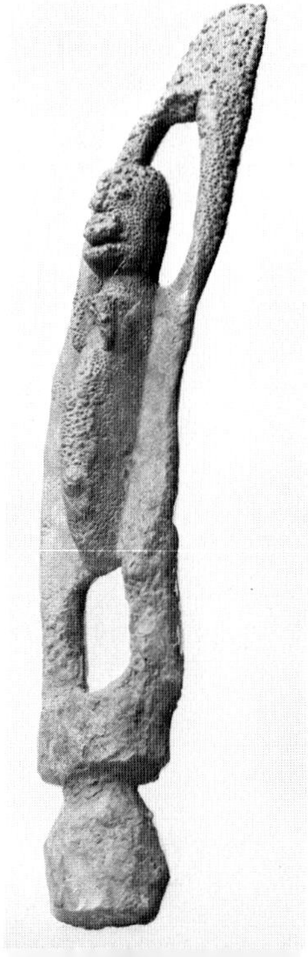

47 Figure *tellem* des Dogons, incrustée de matière sacrificielle. (British Museum, Londres. Haut. : 50 cm.)

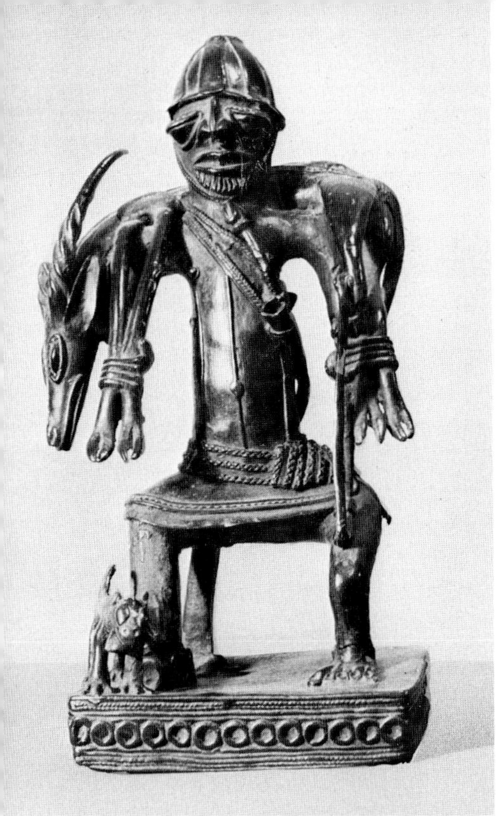

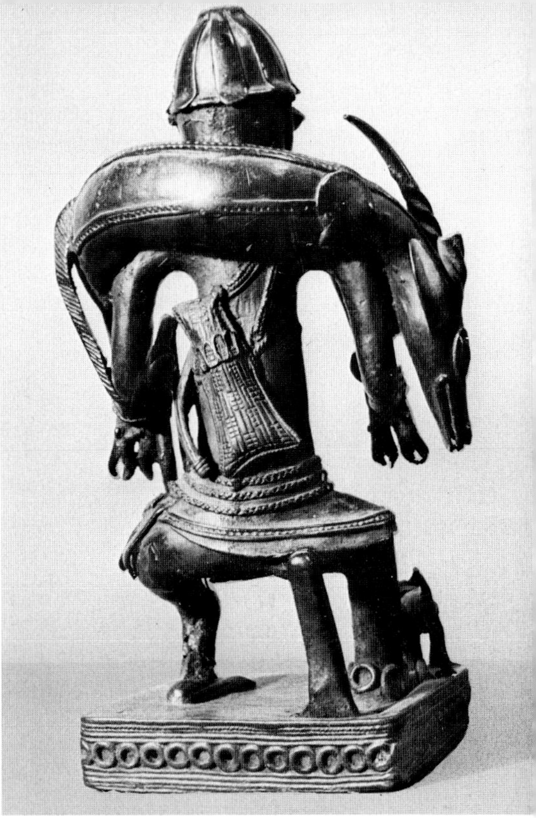

48, 49 Le Nigeria est riche en traditions relatives à la fonte d'alliages de cuivre selon le procédé de la cire perdue. Mais il est difficile de déterminer leur ancienneté et les relations qu'elles entretiennent les unes avec les autres. Cette sculpture a donné son nom au « style du chasseur », l'un des groupes de William Fagg à l'intérieur des « Industries du bronze du bas Niger ». Cet objet a été trouvé à Bénin, mais ne relève pas du style local. A noter, l'absence de la partie inférieure de la jambe droite. (British Museum, Londres. Haut. : 37 cm.)

egungun qui portait trois têtes en terre cuite de petites dimensions mais fort jolies, parmi les crânes d'animaux et autres matériaux magiques dont il était orné. Chez les Dogons, dans la boucle du Niger, on connaît depuis longtemps d'anciennes sculptures de bois appelées *tellem*. Elles ont été 47
exécutées par un groupe qui les aurait précédés sur leur territoire mais dont le style semble être l'ancêtre du leur. Soumis à un test au radiocarbone, un fragment s'est révélé de 1470 ± 150 apr. J.-C. (Sa-61) — *grosso modo* l'époque des premières explorations européennes de la côte occidentale de l'Afrique, qui nous procurent des informations d'une nature différente[73].

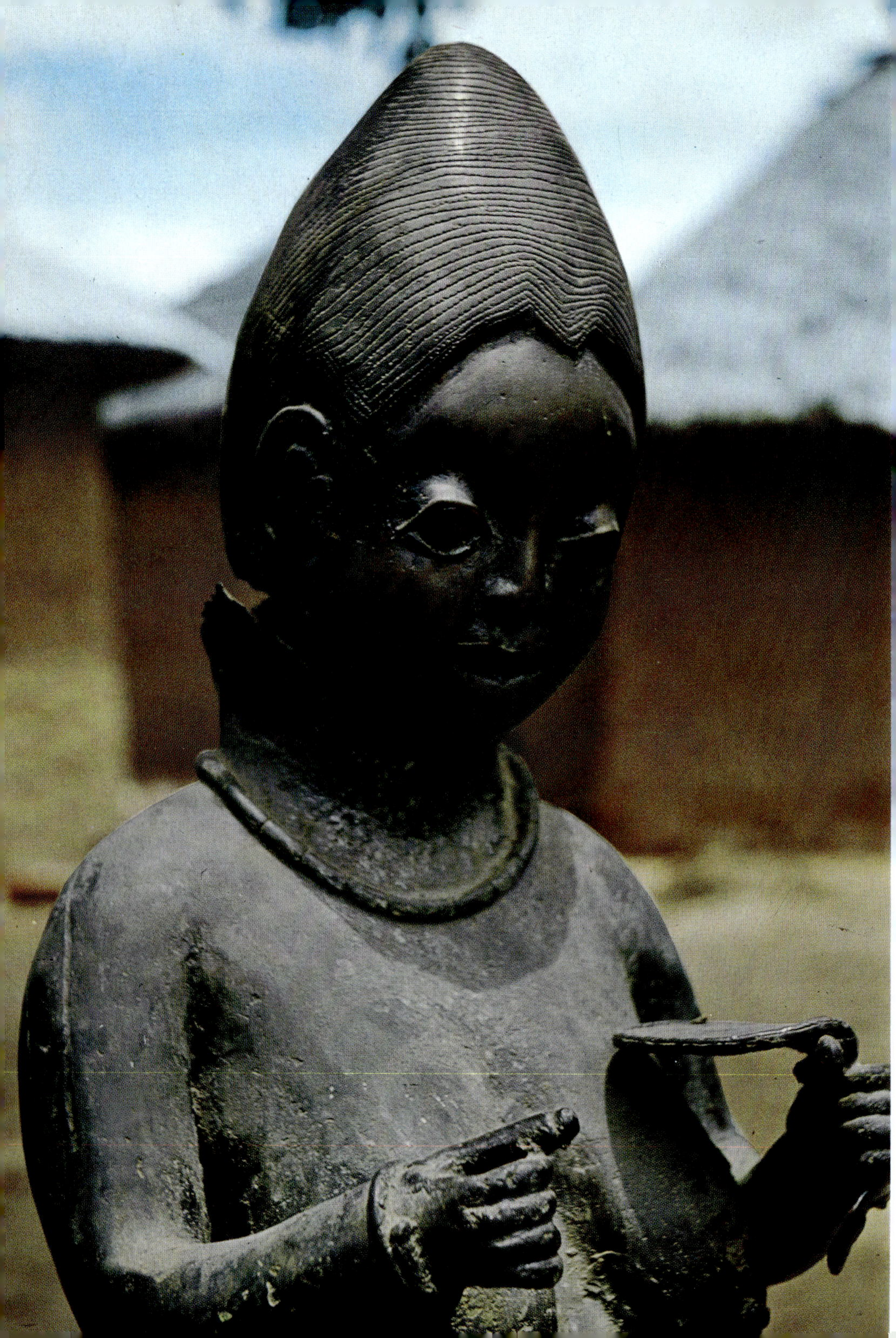

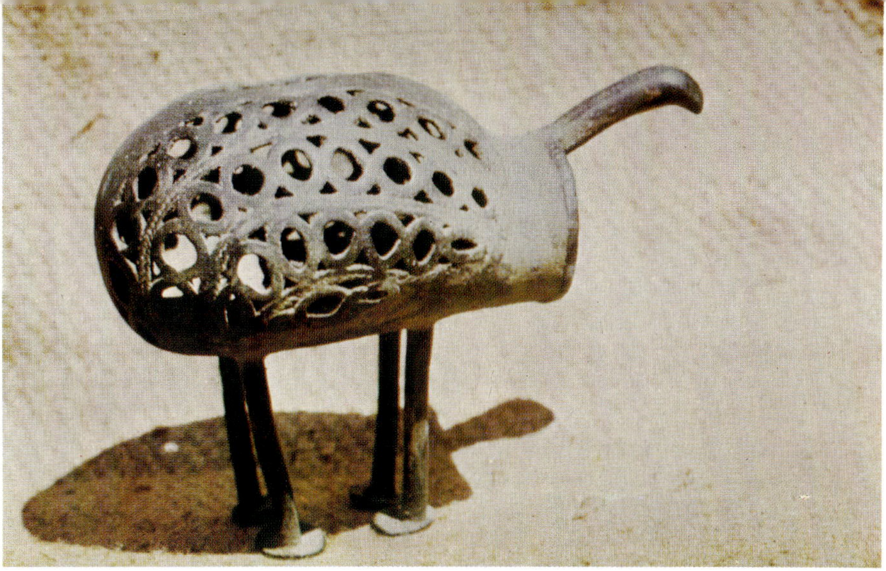

50 *Ci-contre:* Détail d'une statuette représentant une femme tenant un éventail (recourbé) dans sa main gauche. C'est une des plus grandes pièces en bronze jamais exécutées en Afrique, précédemment conservée dans le village Nupé de l'île Jebba où son grand fondeur-héros Tsoedé l'aurait rapportée d'Idah, au début du XVIe siècle. Elle a été volée il y a quelques années. (Haut.: 115 cm.)

51 *Ci-dessus:* Exemplaire d'une collection de récipients en bronze en forme d'animaux réunis par Arnold Rubin chez les Jukun. Apparemment de facture ancienne, ils ont été exhumés vers 1940 entre Wukari et Bantaji. (Musée national, Lagos. Long.: 15 cm.)

52 Un grand nombre de traditions nigérianes de fonderie de bronze attendent leur exégète. Cet hippopotame fait partie des pièces que l'on suppose avoir été trouvées à Ikot Ndemeno, dans la division d'Enyong, Cross River. (Musée national, Oron. Long.: 22 cm.)

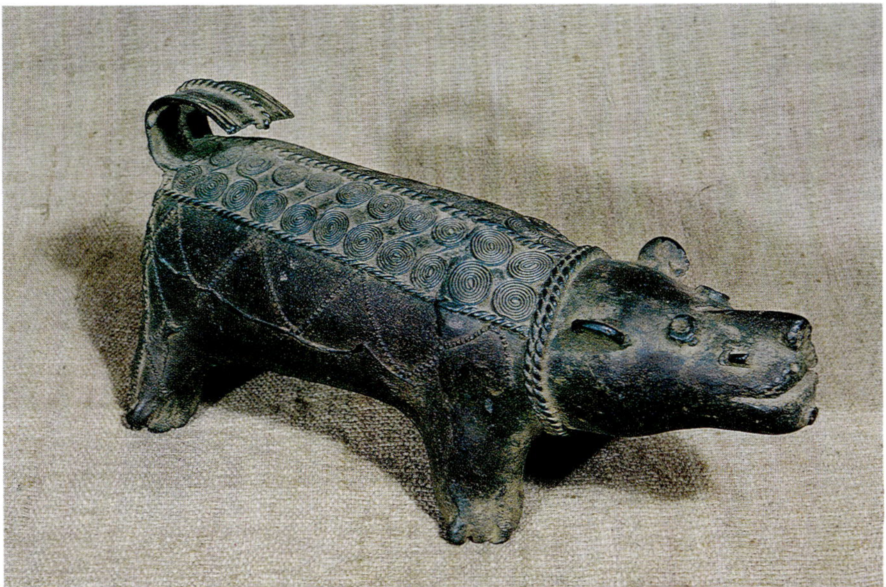

Sur la côte africaine, les explorateurs européens s'intéressaient au poten-
tiel économique du continent noir, et ramenaient de leurs périples des
esclaves, de l'or, de l'ivoire, des épices et, très rarement, des œuvres d'art
ou des produits artisanaux. La première création artistique que l'on rap-
porta fut sans doute la série d'ivoires sculptés au XVIe siècle dans un style
hybride par des artisans africains d'après des modèles européens. Il sub-
siste environ deux cents de ces objets afro-portugais, salières, trompes
de chasse, souvent ornées de gibier européen et portant les armes du Por-
55 tugal, ou encore des fourchettes ou des cuillers, la plupart du temps de
forme européenne, dotées d'un manche décoré. Ils furent parfois exécutés
53 par des sculpteurs du Bénin[74] mais ils ressemblent souvent aux statuettes
nomoli de Sierra Leone. Alan Ryder[75] a découvert dans les registres des
douanes portugaises de 1504 à 1505 des traces de paiement de droits sur
des cuillers et des salières en ivoire rapportées de la côte guinéenne. Les
ivoires sont toujours accompagnés de sacs ou de nattes en fibre de riz
ou de palme. Suivant Pacheco Pereira[76] (lequel écrivait en 1506-1508),

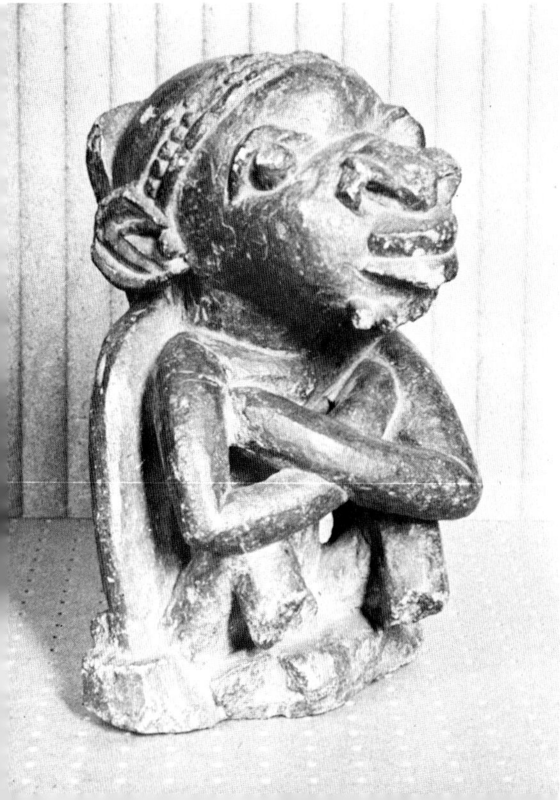

53 Statuette *nomoli* en stéatite représentant un homme adossé. Les pièces de ce genre, qui ressemblent à certains ivoires afro-portugais (*ill. n° 55*), doivent dater du XVIe siècle. Sierra Leone. (Musée de Manchester. Haut. : 27 cm.)

le riz était acheté par les Portugais à l'époque uniquement de l'île Sherbro à la Guinée portugaise, et il fait mention des Temné et des Bulom qui vivent toujours dans cette région et sont adroits dans la fabrication de cuillers en ivoire et de nattes de palme. En 1588, l'Anglais James Welsh visita Bénin et y vit des «cuillers en défense d'éléphant très curieusement faites et ornées de divers oiseaux et bêtes». Jusqu'à la seconde décennie du XVIIe siècle, rapporte Ryder, les Portugais y achetaient encore des cuillers en ivoire.

Cinq d'entre elles ainsi qu'un sac en raphia sont conservés dans la col- 55
lection Wieckmann au musée d'Ulm, près de Stuttgart. Le catalogue en fut publié en 1659. Il semble que le sac provienne de Bénin et il est significatif qu'il soit fait mention du tissage du raphia en même temps que des cuillers en ivoire dans les références portugaises aux Bulom, aux Temné et aux Bini.

Cette collection abrite également les premières pièces de la sculpture
yorouba rapportées en Europe: deux bracelets d'ivoire et un plateau de 57, 58
bois venant d'Ardra, dans l'actuel Bénin. D'après le catalogue, les brace- 59
lets sont «ornés de divers crapauds et animaux répugnants, tels que les

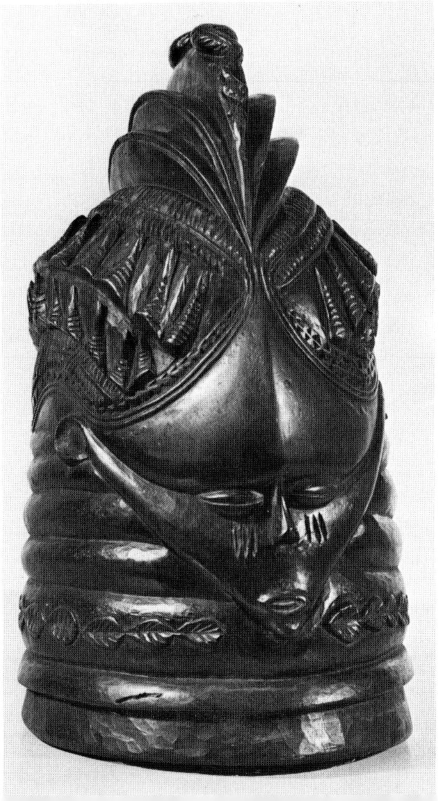

54 Les masques *bundu*, fabriqués pour la société *Sande* qui prépare les jeunes filles Mendé aux responsabilités de la vie adulte, sont probablement les sculptures les plus célèbres de la Sierra Leone. Le masque est porté par une femme qui, dans cet exemple, voit par les fentes situées au niveau de la bouche à côté de la mâchoire. (Musée de Manchester. Haut.: 38 cm.)

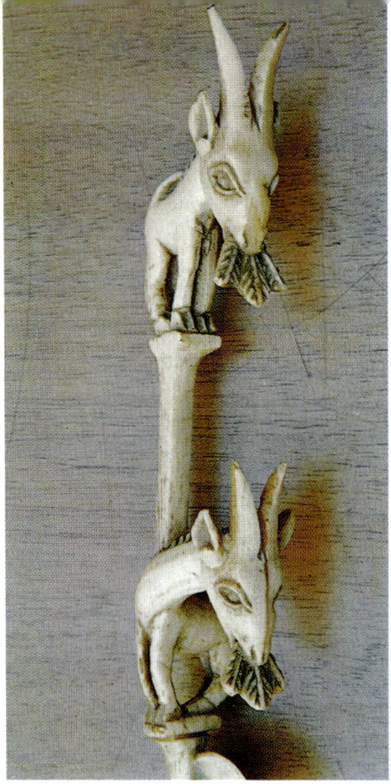

55 Manche de cuiller en ivoire de style afro-portugais représentant deux chèvres mâchant des feuilles. Découvert au XVIe siècle. (Musée d'Ulm, coll. Wieckmann. Hauteur de la partie représentée : 12 cm.)

nobles du roi d'Ardra ont l'habitude d'en porter au bras comme parure spéciale et marque de distinction». Quant au plateau, c'est une «planche d'offrande gravée en relief, dotée d'images diaboliques rares et repoussantes, sur laquelle le roi d'Ardra, vassal du roi du Bénin, ainsi que les officiers de haut rang et les notables de la région, font des sacrifices à leurs dieux suivant la coutume fétichiste». Le ton de ces descriptions nous aide à comprendre pourquoi ces objets, signes de la dépravation des indigènes, furent rapportés en si petit nombre. On ne chercha absolument pas à connaître leur fonction réelle. Pour la géomancie Ifa[77], le plateau n'avait certainement pas une fonction sacrificielle, mais divinatoire.

Ces trois pièces sont remarquables par la persistance du même style
depuis la première moitié du XVIIe siècle jusqu'aujourd'hui. Ainsi, les têtes
64 de vache sur l'un des bracelets ressemblent fort à celles que l'on voit gra-
vées sur les planches d'autels des ancêtres à Owo — au Nigeria — aujour-
d'hui, et les figures humaines sur le plateau Ifa ressemblent assez à celles
qui se trouvent sur un panneau de porte d'Ijebu au British Museum[78].

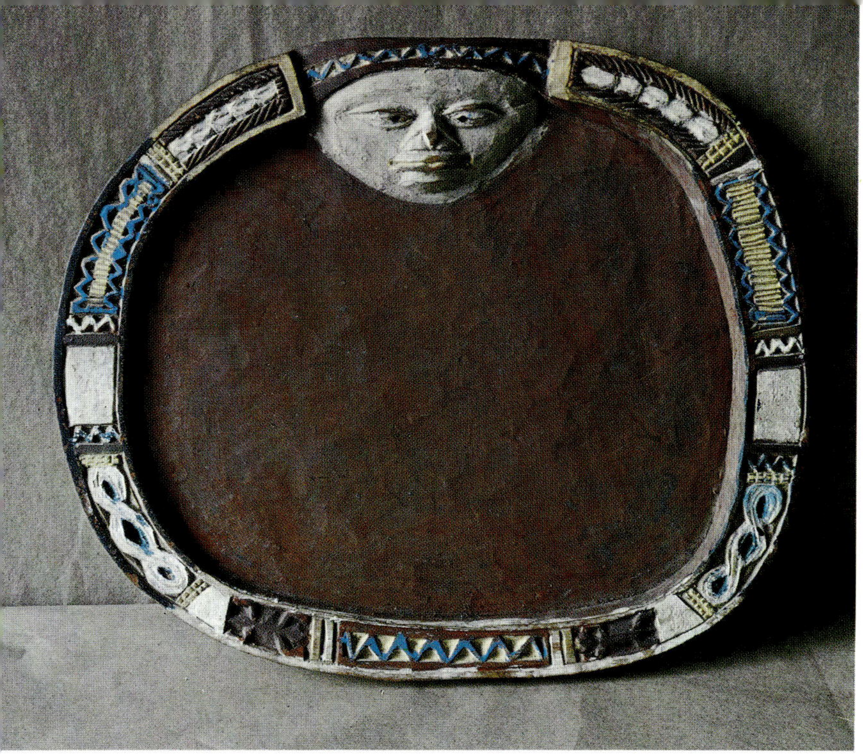

56 Planche moderne pour la divination Ifa du Bénin. Comparer couleurs et motifs à ceux de l'ill. n° 23. D'après Bascom, le visage représente Eshu, principe aléatoire du panthéon yorouba. (Musée Linden, Stuttgart. 23 × 19 cm.)

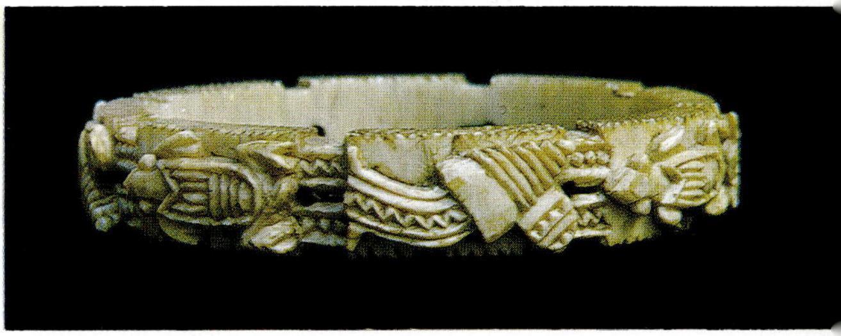

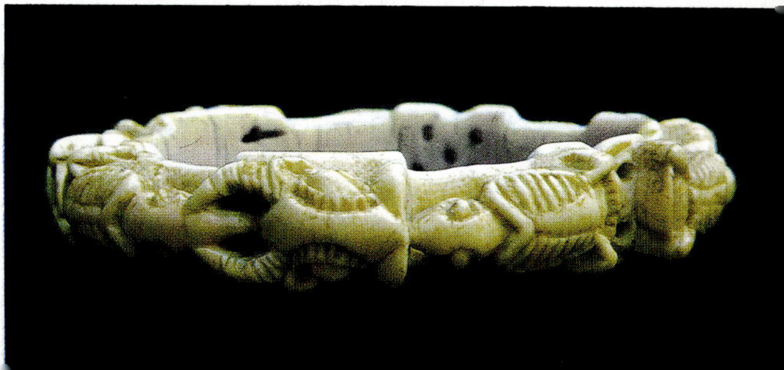

57, 58 Deux bracelets d'ivoire trouvés à Ardra dans la première moitié du XVIIe siècle. L'un représente des escargots et des grenouilles, l'autre des oiseaux et des têtes de vaches en alternance. Yorouba. (Musée d'Ulm, coll. Wieckmann. Diam. max. : 8 cm et 10 cm.)

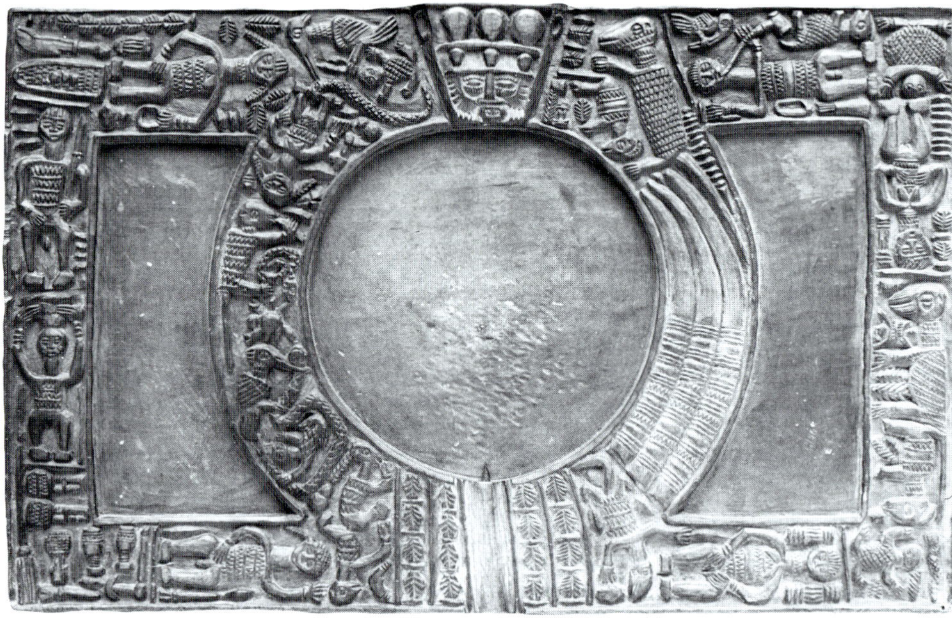

59 Plateau utilisé dans la divination Ifa trouvé à Ardra (Allada), au Bénin, dans la première moitié du XVIIe siècle. Yorouba. (Musée d'Ulm, coll. Wieckmann. 56×35 cm.)

A Rome, le musée Luigi-Pigorini abrite quatre statuettes en pierre censées
60 autrefois avoir été acquises au bas Congo vers 1695, mais on sait aujourd'hui qu'elles ne datent que du siècle dernier. Appelées *mintadi*, ce genre de statuettes étaient placées sur les tombes des ancêtres des Bakongo afin de les protéger[79]. C'est dans cette région du Congo que l'on trouve les
36 peintures Mbafu, là où le contact avec les Européens a une longue histoire, fût-elle intermittente. Il est rassurant de constater que ces contacts ne furent pas exclusivement destructeurs.

Fort peu de pièces semblent avoir été rapportées au XVIIIe siècle et au début du XIXe, temps fort de la traite des esclaves. Mais lorsque l'on chercha à administrer différentes régions d'Afrique, nombre d'œuvres furent réunies et envoyées en Europe, souvent en tant qu'exemples de pratiques barbares, afin d'encourager le soutien aux missionnaires. Un exemple

60 (*Page de droite, à gauche*) Statuette en stéatite, collectée en 1887 (Musée Luigi-Pigorini, Rome.)

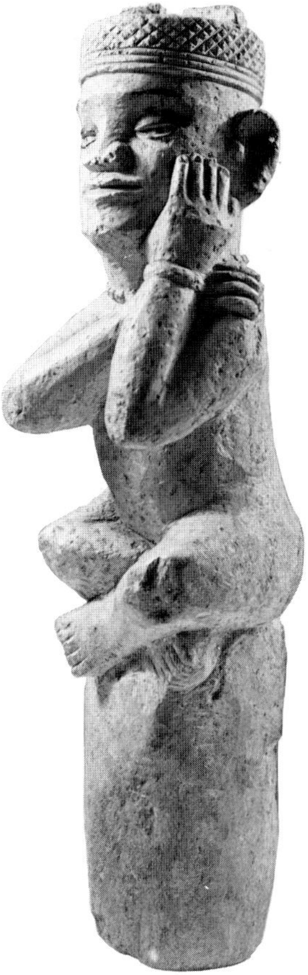

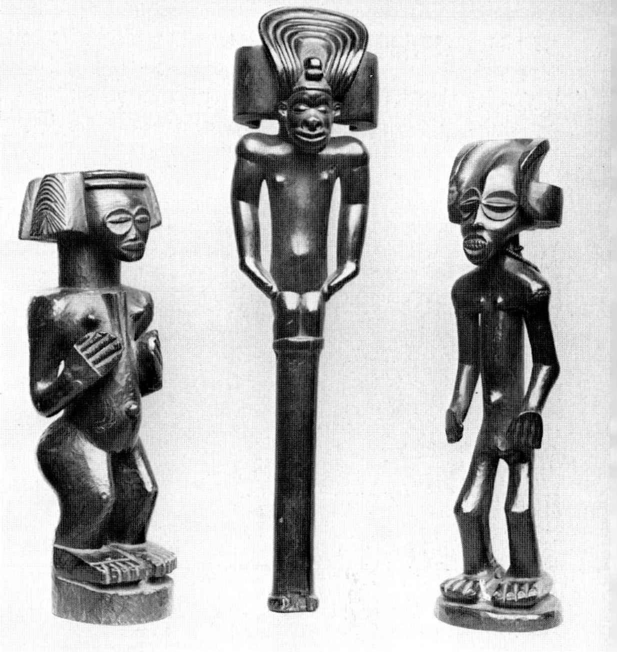

61 Bâton de commandement et deux figurines Bajokwé. Le personnage représenté au centre porte une coiffe de chef, dont on voit des représentations simplifiées sur les autres pièces. (British Museum, Londres. Haut. : 30 cm, 33 cm et 28 cm.)

62 Cette chaise Bajokwé est copiée sur les modèles portugais du XVIe siècle. Mais les scènes de genre sont dans la tradition du style Bajokwé, de même que le visage sur le dossier qui représente le masque masculin Chihongo, symbole d'abondance. La décoration utilisant des clous de tapissier importés se retrouve sur les chaises de chefs de tribu fabriquées au Ghana, également inspirées de modèles européens. (British Museum, Londres. Haut. : 50 cm.)

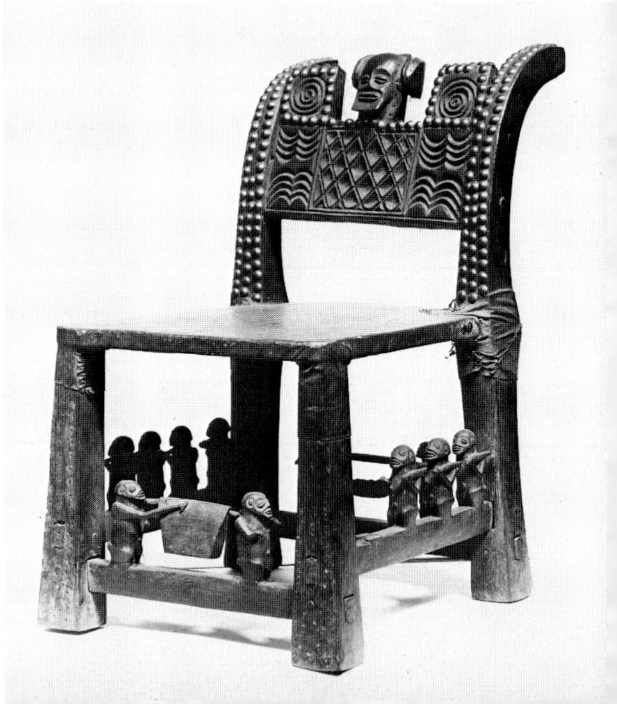

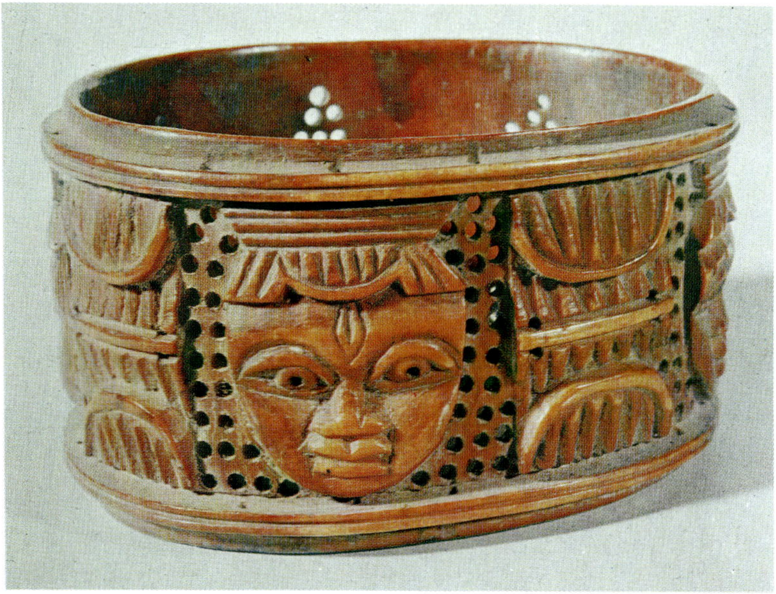

63 Bracelet en ivoire porté à Ife. Le rebord est percé pour recevoir des breloques — qui ont été perdues. (Musée d'Ife. 8 cm × 6,5 cm ; haut. : 4,5 cm.)

64 Bracelet en ivoire gravé dans la ville yorouba d'Owo, découvert avant 1831, probablement à Bénin. La tête d'éléphant au centre ressemble fort à la tête de vache du bracelet d'Ulm (ill. 58). (Museum für Völkerkunde, Berlin. Haut. : 2,4 cm.)

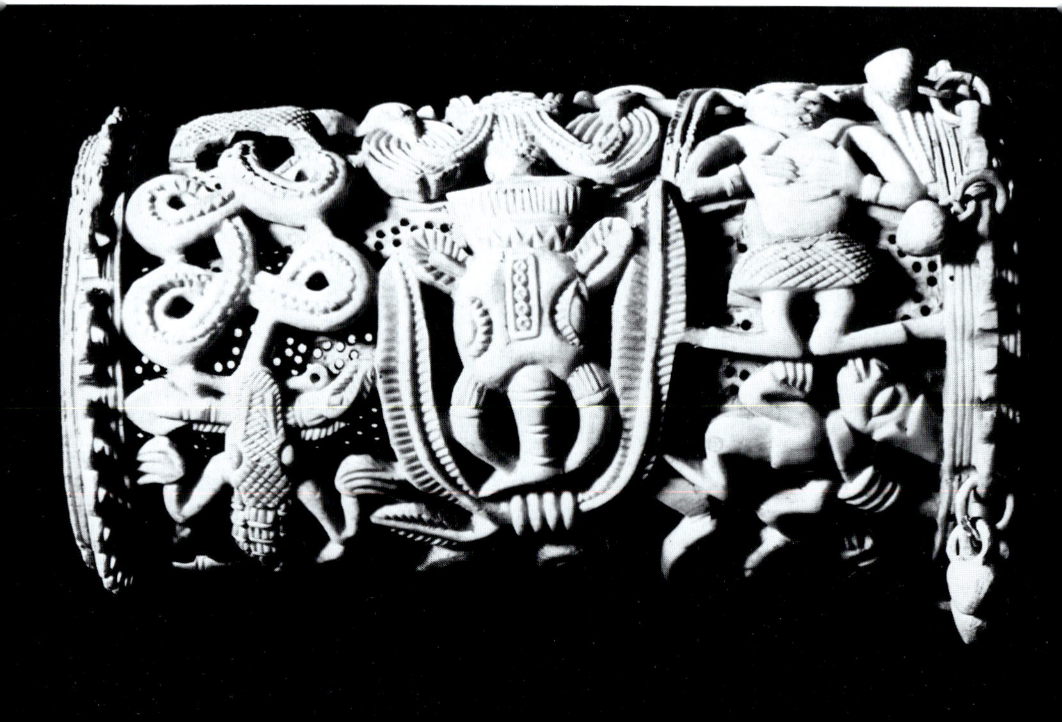

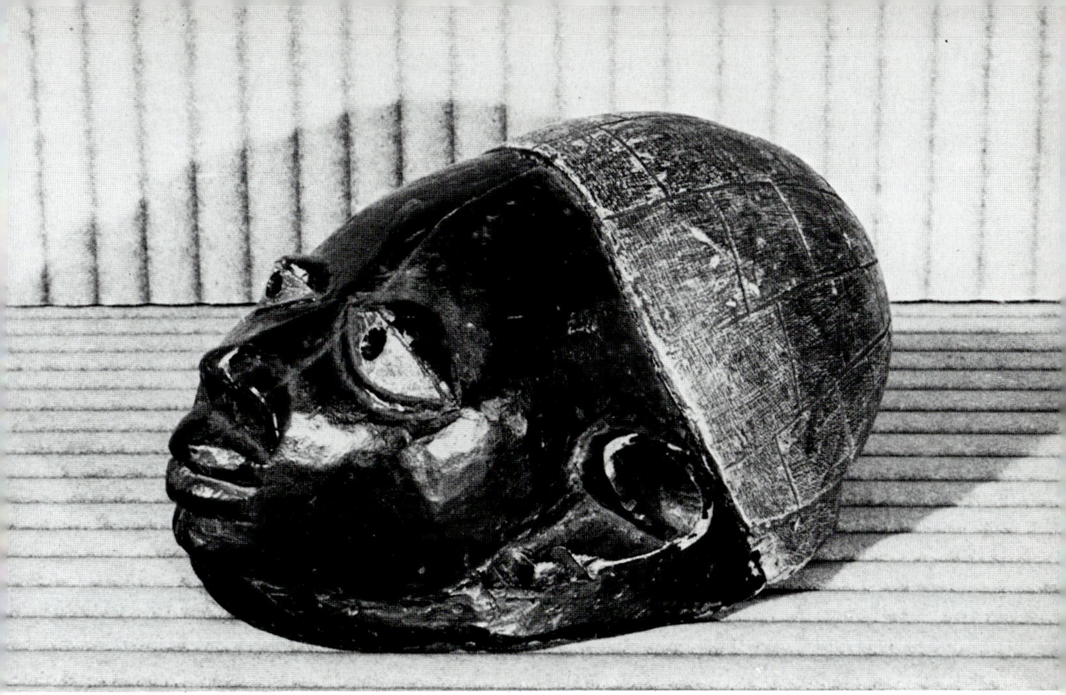

65 Masque *gelede* peint avec des peintures à l'huile européennes, saisi entre 1864 et 1870 par le gouverneur Glover dans une petite ville yorouba qu'il détruisit. (Musée de Manchester. Long. : 33 cm.)

en est le masque *gelede*, aujourd'hui au musée de Manchester — après avoir été la propriété de la Church Missionary Society, qui l'avait reçu du gouverneur John H. Glover. Ce dernier s'en était emparé, comme l'indique l'étiquette, «dans un temple païen d'une petite ville détruite» par ses soins. Glover fut vice-gouverneur en 1864 et administrateur de 1866 à 1870, ce qui permet de dater le masque. Notons qu'à l'époque déjà on avait utilisé de la peinture à l'huile importée.

Une jolie tête de la région de la Cross, conservée au Musée national 66
de Lagos après avoir séjourné au musée Bankfield d'Halifax et précédemment encore au musée Whitby, a peut-être été obtenue en des circonstances plus plaisantes par le consul John Beecroft avant 1854. Dès 1820, un bâton yorouba dédié à Shongo, le dieu du Tonnerre, avait atteint la Suisse, et en 1854 le British Museum avait acquis une paire de statuettes yoroubas, des *ibeji*, venant probablement d'Abeokuta[80]. Une très jolie
statuette unique du même type arriva, sans doute un peu plus tard, 68
entre les mains d'un collectionneur allemand, Georg Emil Schüz, quelques années avant sa mort en 1877.

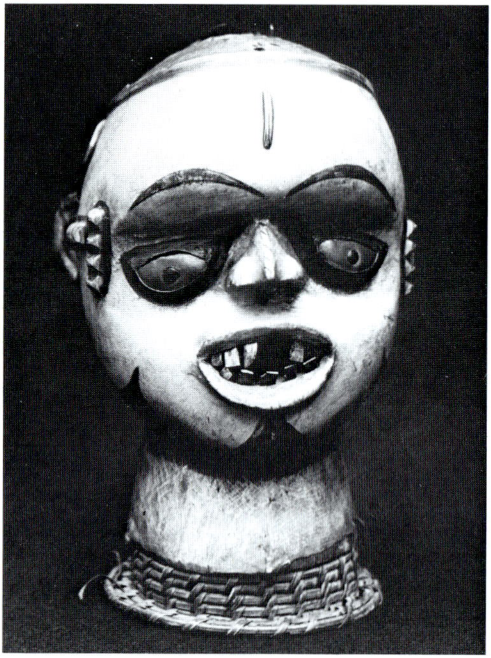

66 Tête recouverte de peau et dotée de dents en métal, trouvée par le gouverneur Beecroft avant 1854 à Old Calabar. (Musée national, Lagos. Haut. : 27 cm.)

Vers la fin du XIXe siècle, des membres de la famille d'Ockiya, roi Ijo du vieux port de commerce de Brass dans le delta du Niger, furent convertis au christianisme et donnèrent aux missionnaires — qui les envoyèrent à leur quartier général de Londres, d'où elles furent ensuite dispersées — un groupe de grandes sculptures représentant certains morts de leur
67 parenté. William Fagg suppose que leur style fut inspiré par les figures de proue des voiliers européens qui mouillaient à Brass depuis des siècles[81] ; le fait que les bras sont sculptés séparément pourrait suggérer l'influence des sculpteurs de navires. Une fois de plus l'influence européenne, comme dans les ivoires afro-portugais, semble avoir été heureuse.

Les pièces dont nous avons parlé étaient collectionnées comme curiosités. C'est en 1897, avec la grande quantité de bronzes et d'ivoires saisis par la marine royale anglaise comme dédommagement au cours de l'expédition punitive du Bénin[82], que l'Europe commença vraiment à découvrir l'art africain. On reconnut bientôt que ses représentants possédaient une maîtrise et un sens artistique considérables, et leurs travaux donnèrent lieu à un grand nombre de livres, en particulier l'étude générale de H. Ling Roth, *Great Benin*, publiée en 1903 à Halifax, les catalogues

Antiquities from the City of Benin... in the British Museum (Londres, 1899), par C. H. Read et O. M. Dalton, et *Antique Works of Art from Benin* (Londres, 1900), par A. H. Lane-Fox Pitt-Rivers, où est décrite sa collection personnelle. Quelque temps après, Leo Frobenius entama ses « expéditions dans l'intérieur de l'Afrique », entamant un processus d'acquisitions délibérées pour l'enrichissement des collections européennes. Si ces pièces n'avaient pas été récupérées, beaucoup seraient détruites aujourd'hui,

67 Deux grandes statuettes de bois provenant de Brass et représentant des membres de la famille du roi Ijo Ockiya. Elles semblent s'inspirer des figures de proue, et il est probablement significatif que les bras soient sculptés séparément. (*A gauche:* musée de Manchester. Haut.: 85 cm. *A droite:* University Museum, Philadelphie, Pennsylvanie. Haut.: env. 90 cm.)

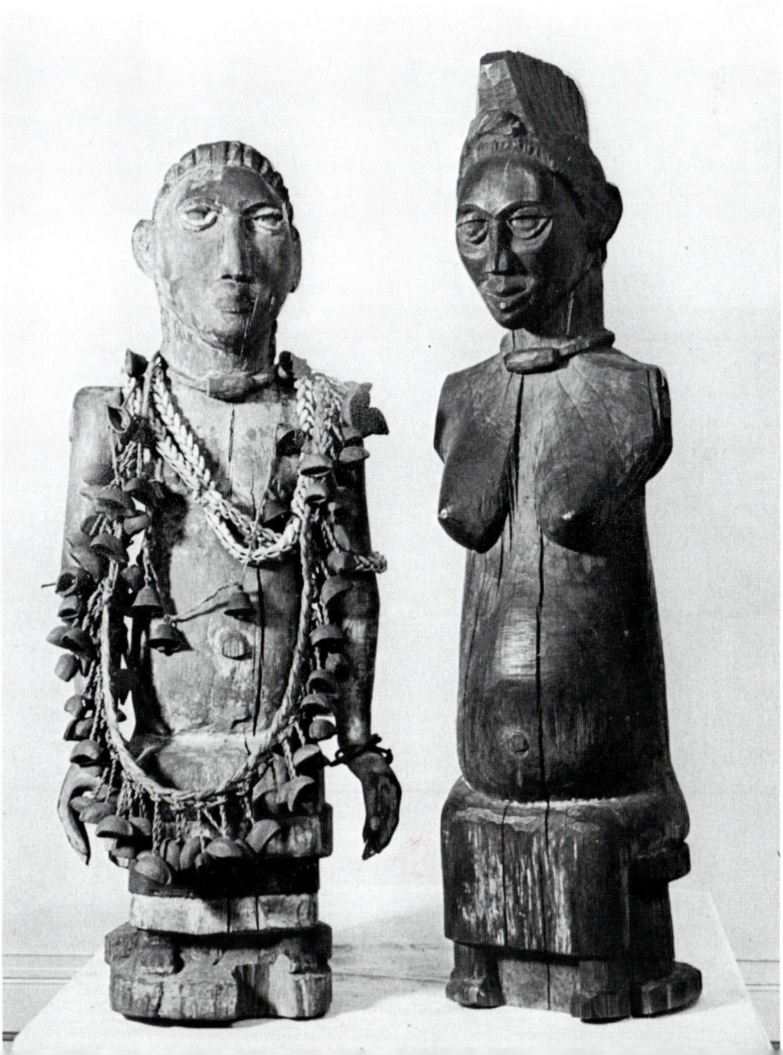

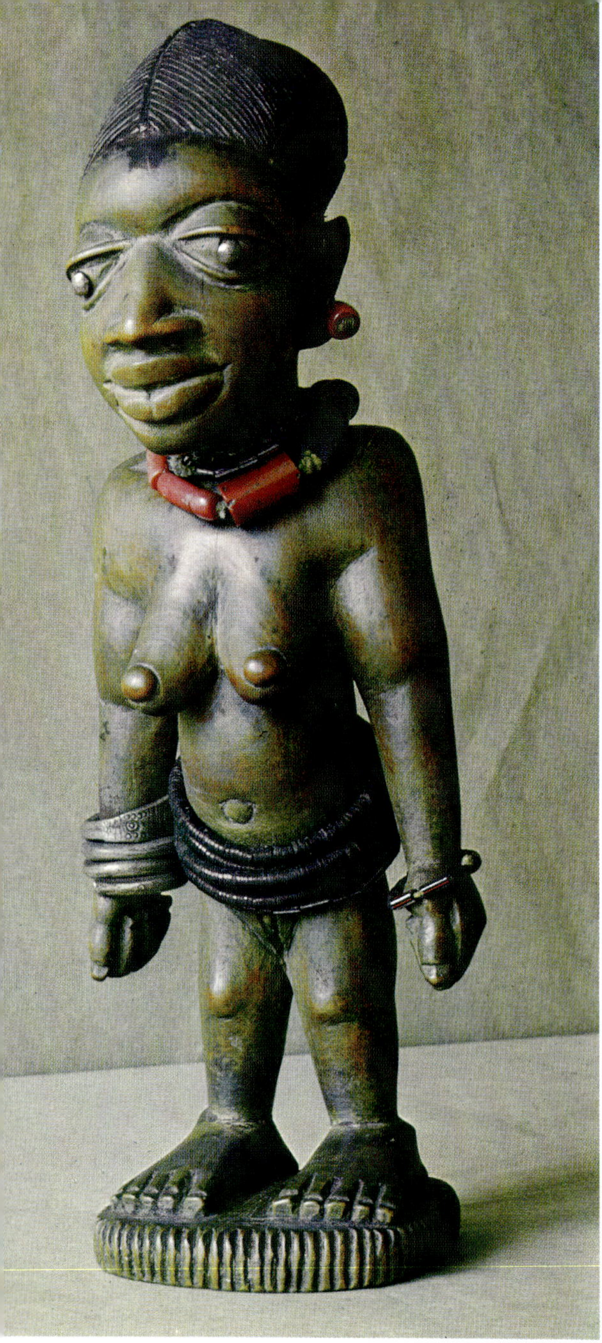

68 Figure jumelle, sans doute originaire d'Ado Odo en pays yorouba ; elle faisait partie avant 1877 de la collection Georg Emil Schüz à Stuttgart. John Picton m'informe que la naissance de jumeaux conduit les parents à consulter le devin. Celui-ci conseille parfois la fabrication de statuettes, qui peut être reportée jusqu'à la mort d'un des deux jumeaux. L'effigie du jumeau décédé est souvent nourrie en même temps que le survivant. Il n'existe aucune pratique prescrite déterminée. (Musée Linden, Stuttgart. Haut. : 25 cm.)

69 Grande tête à deux faces couverte de peau, provenant de la région de la Cross. Les Ekoï (ou Ejagham) semblent être à l'origine de ce type de masque, mais il est maintenant utilisé chez de nombreuses ethnies voisines. Il existe de nombreux beaux spécimens dans les collections des musées. Celui-ci fut offert par la Davyhulme County School au musée de Manchester, mais on ignore tout de son passé. (Haut. : 63 cm.)

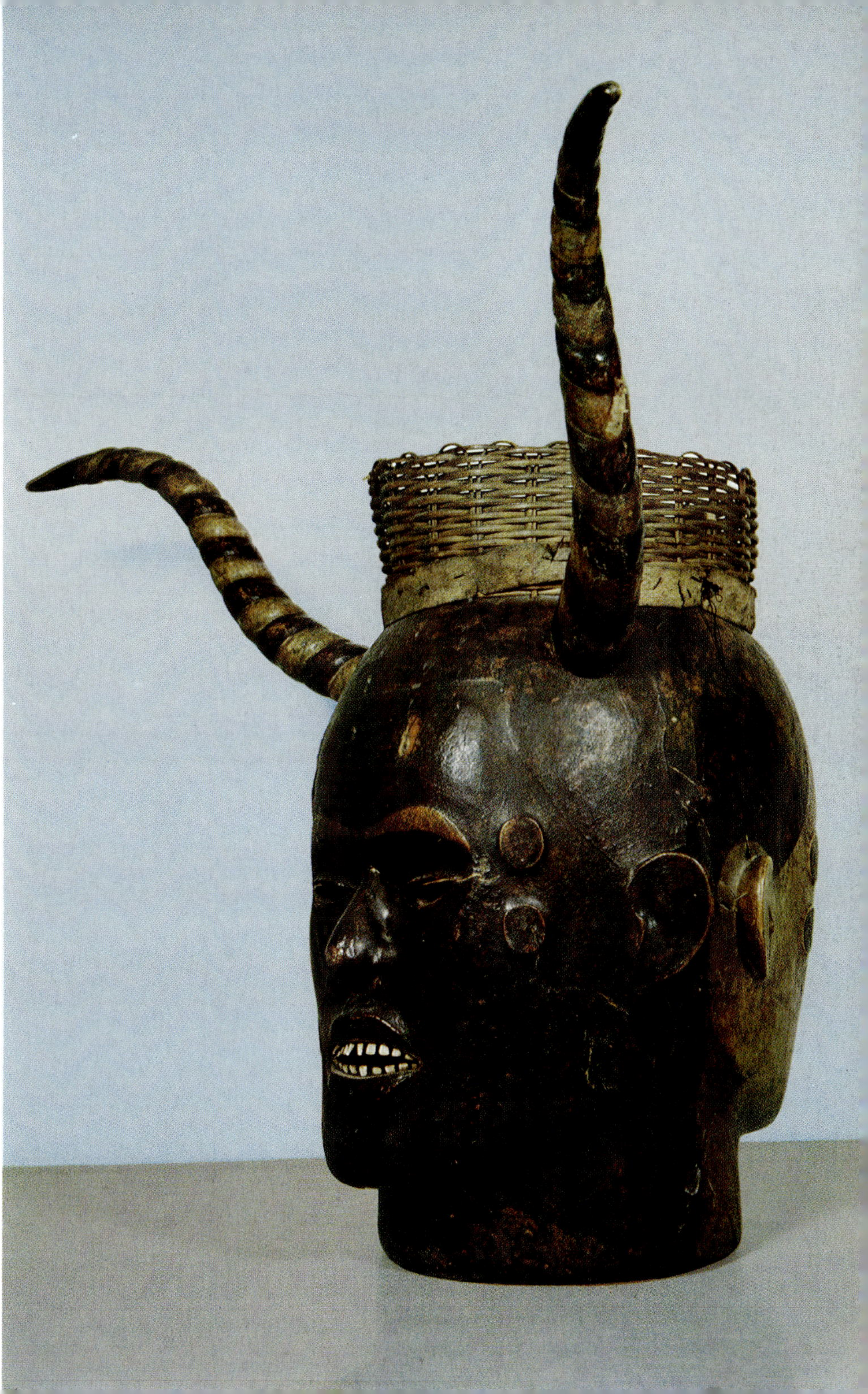

mais il est regrettable que les acheteurs n'aient que rarement noté leur provenance précise, pratique perpétuée par les marchands d'art africain «pour garantir leurs sources d'approvisionnement». Frobenius lui-même a indiqué pour certaines pièces des origines différentes dans différents livres[83]. Ce manque de documentation des collections des musées, publiques et privées, limite toute étude qui s'appuierait sur elles, comme le remarque Kjersmeier lorsqu'il explique son incapacité à donner plus qu'une idée générale de la sculpture des Ibos (ou Igbos), des Ibibio, des Ijo et des Efik[84]. Toutes les grandes collections ethnographiques souffrent de cette insuffisance de documentation; les chercheurs étudient donc les collections des musées parallèlement avec leur travail sur le terrain, afin d'éclairer l'un par l'autre.

En dépit du petit nombre d'œuvres rapportées d'Afrique avant la fin du siècle dernier, nous pouvons glaner quelques informations dans les récits des explorateurs. L'un des premiers voyageurs à avoir écrit sur le continent noir est Ibn Battuta (XIVe siècle), qui décrivit des danseurs masqués admirés durant sa visite dans l'empire du Mali, en un lieu que l'on suppose être la ville actuelle de Nyani en pays bambara: «Les jours de fête... les poètes[85] arrivent. Chacun est vêtu d'un déguisement en plumes

70 Trois portes de la région d'Awka, à l'est du fleuve Niger; l'ornement géométrique témoigne du talent particulier des graveurs ibos. (British Museum, Londres. Haut.: 110 cm, 102 cm et 84 cm.)

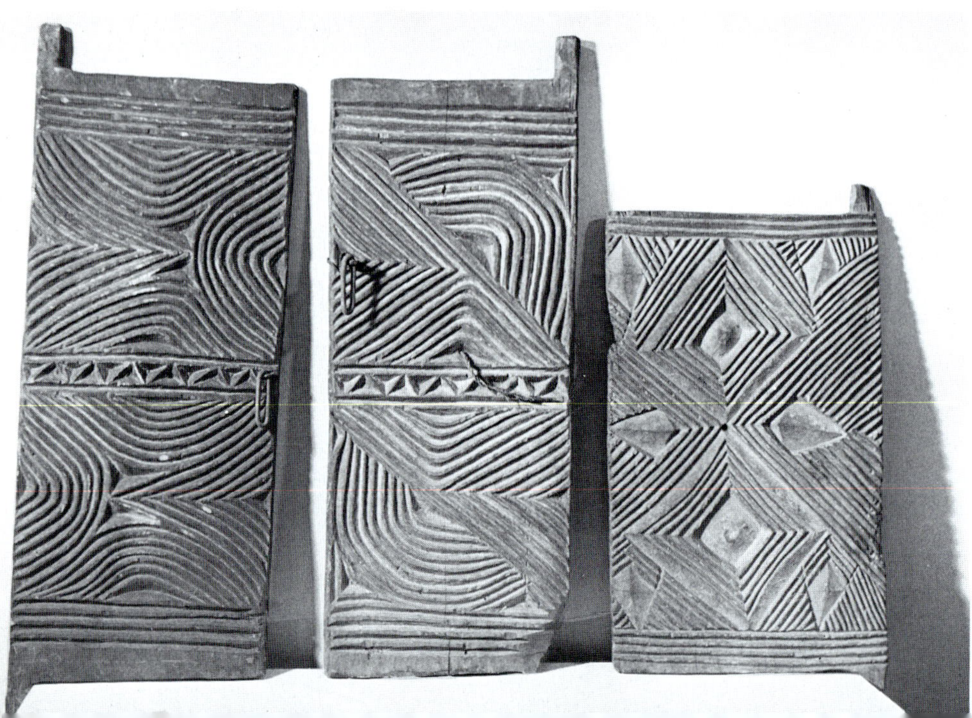

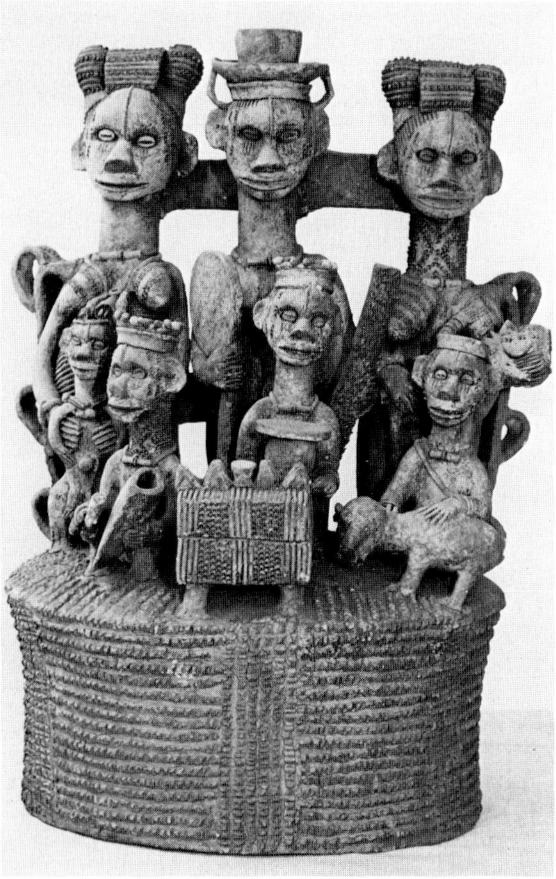

71 Poterie pour l'autel d'Ifijioku, qui donne et protège la patate douce, du village ibo d'Osisa, à l'ouest du fleuve Niger. C'est l'un des nombreux spécimens rapportés vers 1880 en Angleterre. Les épouses tiennent leurs enfants tandis que les autres personnages frappent un gong, portent une boîte d'offrandes ou sacrifient un animal. Les couvercles de la boîte d'offrandes et le coffre rectangulaire devant le groupe sont tous deux amovibles. (Musée national, Lagos. Haut. : 48 cm.)

surmonté d'une tête en bois ornée d'un bec rouge faite à la ressemblance d'une tête de grive. Ils se tiennent face au sultan dans cette parure ridicule et récitent leurs poèmes. » Ces derniers exhortent le roi à se souvenir des bonnes actions de ses prédécesseurs et à les imiter pour que lui survive la mémoire de ces bonnes actions. « On m'a dit que cette pratique est une tradition très ancienne chez eux, antérieure à l'introduction de l'islam, et qu'ils l'ont conservée[86]. »

Les premiers voyageurs européens nous renseignent fort peu sur la sculpture que les Africains réalisaient à leur propre usage. Ainsi Pacheco Pereira fait de nombreuses allusions aux Africains « idolâtres » sans pour autant dépeindre leurs « idoles ». Ses descriptions du mode de vie local sont très brèves et ont principalement trait à l'économie. Décrivant la

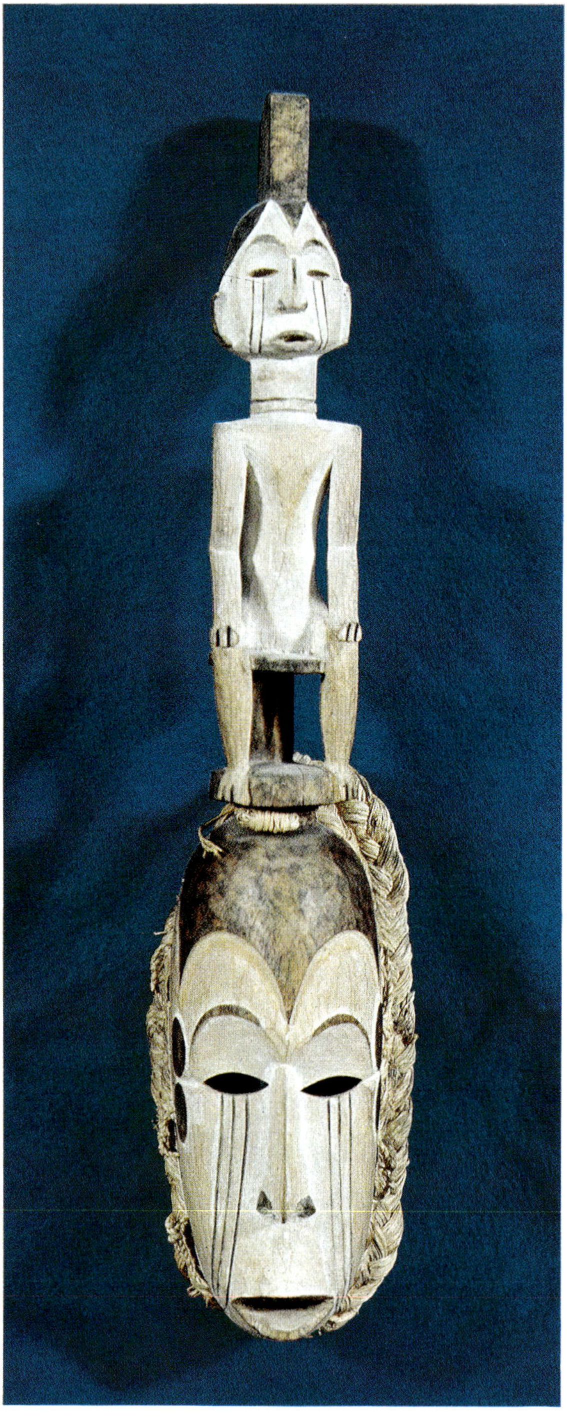

72 Masque des Afikpo Ibo, utilisé dans des pièces à caractère social pendant la saison sèche. Ces masques, appelés *opanwa*, représentent des jeunes filles ; au cours de ces pièces, deux hommes les portent, l'un jouant le rôle d'une jeune fille dont la conduite est raillée par l'autre, censé incarner un garçon déguisé en fille. (Musée de Manchester. Haut. : 50 cm.)

73 *Agbogho Mmwo*, masque d'esprit de jeune fille, porté avec un costume complexe par les membres de rang moyen de la société masculine, aux funérailles et aux fêtes dans lesquelles l'homme masqué mime les activités des femmes. (Musée national, Lagos. Haut. : 51 cm.)

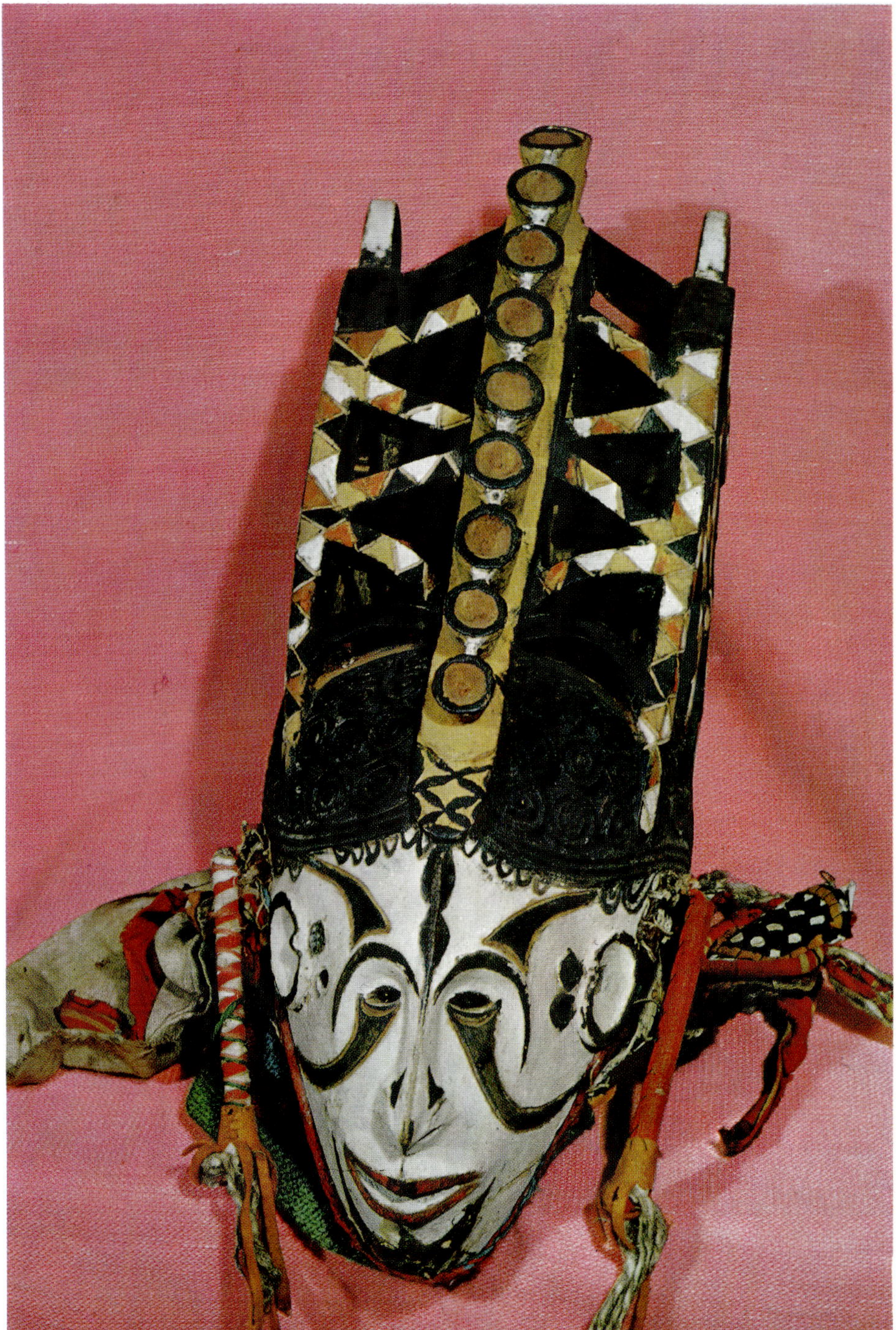

région occidentale du delta du Niger vers 1506-1508, il dit: «il n'y a rien de quoi on puisse tirer un bénéfice», et poursuit ainsi: «les nègres de ce pays sont des idolâtres, sont circoncis sans savoir pourquoi, et n'ont pas de lois; d'ailleurs, ce sont des choses qui n'ont pas grand rapport avec le sujet, on peut se dispenser d'en parler[87]». Dans le paragraphe suivant, à propos du Bénin: «Il existe de nombreux abus dans le mode de vie de ces gens, leur fétiches et leurs idoles, que je ne décrirai pas pour ne pas être prolixe[88].» Néanmoins, il nous confie que les gens du Bénin ont des marques sur les sourcils qui les distinguent des autres peuplades de la région[89]. Les Bini ne portent plus ces marques aujourd'hui, mais elles sont souvent représentées sur leurs sculptures. Il nous raconte aussi un épisode intéressant sur les îles de Los, au large de Conakry. Leur appellation actuelle dérive de toute évidence des termes employés par Pacheco Pereira: «Ilhas dos Idolos». «Ce nom leur fut donné parce que, au moment de la découverte des îles, on y trouva beaucoup d'idoles que les habitants avaient coutume d'emmener et de vénérer quand ils allaient planter leur

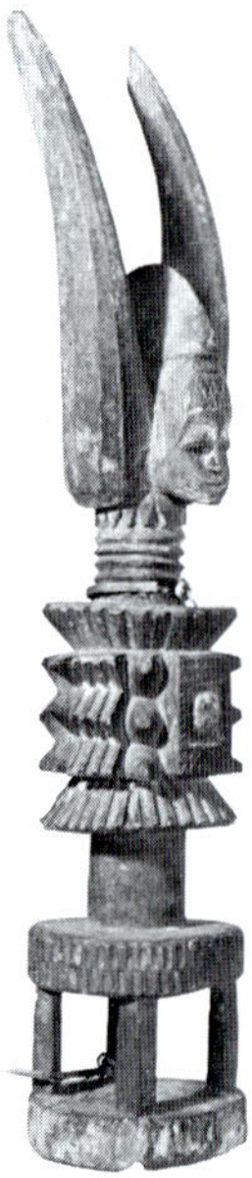

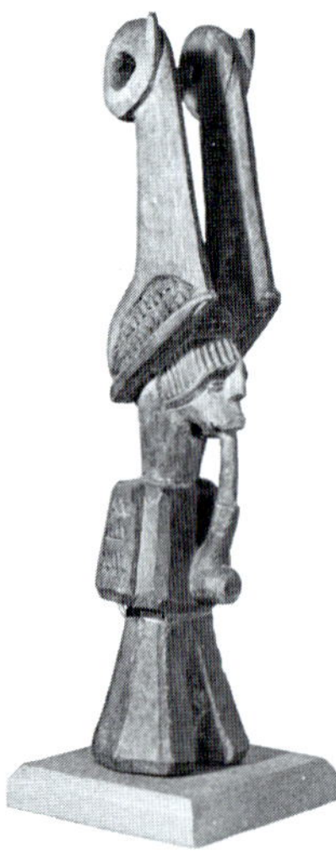

74, 75 Deux *ikenga* (ou sanctuaires personnels) ibos. Avec eux leur propriétaire s'assure la puissance de la main droite, c'est-à-dire de ses pouvoirs physiques par opposition à ses pouvoirs mentaux. On retrouve ce culte sur les deux rives du bas Niger. Les scarifications sur le front sont la marque *itchi* représentant le rang chez les Ibos. (British Museum, Londres. Haut.: 29 cm et 24 cm.)

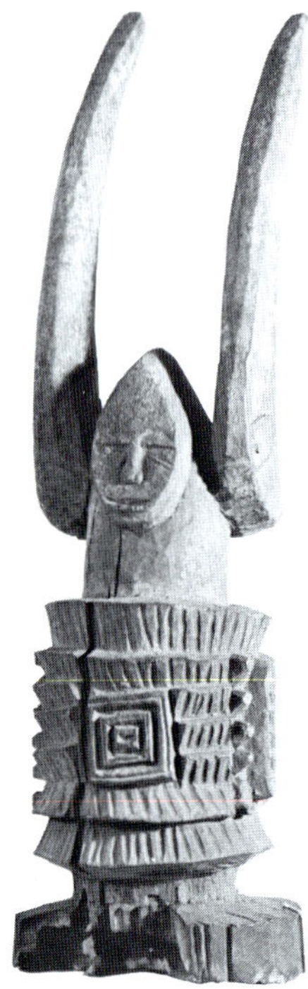

76 *Ikenga* acquis chez les Igala au début du siècle. Sa forme semble inspirée du modèle ibo du Nord, comme celui de gauche sur l'illustration précédente. (Musée municipal d'Ipswich. Haut.: env. 46 cm.)

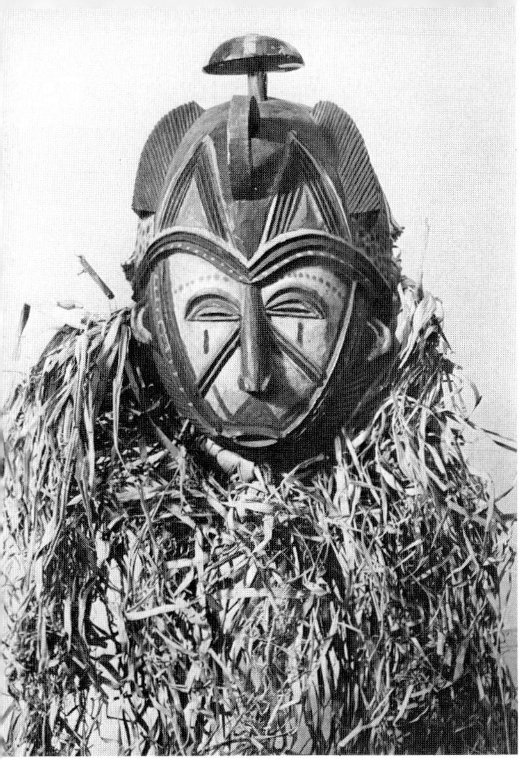

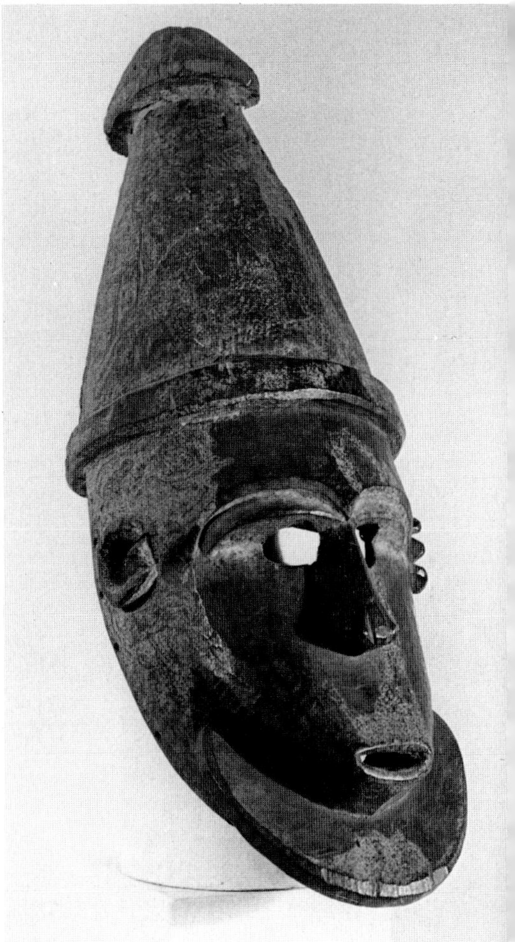

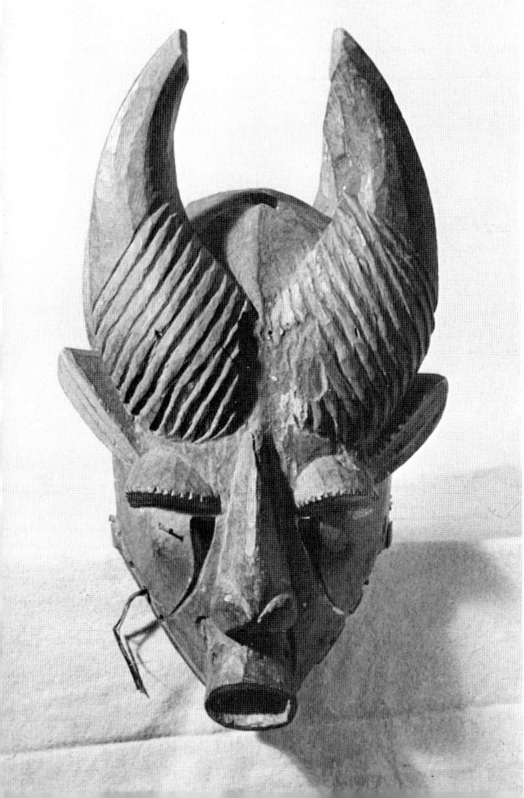

77, 78, 79 Les masques des Igala présentent une grande variété de formes. Ceux-ci sont appelés *Amda* (*en haut à gauche*), *Ogbodo* (*à gauche*), et *Ikpelikpa* (*ci-dessus*). (Musée national, Lagos. Haut.: 35 cm, 53 cm et 61 cm.)

riz[90].» Ce récit manque de précision mais il semble faire allusion aux sculptures de pierre tendre trouvées dans les terres des Mendé (qui les
53 appellent *nomoli*) et des Kissi (qui les appellent *pomdo*), lesquels les dressaient dans les rizières pour protéger et assurer la récolte. En fait, on raconte que les *nomoli* volent à cet effet des pieds de riz dans les rizières voisines et qu'ils sont battus s'ils n'y réussissent pas.

La première représentation graphique d'un masque africain apparut dans le livre de François Froger, *Relation d'un voyage fait en 1695, 1696 et 1697 aux côtes d'Afrique* (Paris, 1698), où une illustration montre l'« habillement des circoncis » aux alentours du fleuve Gambie : le personnage a l'air de porter un masque d'antilope ressemblant plutôt au type en usage chez les Gouros. Froger nous dit que le roi le « portait sur la tête comme
80, 81 un casque en osier décoré de plusieurs rangées de perles de corail et d'une paire de cornes de vache », et que « les circoncis sont autorisés à en porter un semblable pendant une semaine après leur circoncision, ce qui leur permet de perpétrer tous les crimes imaginables sans que personne ose s'en plaindre ».

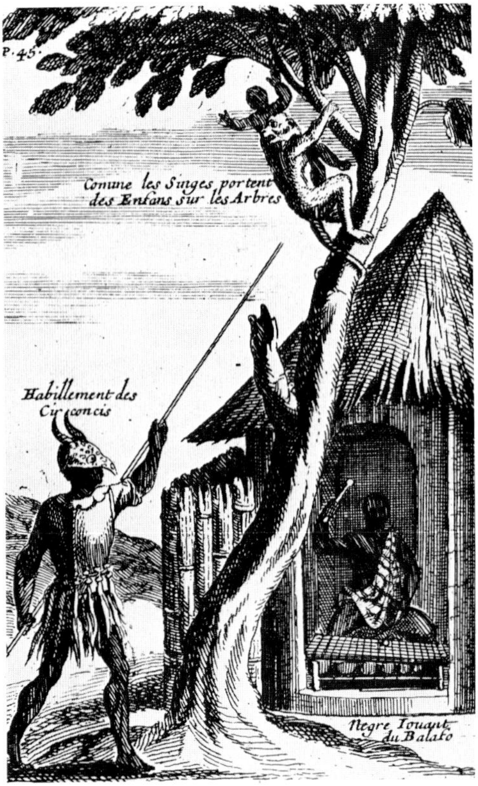

80 Le « costume des circoncis », aux environs du fleuve Gambie, à la fin du XVIIe siècle, d'après Froger. Probablement la première illustration d'un masque africain dans la littérature européenne sur l'Afrique.

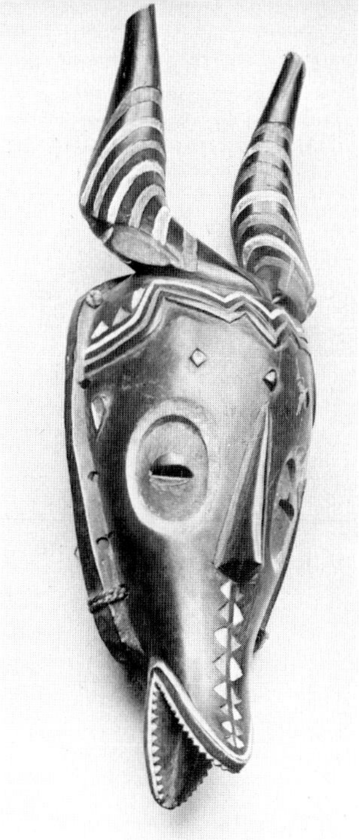

81 Masque représentant une antilope utilisé dans les danses de la société *Zamle* des Gouros de Côte-d'Ivoire. L'illustration de Froger semble représenter un masque de forme analogue, bien qu'il ne puisse être identique vu la distance qui les sépare (près de deux mille quatre cents kilomètres). De plus, le masque *zamle* est porté verticalement devant le visage. (British Museum, Londres. Haut. : 48 cm.)

A toutes les époques, les voyageurs décrivent les habitations et en font des dessins. *Les Voyages du Sieur Lemaire aux isles Canaries, Cap-Vert, Sénégal et Gambie* (Paris, 1695) renferment aussi des illustrations d'après les croquis de Lemaire. Une maison est représentée en coupe afin que l'on puisse voir le lit, et le texte en donne une description très détaillée. En 1714, Godefroy Loyer, dans sa *Relation du voyage du royaume d'Issiny, Côte d'Or, Païs de Guinée en Afrique*, décrit trois types d'habitations différents, l'un rond, un autre carré et parfois pourvu d'un ou deux étages, le troisième correspondant à une « misérable case faite de roseaux et de feuilles de palmier, si basse qu'un homme peut à peine s'y tenir debout » ; on a néanmoins du mal à les distinguer les uns des autres sur les illustrations, de même que sur celles de Lemaire, alors qu'Hirschberg dit qu'elles sont « à l'évidence faites d'après les croquis de l'auteur[91] ». Toutefois en 1719, Peter Kolb, dans *Caput Bonae Spei Hodiernum* (Nuremberg), décrit les constructions des Hottentots avec des illustrations qu'on pourrait presque qualifier de dessins d'architecture. La série d'illustrations et de récits de voyage la plus instructive concerne le Bénin. Bien sûr, de nombreux dessins n'ont pas été faits sur place mais d'après les descriptions : ils ont donc une faible valeur documentaire. On est parfois en droit de supposer

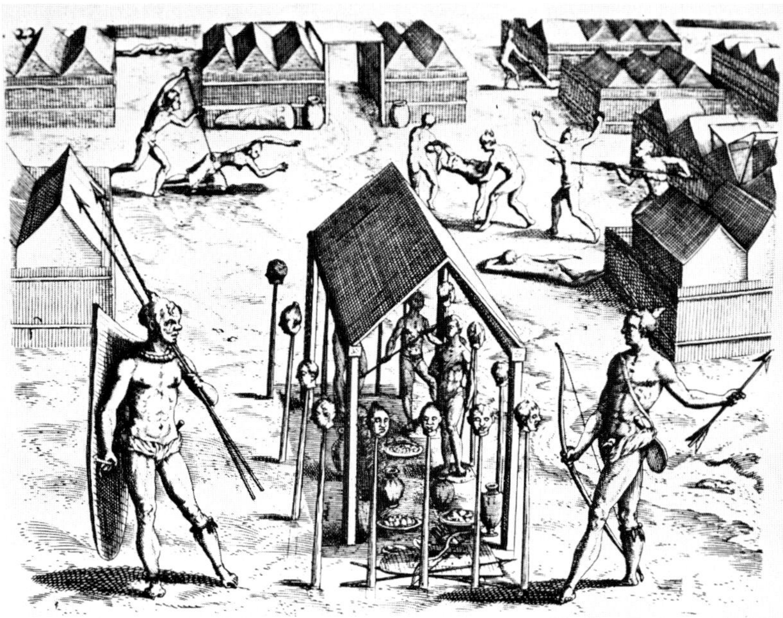

82 L'enterrement du roi du Bénin, d'après Pieter de Marees, à la charnière du XVIe et du XVIIe siècle.

83 Vue de la ville de Bénin publiée en 1668 par Dapper. Des sculptures réalisées par les Bini confirment l'exactitude de nombreux détails.

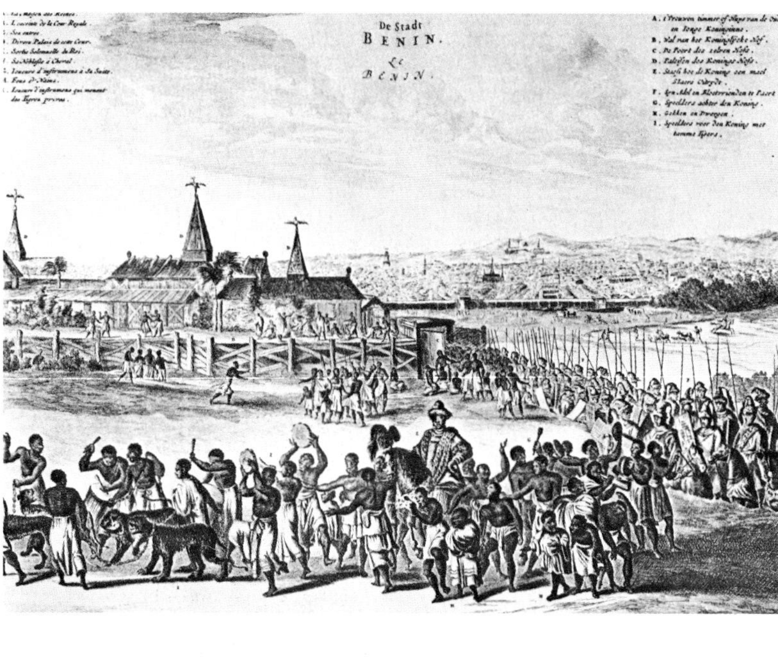

que l'observateur s'est mépris sur ce qu'il a vu. Ainsi, l'illustration de l'enterrement du roi du Bénin qui accompagne le récit de Pieter de
Marees, publié en 1603 dans *India Orientalis* de DeBry, montre des têtes 82
humaines placées en haut de pieux autour du tombeau, le texte nous disant qu'il s'agit des têtes d'une épouse, d'un enfant et de servantes désireuses de l'accompagner dans l'autre monde. Mais von Luschan[92] a publié une photo prise au Bénin au temps de l'expédition punitive qui montre des têtes sculptées d'un style antérieur placées sur les branches d'un pieu, et il suppose qu'il s'agit là en réalité de ce qu'a vu de Marees. Des têtes plus tardives sont munies d'une collerette et très massives, afin de pouvoir reposer directement sur l'autel et soutenir des défenses d'ivoire gravées, appuyées contre un mur. En outre, il m'est arrivé à plusieurs reprises de voir un crâne humain posé sur un autel à Benin, et von Luschan en montre toute une rangée sur un autre autel en 1897. On est donc en droit de se demander si des têtes de bronze n'ont pas été utilisées tardivement pour remplacer les vraies. Si l'interprétation de von Luschan est exacte — bien que nous ne puissions pas être certains que les têtes de bronze n'ont pas été placées là par un membre de l'expédition punitive —, il s'agit de la première illustration que nous ayons de l'art du Bénin.

Moins controversée est la fameuse vue de la ville de Bénin publiée en
1668 à Amsterdam par Olfert Dapper dans *Nauwkeurige Beschrijvinge* 83
der Afrikaansche Gewesten. Elle montre le roi en procession avec des

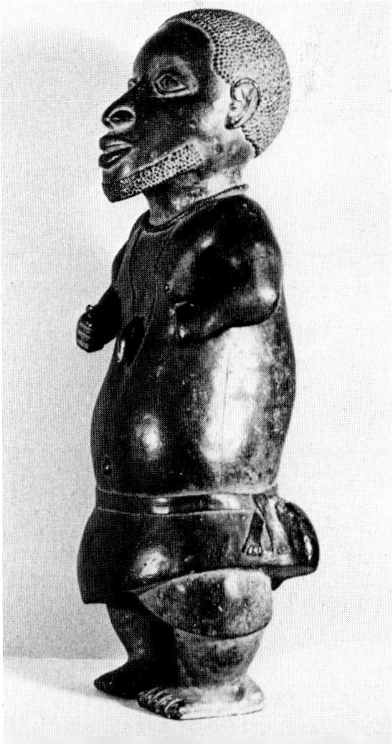

84 Statuette en bronze du Bénin représentant un nain que l'on retrouve sur l'illustration de Dapper. D'après William Fagg, elle daterait du début de la période de fonderie du bronze du Bénin, avant 1600. (Museum für Völkerkunde, Vienne. Haut. : 59 cm.)

musiciens et des guerriers. L'exactitude du dessin a reçu plusieurs confir-
mations; par exemple, les nains montrés avec le roi sont aussi représen-
84 tés par deux des plus belles statuettes originaires du Bénin que nous ayons;
mais c'est l'architecture du palais qui présente le plus d'intérêt. Ling Roth
disait: «Voilà encore un tableau fantaisiste[93].» Or, non seulement les
85, 86 grandes tours pyramidales sont aussi représentées sur des plaques de
87 bronze, mais la patte d'un grand oiseau en bronze coulé, qui ne peut
appartenir qu'à celui posé sur le faîte, a également été retrouvée dans le palais. Dapper parla également le premier des plaques de bronze. Il fait mention de «piliers de bois, recouverts de haut en bas de cuivre coulé et sur lesquels sont gravés leurs hauts faits et leurs batailles, très bien entretenus[94]». Or, quelques années plus tard, en 1701, David Nyendael se rend à Bénin et donne du palais une description plus précise que celle de Dapper, parlant de la «tourelle de bois qui ressemble à une cheminée de dix-huit ou vingt mètres. Tout en haut y est fixé un grand serpent de cuivre la tête en bas. Il est très bien gravé ou moulé, le plus beau que j'aie vu à Bénin». Ces serpents sont représentés sur les plaques, et il en reste seize ou dix-sept têtes, dont l'une fut trouvée par John Goodwin dans la zone de l'ancien palais[95]. Nyendael décrit la traversée d'une grande cour jusqu'à une galerie de l'autre côté, «à moitié détruite par un orage et jamais reconstruite». Plus loin se trouvait une autre galerie dans laquelle le toit était soutenu par des statues, «mais si mal faites qu'il est à peine possible de distinguer si elles ressemblent davantage à des hommes ou à des bêtes; mes guides parvenaient cependant à distinguer parmi elles des marchands, des soldats, des chasseurs de bêtes sauvages, etc. Derrière un tapis blanc on nous montre aussi onze têtes d'hommes en bronze, réalisées par un bien meilleur artiste que les précédentes, avec une dent d'éléphant sur chacune, qui font partie des dieux du roi[96]». Il parle ensuite de sept autres défenses sur des piédestaux d'ivoire. C'est la description du palais la plus précise jusqu'alors faite par un voyageur européen. On y trouve la première allusion aux têtes et aux défenses, ainsi qu'aux serpents des tourelles. Pourquoi ne fait-il pas mention des oiseaux ni des plaques? Peut-être ces dernières se trouvaient-elles précédemment dans la galerie endommagée par l'orage. Beaucoup sont pliées, d'autres sont incomplètes, peut-être à cause de l'effondrement de la construction. On s'accorde pour penser qu'elles ont été mises en lieu sûr avant l'arrivée de Nyendael, car elles furent conservées comme fichier jusqu'à l'époque de l'expédition punitive: on les consultait en cas de contestation portant sur l'étiquette de la cour, d'après ce que nous a appris un vieux chef,

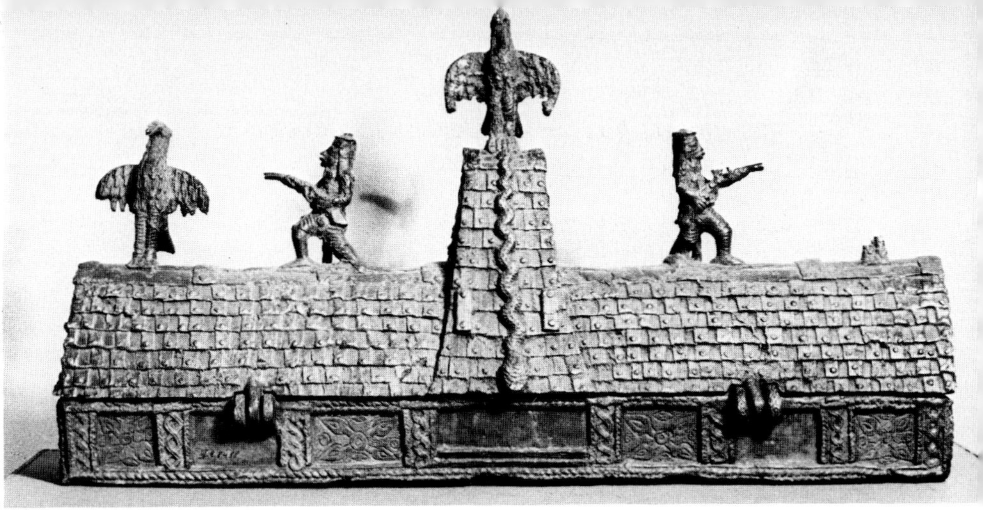

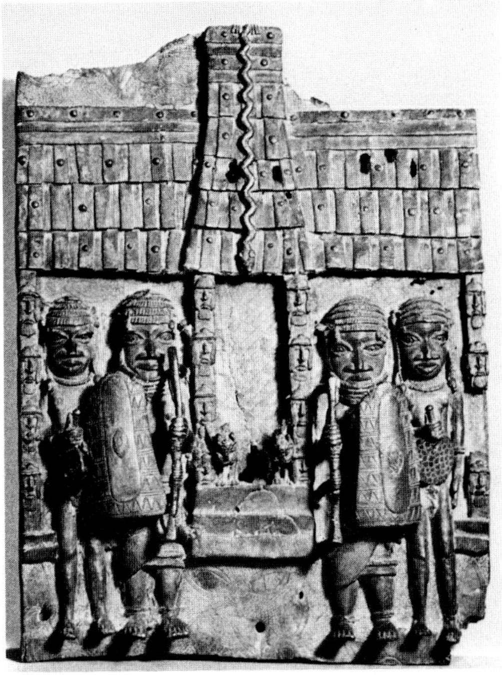

85 Boîte de bronze représentant une section du palais avec tour, python et oiseau du désastre, et, sur le faîte du toit, deux Portugais en armes et un autre oiseau — deux à l'origine. (Museum für Völkerkunde, Berlin. Long. : 61 cm.)

87 Patte en bronze d'un oiseau qui dominait jadis la tour du palais. Trouvée sur un autel dans le palais de Bénin. (Long. : env. 61 cm.)

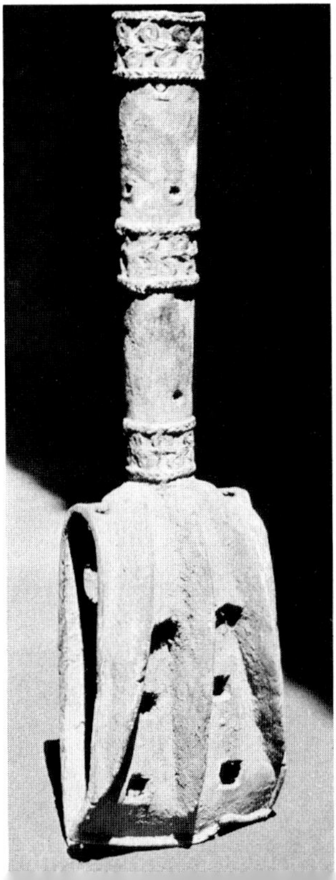

86 Plaque de bronze fondue à Bénin, représentant une entrée du palais royal surmontée d'une tourelle ornée d'un python. Il reste de nombreuses têtes et parties du corps de pythons de ce genre : à l'époque de l'expédition du Bénin, les jeunes serviteurs de la cour se tenaient sur les fragments de serpents durant la baignade. Les colonnes soutenant le toit de bardeaux portent des plaques de bronze représentant des visages portugais, et l'on peut voir des pattes d'oiseau au sommet de la tour. (Museum für Völkerkunde, Berlin. Haut. : 48 cm.)

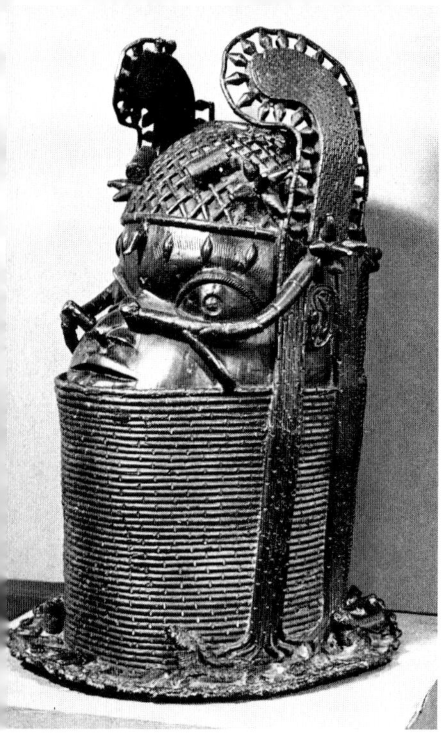

88 Tête de bronze de la période tardive de l'art du Bénin ; un moulage massif destiné à recevoir une défense d'éléphant sur un autel d'ancêtre du palais. On dit à Benin que les décorations de part et d'autre de la couronne ont été introduites par Oba Osemwede (1816-1848). La tête ne peut donc être antérieure à ces dates. (British Museum, Londres. Haut. : 50 cm.)

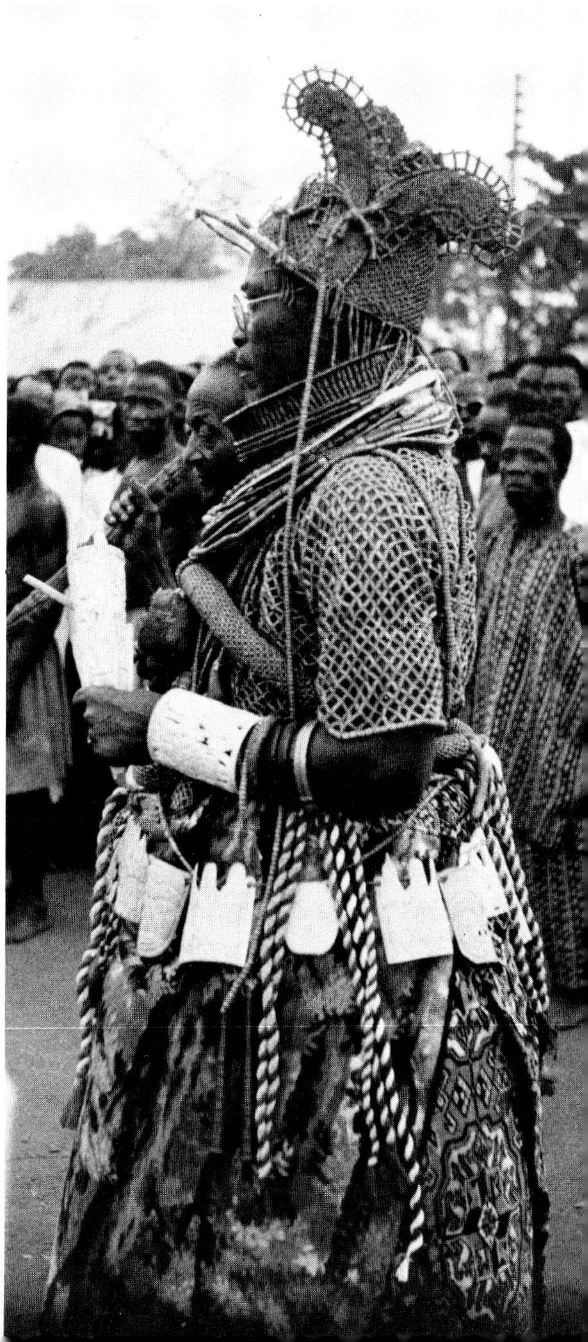

89 Le souverain du Bénin, le roi Oba Akenzua II, photographié au cours de la cérémonie *Emobo* en 1959. Il porte une couronne et un collier de perles en corail semblable à ceux de la tête en bronze de l'ill. n° 88. Sa chemise est également en perles de corail. Il frappe sur une cloche en ivoire et porte un bracelet d'ivoire et, autour de la taille, des plaques également d'ivoire.

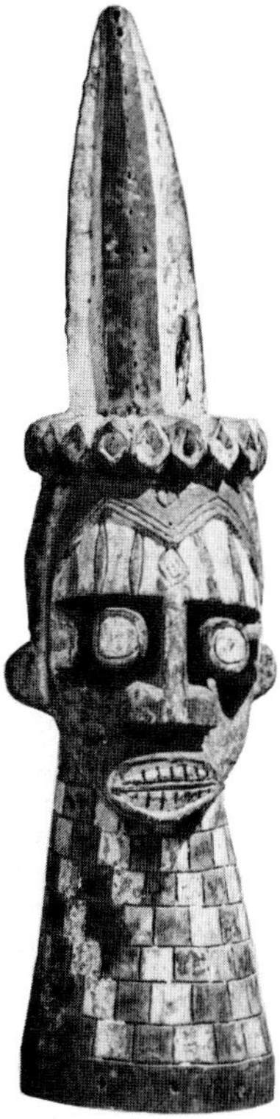

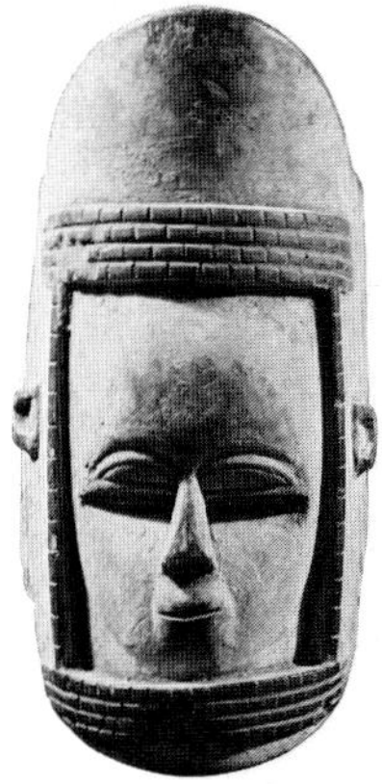

90 *A gauche:* Ce masque est l'un des sept destinés au culte de l'esprit aquatique Igbile à Ughoton (Gwatto), l'ancien port du Bénin. On les sortit pour invoquer l'aide d'Igbile contre l'expédition punitive de 1897. Leur style doit dériver de celui des Ijo de l'ouest, du delta du Niger, par l'intermédiaire des Yoroubas Ilajé, car les chants accompagnant le culte sont en dialecte Ilajé. (British Museum, Londres. Haut.: 79 cm.)

91 *A droite:* Le style artistique de la cour de Bénin était hérité d'Ife, de même que la technique de fonderie du bronze. Il a influencé à son tour le style populaire de la sculpture sur bois du Bénin, comme on le voit sur ce masque *ekpo* où le visage est encadré par un rectangle de perles visiblement copié des têtes d'ancêtres royaux. (Musée d'Ife. Haut.: 28 cm.)

garde au palais avant l'expédition. La tempête avait dû aussi faire tomber les oiseaux du haut des tourelles. Pourtant, comme me le faisait remarquer William Fagg, il est fort possible que les soutiens du toit de la seconde galerie n'aient pas été les statues en bois mais les plaques elles-mêmes, dont beaucoup représentent effectivement des marchands, des soldats et des chasseurs. Il est intéressant d'observer que malgré les remarques de Nyendael sur la qualité du travail, il ne semble pas énormément apprécier l'art Bini.

Au Bénin, bien sûr, nous disposons d'autres sources pour vérifier l'exactitude des récits des voyageurs. Le texte de Clapperton sur Old Oyo en 1826 dit: «... les gens [...] aiment à décorer de gravures les portes et les colonnes qui soutiennent les terrasses; et ils ont aussi des statues ou des figures d'hommes et de femmes dressées dans leurs cours. Les personnages

92 Les rois des Bambala ou Bushongo, la plus connue des chefferies bakoubas, étaient commémorés par des effigies en bois portant chacune un emblème désignant l'identité du sujet. Celle-ci représente Shamba Balongongo, quatre-vingt-treizième Nyimi, qui régna vers 1600-1620, mais elle lui est très vraisemblablement postérieure. Devant lui se trouve une planche pour le jeu de *wari*, aujourd'hui très répandu en Afrique — on dit que c'est lui qui l'a introduit auprès de son peuple pour l'empêcher de s'adonner aux jeux de hasard. (British Museum, Londres. Haut.: 55 cm.)

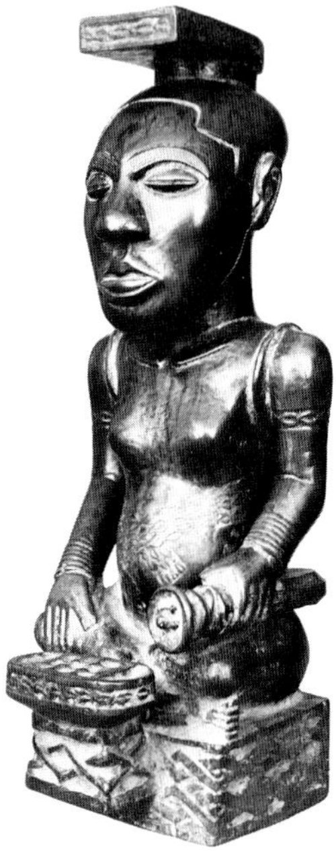

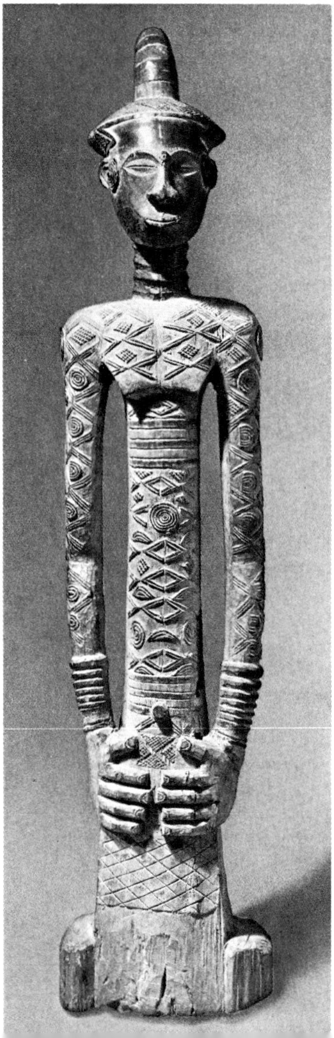

93 Les Ndengésé, qui vivent au nord du fleuve Sankuru, sur la rive opposée à celle des Bakoubas, ont repris et réinterprété leurs effigies d'ancêtres royaux, allongeant la forme de la sculpture et décorant les bras et le tronc de motifs de scarifications. (Musée royal de l'Afrique centrale, Tervuren. Haut.: 139 cm.)

94 Statuette en bois provenant du sanctuaire de Shongo du roi d'Oyo, à Koso. Son nom est *ere Alafin Shongo*, sculpture de ou pour le roi Shongo, l'un des premiers rois d'Oyo, personnifiant depuis le tonnerre et l'éclair. D'après Philip Allison, qui acquit cette pièce, on exécutait une statuette de ce type pour chaque nouveau roi qui visitait le temple de Koso au cours de l'une des premières étapes des cérémonies d'intronisation: on couronnait le visiteur avec une couronne en tissu que l'on plaçait ensuite sur une effigie du sanctuaire. Le roi n'avait plus jamais le droit de retourner dans ce temple. On dit que cette statuette a été rapportée en 1837 de Koso à Old Oyo, au nouvel emplacement de Koso. (Musée national, Lagos. Haut.: 96 cm.)

95 Poteau en bois représentant une femme dans une pose curvilinéaire inhabituelle, achetée par l'auteur à Oyo, où elle avait prétendument été apportée par des réfugiés d'Old Oyo, tombé en 1837. (Musée d'Ife. Haut. du personnage: 102 cm. Haut. du pilier: 198 cm.)

gravés sur les poteaux et les portes sont variés; mais on voit surtout le serpent boa avec un porc ou une antilope dans la bouche; souvent des hommes prenant des esclaves, et parfois un homme à cheval menant des esclaves[97].» Ces motifs existent encore dans la sculpture yorouba, mais 226-229
les seuls piliers que j'ai pu trouver à Old Oyo étaient sculptés en forme de balustres et ne représentaient rien. Mais on dit qu'un grand nombre de sculptures du nouvel Oyo ont été apportées d'Old Oyo[98]. 94, 95

Il existe aujourd'hui un seul exemplaire d'un objet d'art que l'on retrouve, non seulement décrit dans un texte, mais également représenté sur un dessin. Il s'agit du beau petit masque que porte encore en pendentif l'ata d'Idah lors des cérémonies. C'est un bronze provenant du Bénin et datant de la fin du XVe ou du début du XVIe siècle, que le commandant

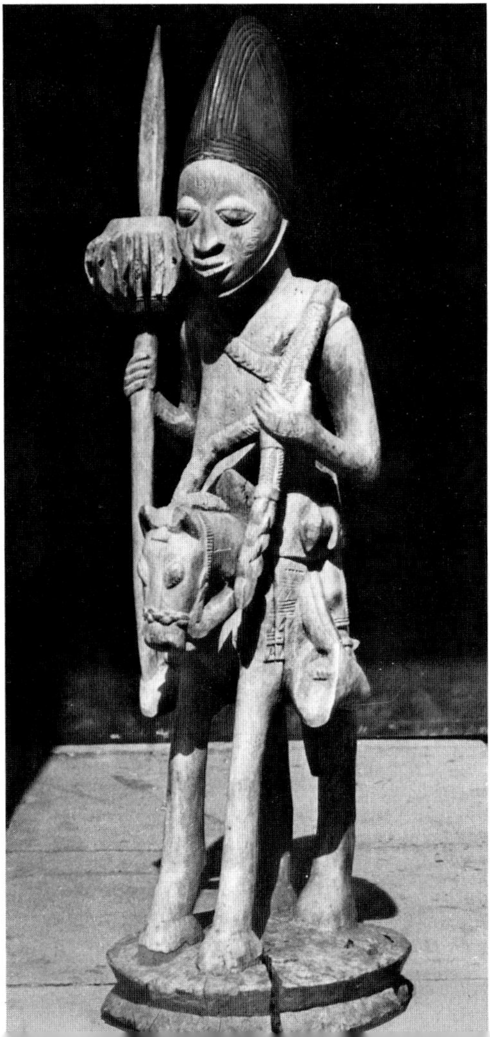

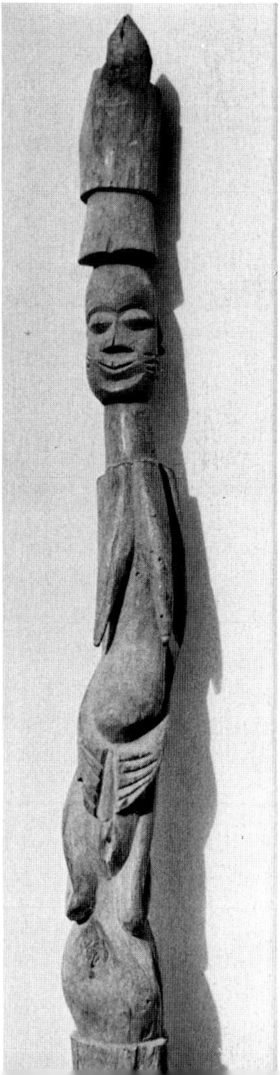

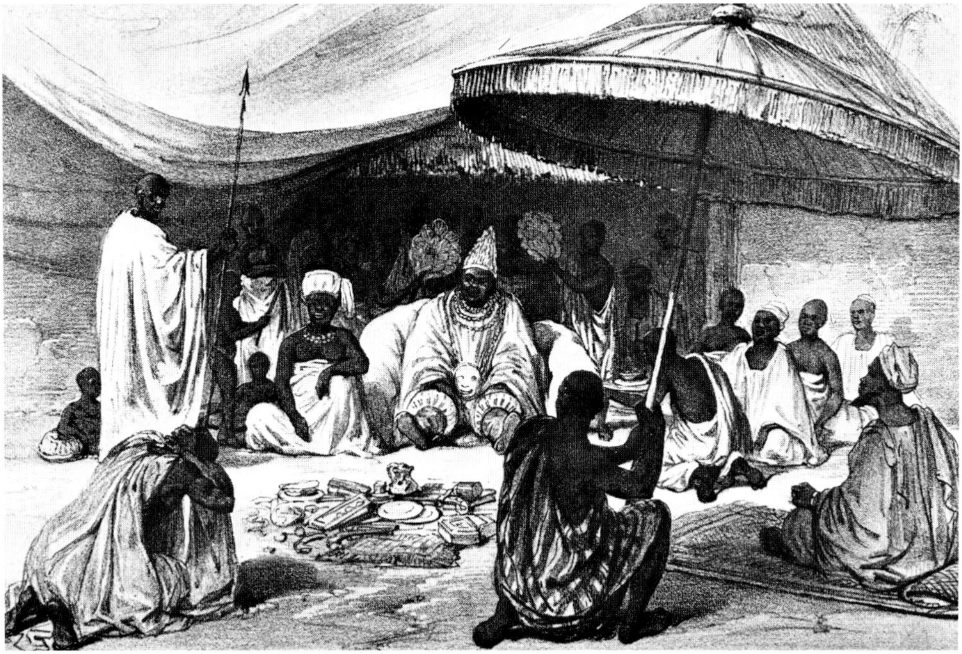

William Allen décrivit ainsi durant la dernière expédition de Lander (1832-1833): «Sur ses genoux, au bout d'une chaîne pendant à son cou, se trouvait une représentation — ou une caricature — dorée de la face humaine, ressemblant beaucoup à l'"homme dans la lune"[99].» La caricature est plutôt le fait d'Allen que de cette belle œuvre d'art, comme
96, 97 nous pouvons le voir en comparant son dessin avec l'original.

Les sources écrites purement historiques sont donc par elles-mêmes d'une valeur limitée, mais lorsqu'elles sont utilisables conjointement avec d'autres informations, elles peuvent se révéler dignes de foi. Les récits de Dapper et de Nyendael sur le royaume du Bénin nous permettent ainsi, par recoupement, de conclure que la fonte des plaques cessa vers la fin du XVIIe siècle, et c'est un point qui servit de base à William Fagg pour établir sa chronologie de l'art du Bénin[100].

D'une manière générale, il ressort de cette étude que si l'on veut glaner des informations sur l'histoire de l'art africain, il faut se référer d'abord à l'archéologie; mais il est également possible, pour les périodes plus récentes, d'obtenir des renseignements précieux en s'appuyant à la fois sur l'archéologie, l'histoire, orale ou écrite, et les collections des musées.

96 Dessin de l'ata des Igala par le commandant William Allen, en 1832-1833.

97 L'ata des Igala utilise le masque décrit par Allen, qui porte le nom d'*Ejube auilo* — l'œil qui apporte la peur aux autres yeux — et on veille à lui conserver son brillant poli. C'est un travail du Bénin, de la fin du XVe ou du début du XVIe siècle, période où des contacts étroits furent tissés entre les deux royaumes. Les fentes sous les yeux indiquent qu'il était fait pour être porté devant le visage; on retrouve cette caractéristique sur des masques du Bénin analogues, en ivoire et en bronze — ce qui permet de le rapprocher du masque Ife de l'ill. n° 40. (Propriété de l'ata des Igala, Idah. Haut.: 29 cm.)

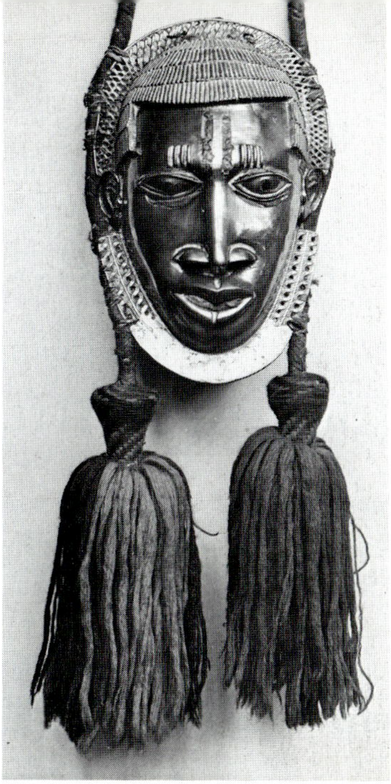

L'ÉGYPTE EN AFRIQUE

Dans l'histoire de l'art africain comme dans celle de l'ensemble de la culture africaine, les effets de l'islam et du christianisme sont très nets. Certains auteurs, cependant, ont vu d'autres influences, plus difficiles à établir, notamment celles de l'Égypte qui, bien que faisant partie de l'Afrique du point de vue purement géographique, est plus communément associée au monde culturel moyen-oriental. On était déjà très informé sur l'Antiquité égyptienne au début du siècle, alors que les recherches scientifiques sur les peuples et les cultures d'Afrique en étaient à leurs balbutiements. Il n'y avait pas de cadre chronologique pour l'histoire africaine et les sources de sa culture étaient inconnues. De plus, il faut tenir compte de l'influence de l'école diffusionniste de W. J. Perry et Elliot Smith, qui voulait faire découler de l'Égypte ancienne toutes les grandes civilisations [101]. Margaret Trowell établit souvent des parallèles entre les sculptures africaine et égyptienne, pour démontrer l'influence de l'Égypte sur le reste de l'Afrique [102]. De même les différents rois-divinités de l'Afrique occidentale et orientale étaient censés avoir leur origine dans l'ancienne Égypte [103].

Connaissant mieux l'Afrique aujourd'hui, nous voyons plus clairement les relations entre l'Égypte et le reste du continent, que Paul Bohannan exprime ainsi: «En Égypte une culture à prédominance africaine subit une forte influence asiatique, ce qui donna naissance à la civilisation égyptienne... On ne peut bien comprendre la religion égyptienne qu'en référence à la religion africaine; bien d'autres aspects de l'histoire et de la politique égyptiennes sont éclairés par l'ethnographie africaine. Il était autrefois bien noté de considérer que toutes ces structures sociales et culturelles avaient été inventées en Égypte, d'où elles s'étaient répandues dans le reste de l'Afrique. Aujourd'hui nous savons qu'il s'agissait là d'une simplification: l'Égypte était fondamentalement une culture africaine, modifiée par des apports de la culture asiatique[104].» La culture résultant de ce mélange prospéra — trait typique des hybrides. L'art de l'Égypte prédynastique présente essentiellement des caractéristiques africaines. Le bol de l'illustration n° 98, datant d'environ 3100 av. J.-C., porte la représentation peinte d'un bateau stylisé en harmonie avec les peintures
99 beaucoup plus tardives des grottes du lac Victoria, tandis que le taureau gravé de l'illustration n° 100 ne déparerait pas les gravures rupestres du Sahara. La statuaire des périodes postérieures présente toutes les caractéristiques d'un style égyptien évolué, tout en conservant de l'époque prédynastique la rigidité de la forme, la pose frontale[105], l'absence d'expression du visage et de toute indication claire sur l'âge du sujet: tous ces traits sont en fait caractéristiques de la plus grande partie de la sculpture africaine.

De par leur fonction également, ces statues égyptiennes sont analogues aux images d'ancêtres originaires de quantité d'autres parties d'Afrique: elles font office de dépositaires d'une force surnaturelle, offrant en particulier une résidence éternelle pour l'essence spirituelle de l'homme représenté[106]. «Pour les Égyptiens, l'art est une affaire pratique, destinée non pas à éveiller des émotions chez le spectateur, pour qui de toute façon il n'a pas été créé, mais à assurer par des moyens magiques l'immortalité de la personne représentée. La forme naturaliste que prenait fréquemment l'art égyptien et le haut degré de maîtrise technique avec lequel

98 (*Page de droite, en haut*) Pot de la fin de l'époque prédynastique égyptienne, avec bateau et arcs concentriques peints en rouge, de Nag' el Deir. (Musée Lowie d'anthropologie, Université de Californie, Berkeley. Haut.: 23 cm.)

100 (*Page de droite, en bas*) Pot de la fin de l'époque prédynastique égyptienne, avec dessin d'un taureau gravé, d'El Ahaiwah. (Musée Lowie d'anthropologie, Université de Californie, Berkeley. Haut.: 25 cm.)

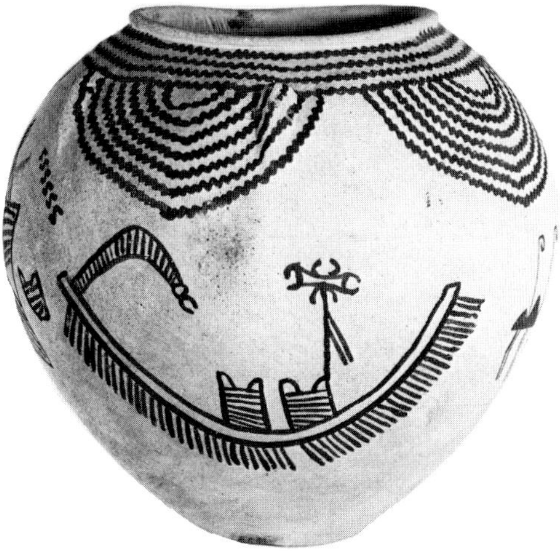

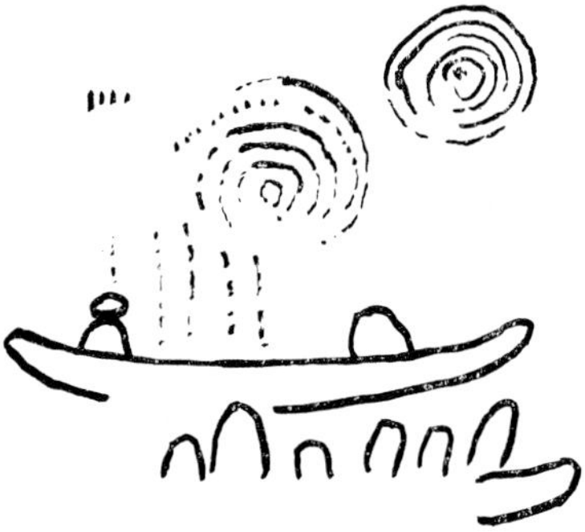

99 Détail d'une fresque de Neyro dans le district de Teso en Ouganda : parties de deux canoës et cercles concentriques rouges. Le canoë le plus complet mesure 76 cm. (D'après Posnansky.)

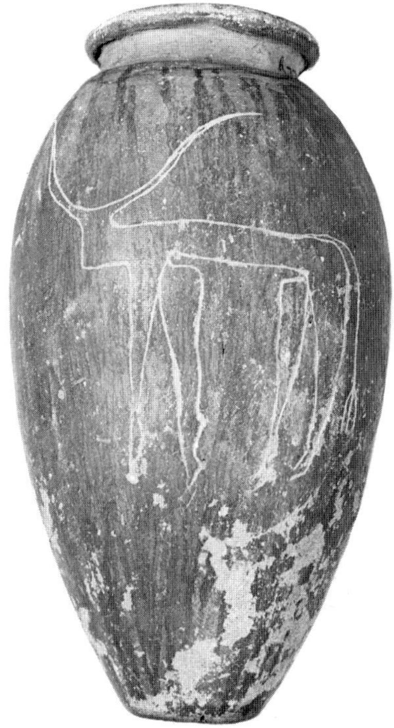

il était exécuté ne doivent pas occulter le fait que les idées qui le soustendaient sont plus proches de [...] l'Afrique que de l'Athènes de Périclès ou de l'Italie de la Renaissance. [...] Chaque figure mortuaire était complétée par un rituel magique destiné à s'assurer qu'elle avait bien absorbé l'esprit du mort. [...] cette consécration était effectuée sur une sculpture qui était une représentation idéalisée du modèle. [...] Quel que soit l'âge du mort, celui-ci est représenté dans la fleur de l'âge, au zénith d'une vie réussie. [...] malgré tout le réalisme des muscles du torse et des membres, et la minutie apparente du portrait, la facture est bien "primitive", et la représentation de la figure humaine plus perceptive que visuelle [107].» De ce fait, la sculpture égyptienne appartient nettement au monde africain. L'art égyptien dans son ensemble est donc moins une source d'influence sur l'art africain que la manifestation locale d'une tradition africaine très répandue.

Cela ne signifie nullement que l'Égypte n'a pas transmis d'idées artistiques ou autres au reste de l'Afrique [108], mais seulement que nous devons faire preuve d'une grande prudence en les identifiant. En particulier, à l'instar des historiens d'art, il nous faut prêter une grande attention à la chronologie : il est dangereux d'affirmer l'existence de relations directes, sans preuves de chaînons intermédiaires, entre les objets égyptiens (ou romains, ou phéniciens) et d'autres ayant été exécutés deux,

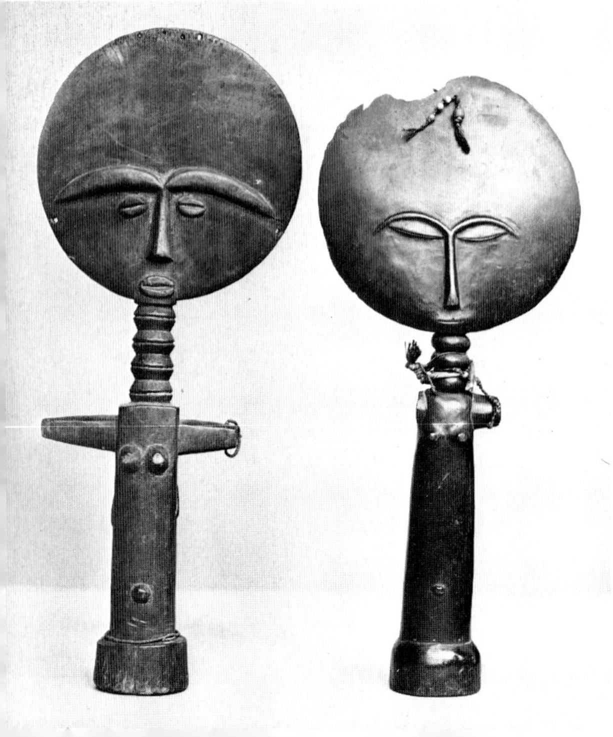

101 Deux *akua mma*, poupées ashanties exprimant l'idéal ashanti de la beauté : long cou, visage rond et plat, front haut et petite bouche. Elles sont portées par les femmes enceintes qui ne doivent pas poser les yeux sur un être ou un objet difforme (même une effigie mal sculptée), de crainte que leur enfant ne leur ressemble. A l'inverse, en regardant ces expressions de la beauté idéalisée, elles sont censées favoriser la beauté de leur progéniture. (British Museum, Londres. Haut. : 33 cm et 32 cm.)

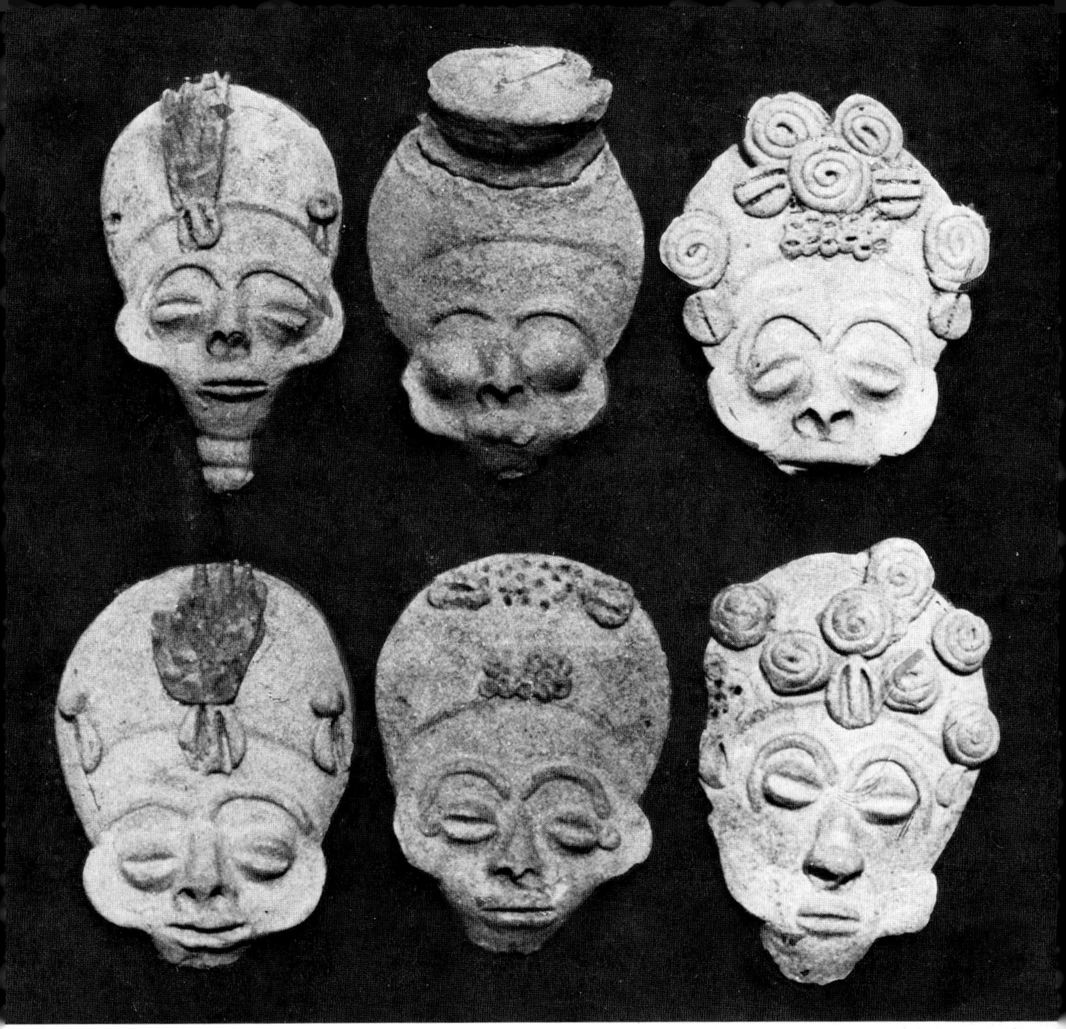

102 Têtes en terre cuite exhumées par le Dr Oliver Davies à Ahinsan, au sud du pays ashanti. Ces sculptures, qui datent de la fin du XVIe et du XVIIe siècle, semblent à en juger par leurs correspondances artistiques avec les plus récentes sculptures *akua mma* être les ancêtres de celles-ci. (Université du Ghana. Haut. : de 13 à 15 cm.)

trois ou quatre millénaires plus tard en Afrique. On a ainsi supposé que
la poupée ashantie *akua ba* était issue de l'*ankh*, symbole de vie des Égyp- 101
tiens [109]. Or aucune desdites poupées existantes ne doit être antérieure
au XIXe siècle; leurs ancêtres immédiats semblent être les sculptures
de terre cuite qui, trouvées sur un grand nombre de sites du royaume

102 ashanti, tel Ahinsan, datent de la fin du XVIe siècle et du XVIIe siècle — encore qu'elles semblent avoir peu de traits communs avec le symbole *ankh*. On ne prend pas suffisamment en considération l'éventualité d'une convergence, c'est-à-dire l'émergence, en des lieux distincts, de structures semblables. Des traits communs peuvent apparaître dans des cultures n'ayant aucun rapport les unes avec les autres. Dans les cas seuls où forme, signification et fonction sont semblables dans des sociétés ayant entretenu des échanges à l'époque concernée, on pourra déduire légitimement l'existence d'une influence, même si la direction de celle-ci n'est pas toujours claire. Mais en l'absence de contrôles chronologiques, on ne peut affirmer que les institutions africaines sont la copie de celles d'Égypte, d'autant que les « modèles » sont généralement glanés au hasard dans l'ensemble de l'histoire égyptienne. Il est compréhensible que, lorsque l'Afrique se trouvait sous domination coloniale, ses fils aient souvent tenté de montrer que leurs propres cultures étaient issues des mêmes sources que les cultures des puissances européennes[110]; on comprend plus difficilement que des auteurs européens et américains persistent dans cette voie, à moins qu'ils ne puissent croire que rien de bon ait jamais pu sortir d'Afrique noire. Avec l'indépendance est apparue une nouvelle génération de spécialistes africains qui tirent un juste orgueil de la découverte de l'histoire de leur propre peuple, avec un souci d'objectivité scientifique. Parmi eux se trouvent, par bonheur, des historiens d'art.

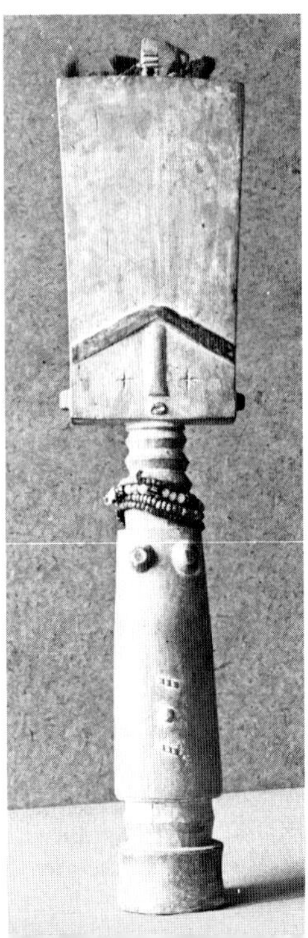

103 Poupée Fanti, apparentée par sa forme aux *akua ba* ashanties. On a prétendu que les poupées des deux types étaient ashanties et que l'on portait celles à tête ronde quand on désirait une fille et celles à tête rectangulaire si l'on désirait un garçon ; en réalité, elles sont dues à des ethnies différentes. (Linden Museum, Stuttgart. Haut. : 34 cm.)

CHAPITRE QUATRE

L'architecture africaine

Bien que l'architecture ait donné lieu à des réalisations exceptionnelles en Afrique, elle n'a longtemps suscité dans les ouvrages spécialisés qu'un commentaire succinct, au mieux une étude décousue. Il existe une étude complète sur les habitations des Fali du Nord Cameroun [111], un compte rendu sur l'architecture traditionnelle ashantie [112], sans oublier *le Burundi* de Jean-Louis Acquier et le *Regards sur l'habitat traditionnel du Niger* de Corinne et Laszlo Mester de Parajd. Citons aussi J.-P. Lebeuf (1961) ; D. Jacques-Meunié (1961) ; M. Swithenbank (1969) ; P. Oliver (1971) ; M. Wenzel (1972) ; F. W. Schwerdefeger (1982) ; J.-C. Moughtin (1985 et 1988) ; S. P. Blier (1987) ; Z. R. Dmochowski (1990) ; K. C. Carroll (1992). Il faut d'autre part se référer à Herta Haselberger, qui a traité de l'architecture ouest-africaine en général, et à Julius Glück, D. Fraser, E. Guidoni et Susan Denyer, qui ont donné un aperçu de l'architecture africaine dans son ensemble [113].

Il est difficile d'établir une limite entre la construction ordinaire et l'architecture. Les brise-vent utilisés comme abris par les Boschimans sont-ils de véritables constructions ? La simple case en forme de ruche ronde, faite de branchages souples couverts de feuilles, que fabriquent les Pygmées relève-t-elle de l'architecture à proprement parler ? En tout cas, la case circulaire à toit conique construite par les peuples agriculteurs des savanes offre de grandes possibilités pour la créativité architecturale. Les maisons bâties par les Tivs sont un exemple de ce type dans sa plus simple expression, mais d'une excellente qualité technique. Les Tivs sont réputés pour leurs couvertures en chaume dans tout le nord du Nigeria. Il arrive que les murs soient décorés de bas-reliefs autour des portes, ou d'ornements peints sur toute leur surface [114]. De nombreux petits groupes « païens » du nord du Nigeria ont exploité au mieux la terre et la pierre en adaptant cette structure de base. On édifie les maisons sur une fondation de pierre pour empêcher les termites de pénétrer dans les murs ; sous les lits en terre, on ménage un espace pour faire du feu et combattre le froid rigoureux des nuits de décembre et de janvier, lorsque les vents de l'harmattan peuvent provoquer des écarts de température de 35 °C entre le jour et la nuit.

Les maisons des Ham (ou Jaba) autour de Nok sont un bon exemple d'architecture en terre. Elles sont ovales et leur toit de chaume, presque vertical à l'arrière, s'élève en pente douce au-dessus de l'entrée. La petite entrée basse ouvre sur la première pièce, limitée par un mur transversal percé d'un passage ovale au centre, donnant accès aux chambres de derrière. Celles-ci sont à leur tour limitées par un mur qui se renfle aux deux extrémités pour former de grandes cavités accessibles depuis le haut du mur uniquement. On y engrange le grain, qui se trouve ainsi non seulement protégé de la pluie par le toit, mais conservé dans une atmosphère sèche en raison des feux allumés sous les lits de bauge. Dans les murs au-dessus des lits sont ménagées des niches pour le rangement d'objets personnels [115]. La technologie des Ham est relativement simple, mais ils profitent entièrement des possibilités plastiques de l'architecture de terre, d'une façon qui dépasse largement celle des constructeurs européens du Moyen Age — voire postérieurs — pour ce qui est de la bauge et du chaume. En Europe, les décorations murales en relief étaient surajoutées — il s'agit alors de la technique du crépi — et généralement en plâtre, et non pas formées dans la masse du mur. Véritable sculpture habitable, la maison des Ham dépasse la simple machine à vivre chère à Le Corbusier.

D'autres ethnies de la même région, qui n'ont pas incorporé leurs greniers à grain dans les murs de leurs maisons, en ont fait des structures
104 indépendantes et esthétiques. Des pierres disposées en cercle sont scellées dans l'argile pour séparer du sol le grenier à grain et le préserver des termites et des rats. Sur ces pierres on pose un disque de terre préparé d'avance qui sert ensuite de base pour les murs. A plusieurs niveaux on découpe dans le mur des ouvertures décorées en relief. Puis on fabrique la partie supérieure en ne laissant, tout en haut, qu'un trou permettant le passage d'un homme. On verse le grain par l'ouverture la plus basse jusqu'à ce qu'il atteigne son niveau, après quoi on rebouche ladite ouverture. Une fois le niveau de l'ouverture supérieure dépassé, on termine le remplissage par le haut, puis on scelle un couvercle à l'aide d'argile et le recouvre d'un toit de chaume pour le protéger de la pluie.

Dans les forêts on trouve des maisons rectangulaires dotées d'une poutre faîtière, technique envisageable en raison de l'abondance de bois. Les murs de ces maisons sont fréquemment peints [116] et les Bakoubas les recouvrent de nattes tressées décoratives [117]. Dans les régions marécageuses les

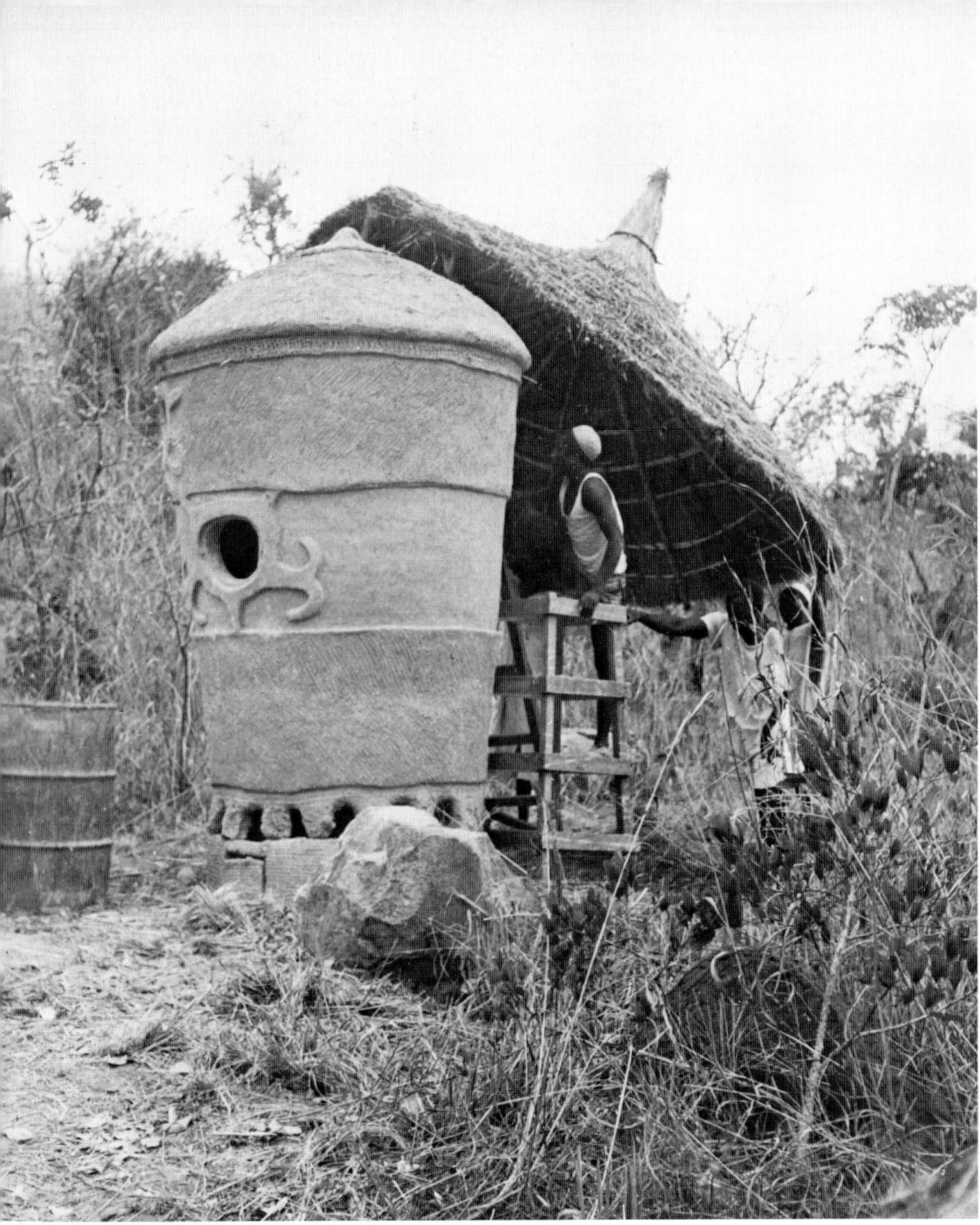

104 Grenier construit à Jos par un homme Mada du village d'Andahar. Les hommes fixent le toit préfabriqué.

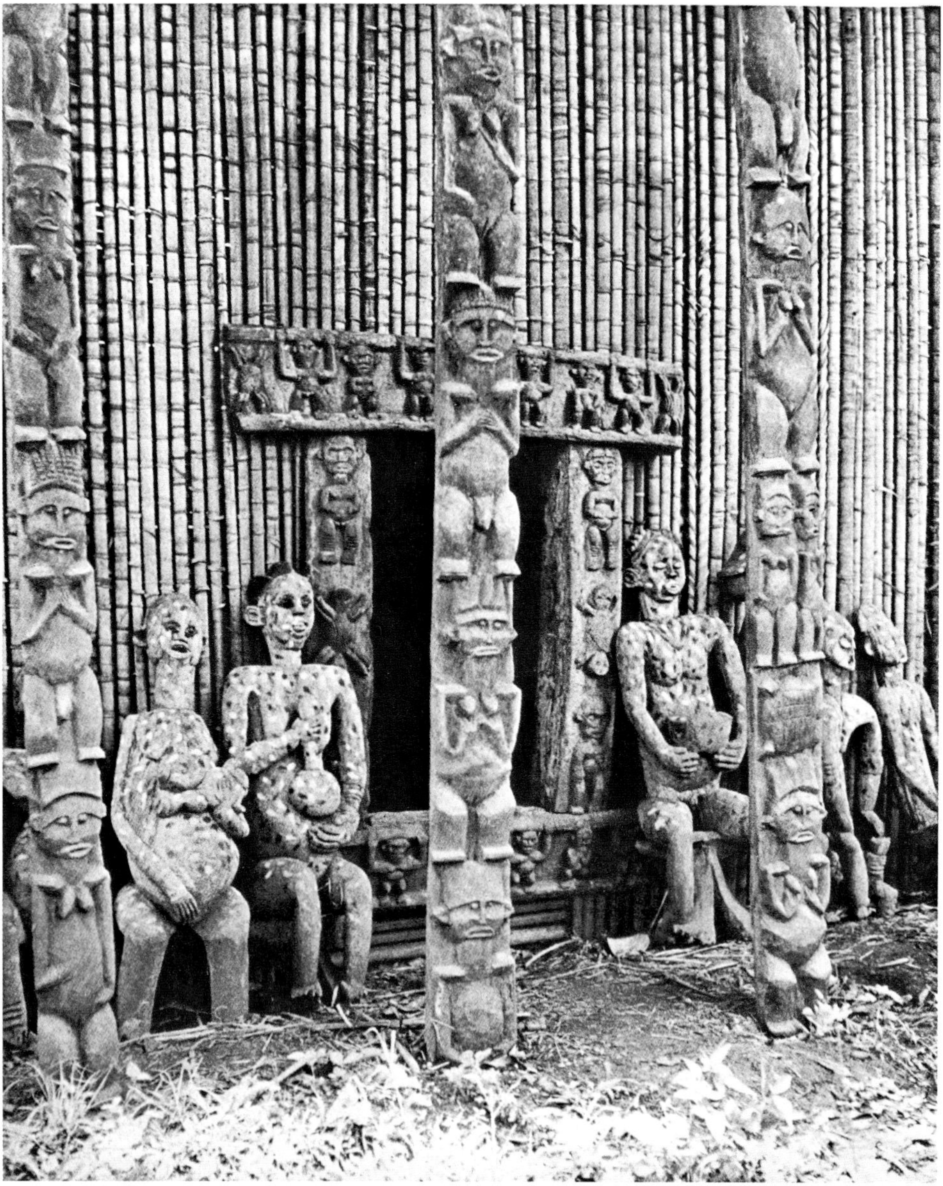

105 Statues d'ancêtres, cadre de porte sculpté et poteaux de terrasse sur une maison terminée d'un style analogue à celle de l'ill. n° 106. Chefferie de Bafussam, chez les Bamilékés, au Cameroun.

maisons de ce type sont bâties sur pilotis. On trouve parfois dans les savanes des maisons carrées à toits pyramidaux. Dans les savanes du Cameroun, on trouve un exemple particulièrement frapppant de ce modèle dans lequel est évident le principe de verticalité, si important dans l'architecture monumentale. Les poteaux, qui en fait ne soutiennent pas le toit, 105, 106
offrent un champ d'action au sculpteur qui décore également l'encadrement de la porte flanquée des statues des ancêtres[118].

Un type de maison courant dans les prairies d'Afrique occidentale possède une structure de base consistant en un parallélépipède de terre, avec un toit plat qui nécessite un renforcement en bois. Depuis la fin du XIXe siècle, les Haoussas du nord du Nigeria peignent ou décorent de bas-reliefs les murs extérieurs de ces maisons, ces décorations 108, 109
incluant parfois des éléments modernes, tels que horloges ou bicyclettes. Ils utilisent des tiges qu'ils confectionnent à partir du tronc du *Borassus*, l'*azara*, pour soutenir le toit plat : la longueur utile est limitée à trois mètres, mais en les plaçant en biais et aux coins pour réduire l'écartement direct, on peut arriver à des portées de six mètres. L'*azara* est également utilisée pour renforcer les arches des édifices publics tels que mosquées, palais des émirs et portes des villes[119]. La décoration intérieure de ces bâtiments, sculpture en relief et peinture, suit une vieille tradition. Des assiettes en

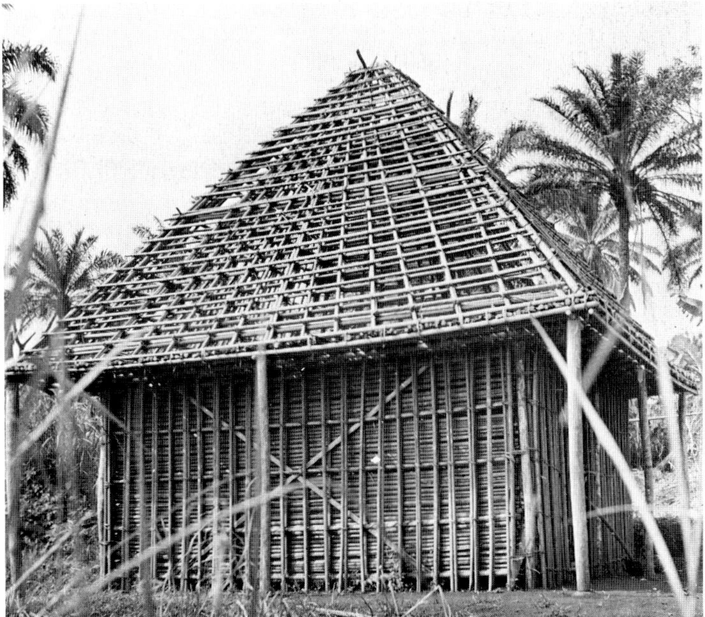

106 Charpente d'une maison carrée à toit pyramidal prêt à recevoir le chaume. Bafut, Cameroun.

porcelaine et, de nos jours, des bols en émail colorés sont incrustés dans les murs et les plafonds. Ce mode de décoration semble venir de la côte orientale où, sur l'île de Kilwa, des bols en porcelaine persans et chinois étaient employés à cet usage durant la première moitié du XVe siècle [120]. Cette pratique semble s'être répandue vers le nord en Nubie et, de là, vers l'ouest dans le Soudan musulman. Il est possible que les Nupé se soient inspirés de cette coutume lorsqu'ils ont inventé la soucoupe en céramique à rigoles concentriques sur la face convexe dont ils décorent les murs et les sols de certaines maisons. Ces soucoupes ont de huit à dix centimètres de diamètre; on les place face concave contre la terre fraîche, avant de les enfoncer au maillet pour les briser et faire pénétrer les fragments dans la terre. La surface ainsi obtenue est agréable à l'œil et résiste aux éléments [121].

Ce type d'architecture a évolué chez les peuples de l'ouest du Soudan doués de la sensibilité aux qualités plastiques qui caractérisaient les cases Ham. Ils ont construit des formes rondes perpétuant apparemment celle des huttes. Les Dogons de la boucle du Niger possèdent des cases rectangulaires et des greniers à grain tubulaires d'une grande élégance, et les surfaces plates des murs de l'habitation sont souvent rehaussés d'alcôves
110, 111 rectangulaires verticales que l'on trouve également sur la face de leurs masques.

La forte sensibilité à la forme se retrouve, en Afrique, même dans la façon de traiter la mosquée, en dépit du plan de base prescrit par l'islam. Labelle Prussin a étudié les mosquées de la boucle du Niger et du bassin de la Volta [122]: là, les bâtiments en torchis nécessitent d'incessantes rénovations, car bien que les précipitations annuelles soient peu importantes, elles ont lieu dans un laps de temps très bref. Aussi des échafaudages de bois permanents sont-ils incorporés à la conception des mosquées, ce qui leur donne un aspect «épineux». Cependant, cette installation prévue pour des réparations fréquentes de surface semble avoir permis aux édifices les plus anciens de conserver leur forme originelle. Les plus anciens
113 monuments de ce genre sont la mosquée Sankoré de Tombouctou (elle illustre l'instauration de l'islam comme religion impériale sous le règne de l'empereur Mansa Musa du Mali, qui régna de 1312 à 1337) et le tombeau d'Askia Mohammed — qui régna sur l'Empire songhaï de 1493 à 1529 — à Gao: ils sont de la même veine, de proportions massives et dotés de solides formes pyramidales. Au contraire de Djenné et en dépit de sa renommée persistante, Tombouctou n'est jamais devenu un centre politique stable: la stabilité de Djenné favorisa l'apparition de bons

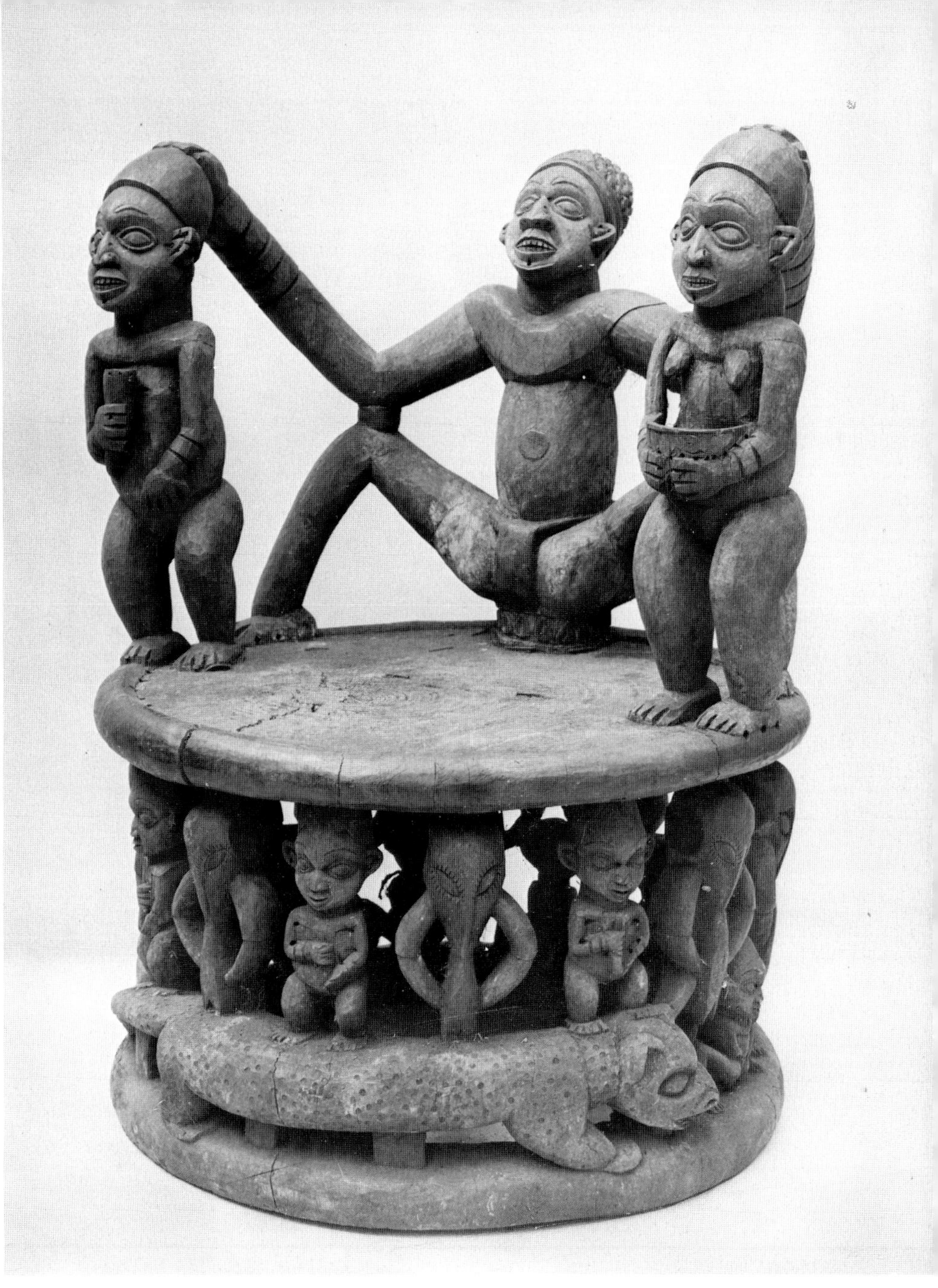

107 Chaise en bois bamilékée, Cameroun. Les sièges sculptés de ce style sont strictement réservés aux chefs et à certains notables. (British Museum, Londres. Haut. : 117 cm.)

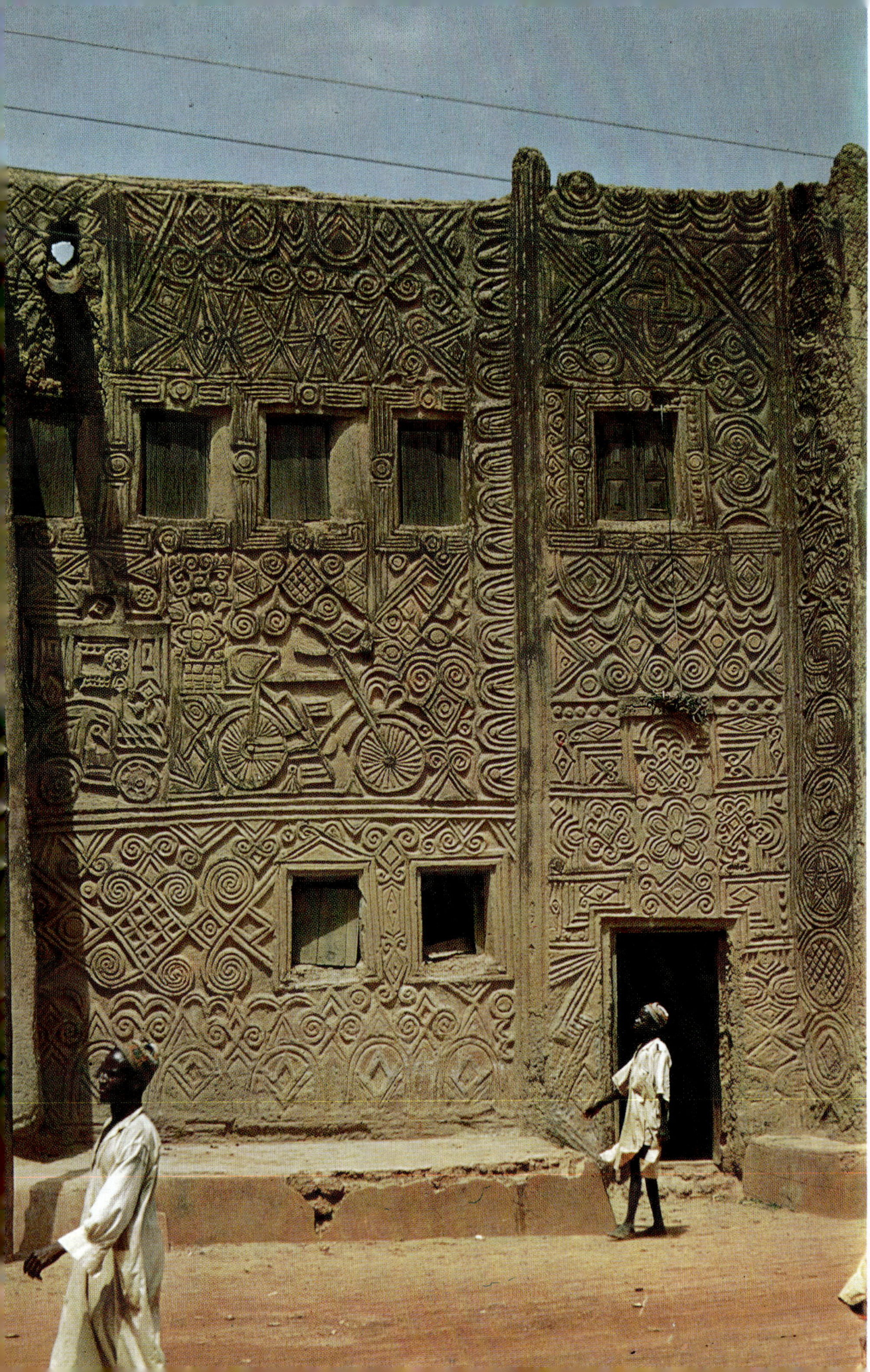

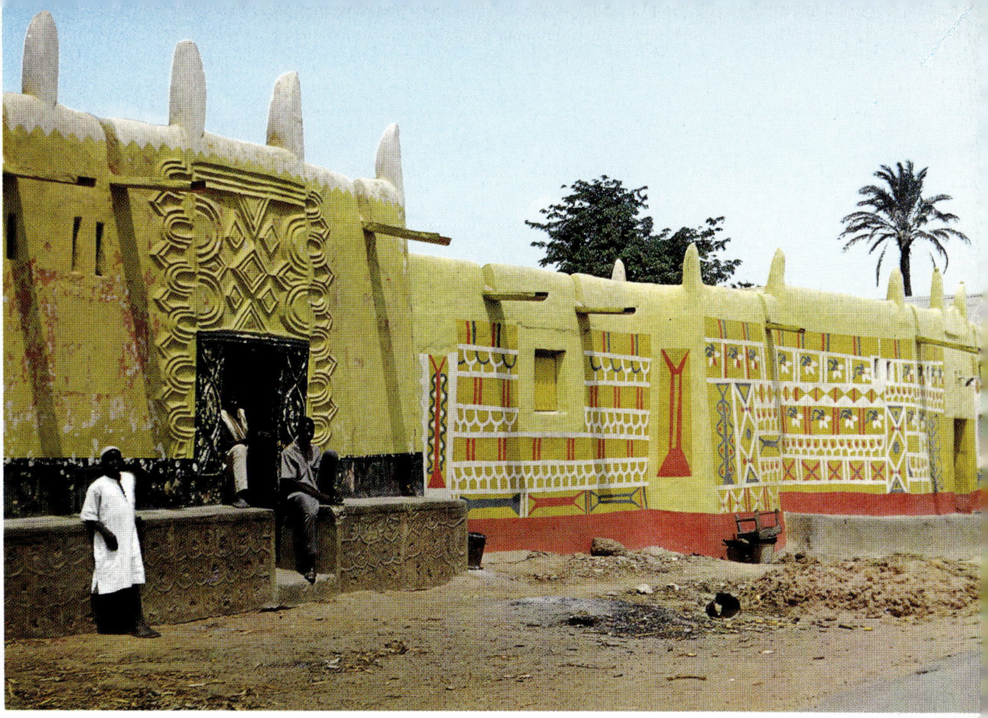

108 *Ci-contre:* Dans le nord du Nigeria, musulman, l'intérieur des bâtiments est décoré depuis longtemps, mais ce n'est que depuis la fin du XIXe siècle que l'on a commencé à orner aussi les murs extérieurs. Actuellement, on trouve à Zaria de nombreuses maisons ornées de motifs représentant des articles de prestige, ici une bicyclette et une voiture.

109 *Ci-dessus:* Les surfaces sculptées des bâtisses sont souvent entièrement peintes, mais il est fréquent aussi que l'on ne peigne que des motifs décoratifs. Zaria, Nigeria.

artisans, responsables d'une architecture élaborée. Avec ses minarets creux intégrés à la façade, la mosquée de Djenné dégage une forte impression de verticalité. L'intérieur a la hauteur d'une cathédrale gothique. D'un style analogue, la mosquée de Mopti a la qualité sculpturale de l'archi- 110-112
tecture et des masques dogons.

Les types de Djenné et de Tombouctou amènent en fin de compte à deux autres types: ceux de Bobo-Dioulasso au Burkina et de Kong en Côte-d'Ivoire. Ceux-ci résultent de la migration des commerçants musulmans Manden jusqu'à ces régions méridionales, où ils établirent des

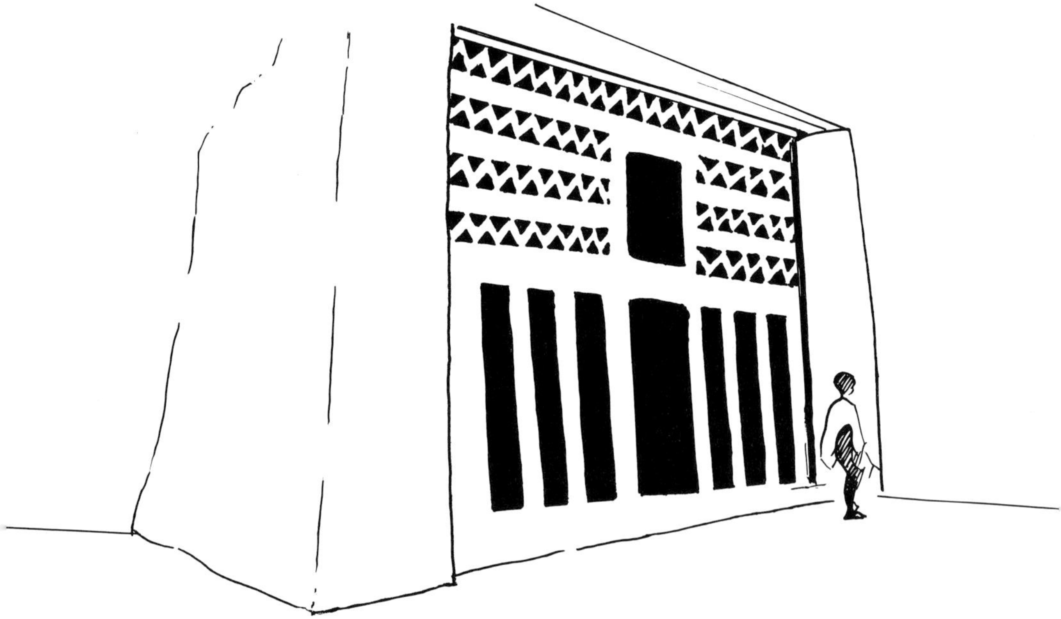

110 Façade décorée de la maison d'un notable chez les Dogons, à Sanga, dans la boucle du Niger. (D'après Griaule.)

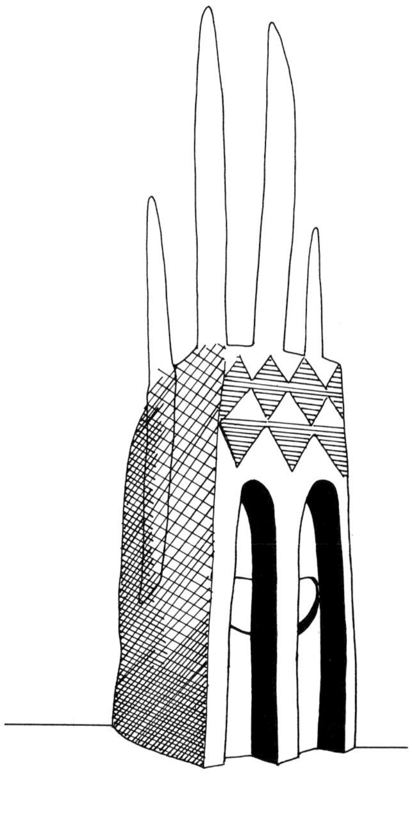

111 Ce masque dogon, représentant *walu* l'antilope, fut découvert à Sanga; il rappelle les formes architecturales des Dogons. (D'après Kjersmeier. Haut.: 44 cm.)

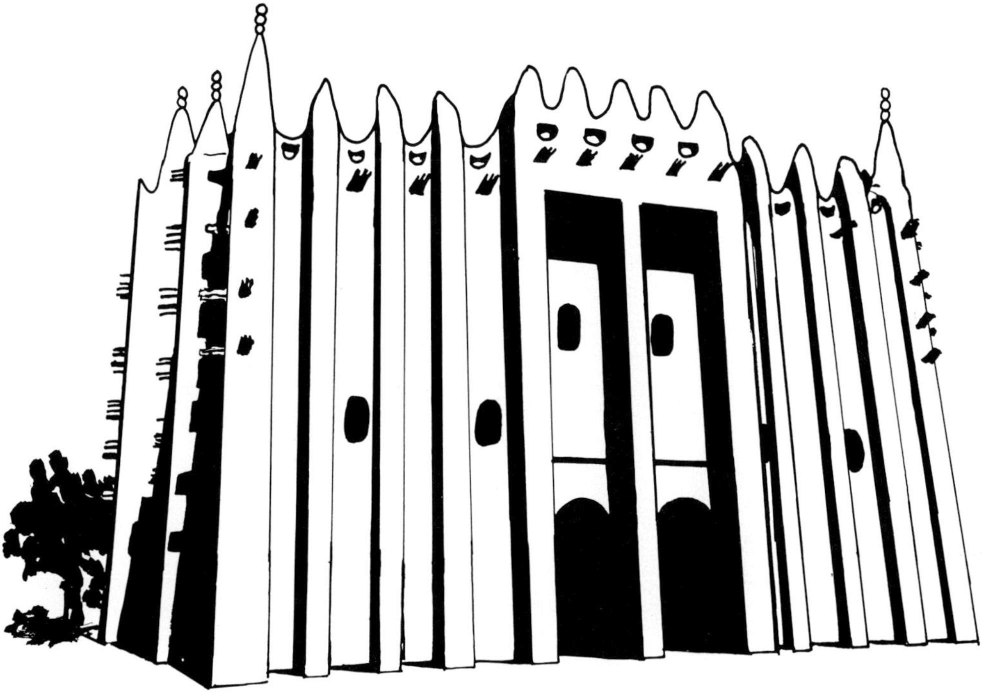

112 Façade de la mosquée de Mopti. La ressemblance avec le visage d'un masque dogon est frappante. William Fagg pense que la forme des masques est copiée sur celle de la mosquée; cela semble peu plausible, étant donné qu'elle a été construite en 1935 par des maçons de Djenné sous la direction de l'administrateur français Cocheteaux. (D'après Prussin.)

gouvernements communaux. A l'image de leur politique, leurs mosquées sont plus petites et de style moins monumental. Le climat plus humide rendait obligatoire l'usage de contreforts plus larges et d'échafaudages horizontaux en bois plus nombreux pour l'entretien, ce qui réduit la verticalité de la structure. De fait, dans la mosquée de type Kong, les poutres horizontales prennent une telle importance que la verticalité de l'édifice en est fortement atténuée.

Dans les petites mosquées rurales comme celle de Kawara, la sculpture 114
supplante l'architecture. Le résultat est fort plaisant, mais des deux principes architecturaux fondamentaux, l'horizontal est absent et le vertical réduit au minimum. L'intérieur ne suit plus le plan classique, tombé en désuétude, les activités du vendredi se déroulant devant la mosquée, en plein air, comme toutes les grandes cérémonies religieuses africaines.

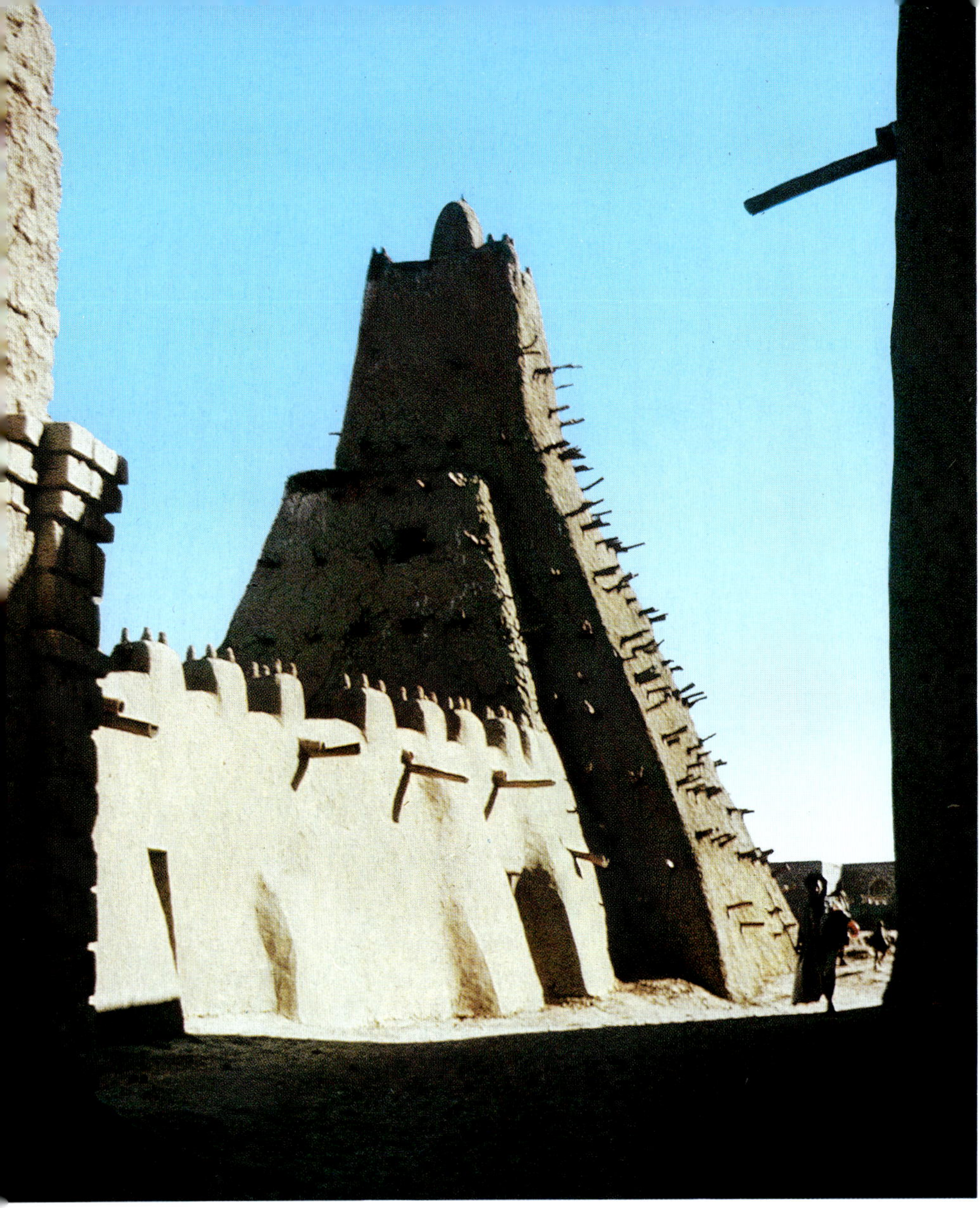

113 Mosquée Sankoré de Tombouctou, construite au début du XIVe siècle. La surface est hérissée d'échafaudages fixes destinés à permettre l'entretien permanent de l'édifice. De cette manière, l'apparence de la mosquée est restée inchangée, puisqu'il n'a jamais été nécessaire de la reconstruire.

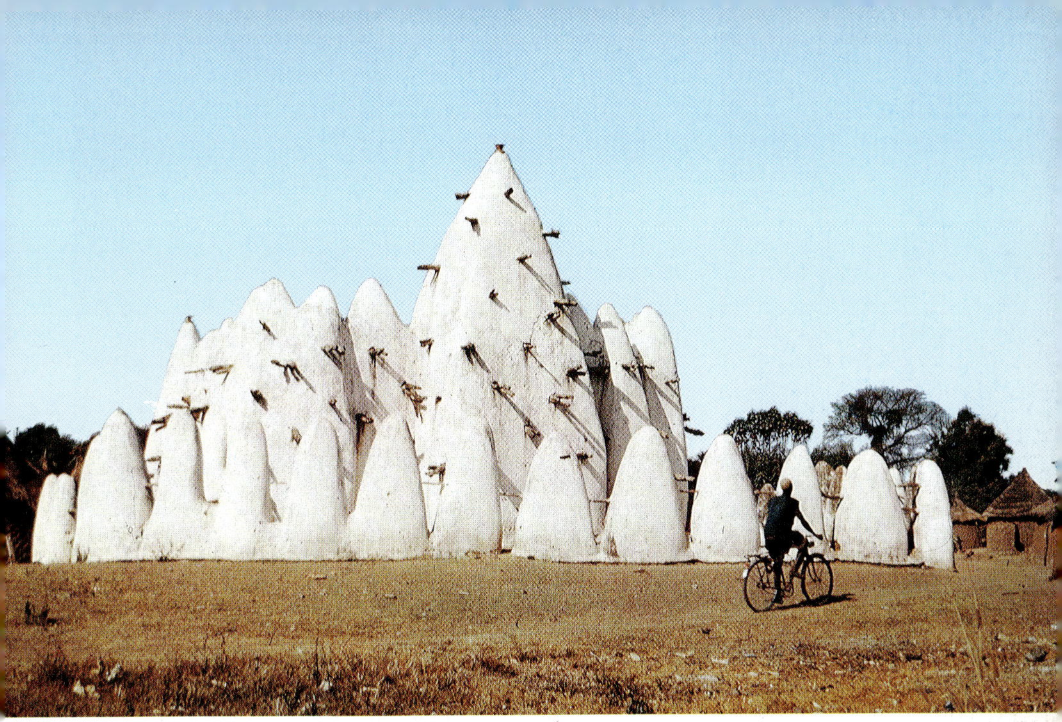

114 Mosquée du village de Kawara (Côte-d'Ivoire), à un stade avancé de l'évolution de ce type d'édifice dans la boucle du Niger.

Voilà donc comment la créativité africaine a détrôné un plan importé et se l'est approprié, suivant des modalités variant selon les régions. A Ilorin, ville yorouba dans l'État Kwara du Nigeria, se trouvent quantité de ravissantes petites mosquées. L'illustration n° 118 montre la dextérité avec laquelle on a utilisé les possibilités de la terre.

Dans les forêts d'Afrique occidentale, chez les Yoroubas et les Edos du Bénin, on trouve une forme de construction particulièrement intéressante, l'impluvium. Glück y voit un rapport étroit avec la case-boîte en terre de la savane, mais de par sa structure elle est bien plus proche de la case rectangulaire à poutre faîtière des forêts : quatre de ces maisons avec terrasses, regroupées autour d'une place carrée, pourraient avoir été le point de départ du type ashanti décrit par Swithenbank. Chez les Yorou- 115
bas, certains impluviums ne sont rien de plus, mais les terrasses réunies forment une sorte de grande pièce, le patio étant limité à un espace très réduit au centre duquel convergent les eaux de pluie, d'où le nom d'« impluvium », ou « cour de pluie ». L'eau de pluie tombe dans de grands pots

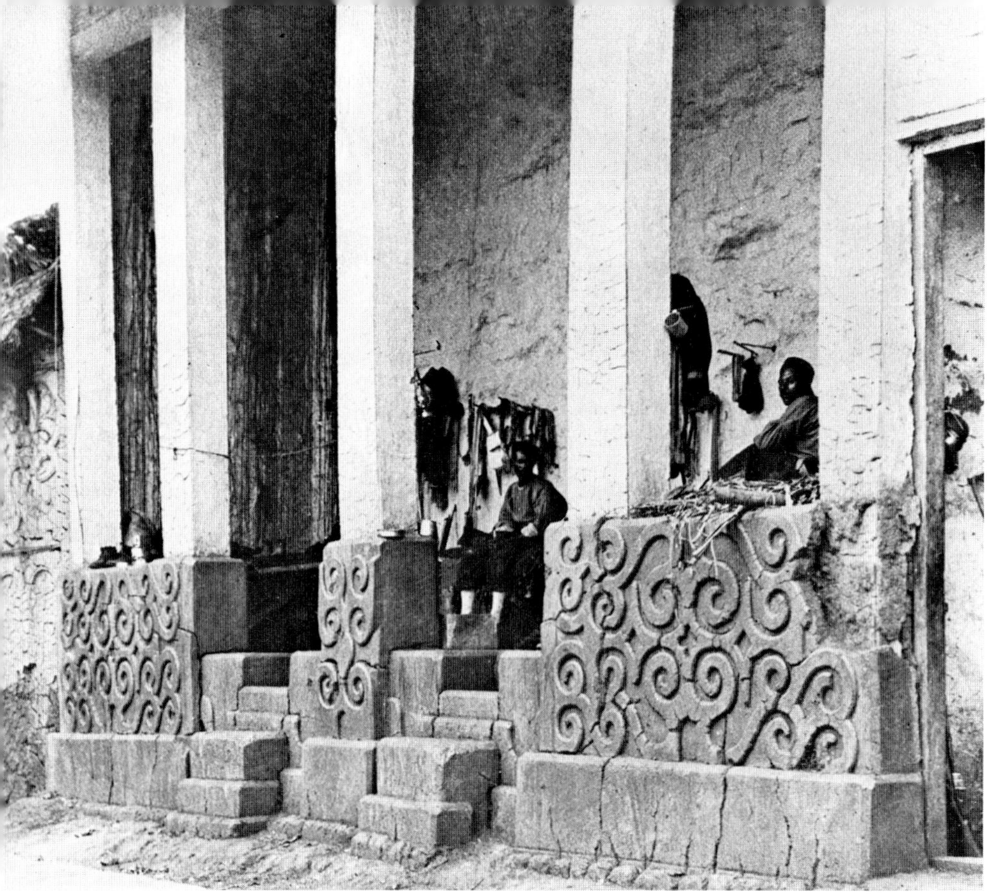

115 Décoration traditionnelle de la surface d'une maison en terre à Kumasi, en pays ashanti. (Photographie d'Austin Freeman [v. 1888] actuellement à Londres, au British Museum.)

116 — aujourd'hui on utilise parfois des réservoirs recouverts de ciment : l'excès est évacué par des canalisations. Dans des fouilles à Ife, on a trouvé des impluviums au sol couvert de dallage fait de débris de poterie ; pour permettre à la pluie de s'écouler sans dommages pour la paroi, ils étaient parfois bordés de canalisations en poterie, parfois munis d'une meule usée, percée d'un trou en guise d'entonnoir.

Il semble que l'on ne construise plus d'impluviums dans les villes yoroubas ; on leur préfère des maisons à deux étages en brique ou en parpaing. Mais par bonheur, un grand nombre de vieilles maisons sont encore habitées et entretenues. Certaines sont des palais, et bien que les rois yoroubas

se fassent aussi construire des maisons modernes, il en demeure suffisamment pour que G. J. A. Ojo les ait classées en quatre types ayant chacun une répartition géographique différente. Le palais d'Akuré est l'un des mieux conservés, peut-être parce que le *deji* d'Akuré, Adesida Ier, mort à l'âge de quatre-vingt-dix ans en 1958, était l'incarnation même d'un mode de vie traditionnel. Ojo nous dit ainsi qu'en 1953, il « repoussa définitivement les demandes de plusieurs églises protestantes d'ouvrir une chapelle à l'intérieur du palais d'Akuré. Il estimait que c'eût été là une aventure déplacée puisque, comme il le proclamait, il y avait déjà sept cent vingt divinités pourvues chacune de son temple ou de son autel dans le palais[123] ». Grâce à son sens de la tradition, le plan original du palais a été conservé, et on peut voir que les patios d'impluvium vont de l'*Ùwà Nlá* (le grand patio, A dans l'illustration n° 117), avec une partie à l'air libre de quarante-cinq mètres de long sur une vingtaine de large, jusqu'au minuscule *Ùwa Odò Ayà* (patio de la rivière Aya, H sur le plan) — quel- 117
que deux mètres cinquante sur environ un mètre vingt seulement.

À Benin, les maisons qui ont survécu de la période pré-expédition, celles donc qui sont antérieures à 1897, ont de nombreux impluviums de petite taille, ce qui permet à la lumière de pénétrer mais pas à la

116 Cour à impluvium au palais d'Efon Alayé. Une citerne moderne couverte de ciment recueille la pluie qui se déversait autrefois dans de grands pots placés sous les gouttières. Le muret entourant la cour retenait les fortes pluies jusqu'à ce qu'elles s'écoulent à l'extérieur. Les poteaux de la terrasse soutenant le toit furent gravés entre 1900 et 1920 par Agbonbiofe.

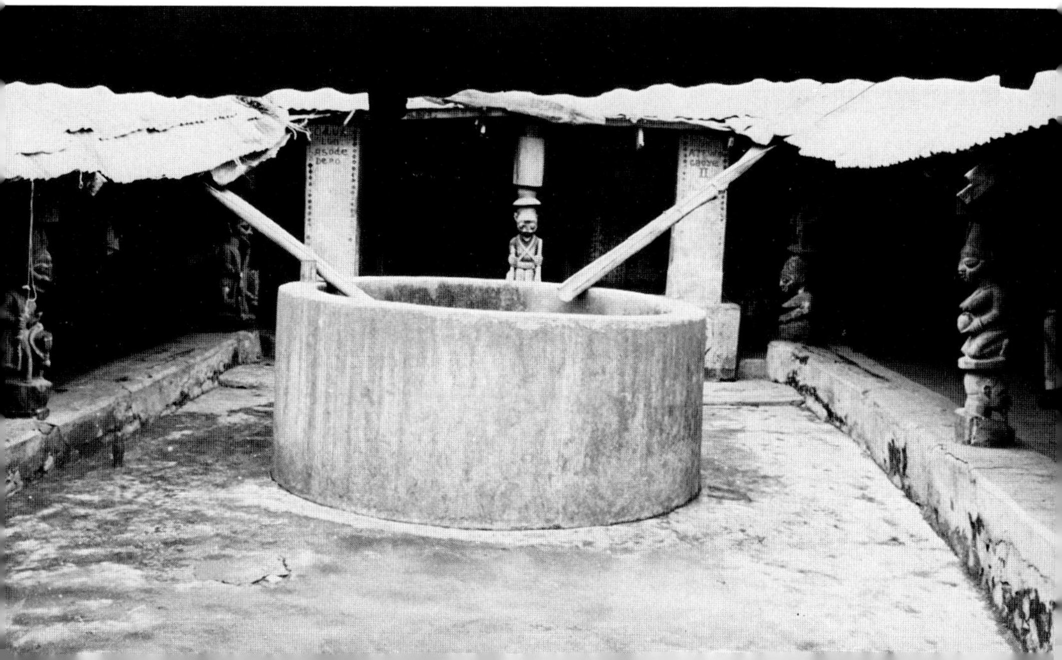

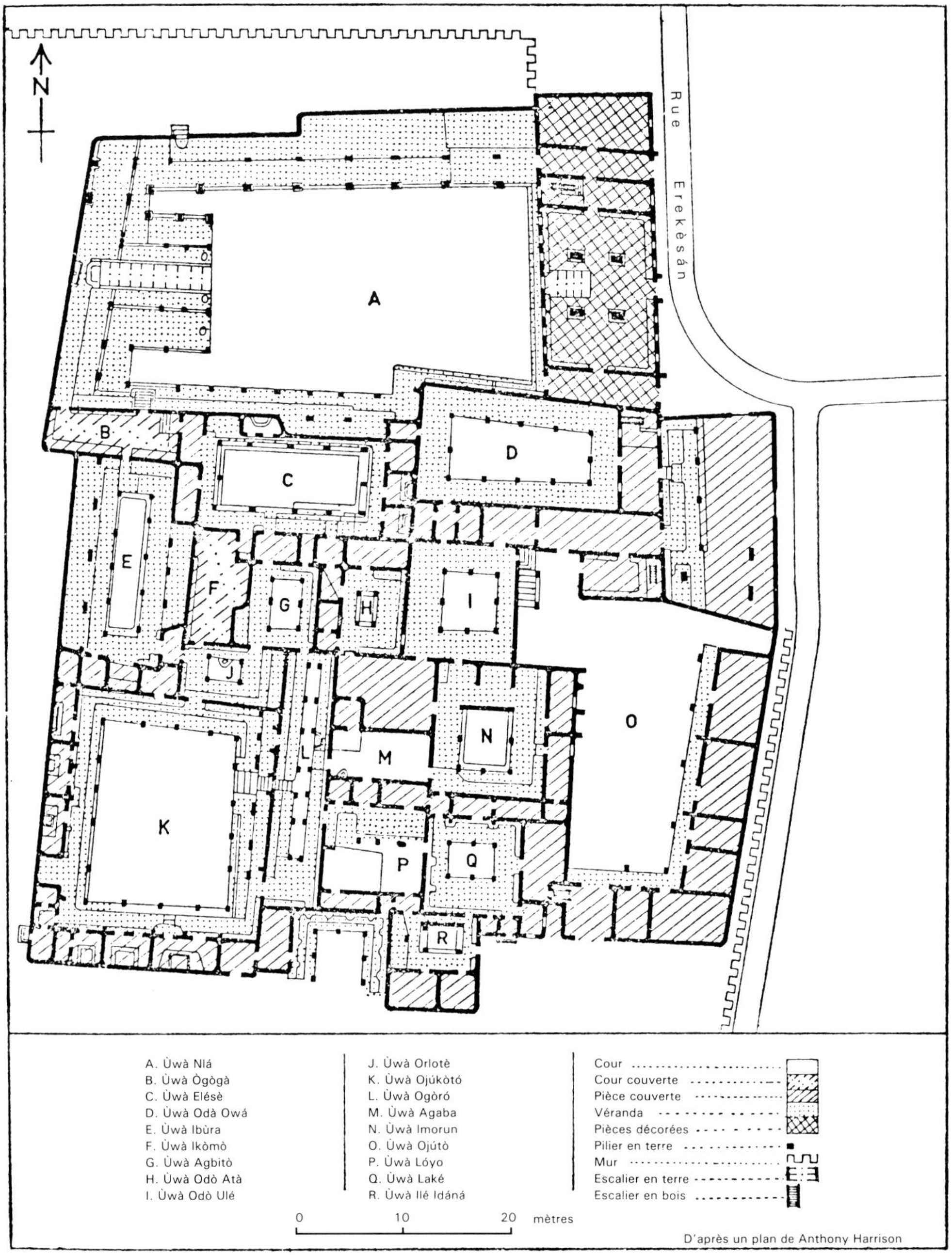

117 Plan du bâtiment principal du palais du *deji* d'Akuré.

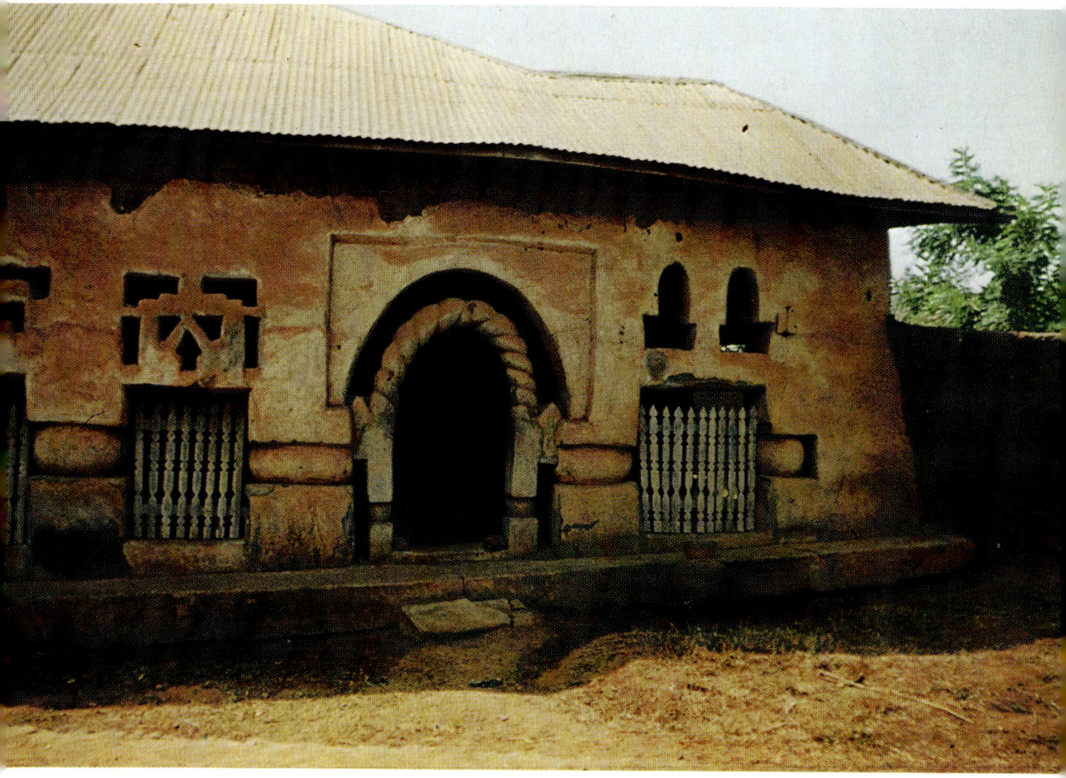

118 L'une des nombreuses petites mosquées de la ville d'Ilorin, dans le nord du pays yorouba. La qualité plastique de la terre est ici pleinement exploitée.

chaleur. Les épais murs de terre conservent la fraîcheur et offrent la possibilité de ménager des niches qui servent d'étagères, l'espace de rangement 119 principal étant situé dans les pièces closes sous la poutre faîtière.

Ici comme chez les Yoroubas, la méthode traditionnelle de construction consiste à mouiller la terre au fond d'un trou ménagé dans le sol et, une fois atteinte la consistance désirée, à recouvrir d'une assise de terre la surface prévue pour la bâtisse en ménageant des espaces vides pour les portes [124]. Le palais du roi du Bénin fut construit avec des murs plus épais, et un nombre plus grand de couches de terre — au moins sept: de ce fait on lui donnait une hauteur plus importante que celles des autres maisons. Les surfaces du mur étaient cannelées horizontalement. Les maisons des chefs, moins hautes que le palais (cinq couches), étaient également cannelées à l'extérieur, bien qu'il arrivât que certaines — celles des

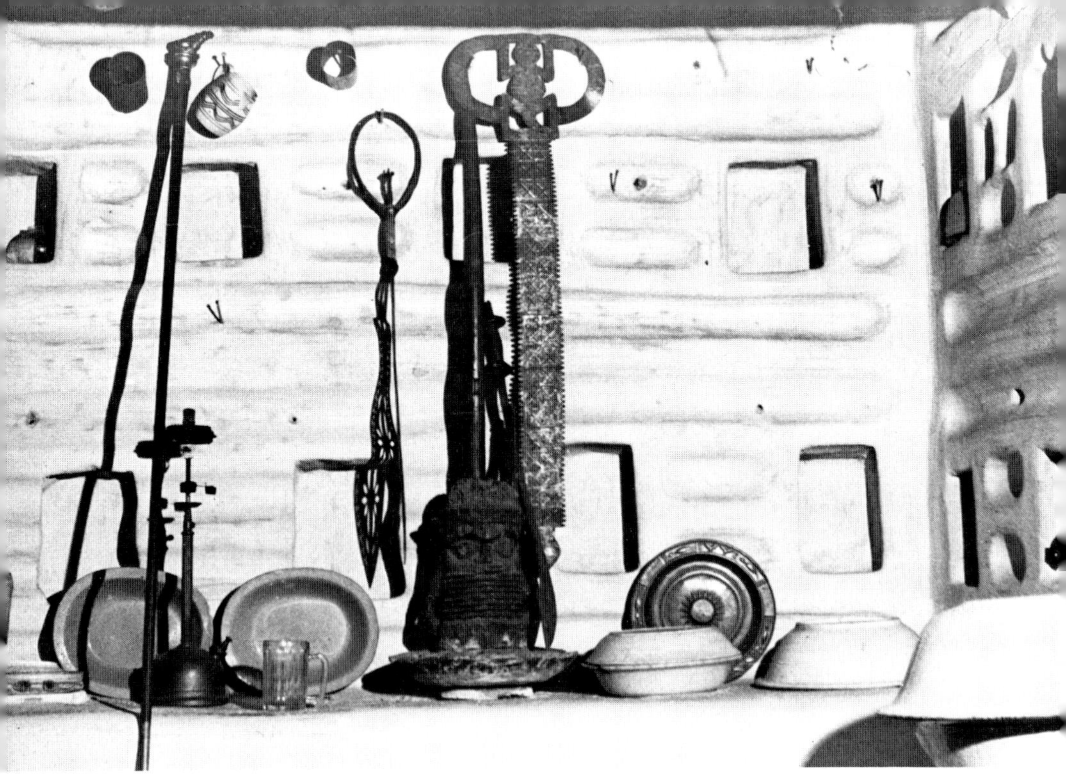

119 Coin d'une pièce d'impluvium dans la maison du chef Oghiamien à Benin. Les murs présentent les cannelures autorisées pour le roi et quelques chefs de haut rang. Les niches servent d'étagères.

chefs de haut rang — fussent également dotées de cannelures à l'intérieur; les maisons du commun des mortels étaient lisses et limitées à quatre couches[125]. Les surfaces des murs étant lissées et polies, les limites entre les couches de terre ne sont visibles que dans les murs mal entretenus; un entretien constant est en effet nécessaire pour remédier aux dégâts causés par la pluie, non seulement aux murs, mais aussi aux bords du réservoir sous l'impluvium. Le chef Oghiamien, dont la maison est un monument national, me dit que l'une des tâches des enfants, avant la généralisation de l'instruction à l'occidentale, consistait à apporter du «sable» propre de la rivière et à aider aux réparations des surfaces endommagées. Maintenant qu'ils sont occupés à l'école la plupart du temps, il faut payer pour faire effectuer ces réparations; il y a relativement peu d'ouvriers formés à cet ancien métier.

Dans les années 70, Dmochowski a doté la ville de Benin d'un nouveau musée où sont exposées les œuvres d'art destinées aux cultes royaux dans une partie inspirée du palais du roi; une autre partie, dans le style d'une maison de chef, abrite les œuvres d'art d'origine plus modeste. Après de nombreuses controverses entre traditionnalistes et modernes, les premiers voulant utiliser des matériaux artisanaux afin de sauvegarder le métier de réparateur de murs, en voie de disparition, les modernistes ont gagné la partie et le musée a été construit en béton. Il n'en est pas moins, avec sa magnifique porte traditionnelle, le plus beau musée du pays.

Le plus célèbre des monuments africains est sans doute le « Grand Zimbabwe », en ex-Rhodésie, une spectaculaire ruine de pierre; on a pensé qu'il s'agissait des mines du roi Salomon, ou du palais de la reine de Saba. Cette mine fut de fait exploitée, de 1896 à 1901, par l'Ancient Ruins Corporation qui pilla le site à la recherche d'ors anciens destinés à la fonte. Il fallut attendre 1958 et les fouilles brillamment menées par Summers, Robinson et Whitty dans les parties indemnes pour parvenir à une datation exacte.

Il existe au Grand Zimbabwe trois grands groupes de constructions. Dans la vallée se trouve le bâtiment ovale ou « temple », au mur extérieur 120
massif de neuf mètres de haut et six de large, qui en enferme un autre plus

120 « Le Grand Zimbabwe ». Vue aérienne du temple. La tour conique est au premier plan, entre les arbres.

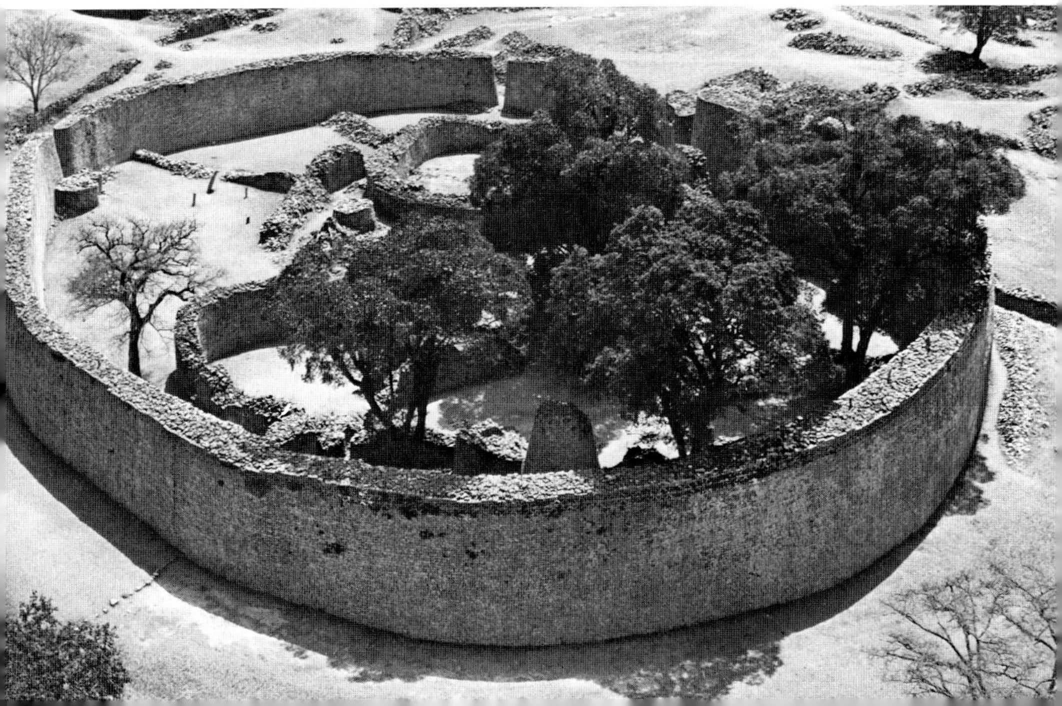

petit et incomplet, une haute tour conique, une deuxième tour de moindre taille et une quantité de pierres venant d'autres bâtisses. Il s'agit apparemment du palais royal et, comme le Monomotapa qui régna ici était un roi divin, d'une sorte de temple.

A environ cinq cents mètres au nord se dresse une colline de granit très pentue sur son versant oriental. Des murs de pierre et des terrasses construits entre les rochers fortifient la colline; on y accède par un sentier pourvu de marches. Bien que ce site porte le nom d'« acropole », il servit manifestement de refuge comparable au donjon des châteaux forts. Entre ces deux groupes de constructions gisent les ruines de la vallée, masse complexe de murs et d'enceintes.

Les fouilles ont révélé que le site était occupé avant la construction des bâtiments. Les premières traces d'occupation semblent remonter aux IIe et IIIe siècles de notre ère, tandis que la deuxième phase se distingue par les restes de cases rondes en mâts recouverts de terre et contenant des figurines en poterie qui représentent du bétail. Cette phase d'occupation commença environ au IVe siècle apr. J.-C. On ne sait quand elle se termina. La troisième phase, entre les Xe et XVIe siècles, vit les débuts de la construction en pierre. On se réfugiait sans doute au sommet de la colline avant que n'y soit construite l'acropole défensive, et certaines des premières constructions en pierre se trouvent là, conçues comme des extensions de la roche naturelle plutôt que comme des bâtiments distincts. On empilait des pierres sans mortier dans les espaces entre les rochers. Finalement, on eut l'idée de dresser des murs indépendants. Lorsqu'ils se joignent et forment un angle, ils ne sont pas imbriqués l'un dans l'autre, comme le sont d'ordinaire les murs en pierre ou en brique, mais simplement joints comme des murs de terre: la technique est donc née sur place. Anthony Whitty a distingué quatre types différents de construction de murs, tous composés d'une façade grossièrement habillée de pierres avec un cœur en moellons.

La classe P est construite avec quelque soin mais sans assises; la classe PQ est intermédiaire entre cette dernière et la classe Q, qui est bien faite avec de bonnes assises; la classe R est grossière, sans assises, mal construite. L'analyse des fonctions des murs sur la grande enceinte montre que ce schéma y représente une séquence chronologique. Les mêmes styles se retrouvent dans d'autres constructions du site, et il a été possible d'établir une séquence en termes plus larges.

Les murs de classe P ne répondent qu'à des besoins de construction, alors que la classe PQ voit l'introduction de considérations architecturales, telles qu'entrées avec contreforts et extrémités de murs arrondies. Le point culminant de cette évolution dans les murs de la classe Q donnera les meilleures constructions et le travail le plus soigné. Ce niveau de technique fut atteint de 1450 à 1833, dans la dernière partie de la quatrième phase : il culmina dans la grande muraille de l'enceinte, la tour conique et la terrasse. Cette phase correspond à l'apogée de la prospérité du Grand Zimbabwe, illustrée par les quantités d'or qu'y retrouva

121 Mur d'enceinte décoratif à Nalétalé, vraisemblablement construit par les Barozwi aux XVIIe et XVIIIe siècles.

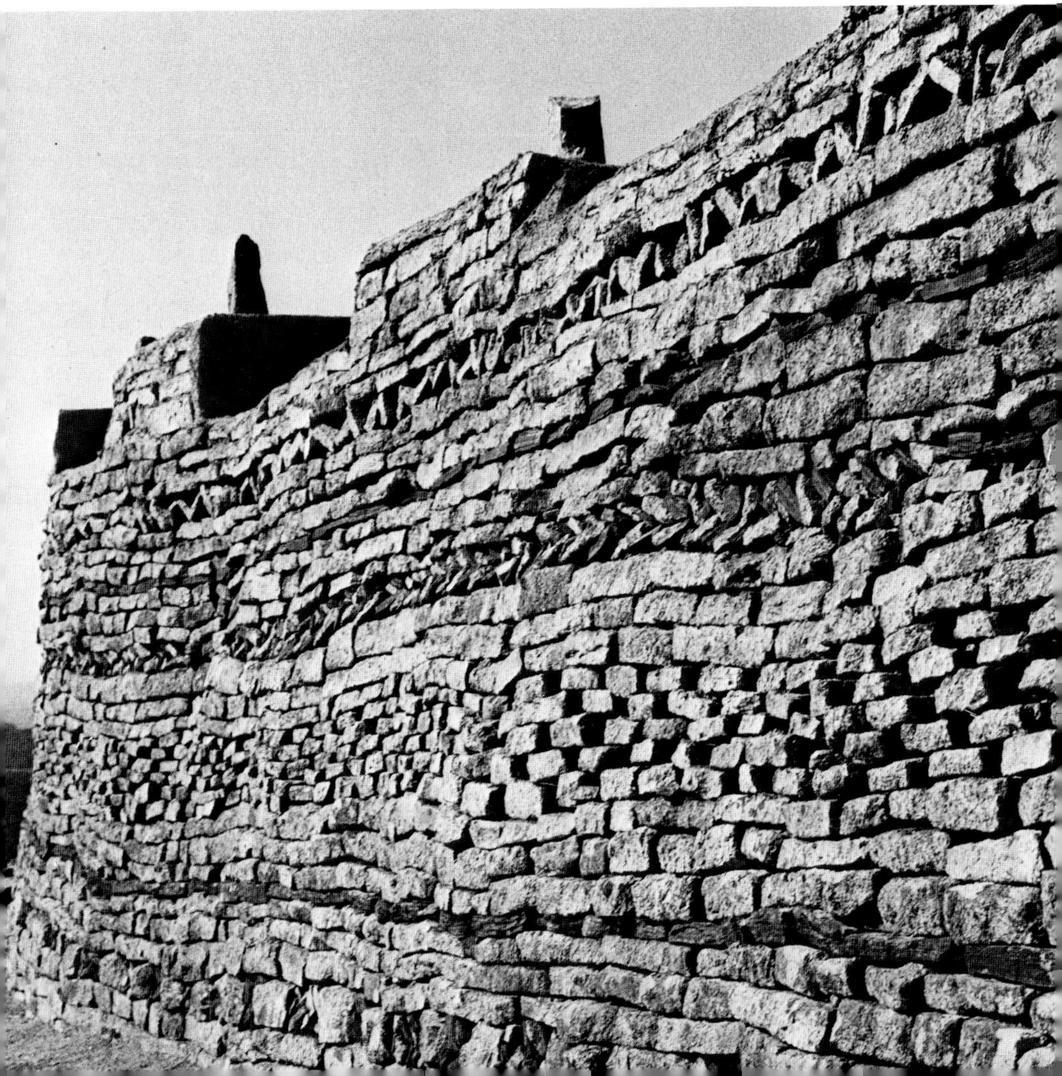

l'Ancient Ruins Corporation. Les murs de la classe R appartiennent à la cinquième phase d'occupation, l'époque de l'occupation Mugabé, de 1833 — date à laquelle les Nguni mirent à sac le Grand Zimbabwe — jusqu'à la fin du siècle : la grande enceinte ne servait plus alors que d'enclos pour le bétail.

Le Grand Zimbabwe n'est en aucune façon l'unique groupe de bâtiments en pierre d'Afrique australe. Les ruines de Khami sont à peine
121 moins spectaculaires, et Nalétalé au Zimbabwe, occupé par les Barozwi aux VIIe et VIIIe siècles, possède de remarquables décorations murales. Au Zimbabwe encore ainsi qu'au Mozambique, on trouve des ruines de pierre du Limpopo au Zambèze. Il s'agit de complexes de constructions circulaires qui dérivent très certainement de modèles en terre. Il semble probable que l'idée de constructions en pierre soit née du besoin de créer des terrasses sur les pentes pour les cultures et les maisons. Plus au nord, à Engaruka en Tanzanie, des murs de soutien avec des cercles de pierre semblent délimiter le sol des huttes. On pense cependant qu'elles ne sont pas antérieures au XVe siècle [126]. A cette époque la route de la mer des Indes était très fréquentée et il est possible que les influences exotiques, peut-être grâce à l'augmentation des richesses, aient favorisé l'entreprise de telles constructions publiques en pierre d'une échelle monumentale. Certes, le Grand Zimbabwe n'aurait pas été possible sans la richesse acquise par le commerce de l'or et du cuivre. Néanmoins, de par leur disposition, les groupes de constructions circulaires du Grand Zimbabwe sont analogues aux constructions du palais du chef suprême des Barotsé, fabriqué en roseaux et en perches de bois — à ce sujet, on peut consulter J.D. Clark, *The Prehistory of Southern Africa*, Londres, 1959, fig. 64.

122 Fragment de mur en briques séchées au soleil et disposées de manière décorative. Cette technique préfigure la construction décorative en pierre ; en Afrique en effet, celle-ci semble toujours copier des modèles en terre. Cet exemple se trouve dans la ville abandonnée d'Old Somorika, dans l'Afenmai, au nord-est de Benin. Les bancs de pierre étaient mis à la disposition des anciens, car il s'agit du bord de l'aire de réunion dans le centre de la ville.

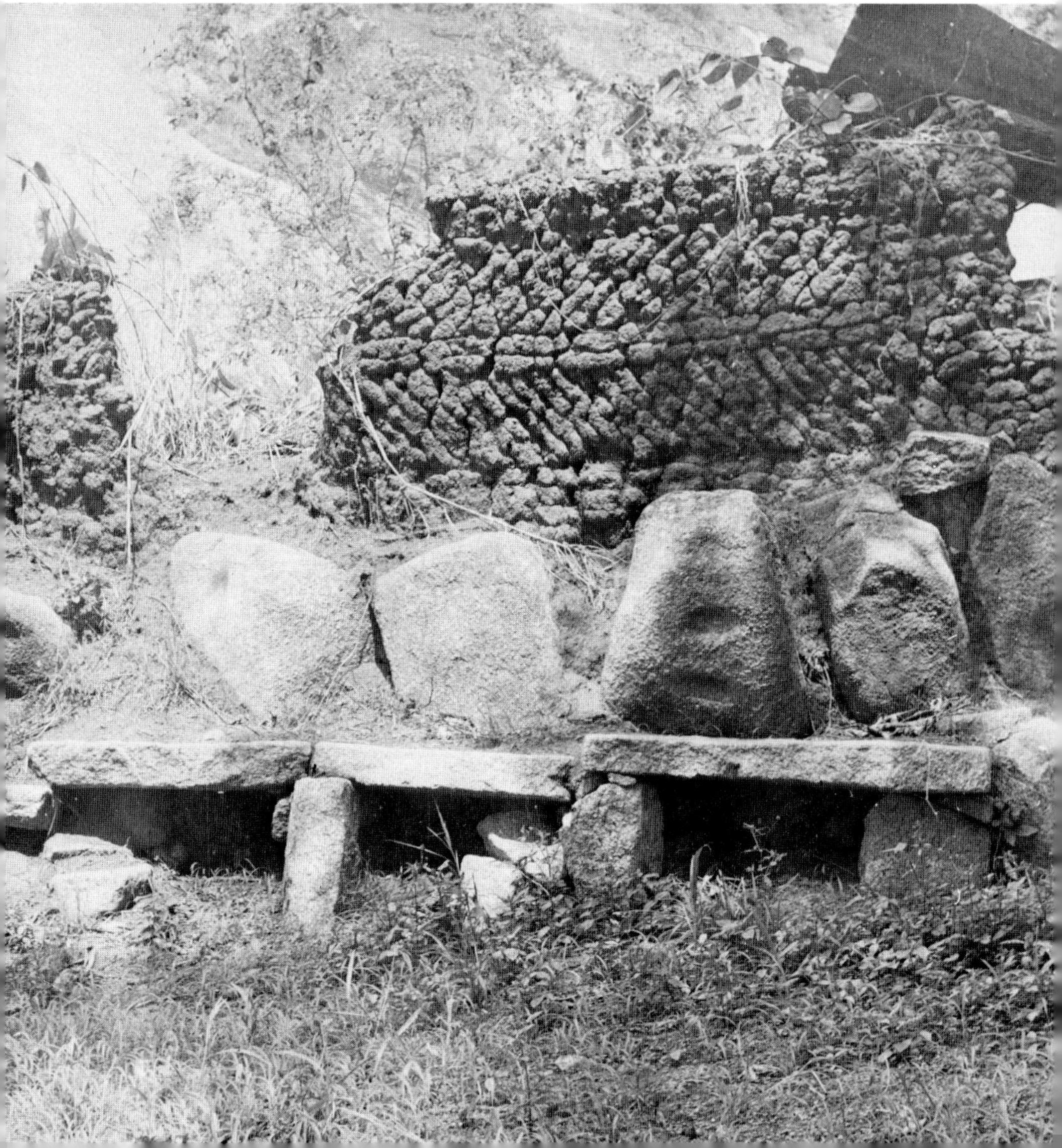

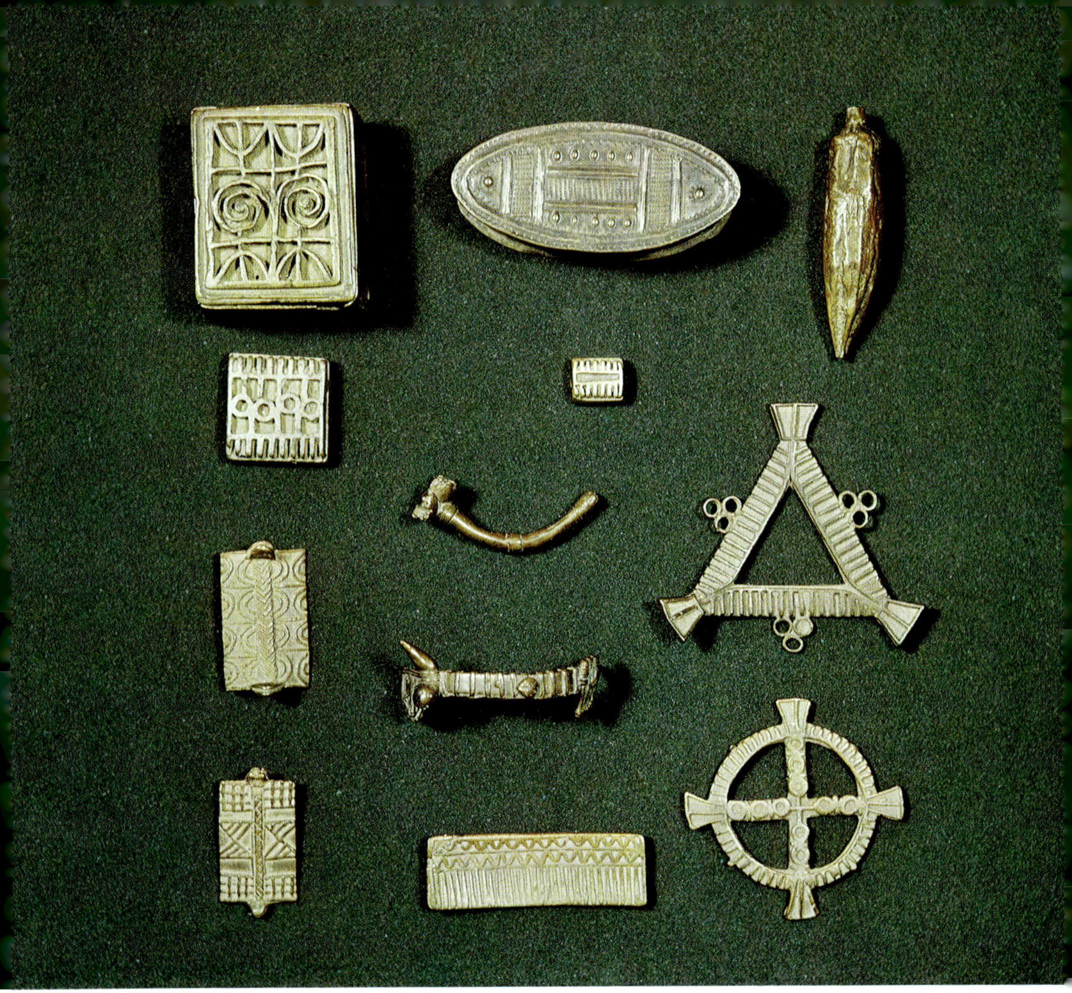

123 Poids en laiton servant à mesurer la poussière d'or, monnaie des Ashantis. Beaucoup font référence à une expression proverbiale. *A gauche, de haut en bas:* boîte moulée renfermant de la poussière d'or: le motif à double spirale est un signe de création par l'être suprême; poids à motif géométrique entouré de rayons de soleil donneurs de vie; deux boucliers: « Quand le bouclier est usé, le cadre demeure », soit: Les hommes meurent, leurs actes survivent. *Au centre:* boîte en laiton repoussé; poids géométrique; trompette de guerre décorée de mâchoires humaines: « Quand une trompette mérite une mâchoire on en ajoute une », soit: Toute récompense se mérite; ceinture-cartouchière: « La cartouchière d'Akowua [célèbre guerrier] n'a jamais manqué de balles », soit: Une personne de ressource n'est jamais prise en défaut; dessin géométrique représentant le feu du soleil. *A droite:* poids coulé directement d'après un gombo: « Le gombo ne montre pas ses pépins à travers sa peau », soit: Le visage n'exprime pas tout l'esprit d'un homme; poids triangulaire représentant le ciel, la terre et le monde souterrain, symbole de Nyamé — maître de l'univers; croix à branches égales bordée de rayons du soleil, symbole de Nyamé en tant que dieu soleil. (Coll. F. Willett. Le gombo mesure 7 cm.)

CHAPITRE CINQ

Regarder la sculpture africaine

Pour apprécier un art quel qu'il soit, il s'agit d'abord, bien sûr, de le
regarder. De nombreux textes d'artistes, de critiques nous aident à regar-
der, à admirer la sculpture africaine. Mais ce ne sont pas des guides infail-
libles, car ils ont de la beauté une conception occidentale et ont souvent
un point de vue ethnocentrique, comme lorsque Margaret Trowell écrit
que les Bayaka et les Bapendé ont «des masques complexes du type "épou-
vantail" [127]». Toute sa démonstration sur l'art des Ashantis se résume à
ceci: il n'y a «pas grand-chose d'intéressant à en dire. Les ingénieux 123
petits poids à peser l'or sont plaisants car ils sont des illustrations des
proverbes locaux, mais on doit les reléguer au rang de bibelots pour col-
lectionneurs, et les petites figurines de la fertilité connues sous le nom
d'*Akua Mma*, avec leurs curieuses petites têtes plates, sont plus intéres- 101
santes pour l'ethnologue que pour l'artiste [128]». Mon expérience ne me
conduit pas aux mêmes conclusions: les poids et les poupées ont beau-
coup plu aux artistes et aux étudiants des beaux-arts à qui je les ai mon-
trés. Là réside le problème. Est-il suffisant, pour en juger, de regarder
telle ou telle sculpture africaine, est-il suffisant qu'elle vous plaise ou vous
déplaise?

Comme dit Wingert, «pour l'historien d'art, l'amateur ou le collectionneur sérieux, étudier l'art africain est plus avantageux qu'étudier d'autres traditions. D'une part, il n'existe pas d'abondante littérature historique et analytique sur le sujet, ce qui laisse à chacun la possibilité d'exercer ses propres facultés de perception et d'analyse sans souffrir de conceptions rigides qui viendraient diriger ou abréger ses observations. En d'autres termes, lorsqu'ils ont affaire à l'art primitif, le spécialiste et l'amateur d'art peuvent en toute liberté exprimer leurs propres interprétations et jugements esthétiques [129]». Certes, seul l'historien d'art peut être gêné dans l'exercice de ses facultés d'observation et d'analyse

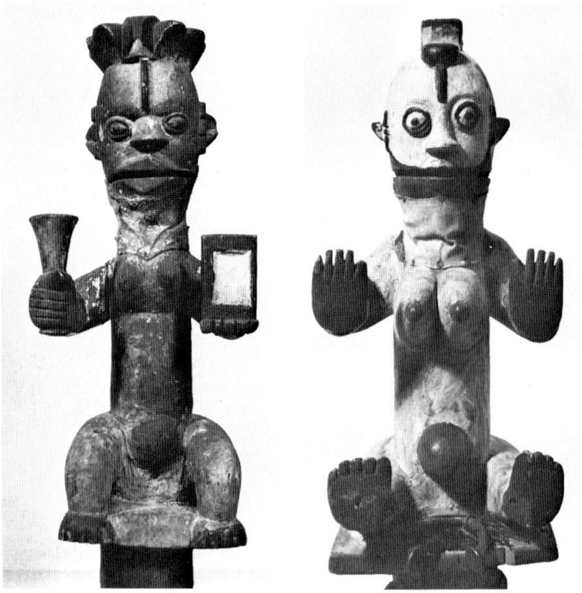

124, 125 Les collectionneurs ont longtemps cherché à estimer l'âge des sculptures africaines d'après leur aspect. En dépit des différences dans leur état, ces deux figures aux mâchoires inférieures mobiles mues au moyen d'une baguette qui traverse le tronc verticalement furent découvertes ensemble en 1913 dans une hutte, au cours d'une expédition punitive chez les Ogoni près d'Opobo, au Nigeria. (Musée de Manchester. Haut. des parties visibles : 47 cm et 45 cm.)

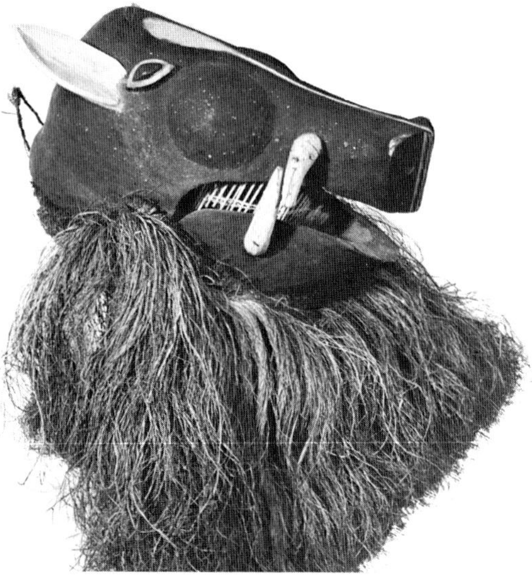

126 Masque représentant un sanglier. La mobilité de la mâchoire inférieure et les canines, très appréciées des Ogoni, existent aussi chez leurs voisins Ibibio. (British Museum, Londres. Long. : 41 cm.)

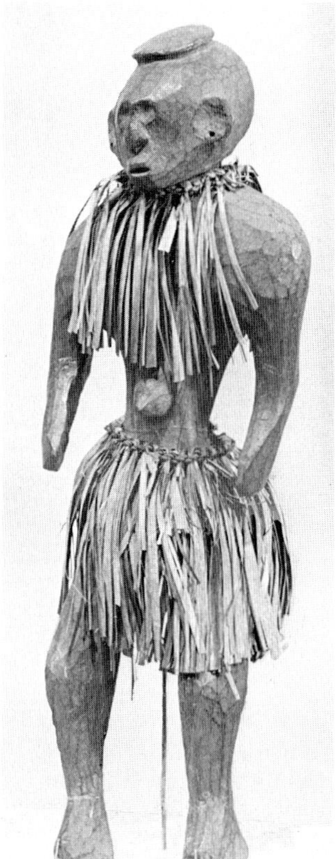

127 Figure masculine sculptée par les Mama, qui produisent également les masques de sanglier de l'ill. n° 128. Leur fonction est inconnue. (British Museum, Londres. Haut. : 67 cm.)

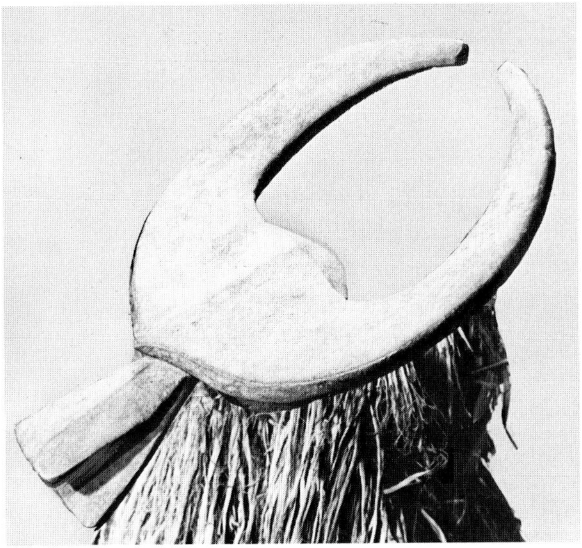

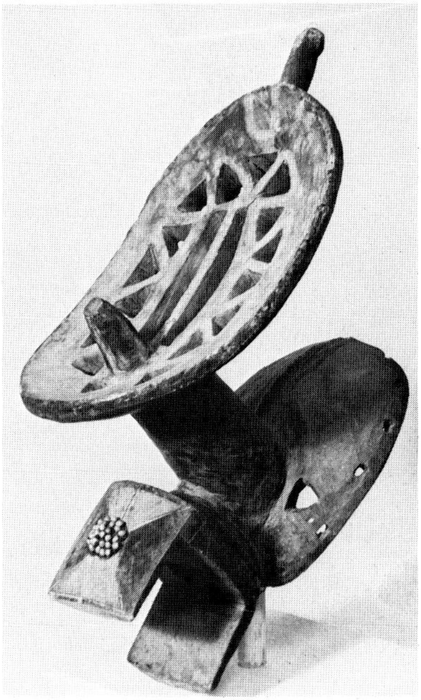

128, 129 Sans documentation *in situ*, il n'est pas toujours possible d'identifier avec certitude le sujet d'une sculpture. Le sommet de coiffe pour les cérémonies *mangam* des Mama conserve les cornes caractéristiques des vaches, malgré la simplification de la forme. (Musée national de Lagos. Long. 49,5 cm.) La coiffe Jukun est une représentation extrêmement stylisée de la tête humaine, l'excroissance de la nuque représentant la touffe de cheveux que les hommes Jukun conservent sur leur crâne rasé ; l'excroissance de devant est censée représenter le nez. Cette pièce a été acquise par Frobenius en 1912. Ce type d'objet, du nom d'*aku onu*, est en usage dans le culte *akumaga* ; il représente un esprit bénéfique qui parle pour les ancêtres lorsqu'on fête la bonne fortune, et lors des enterrements. (Museum für Völkerkunde, Berlin. Haut. : 25 cm ; long. : 48 cm.)

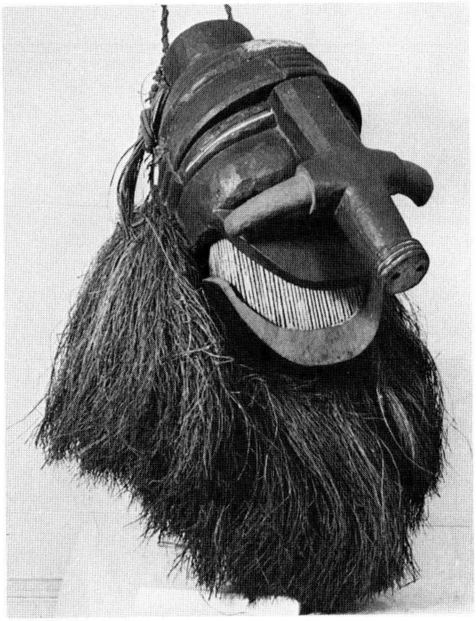

130 Les Ogoni montrent un goût marqué pour les masques à mâchoire mobile dont certains, comme celui-ci, qui représente un éléphant, semblent destinés à amuser le spectateur. (British Museum, Londres. Long. : 47 cm.)

par l'« abondante littérature historique et analytique ». La plupart des visiteurs des expositions d'art occidental, ancien ou moderne, peuvent jouir de ce qu'ils voient sans avoir lu toutes les monographies sur le sujet. Il n'empêche que le fait de connaître, par exemple, quels artistes ont précédé et influencé tel ou tel autre enrichit la compréhension et le plaisir du spectateur. En ce sens, l'art africain ne diffère pas de l'art occidental : mieux on sera renseigné sur lui, plus on sera en mesure de l'estimer.

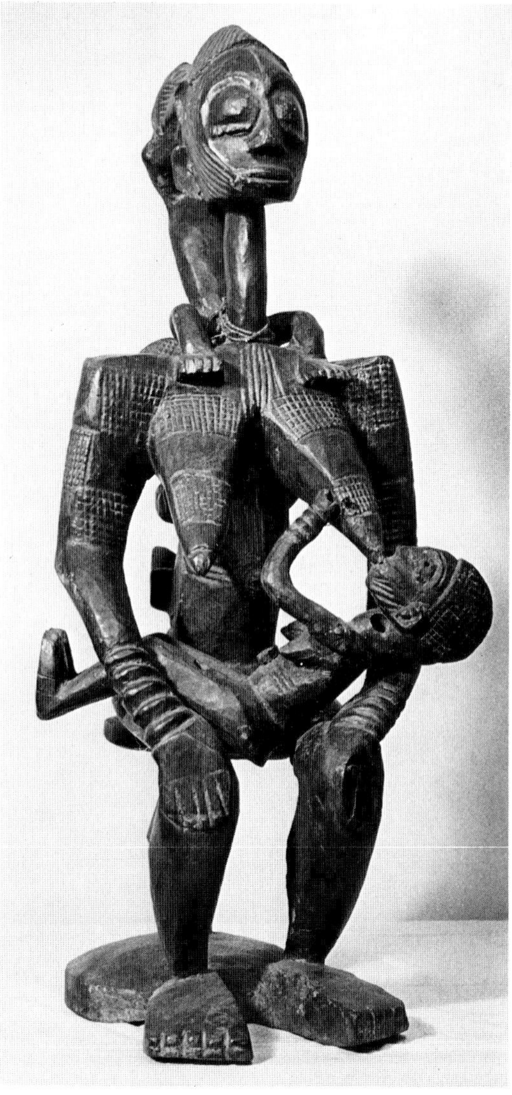

131 Cette maternité par un sculpteur Afo est l'une des premières représentations africaines de ce thème. On pense qu'il s'agit d'une ancêtre, la mère des Afo, car une figure semblable est encore en usage dans son sanctuaire. Le fait que l'enfant au sein ait elle-même des seins de femme indique que les personnages sont plus qu'une simple mère et son nourrisson. Bien que peu nombreux, les artistes Afo jouissaient d'une bonne réputation chez les ethnies voisines, mais leurs meilleures œuvres semblent dater d'avant 1900. (Horniman Museum, Londres. Haut. : 70 cm.)

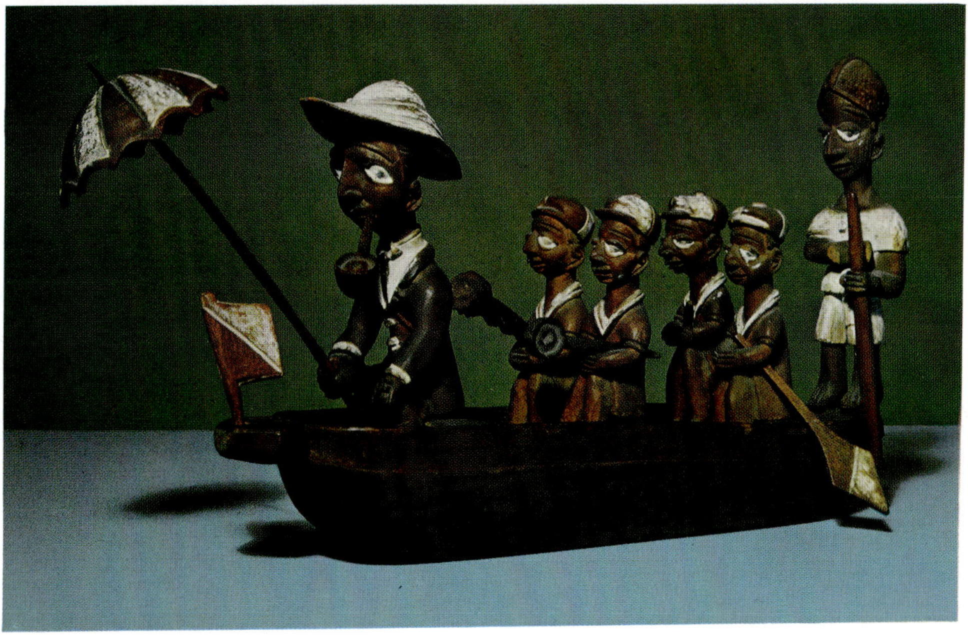

132 Officier de district britannique en tournée sur les petits cours d'eau du pays, sculpté par Thomas Ona, qui s'est servi d'un style traditionnel yorouba pour représenter la vie quotidienne, à la fois européenne et africaine. N'ayant pas coutume de se voir représentés à la mode africaine, les Européens se crurent caricaturés. Mais, interrogé par William Bascom, Ona déclara qu'il ne faisait que représenter le monde tel qu'il le voyait. Le groupe se compose de nombreux éléments — même le chapeau et la pipe de l'officier sont confectionnés à part. (Anc. coll. R. P. Armstrong. Long. : 41 cm.)

On peut sans doute éprouver un grand plaisir à regarder une sculpture africaine sans information complémentaire, en examinant simplement la manière dont l'artiste a résolu ses problèmes artistiques, mais on ne partagera pas alors l'expérience du sculpteur, on ne goûtera pas forcément le sentiment qu'il a voulu exprimer. On peut tout d'abord observer la conception artistique globale en termes de plein et de vide. C'est l'utilisation par les artistes africains de l'espace intérieur des sculptures qui semble avoir le plus influencé les sculpteurs occidentaux du XXe siècle. En fonction de l'importance accordée à la masse ou au vide, on aura une impression de poids ou de légèreté, qui peut illustrer la fonction de la sculpture — mais en cela on ne peut juger de la réussite du sculpteur sans connaître son objectif.

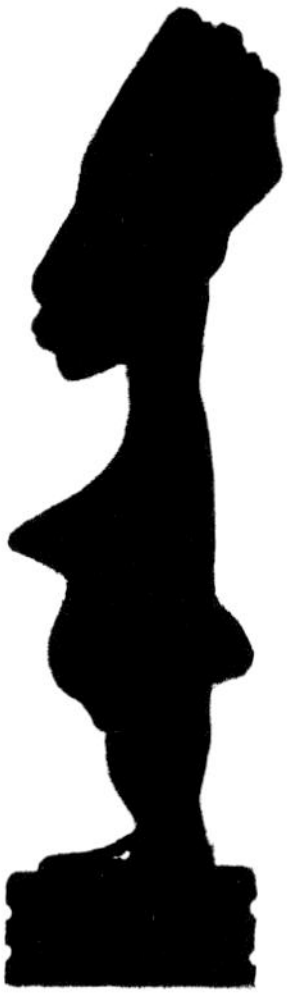

133 Profil d'un *ibeji* (figure de jumelle) yorouba dans le style de la ville d'Oyo.

On dit communément que la sculpture africaine est frontale, c'est-à-dire que les statuettes sont symétriques par rapport à un axe vertical, et le visage tourné vers l'avant. Il y a naturellement des exceptions à cette règle, mais elles sont rares. D'habitude, à cause de leur frontalité, les statuettes africaines sont photographiées ou dessinées de face, ce qui empêche de se rendre compte du soin apporté par le sculpteur au profil. Le remarquable équilibre — entre la poitrine et les fesses — des statuettes
133 de jumelles (*ibeji*) du style d'Oyo n'est ainsi visible que de profil.

Il est assez facile d'analyser les caractéristiques formelles de la sculpture africaine en termes de lignes de force verticales, horizontales ou diagonales, d'abstraction ou de naturalisme relatifs, d'éléments arrondis, anguleux ou cubiques, ou encore en termes de tensions, de rythme et de mouvement. C'est d'ailleurs certainement agréable et satisfaisant, puisque la sculpture africaine a atteint un remarquable niveau d'expression
134, 135 à travers ce qu'on a appelé la forme «purement sculpturale».

La photographie ayant relégué la peinture figurative au rang d'idéal superflu, les artistes occidentaux de ce siècle surent très vite apprécier la valeur de cette sculpture. Ils prirent ce qu'ils virent pour des interprétations libres de la nature, sans aucun canon réaliste imposé, et se dirent qu'ils pouvaient de même libérer leur art propre. En réalité ils se trompaient en croyant que l'artiste individuel ne connaissait pas d'entraves, et l'arrivée de nouvelles sculptures africaines en Europe montra bientôt que leurs créateurs travaillaient dans le cadre d'une tradition créatrice en évolution depuis des siècles.

Il est parfaitement justifiable de regarder la sculpture africaine avec des yeux européens. Le peintre Fred Uhlman a dit de la façon dont il collectionnait l'art africain :

«J'ai acheté mon premier masque africain [...] non parce que je l'aimais mais parce que, étant peintre, il fallait que je sois dans le mouvement. La plupart des artistes que j'admirais, Picasso, Modigliani, Derain, pour ne citer qu'eux, collectionnaient l'art africain, qui les avait beaucoup influencés. C'est peu après que j'achetai le fétiche et la bobine baoulés qui restent deux des plus belles pièces de ma collection. Il est facile de comprendre pourquoi je les ai achetés et pourquoi, dès lors, je n'ai plus cessé de collectionner l'art africain. La tête de la bobine, ou poulie de lice, qui n'est après tout qu'un objet utilitaire, était alors à mes yeux, et l'est aujourd'hui encore, aussi belle qu'une déesse grecque. Le fétiche m'émouvait autant que la bobine par sa silencieuse et tragique dignité

134, 135 Deux figures de cavaliers d'origine Senufo, beaux exemples de la « forme purement sculpturale » qu'artistes et critiques admirent dans l'art africain. Elles représentent deux *bandeguele*, divinités mineures liées à la divination. (British Museum, Londres. Haut. : 32 cm et 25 cm.)

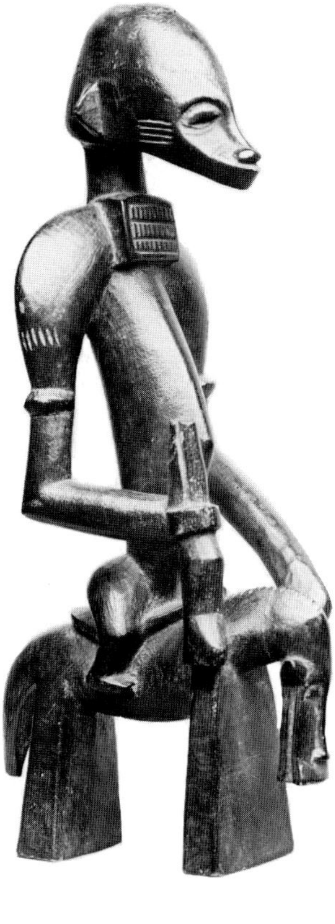

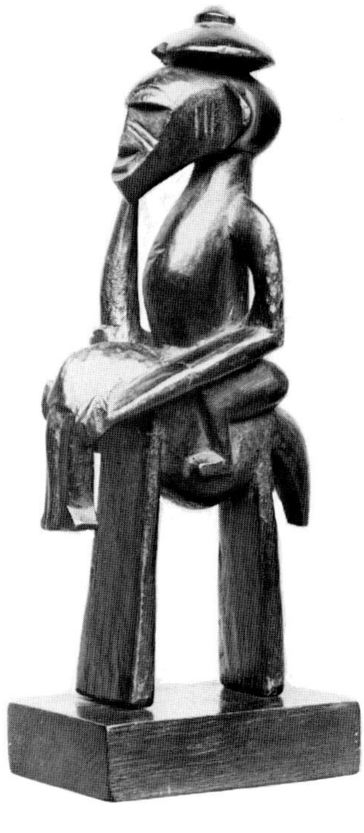

et son air de profonde méditation. Ils plaisaient à mon goût d'*Européen* formé par la tradition gréco-romaine. Tous les objets que j'ai achetés devaient répondre au même critère: me parler, m'émouvoir.

«On pourrait me rétorquer que cette approche trop étroite pouvait exclure des pièces de grande valeur. C'est possible, mais pour moi, c'est la seule qui soit honnête et raisonnable si l'on collectionne pour le *plaisir* et non pour l'exotisme, la rareté ou l'investissement. Après tout, il me faut *vivre* avec ma collection [130].»

J'ai rencontré bon nombre de collectionneurs qui ont commencé ainsi; après avoir acheté un objet, souvent sur un coup de tête, ils se sont aperçu qu'il leur plaisait toujours longtemps après, et ont ainsi été amenés à commencer une collection de sculptures africaines.

Voilà un bon critère que ce plaisir éprouvé devant l'immédiateté d'un message. On pourrait avancer que notre réaction devant une œuvre est elle-même acte de création, contrepartie du geste de l'artiste. Il ne fait pas de doute que la sculpture africaine émeut le spectateur occidental qui, mis en sa présence, y devient de plus en plus sensible. Mais à ce niveau d'étude, la compréhension est aussi limitée que l'étude de l'art préhistorique. Si l'on peut aisément goûter les scènes de la vie pastorale représentées dans le Tassili, on ne peut qu'émettre des suppositions sur les motivations de l'artiste.

Le texte de Fred Uhlman montre qu'il apprécie la qualité de communication qui s'installe entre lui et l'objet; il ne prétend pas pour autant entrer en communication avec l'artiste. Mais parmi ceux qui ont une approche subjective analogue, qui se demandent: «Que signifie cet objet pour moi?», certains ont conclu que le sens qu'ils attribuaient à une sculpture était celui que l'artiste avait voulu lui donner. Leon Underwood, l'un des rares sculpteurs européens à couler lui-même ses sculptures en bronze, a éclairé d'une lumière intéressante les aspects techniques de la fonderie du bronze ancien [131]; mais quand il parle de la sculpture en bois, il préjuge parfois de sa propre interprétation comme étant celle de l'artiste: «Dans cette statuette [une femme avec une grosse tête, tenant ses seins dans ses mains mais sans enfant] la femme est représentée dans son rôle biologique, la fertilité humaine; alors que [une statuette avec une petite tête allaitant un enfant]... personnifie, avec son enfant *humanité*, une idée plus globale de la fertilité, celle de la terre. L'association de l'idée de la femme mère de la race avec la mère de l'univers (la terre d'Afrique) est soulignée par la réduction de la tête, qui donne au corps une proportion monumentale [132].»

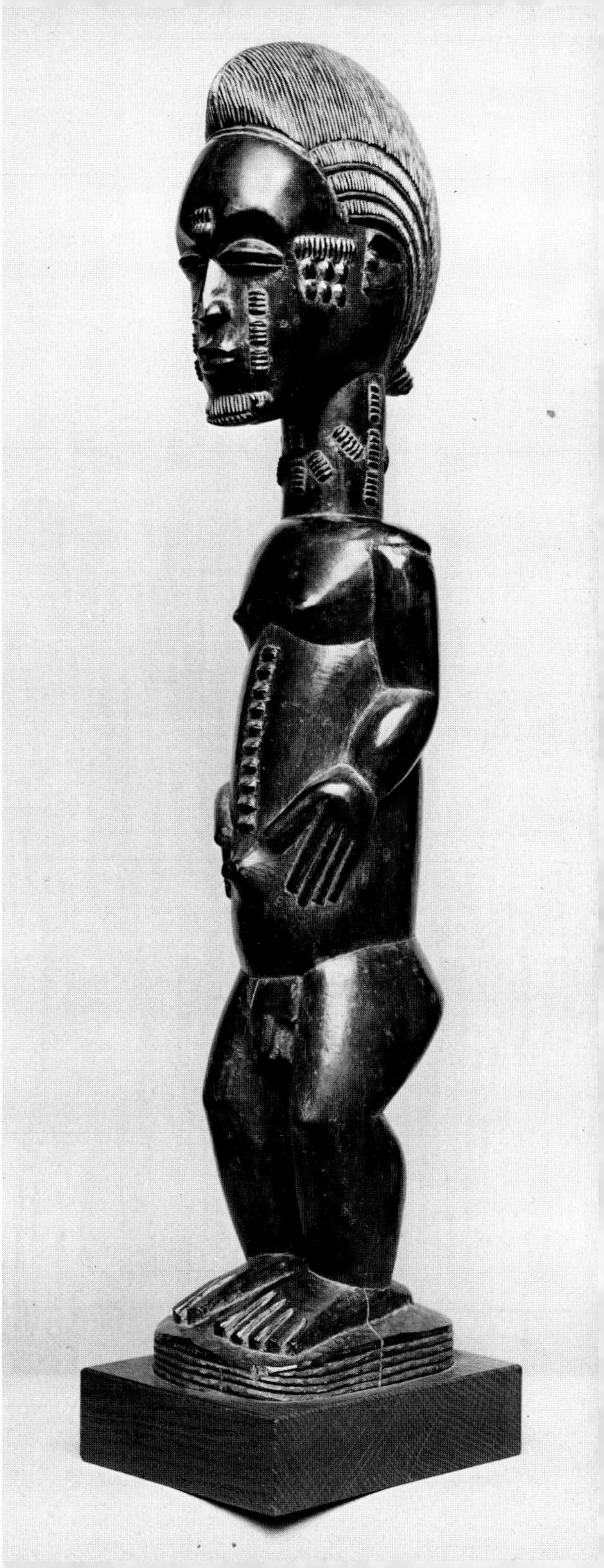

136 Parmi les premières sculptures africaines à être recherchées par les collectionneurs européens figurent celles des Baoulés. Le poli, la représentation soignée de détails exotiques tels que la coiffure et les scarifications, ajoutés à la sérénité de l'expression, plurent immédiatement au goût européen. Cette figure d'ancêtre est typique de la sculpture baoulée. (British Museum, Londres. Haut. : 52 cm.)

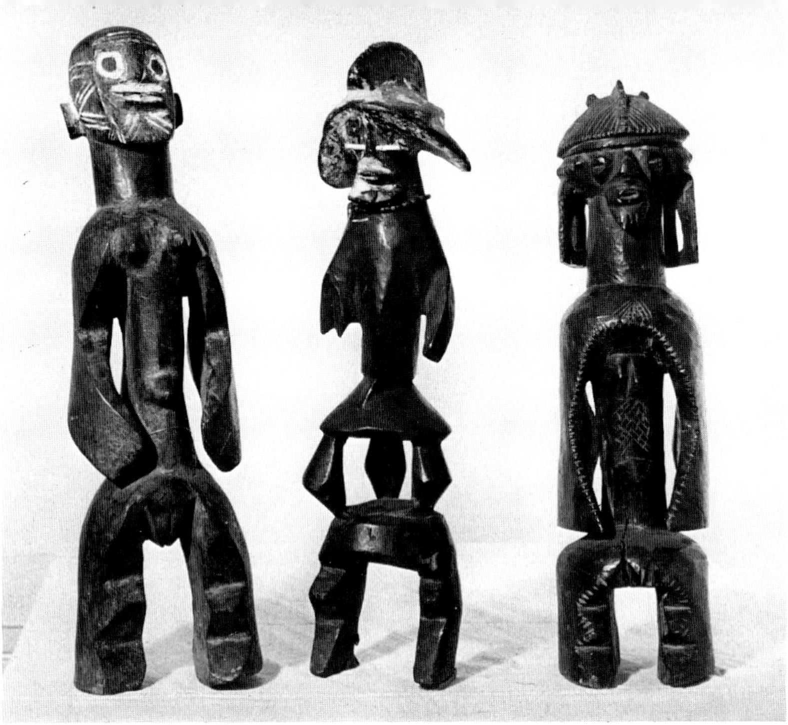

137 Trois figures du Nigeria du Nord. Celle de gauche semble avoir été utilisée par les Chamba, alors qu'elle a peut-être été fabriquée par un Mumuyé; les deux autres sont certainement Mumuyé. Remarquable dans ce style est la façon dont les bras et jusqu'à l'abdomen sont utilisés pour délimiter un espace vide à l'intérieur de la sculpture. (*A gauche* et *au centre:* British Museum, Londres. *A droite:* anc. coll. James Crabtree. Haut.: 47,5 cm, 46,5 cm et 44,5 cm.)

En décrivant un objet Urhobo semblable à celui de l'illustration n° 138, Uhlman est moins sûr de lui et n'avance ses interprétations que sous forme de questions: «Les pattes et la gueule munie de crocs de l'animal de la base sont celles du léopard. La tête de léopard est réduite à une gueule avec des crocs, montée directement, sans corps, sur les pattes, lesquelles sont ornées de taches de léopard. Cela signifie-t-il une vitesse féroce ou une férocité véloce? La tête de la divinité ou de l'esprit au centre est flanquée par des personnages qui ressemblent à des babouins et ont sur la tête des oiseaux à visage humain (messagers?)[133]...» L'interprétation subjective de l'auteur imprègne le passage; ainsi, il est loin d'être établi que les taches de peinture représentent le léopard, comme le montre parfaitement l'illustration n° 234.

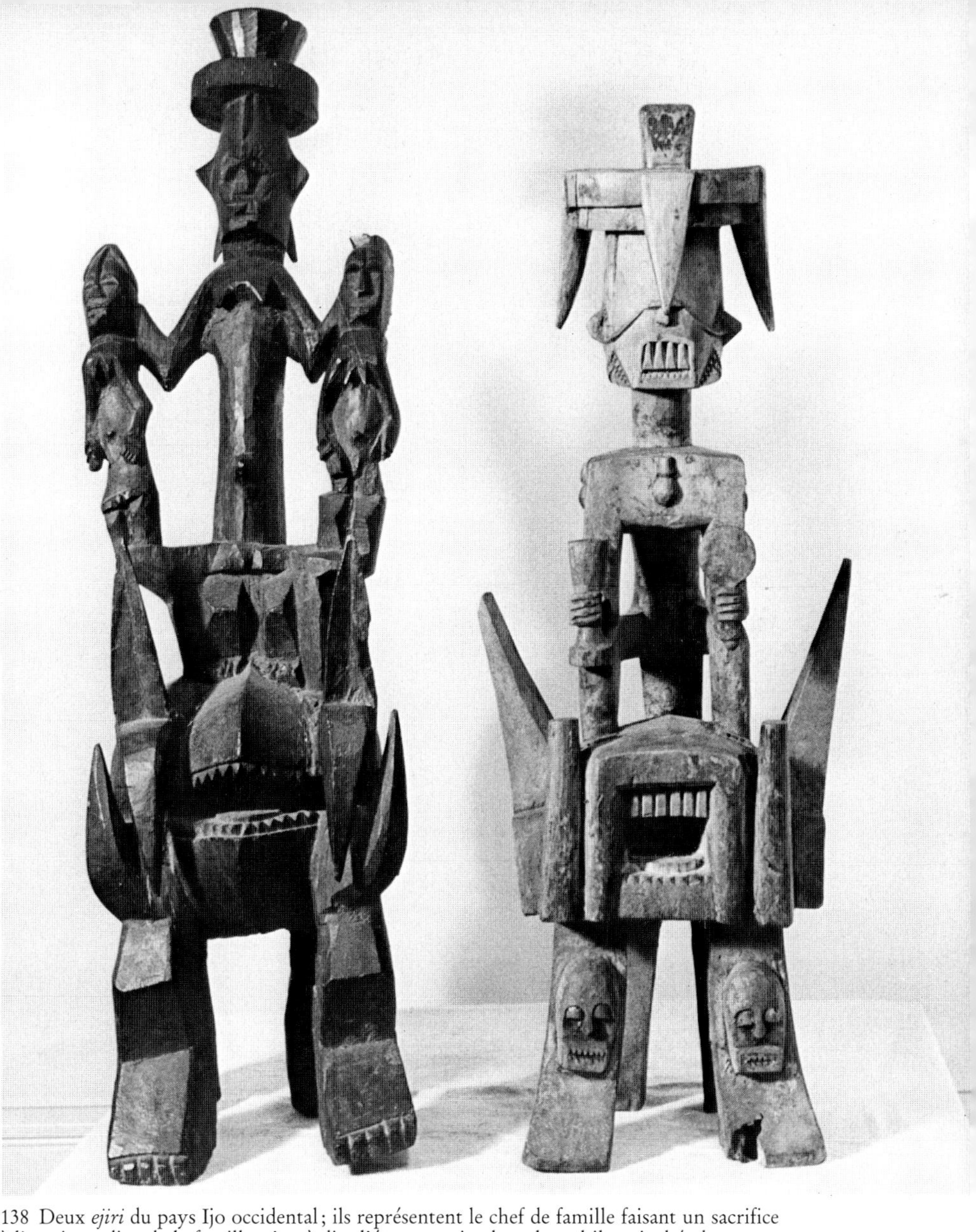

138 Deux *ejiri* du pays Ijo occidental ; ils représentent le chef de famille faisant un sacrifice à l'esprit gardien de la famille, c'est-à-dire l'étrange animal sur lequel il est juché, dont on a dit couramment que c'était un éléphant bien que son tronc semble ne jamais être représenté : il s'agit sans doute d'une créature purement imaginaire. Les Urhobo utilisent également des sculptures analogues pour leur culte des guerriers. (British Museum, Londres. Haut. : 82 cm et 79 cm.)

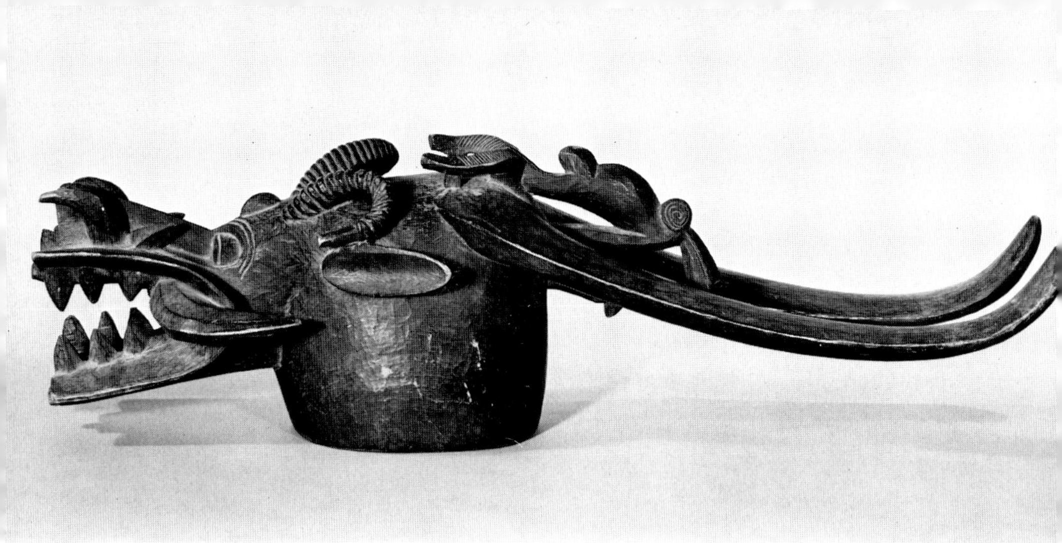

139 Masque Senufo appelé *kponiugo*, représentant un être mythique qui protège la communauté contre les sorciers et les voleurs d'âmes. Il a des mâchoires de hyène, des crocs de phacochère, des cornes d'antilope et d'une autre créature quelconque. Ce masque est destiné à rappeler le chaos qui précéda la création du monde. Entre les cornes se trouvent un calao et un caméléon, deux des animaux les plus anciens. La démarche lente et hésitante du caméléon provient de ce qu'il fut la première créature à marcher sur la surface terrestre nouvellement formée. Ces masques, qui apparaissent en groupe la nuit tombée, semblent cracher du feu, car on tient de l'amadou sur un bâton fendu devant leur bouche. (Avec l'aimable autorisation de l'Art Institute de Chicago. Long: 102 cm.)

Les exégètes de l'art occidental prennent en compte non seulement les qualités formelles d'une œuvre mais la date et le lieu de sa création, le commanditaire, sa fonction et sa signification. Les œuvres illustrent souvent des faits connus du lecteur, des événements de la vie du Christ ou des saints, des épisodes ou des personnages historiques. S'il s'agit d'événements ou de personnes inconnus, l'historien d'art fournit d'habitude les explications nécessaires. Le contexte est si souvent familier qu'on ne lui prête aucune attention, qu'on ne le mentionne pas, qu'on oublie que le fait de le connaître joue un rôle primordial dans notre appréciation de l'œuvre. Nombre d'auteurs spécialisés semblent ainsi penser qu'il est possible de goûter les arts du monde non occidental sans connaissance du monde des idées qu'ils illustrent.

S'il est évidemment possible d'apprécier une œuvre, de quelque époque que ce soit, sans connaissance des circonstances de sa création, celle-ci est nécessaire pour en retirer un plaisir maximal. Confronté à une

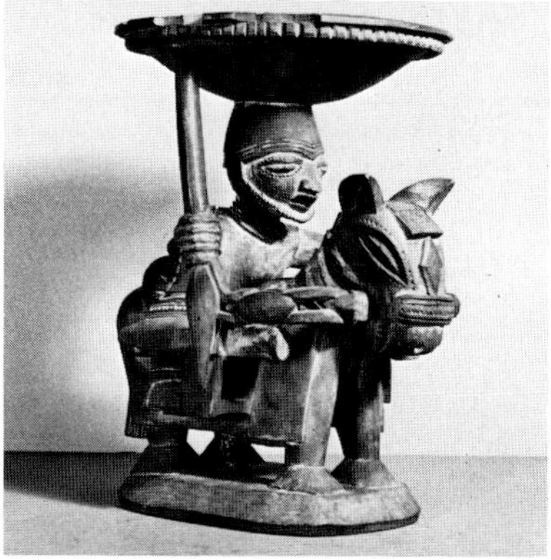

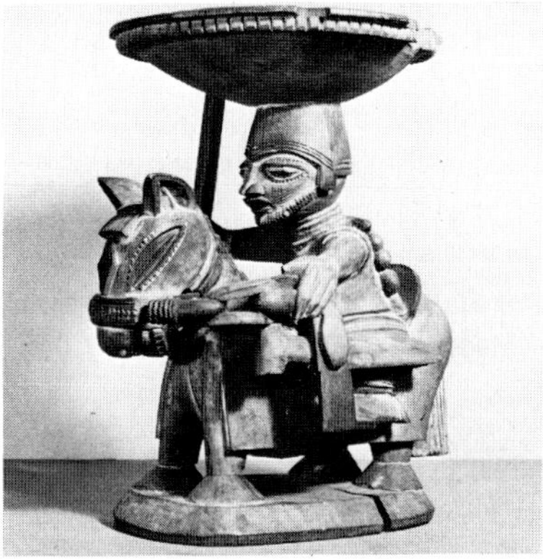

140, 141 Bol en bois destiné à recueillir les seize noix de palme utilisées pour la divination Ifa. Le pied de ce genre de bol yorouba figure souvent un cavalier. (British Museum, Londres. Haut. : 28,5 cm.)

142, 143 Bol en bois pour le culte du dieu yorouba Obatala, dont les tambours *igbin* sont représentés avec deux femmes qui en jouent. (Musée national, Lagos. Haut. : 26,5 cm.)

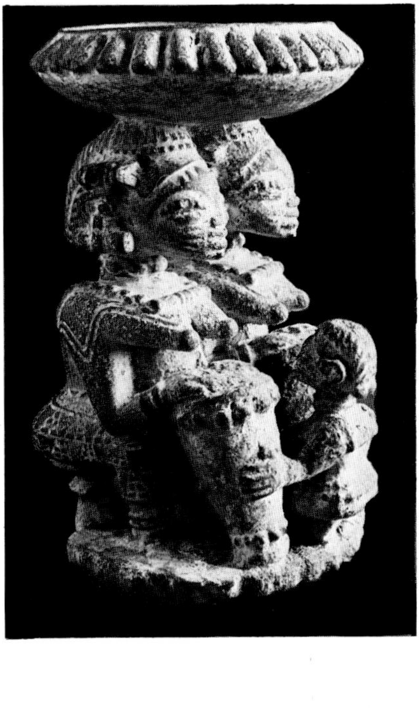

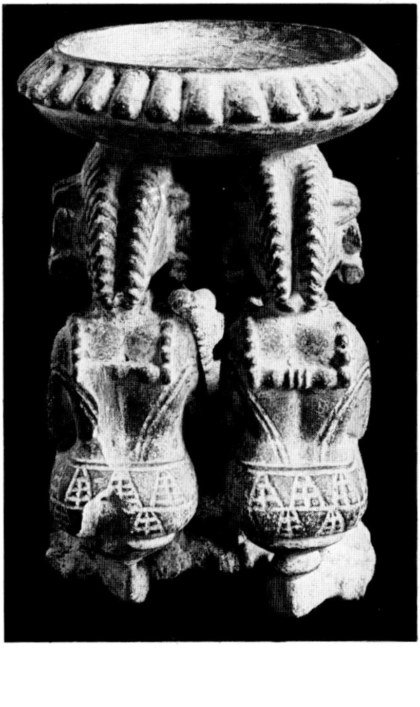

sculpture, on s'interroge sur le but de l'artiste; sans information spécifique, on ne sait s'il a cherché à représenter l'esprit d'un ancêtre, un chef, un fidèle ou un dieu. De même, qu'est-ce qui détermine l'échelle d'une œuvre? Est-elle destinée à être placée en un endroit déterminé ou à être transportée? On ne peut pas toujours le deviner, car dans un sanctuaire du nord du secteur d'Ekiti, au Nigeria, William Fagg et moi-même avons vu une sculpture de deux mètres de haut, d'au moins soixante kilos, portée néanmoins sur la tête comme un masque *epa*.

Sans renseignement complémentaire, il est impossible de deviner la signification des objets les plus stylisés. Dans les collections occidentales, seule une infime minorité de sculptures africaines sont peintes, alors qu'en Afrique la plupart le sont. Comment juger de la surface d'un objet quand nous ignorons s'il a été conçu pour être vu ou non?

Le terrain le plus risqué reste cependant celui de l'expression. Les auteurs occidentaux ont tendance à saisir des expressions d'horreur dans les masques africains là où il n'est question que d'amuser.

Les collectionneurs particuliers et les conservateurs de musées ont exercé une forte influence sur la critique de l'art africain. On recherche la rareté, les pièces à caractère unique. De nombreuses expositions intitulées « Chefs-d'œuvre de l'art africain » ne présentent en réalité que des objets quelconques.

Même lorsque les objets sont soigneusement sélectionnés avec un savoir encyclopédique du terrain, comme dans l'exposition organisée par William Fagg, « Afrique: 100 tribus, 100 chefs-d'œuvre [134] », on est en droit de se demander comment un chef-d'œuvre peut être typique ou comment un objet unique, quelle que soit sa qualité, peut représenter un peuple entier. Il est impossible d'écrire une histoire de l'art en termes de chefs-d'œuvre, car il faut étudier l'ensemble de la production artistique pour détecter les réalisations exceptionnelles. Chaque génération a vu des progrès réalisés par des artistes remarquables, qui ont su résoudre les problèmes avec plus de brio que leurs contemporains: ce que nous lisons dans un livre d'art concerne donc seulement les artistes les plus doués et les plus influents, les « grands » maîtres. Mais nous ne pouvons apprécier leurs réalisations et ignorer les artistes mineurs. Les véritables chefs-d'œuvre doivent être replacés dans le contexte de la production artistique globale d'une société. La connaissance de l'art africain doit donc emprunter aujourd'hui les mêmes chemins que l'étude des formes artistiques occidentales ou orientales, chemins détournés qui nous amènent à analyser les arts dits mineurs et à reconnaître leur spécificité.

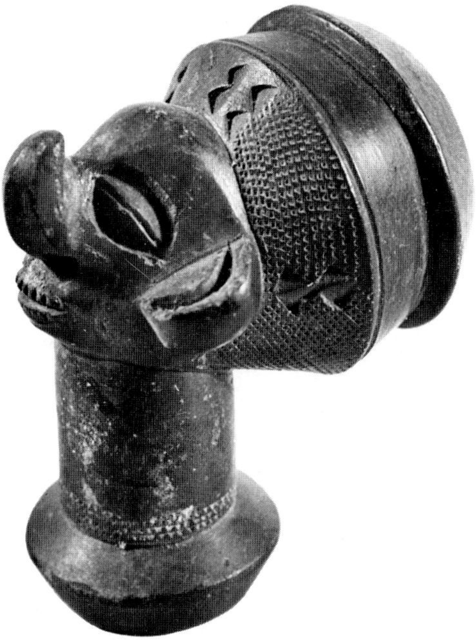

144 Fourneau de pipe en terre présentant le nez caricatural typique de la sculpture Bayaka. Il est possible qu'il soit hérité du nez retroussé des sculptures Bapendé (ill. n° 188, 189), tandis que le nez très large des autres sculptures Bayaka est l'exagération d'une forme plus naturaliste. Ils sont tous deux amusants aux yeux des Européens, mais on ne peut connaître avec certitude l'effet produit sur un Muyaka. (Musée de Manchester. Haut.: 7 cm.)

Malgré l'accent mis sur le «chef-d'œuvre», ceux qui considèrent l'art africain d'un point de vue purement esthétique semblent ignorer la véritable individualité de ses créateurs. On jugeait important de déterminer l'origine de l'objet, se contentant souvent du nom de la tribu, sans rechercher le nom de l'artiste: c'était la tribu, estimait-on, qui, dans son ensemble, assez mystérieusement, définissait un style. Deux forces sont en présence, en réalité, dans la création d'une sculpture africaine traditionnelle: le style défini en fonction du type de l'objet, et la vision personnelle du sculpteur.

Tant que l'art africain fut étudié principalement dans les musées et «en chambre», le mythe de l'anonymat persista, puisqu'on ne pouvait découvrir les noms des artistes que sur place. Bien que les anthropologues eussent effectué depuis longtemps un travail sur le terrain, ils ne se souciaient guère de l'art et lorsqu'ils le faisaient, leurs commentaires étaient parfois surprenants:

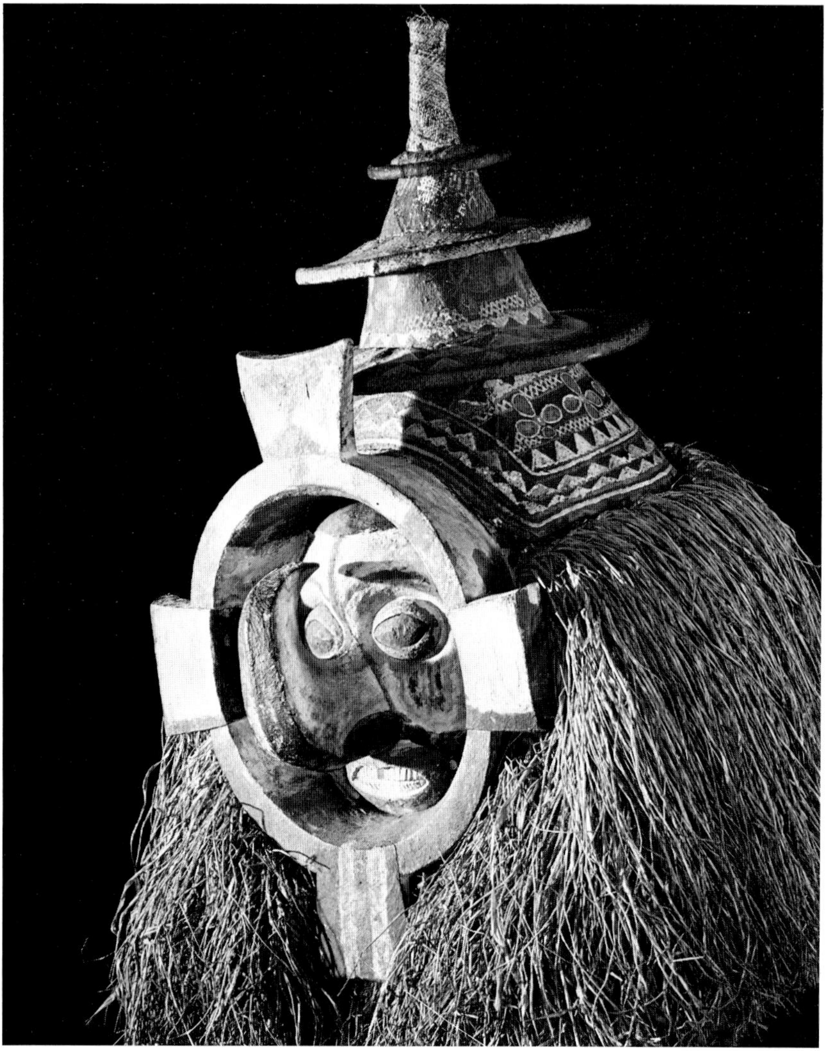

145 Masque de danse Bayaka présentant une hypertrophie du nez en trompette. Après la circoncision, qui marque de la façon la plus nette la fin de la ségrégation dans l'école de la brousse (*nkanda*), les garçons, portant des masques tels que celui-ci, dansent dans tous les villages du voisinage. L'identité des danseurs n'est pas tenue secrète ; ils reçoivent des prix pour leur talent et le sculpteur est honoré pour son originalité. Le visage de ces masques est généralement entouré d'un cadre ; le sommet en raphia représente un animal. (Rietberg Museum, Zurich. Haut. : 54 cm.)

146 Les masques d'initiation des Basuku sont apparentés à ceux des Bayaka, mais ils sont entièrement en bois, y compris le sommet. Le nez ne présente pas le caractère caricatural de ceux des Bayaka. (Rietberg Museum, Zurich. Haut. : 60 cm.)

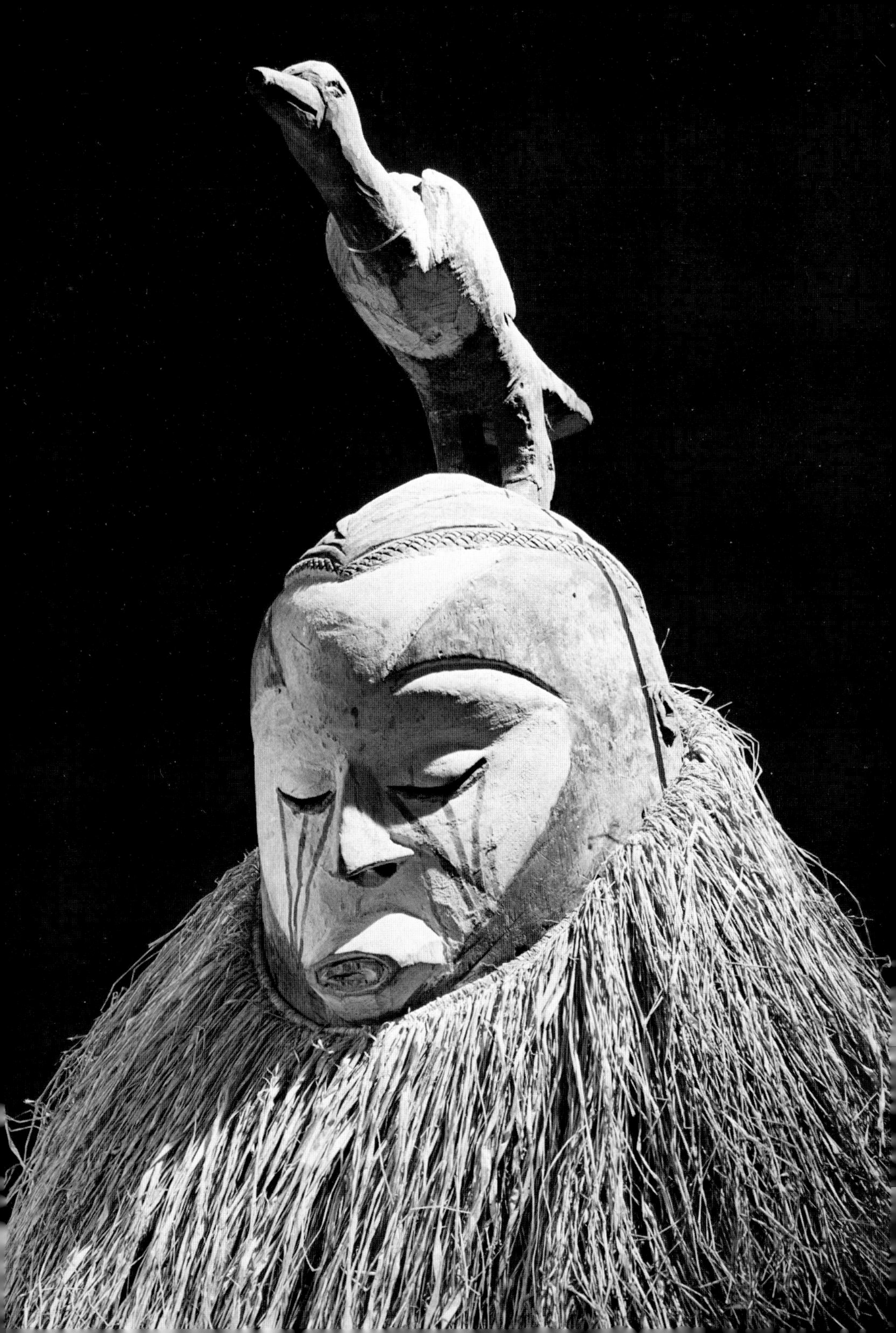

«La sculpture sur bois est conditionnée en partie par la mauvaise qualité des outils, dont les lames et les tranchants sont inefficaces face à une substance dure et résistante. En outre, le sculpteur qui pratique la méthode "directe" de sculpture, sans croquis ni maquette de l'œuvre, procède par tâtonnements et apprend par l'erreur: il a donc besoin d'un matériau [...] qui se travaille facilement, qui se prête à l'essai et à la rectification [135].»

Presque tout est faux dans cette assertion. Travaillé de façon traditionnelle, le fer était en effet assez tendre, mais il prenait bien le fil; il était, dit-on, beaucoup plus efficace que les objets tranchants fabriqués maintenant sur place avec de l'acier trempé importé, destiné à d'autres usages — aujourd'hui, les machettes et les couteaux sont souvent confectionnés à partir de lames de ressorts de voitures; quoi qu'il en soit, bons ou mauvais, ces outils donnèrent lieu à des sculptures d'excellente qualité dans les bois les plus durs, tel l'*iroko*, qui devait être travaillé juste après l'abattage, avant qu'il n'ait atteint son maximum de dureté. S'il est exact que les artistes africains travaillent directement, sans croquis préliminaires, ils ont dès le départ une remarquable perception de l'objet fini. Il est impressionnant de voir un sculpteur réaliser sur un grand panneau un motif complexe de lignes entrelacées sans avoir à en modifier le moindre trait, ou la dimension d'une partie, et arriver à ce que l'ensemble soit homogène. A la fin de son apprentissage, un artiste africain a aquis une dextérité correspondant à sa vision. Voici ce que nous raconte le père Carroll: «Quelle que soit la complexité d'une œuvre, sans croquis pour le guider, Bandele ne coupe rien par accident de ce qui pourra lui servir; il serait honteux d'être obligé de rajouter une pièce de bois [136].» La seule sculpture yorouba que je connaisse sur laquelle le sculpteur a manifestement commis une erreur est le travail d'un apprenti. Il y a bien sûr des circonstances où les sculptures — en général des masques — sont réalisées par l'initié avant qu'il n'ait reçu de formation. C'est couramment le cas chez les Dogons, dont les masques sont fabriqués dans du bois
111 très tendre. Autre exemple des dangers de la généralisation en matière d'art africain, en l'occurrence la tendance à extrapoler à partir d'un groupe particulier étudié de près par l'auteur. C'est souvent le cas des Français qui ont surtout étudié les Dogons. En toute honnêteté, je dois avertir le lecteur que je peux avoir moi-même tendance à généraliser à partir des pratiques yoroubas.

L'art africain plaît de plus en plus et la fin des années 1980 a vu les cotes grimper singulièrement. Pourquoi? Tout d'abord, la rupture avec le figuratif dans l'art occidental, qui doit tant à la découverte de l'art

africain par nos peintres, nous a rendus plus réceptifs aux formes stylisées. Les styles d'art africains sont tellement variés qu'il y en a pour tous les goûts. Même l'op art était préfiguré par les masques des Basongyé. 147
En outre, la tradition ayant cédé le pas à l'imagination après la décolonisation et les indépendances, la production africaine actuelle rejoint l'approche des autres cultures, tout en conservant un rapport supposé direct avec les mythes dont l'effacement, ailleurs, interdit aux artistes tout recours au figuratif. La principale raison d'étudier l'art africain reste néanmoins celle qui nous pousse à étudier l'art en général: c'est l'une des expressions les plus élevées de la culture humaine, qui peut nous apporter un rafraîchissement continuel, une re-création au sens le plus strict du terme. Quoi de plus élégant, de plus maniériste que les sculptures *ujamaa* des Makondé, arbres de vie effilés, constitués de personnages entremêlés — signe de la cohésion, de la solidarité humaine —, qu'a présentées durant l'hiver 1989-1990 le Musée national des arts africains et océaniens à Paris? L'intérêt des étudiants occidentaux pour l'art africain prouve à quel point c'est un pan important de l'héritage artistique de l'ensemble de l'humanité. Les peuples d'Afrique en sont fiers car cela représente, pour eux comme pour les Nord-Américains ou les Européens d'origine africaine, l'espoir d'être reconnus comme égaux par le monde entier, en tant que nations, en tant qu'individus.

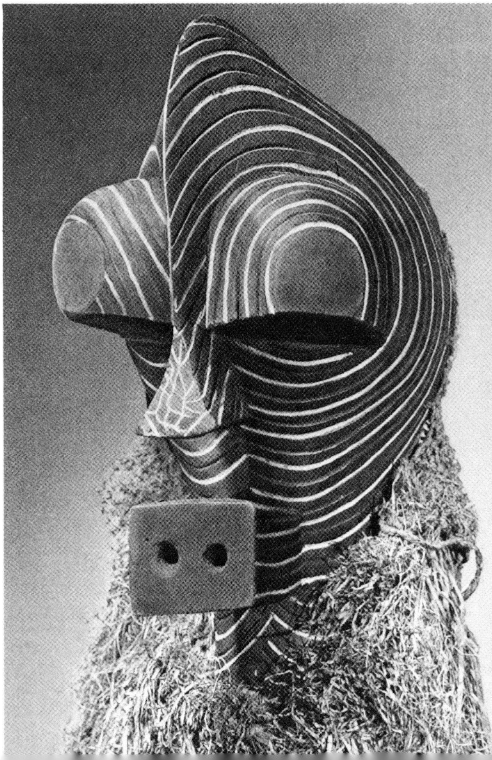

147 Masque des Basongyé dont le mot pour masque, *kifwebe*, est généralement employé par les collectionneurs de ce type de masque. Ces masques masculins incarnant le pouvoir de la sorcellerie sont utilisés de façon spectaculaire pour faire naître la peur chez le spectateur. (Musée royal de l'Afrique centrale, Tervuren. Haut.: 56 cm.)

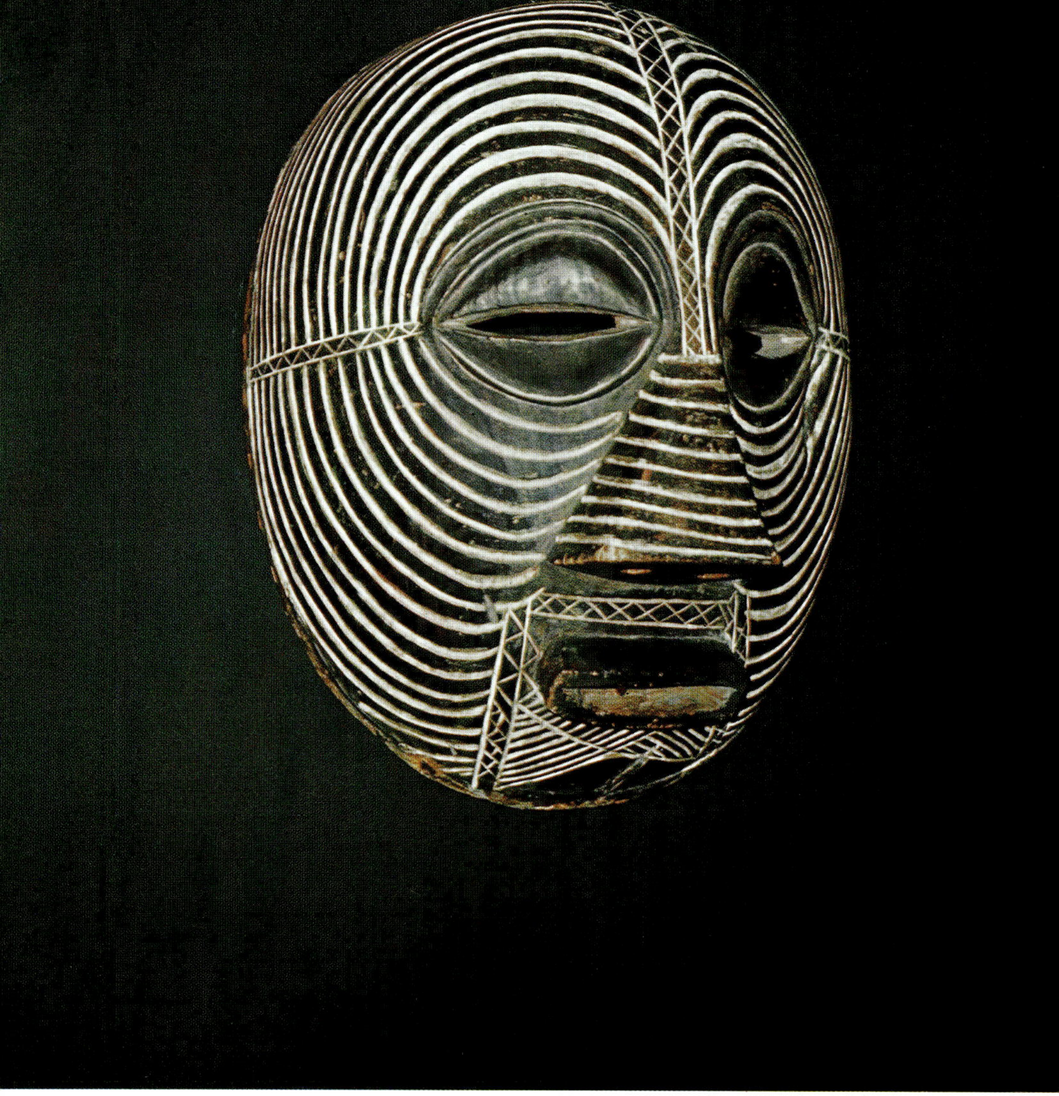

148 Masque balouba. Sa décoration semble venir des Basongyé. Utilisé dans les cérémonies ayant rapport avec l'autorité du chef. (Musée royal de l'Afrique centrale, Tervuren. Haut. : 60,5 cm.)

149 Masque-heaume utilisé lors des rites d'initiation des garçons chez les Bakété du Nord qui vivent parmi les Bakoubas. (Anc. coll. Jay T. Last. Haut. : 53,5 cm.)

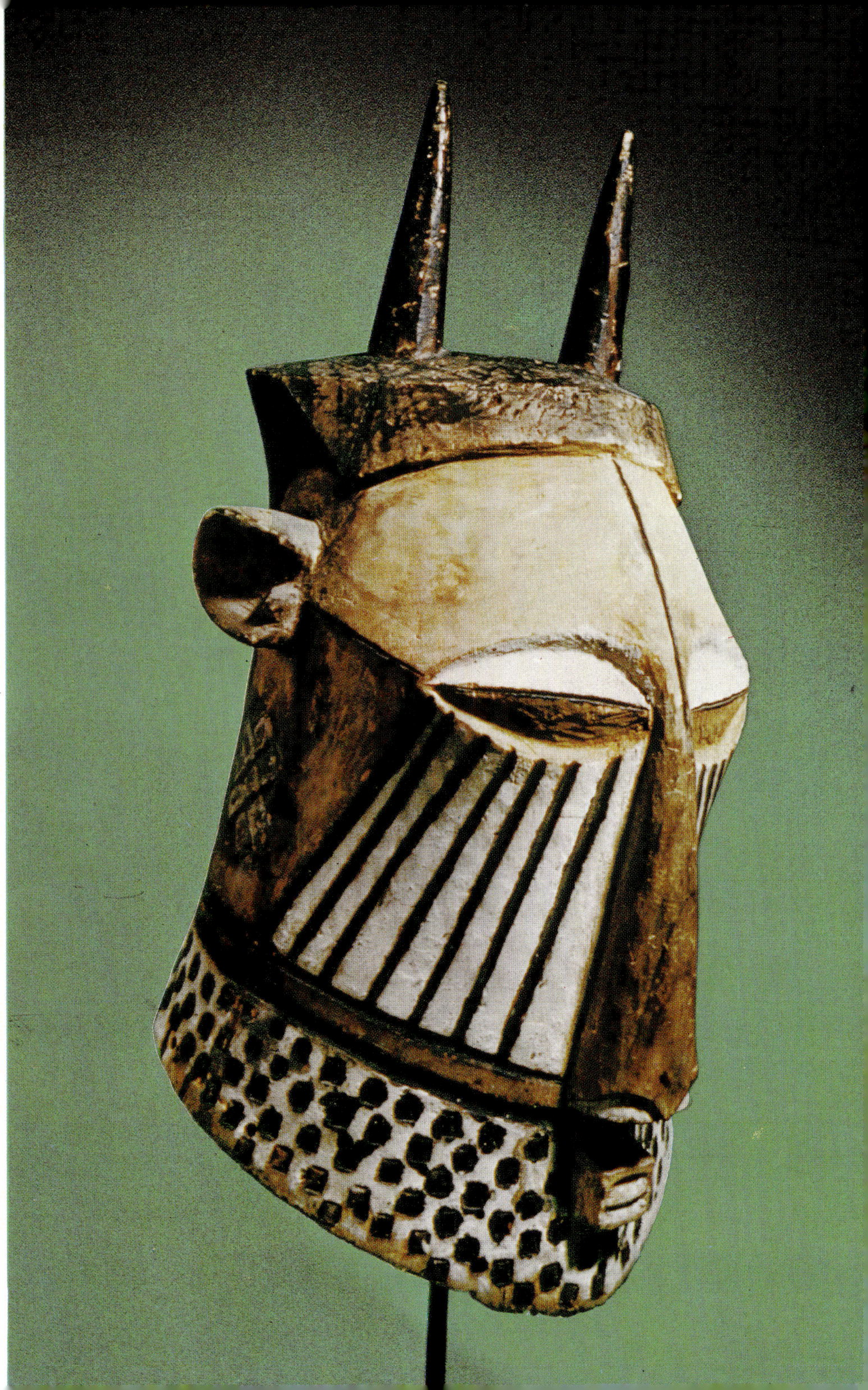

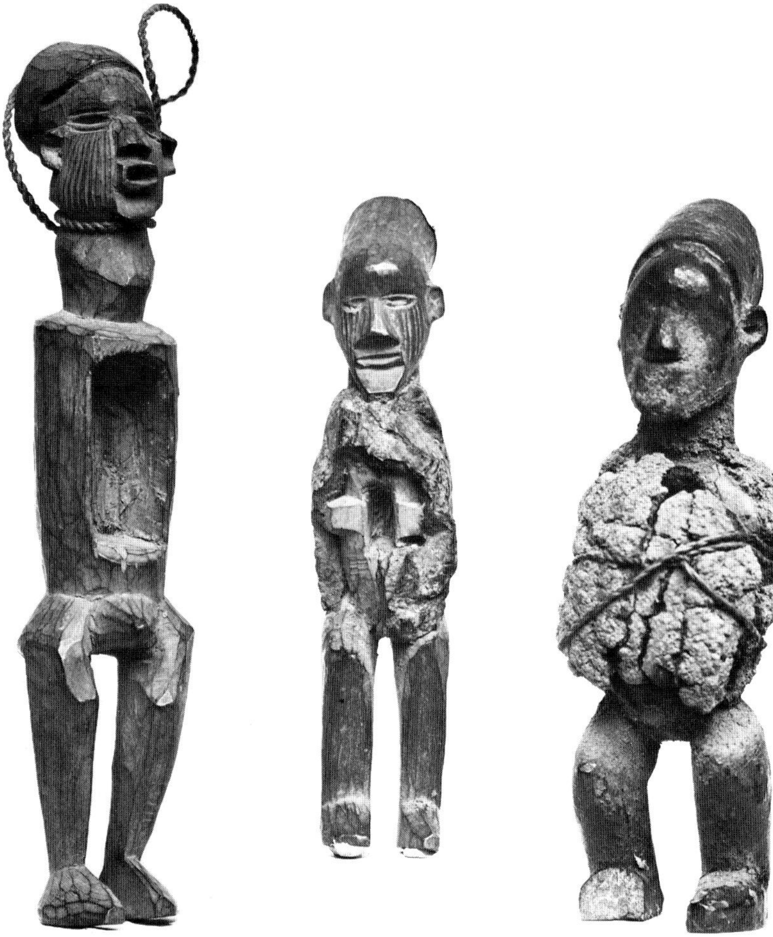

150, 151, 152 Figures en bois réunies en 1906 par Robert Hottot dans la section Bafumu des Batéké. Celle de gauche n'a plus sa substance magique (*bonga*) et s'appelle *tege*. Les autres, qui ont encore leur *bonga* — la source de leur pouvoir —, s'appellent *butti*. On dit que le pouvoir du fétiche est spécifique : réussite à la chasse ou dans le commerce, protection contre la maladie. En dernier ressort, leur pouvoir vient des ancêtres, car le *bonga* contient, entre autres, des cheveux de la tête d'un ancien vénéré et de la craie, symbole des os des ancêtres. (British Museum, Londres. Haut. : 17 cm, 12,5 cm et 14,5 cm.)

CHAPITRE SIX

Comprendre la sculpture africaine

Il est important de ne pas croire qu'on peut comprendre l'intention d'un sculpteur africain par simple observation de son œuvre. Il convient d'étudier l'art et les artistes sur place ou, à défaut, à travers des comptes rendus d'observations directes sur le terrain. Celles-ci démentant souvent les généralisations obtenues à partir d'observations dans les musées donnent parfois lieu à de nouvelles interprétations. On a découvert ainsi que la couleur des sculptures peintes n'a pas de rapport avec leur forme. Dans le cas des masques fabriqués par les Kalabari du delta du Niger, Horton en a trouvé la raison: la peinture ne constitue pas simplement un enrichissement de la sculpture, elle est le moyen par lequel on amène l'esprit à habiter le masque[137].

LES PROPORTIONS DU CORPS

Une particularité de la sculpture africaine qui dès le début a intrigué les spécialistes est la taille démesurée de la tête. On a longtemps cru à une maladresse quasi enfantine, due au fait que le sculpteur prêtait plus d'attention aux détails qu'aux proportions[138]. Mais des observations effectuées dans de nombreuses régions ont prouvé que les sculpteurs commençaient par diviser minutieusement leur bloc de bois en trois parties, la tête, le tronc et les jambes. Les proportions ainsi délibérément établies ne sont donc en aucun cas dues à une défaillance. C'est le docteur Robert Hottot qui le remarqua le premier en 1906, lors d'un voyage chez les Batéké du bas Congo; ses observations ne furent malheureusement 150-152
publiées qu'après sa mort[139].

James Fernandez a découvert, chez les Fangs du Gabon, la signification de ces proportions pour les statuettes ornant les boîtes qui contiennent

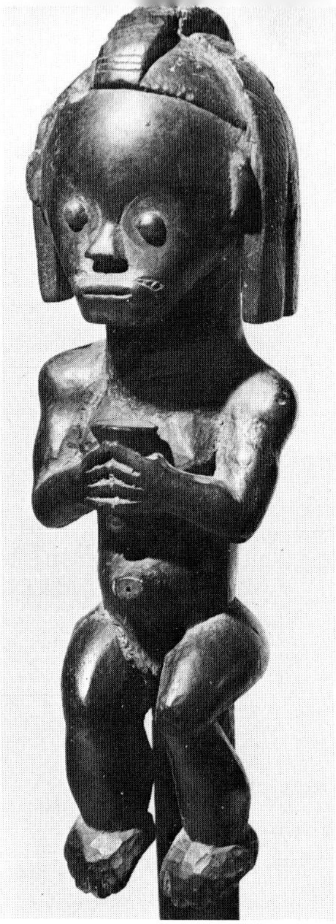

153 Figure de bois (*bieri*) d'un reliquaire d'ossements d'ancêtres fangs. Les proportions d'un bébé doté de caractères de maturité physique illustrent la continuité du cycle de la vie, car le nouveau-né est issu des ancêtres. (Coll. Pierre Arman. Haut.: 50 cm.)

153 les os des ancêtres. Il note que «le buste important, la grosse tête, les jambes fléchies et d'une petitesse incroyable ont un caractère enfantin. La statuette présente donc un double aspect, enfantin et ancestral. Les Fangs affirment qu'elle symbolise la vieillesse et les ancêtres, dont les augustes pouvoirs leur permettent d'intervenir dans les affaires de leurs descendants, mais ils reconnaissent également ses traits enfantins».

Fernandez explique que ces caractères contradictoires exigent des explications cosmologiques et théologiques:

«Les nouveau-nés, d'après eux, sont proches des ancêtres et n'acquièrent progressivement le statut humain qu'à travers des rituels. Une autre explication [...] réside dans le culte des ancêtres et son souci majeur de la fertilité et de la croissance. Une représentation infantile est une expression adéquate du désir d'enfanter [...] Pour les Fangs, ces caractéristiques opposées des figures des ancêtres leur confèrent une vitalité qu'elles ne pourraient avoir si elles reproduisaient simplement un vieillard ou un nourrisson [140].»

154 *Goli*, personnage déguisé, d'origine baoulée. Il est accompagné de musiciens. Le *kuduo* des Ashantis, qui leur sont apparentés, est souvent surmonté de groupes de figures tels que celui-ci, et les personnages individuels ressemblent aux poids à peser l'or communs aux deux ethnies. Cet objet est probablement destiné aux Baoulés et conçu comme un objet de prestige, car il est de trop bonne qualité pour avoir été fait pour les touristes. (Coll. F. Willett. Haut. : 12,5 cm.)

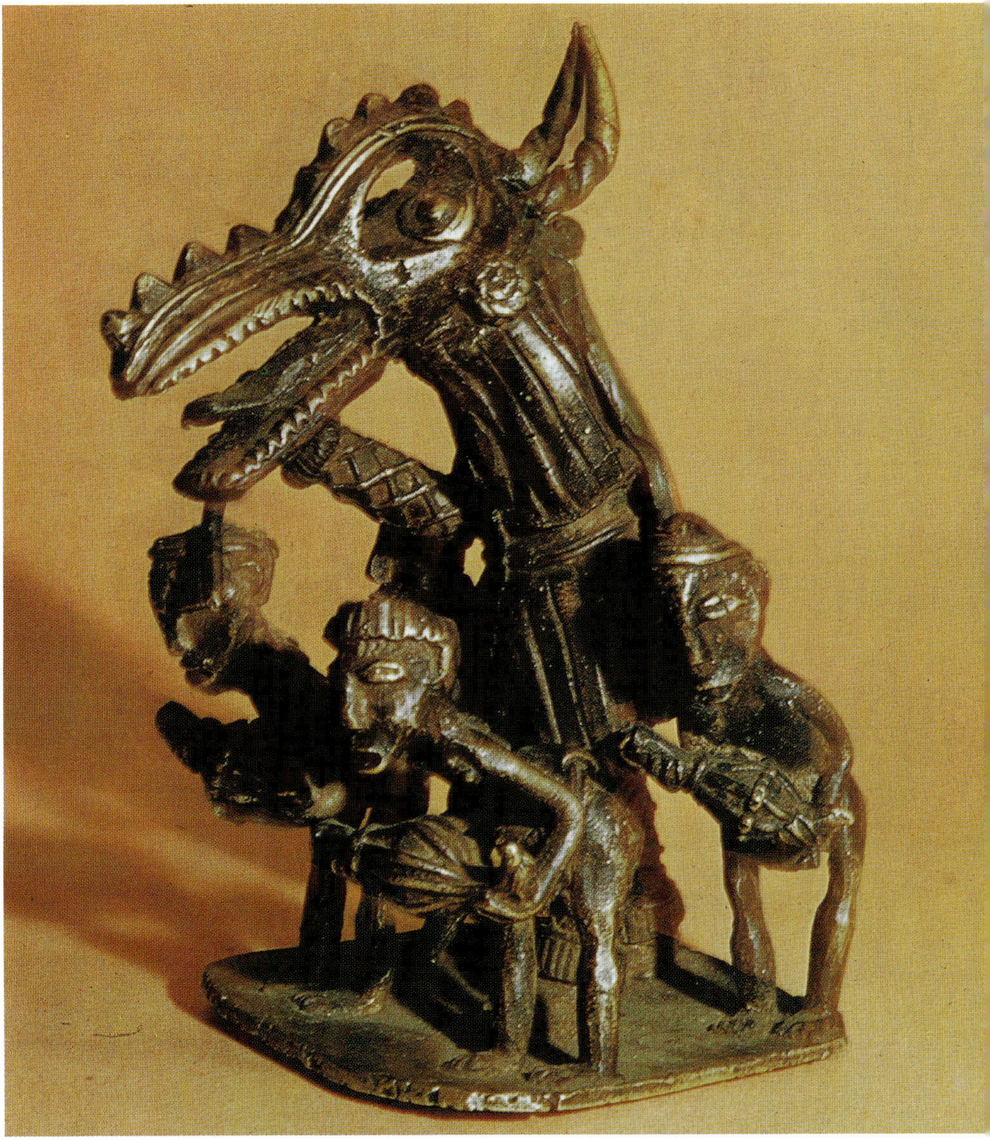

Cette conception explique peut-être aussi qu'une tête en terre cuite de
156 la culture de Nok trouvée à Wamba soit dotée à la fois d'un crâne de
bébé et d'une barbe.

La fonction de l'art dans la société africaine

On a souvent affirmé que l'Afrique ignorait « l'art pour l'art » et que tout art africain était religieux. Lorsqu'en Occident les critiques d'art parlent d'« art pour l'art », ils entendent par là que l'artiste crée un objet pourvu d'une valeur intrinsèque, sans fonction didactique ou moralisatrice, pour lequel l'artiste ne s'est soucié que de résoudre des problèmes de composition, de couleur ou de forme. Le contenu de l'œuvre est secondaire. Le produit final a cependant une autre fonction sociale : il peut servir à décorer une pièce ou à indiquer le statut de son propriétaire. Cette attitude académique semble être assez récente. A une époque, tout art européen avait une fonction sociale : instruction du fidèle, édification du dévot, ou glorification du noble. L'art traditionnel africain a ses rôles sociaux, mais certains objets n'ont pas de fonction nettement définie. Chez les Fons du Dahomey (actuel Bénin), par exemple, les moulages en laiton

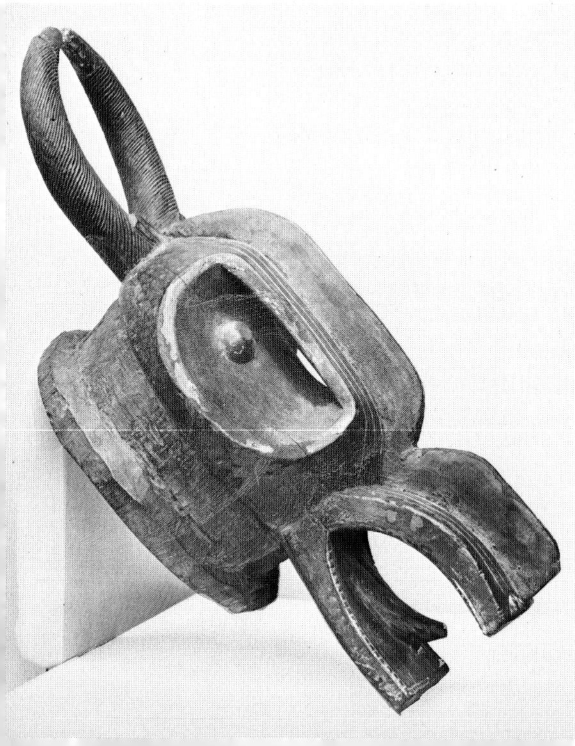

155 Masque du même type que celui de l'ill. n° 154. On dit qu'il représente une antilope : il est censé renvoyer aux bêtes sauvages, par opposition aux animaux domestiques. Himmelheber (1960, pl. 156 *a* à *f*) montre deux de ces masques en usage lors d'une représentation musicale. (British Museum, Londres. Long. : 84 cm.)

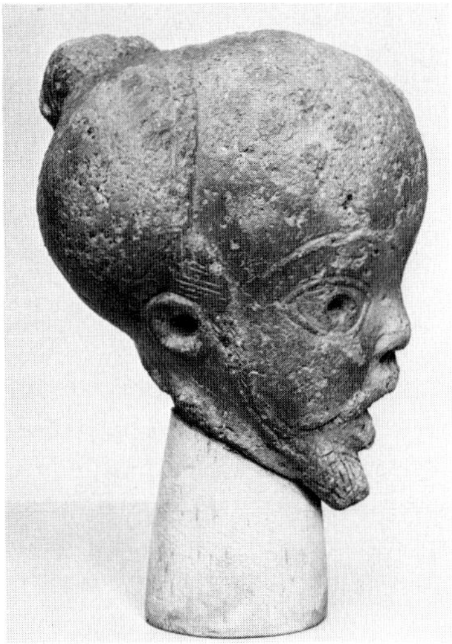

156 Tête en terre cuite de la culture de Nok, trouvée dans la mine d'étain de Wamba. La forme de la tête est celle d'un nourrisson, mais la barbe et la moustache sont les attributs d'un individu plus âgé. (Musée de Jos. Haut. : 14 cm.)

d'animaux et de personnages au travail ou en procession n'ont aucun but didactique ni religieux. Fabriqués par le fondeur pour le pur plaisir de l'œil, ils représentent de ce fait des exemples d'« art pour l'art ». Ils n'en ont pas moins une fonction sociale, entièrement indépendante du sujet représenté : en effet, le laiton étant considéré comme un métal semi-précieux, seuls les nantis peuvent les acheter, et ils sont exposés dans les intérieurs comme décoration et marque de prestige[141]. Himmelheber 157
constata que « les Dan créent des *objets d'art* pour le seul plaisir esthétique, mais uniquement en cuivre. Ils sont placés près du foyer et on les voit dès qu'on entre chez eux. "Ces objets peuvent être de petits animaux, ou un homme et sa femme avec toute sorte d'attributs tels que fusil, panier, pipe."[142] » Le joli laiton baoulé qui représente un person- 154
nage portant un masque d'antilope et entouré de musiciens désignait sans doute lui aussi le statut social de son propriétaire. Kenneth Murray, lui,

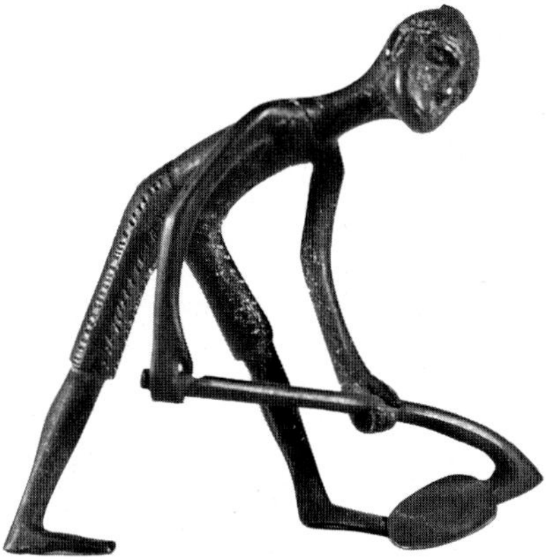

157 Figure de bronze d'un homme en train de biner. Chez les Fons c'était un objet de prestige, soit à posséder soit à offrir, car le bronze est un métal de valeur et, d'après Herskovits, les objets en bronze sont considérés comme des bijoux. Ce type d'artisanat est aujourd'hui principalement destiné aux touristes. (Musée de Manchester. Haut. : 8 cm.)

a mentionné le cas d'un jeune sculpteur du secteur d'Ilajé, dans la région occidentale du pays yorouba, qui avait décoré ses murs en les couvrant de peignes et de cuillers [143].

De même, il n'est pas exact que tout art africain soit religieux. Adrian Gerbrands [144] l'a démontré très clairement en analysant les couvercles de pots retrouvés par deux missionnaires, les frères Jan et Frans Vissers, chez les Bawoyo du Cabinda, juste au nord de l'embouchure du Congo (Zaïre). La coutume veut que les époux mangent séparément. Lorsque éclate une brouille conjugale, la femme couvre la nourriture qu'elle a préparée pour son mari avec un couvercle orné de personnages qui expriment, par les proverbes qu'ils illustrent, les raisons de son mécontentement. Bien sûr, l'épouse choisit un moment où son mari reçoit des amis qui pourront, en tant que représentants de la communauté, jouer le rôle d'arbitres. Elle

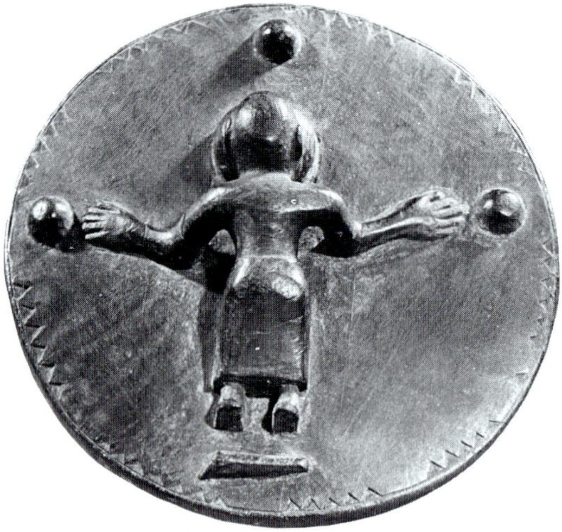

158 Couvercle à proverbes Bawoyo du village de Monaquena, au Cabinda. La femme couchée au centre se frappe la tête contre le sol comme un lézard effrayé et implore la pitié de son mari. A ses pieds le coquillage *nsosse* signifie: «Je vais te dire ce que je pense.» Les trois pierres servant à faire la cuisine sont dispersées au bord du couvercle, au lieu d'être placées les unes à côté des autres pour soutenir la marmite, qui tomberait si l'une des trois manquait. Quelque chose ne va donc pas dans le ménage, et la femme demande à son mari d'y remédier. (Rijksmuseum voor Volkenkunde, Leyde. Diam.: 17 cm.)

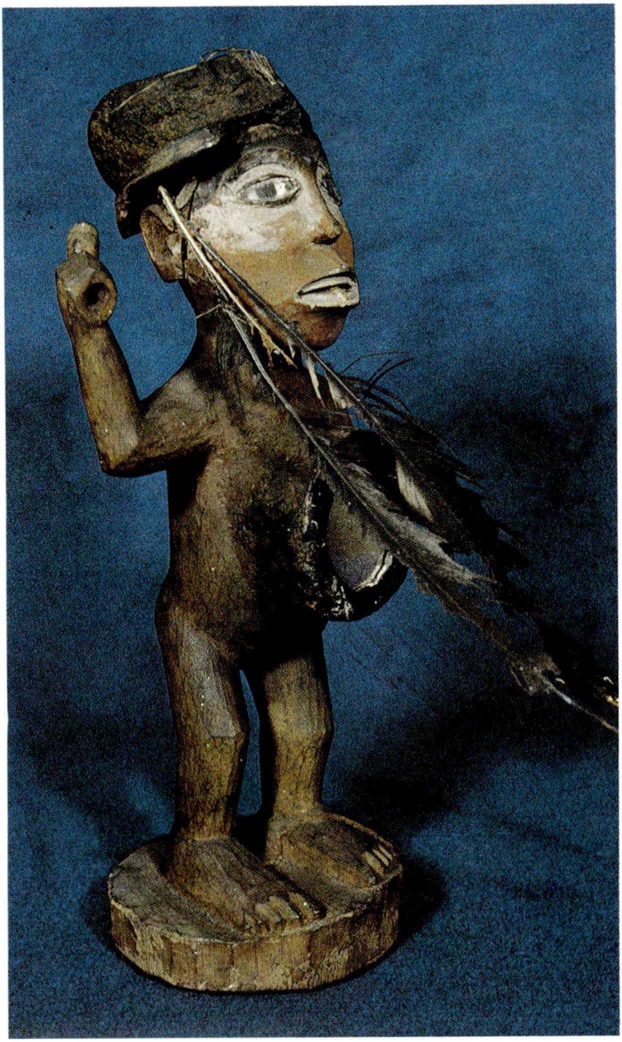

159 Fétiche *malongo* des Balongo. Le produit est contenu dans l'abdomen (couvert d'un miroir importé) et dans le chapeau. Les yeux sont en verre. La main droite levée tenait une arme. Cet objet se trouvait déjà dans un musée en 1897. (Musée de Manchester. Haut.: 27 cm.)

reçoit d'habitude lors de son mariage un grand nombre de ces couvercles de sa mère et de sa belle-mère, mais si aucun ne correspond à son problème, elle en fait fabriquer un.

La décoration des couvercles est plus ou moins complexe. L'un repré- 158
sente un pot rond posé sur trois pierres; qu'il en manque une et le pot tombe. Le proverbe est donc celui-ci: «Toutes bonnes choses viennent

par trois», c'est-à-dire qu'un mari doit donner à sa femme des vêtements; une femme doit faire la cuisine pour son mari; ils doivent avoir des enfants. Le couvercle indique donc qu'un élément fait défaut: le mari comprendra de quoi il s'agit.

Parfois le couvercle décoré d'un grand nombre d'objets illustre des jeux
158 de mots: c'est le cas du coquillage *conus*, appelé *nsosse*, dont la prononciation ressemble à l'onomatopée exprimant la réprobation: «Je suis fâchée et m'en vais te dire pourquoi»; un autre coquillage, dont le nom, *zinga*, signifie également «vie», signifiera: vie de famille, harmonie, et exhortera le destinataire à «vivre en harmonie avec sa famille». Cet art est purement profane, et l'exemple, à lui seul, dément l'assertion selon laquelle tout l'art africain serait religieux. On trouverait bien d'autres cas. Chez les Yoroubas, il est d'usage d'offrir aux visiteurs des noix de kola: un homme riche les présentera dans un récipient gravé, muni d'un couvercle et réservé à cet usage. Les plus sophistiqués représentent une femme agenouillée tenant un coq dans la main.

Il est vrai toutefois que l'art africain a souvent un but religieux, bien qu'il y ait un grand nombre de pratiques différentes dans le domaine de la sculpture religieuse. Il est courant d'entourer de rituels l'activité du sculpteur: on croit en effet que l'arbre qui fournit le bois est habité par un esprit qu'il faut apaiser. Dans le cas de sculptures destinées à être habitées par un esprit, tels les masques et les figures d'ancêtres des Dogons, il est aisé de voir qu'il faut éviter un conflit entre les deux forces qui cohabitent. Chez les Dogons, on maîtrise la force de l'arbre en enfonçant de petits crochets de fer dans le masque, puisque la force du fer est supérieure à celle du bois. Cependant, même lorsque l'objet n'est pas habité par un esprit, comme dans les tambours des Yoroubas, ou même des tabourets, il sied d'apaiser l'esprit de l'arbre.

Il est donc parfois surprenant de s'apercevoir que des sculptures anciennes sont négligées pour la plupart. Cela est vrai en particulier des masques, qui ne sont d'ordinaire habités par l'esprit qu'au cours des cérémonies; entre-temps, ce ne sont plus que de vulgaires bouts de bois. Certains masques dogons, utilisés une seule fois, sont ensuite délaissés et ils se détériorent; ainsi les récupère-t-on aujourd'hui pour les vendre aux collectionneurs européens, qui apprécient leur état de dégradation, gage d'ancienneté et d'authenticité! D'autres sculptures seront abandonnées si elles ne remplissent pas leur fonction. Hottot remarquait que les statuettes fétiches[145] des Batéké pouvaient être désacralisées en enlevant les remèdes contenus dans la cavité abdominale; le prêtre garde alors la

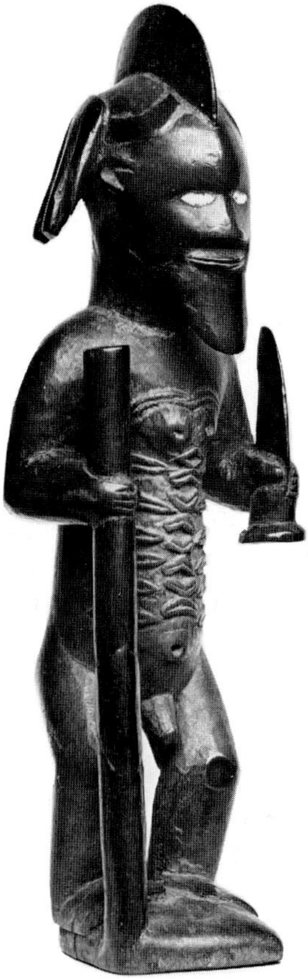

160 Dans les fétiches des Babembé, le « médicament » caché dans le tronc est introduit par un trou entre les jambes. D'habitude, les sculptures Babembé sont de petite taille, et portent sur le tronc des cicatrices soigneusement représentées. (British Museum, Londres. Haut. : 26 cm.)

statuette chez lui et la remplit avec un médicament destiné à un autre client. Il existe pour les Batéké une nette distinction entre une statuette pourvue de remède — *butti* — et une autre qui en est dépourvue, soit 150-152
qu'elle n'en ait jamais eu, soit qu'elle n'en ait plus — *tege*.

La sculpture africaine dans son cadre

Contrairement à l'Occident, où l'objet d'art est exposé en permanence aux regards de tous, certaines sculptures africaines ne sont vues que par un groupe d'initiés. Ainsi la statuette de l'illustration n° 162 n'était-elle vue que par les initiés de la société *Ogboni*, qui rendait un culte à la terre

et représentait une puissance politique chez les Yoroubas[146]. Certaines statuettes dans les sanctuaires sont soustraites au regard des fidèles et visibles seulement par les prêtres. A l'opposé, il est interdit au chef Obaloran,
161 responsable du culte d'Orisha Iko à Ife, de voir la terre cuite utilisée lors de la fête tandis que les autres participants la regardent. Il arrive que les sculptures d'un genre plus commun, comme les figures jumelles des Yorou-
68, 233 bas, soient couvertes d'étoffes ou de vêtements spéciaux qui les cachent partiellement à la vue lorsqu'elles sont placées sur l'autel familial. Lorsque, en 1906, Hottot voulut photographier une statuette fétiche chez les Batéké, il dut la sortir de la case de son propriétaire. «La statuette était vêtue de draperies rouges attachées autour du cou. [...] Nous les enlevâmes [...] pour la prendre en photo. Cela fait, je me rendis compte que le village, jusqu'alors très animé, était soudain plongé dans le silence et désert, et que certains villageois nous observaient depuis leurs cases tout en gardant leurs distances. Nous recouvrîmes la statuette et la remîmes à sa place. [...] Neuf jours plus tard [...] nous ne fûmes pas surpris d'apprendre qu'il y avait des cas de variole dans le village et que les habitants nous en tenaient pour responsables [...][147].» Par bonheur, les villageois pensèrent que Hottot et ses compagnons devaient être dotés d'un grand pouvoir spirituel, parce qu'ils n'avaient pas été atteints eux-mêmes par la maladie alors qu'ils avaient provoqué le fétiche. Il semble que Hottot ait commis une double faute, d'abord en sortant la statuette de la case, puis en la déshabillant.

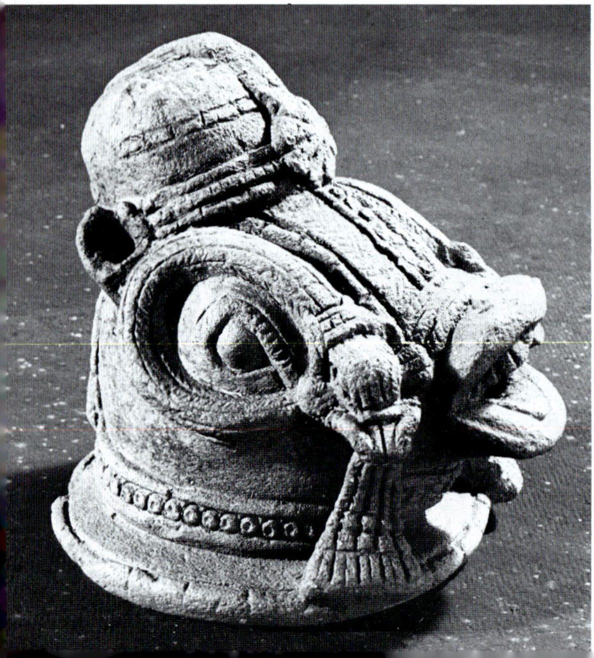

161 Tête de bélier en terre cuite utilisée dans le culte d'Orisha Iko, dans le Omitoto Grove, à Ife. Le chef Obaloran chargé du culte n'a pas le droit de la voir. Par sécurité, il l'a prêtée au musée d'Ife. (Long.: 15 cm.)

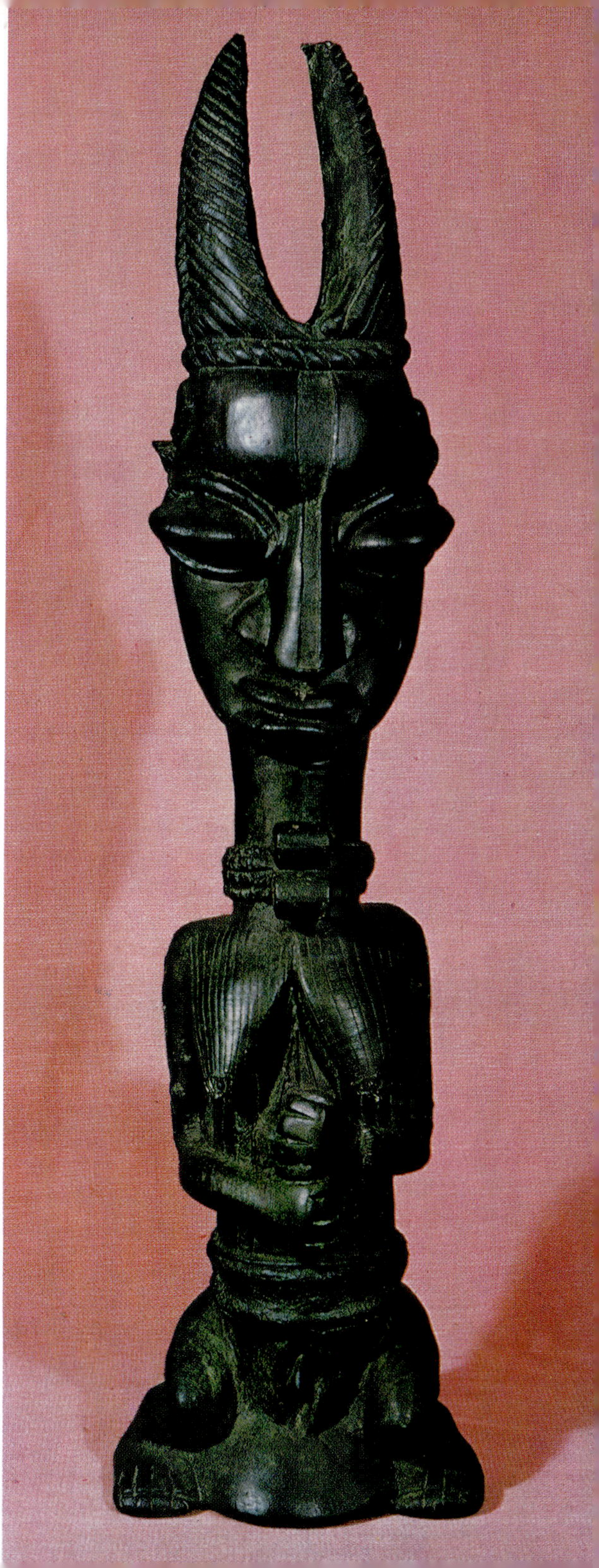

162 Figure de bronze d'Onilé, sans doute du XVIIIe siècle, autrefois utilisée dans la maison des Ogboni, dans la ville yoruba d'Apomu. Onilé, esprit de la Terre où reposent les ancêtres, est féminin, par opposition à Olorun, esprit masculin du Ciel. Le rôle de la société Ogboni semble avoir été de concilier les deux. (Musée national, Lagos. Haut.: 74 cm.)

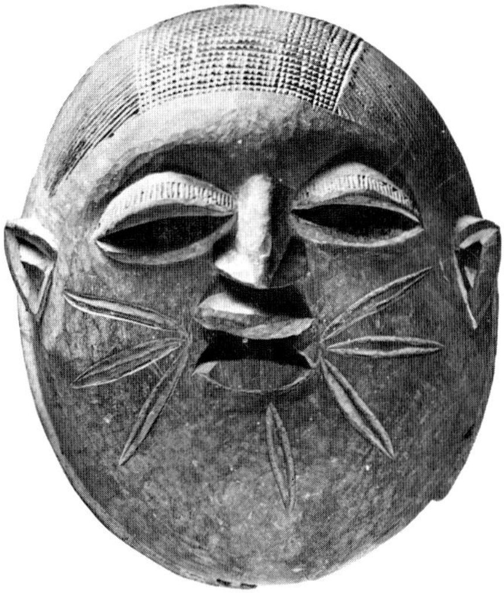

163 Masque de visage pour le culte *egungun* qui servait principalement aux cérémonies funéraires mais aussi à des divertissements. Celui qui le porte voit par la fente des yeux. Acquis par Frobenius en 1912 dans le nord du pays yorouba. (Museum für Völkerkunde, Berlin. Haut. : 28 cm.)

Certaines sculptures sont enveloppées et cachées à la vue, sauf pendant les rituels. D'ordinaire, les statuettes yoroubas qui commémorent les jumeaux défunts sont couvertes d'étoffes et conservées par leur mère dans une calebasse; on dit que certaines terres cuites d'Ife étaient enterrées entre deux fêtes.

Il existe aussi des sculptures qui ne peuvent être vues que par certains membres de la société. Horton donne l'exemple du sanctuaire du chef des héros du village de Soku, où même le prêtre ne voit pas l'objet du culte caché derrière un écran de crânes d'animaux sacrifiés [148]. Il est fréquent que les sociétés masquées ne regroupent que des membres du même sexe. Autour du plateau du nord du Nigeria vivent plusieurs petits groupes dont les femmes ne sont pas autorisées à voir les masques utilisés par les hommes, et c'est avec une grande joie qu'elles vont les admirer là où ils sont exposés: au musée de Jos.

Bien sûr, la plupart de ceux qui s'intéressent à la sculpture africaine n'ont pas l'occasion de la voir *in situ* et ne se forgent une opinion que d'après les expositions. Un musée ne possède en général que la partie en bois des masques et les présente avec un éclairage qui ne fait ressortir qu'une seule interprétation. Kenneth Murray a fait remarquer que «les masques sont faits pour être vus en mouvement; il arrive souvent qu'entre deux masques, celui qu'on trouve le moins bon lorsqu'on le tient en main sera le plus spectaculaire sur un danseur costumé. En outre, il est essentiel de voir un masque porté pour se faire une idée de ce qu'il exprime, car il est facile de se tromper entièrement si on le voit isolé[149] ». Chinua Achebe l'explique très bien dans son roman *la Flèche de Dieu*[150]. Un de ses personnages, Edogo, est sculpteur. « Lorsqu'il eut fini de graver le visage et la tête, il fut légèrement déçu. [...] Or ceux qui avaient commandé l'objet, loin de se plaindre, l'appréciaient beaucoup. Edogo savait qu'il devait voir le masque en action avant de juger s'il était bon ou mauvais. » Pour apprécier l'œuvre telle qu'elle a été conçue par l'artiste, il faut la voir en mouvement, si possible en hauteur et à la lumière incertaine de torches. De plus, isoler le masque revient à le sortir de son contexte, car il fait partie d'un ensemble — costume, danse, musique — et ce n'est que dans son rapport avec ces différents éléments qu'il s'anime et devient habité par l'esprit; lorsque F. Starkweather (1968, n° 94, p. [45]) commanda un masque, le sculpteur exécuta un personnage en pied, craignant qu'il ne bénéficie pas de l'effet souhaité autrement. Les musées utilisent de plus en plus des vidéos et des films pour présenter les masques, mais ce dispositif ne fait passer qu'une partie de l'atmosphère désirée: il manque encore l'excitation, le respect, la peur même.

L'importance accordée aux masques par les musées peut également

164 Coiffe pour le culte *egungun* sculpté par Adugbologe d'Abeokuta. Les quatre personnages annexes sont peut-être l'œuvre de son fils Ayo. (British Museum, Londres. Larg. : 38,5 cm.)

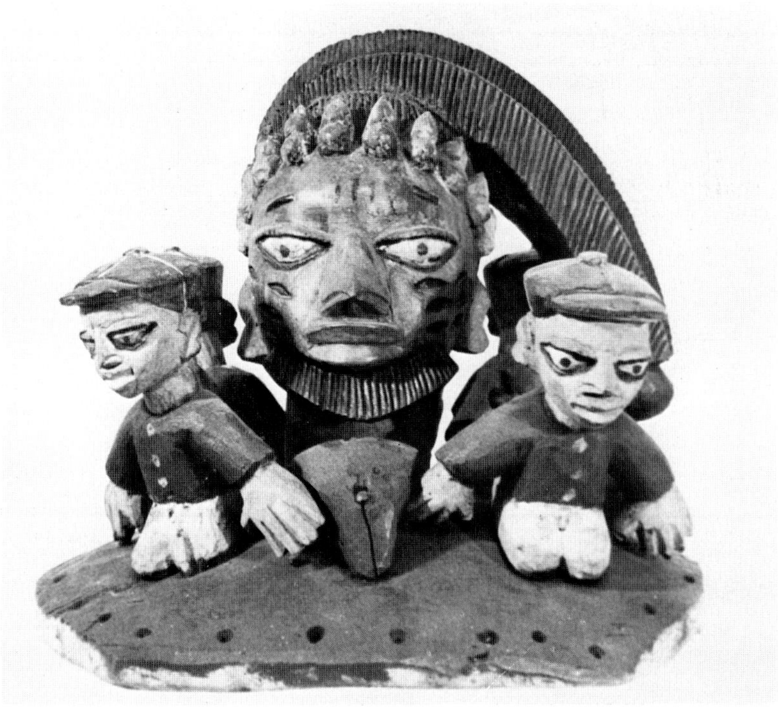

induire en erreur: le masque est parfois l'élément le moins significatif de l'ensemble. Chez les Yoroubas, suivant les régions, les danseurs *egun-*
163 *gun* du culte des ancêtres portent soit des masques qui cachent tout le visage, soit des coiffes, soit de simples costumes. Chez les Kissi de Gui-
164, 166 née, les initiés, aux costumes en fibre, se peignent le visage au lieu de
165 porter des masques[151]; après l'initiation, les filles Ngéré se peignent le visage de couleurs vives et le torse en blanc[152].

Non seulement de nombreuses statuettes ne sont pas faites pour être vues couramment, mais beaucoup de masques africains ne se voient pas même portés! Dans sa description de la sculpture des Kalabari, Robin Horton a montré que les danseurs portent parfois les masques face vers le ciel et cachés par une collerette — il en est ainsi, par exemple, des *otobo*,

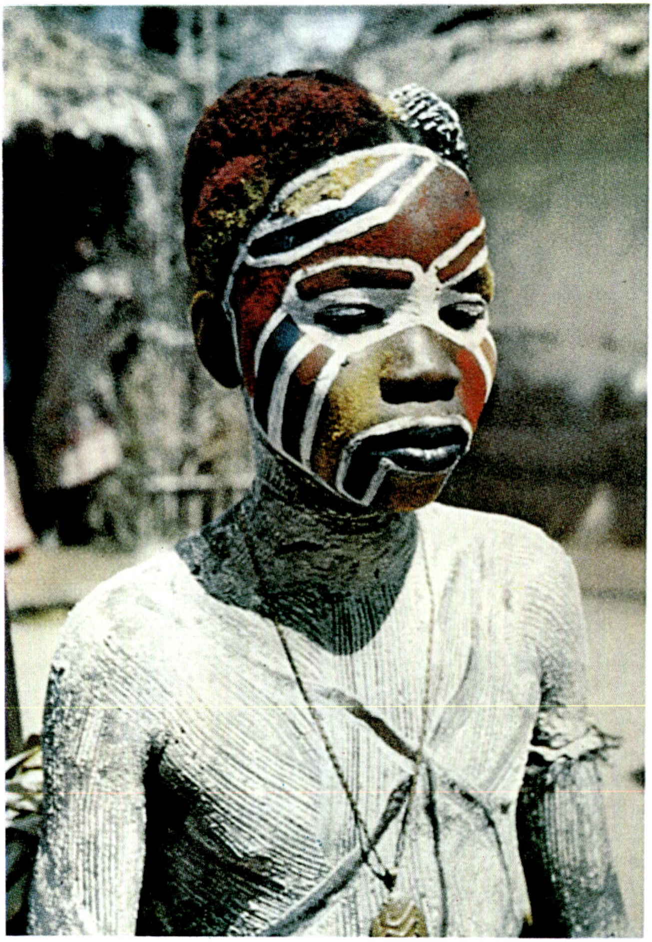

165 Là où l'on porte des masques dans certaines communautés, chez d'autres on se peint le corps, comme cette fille Ngéré préparée pour une fête.

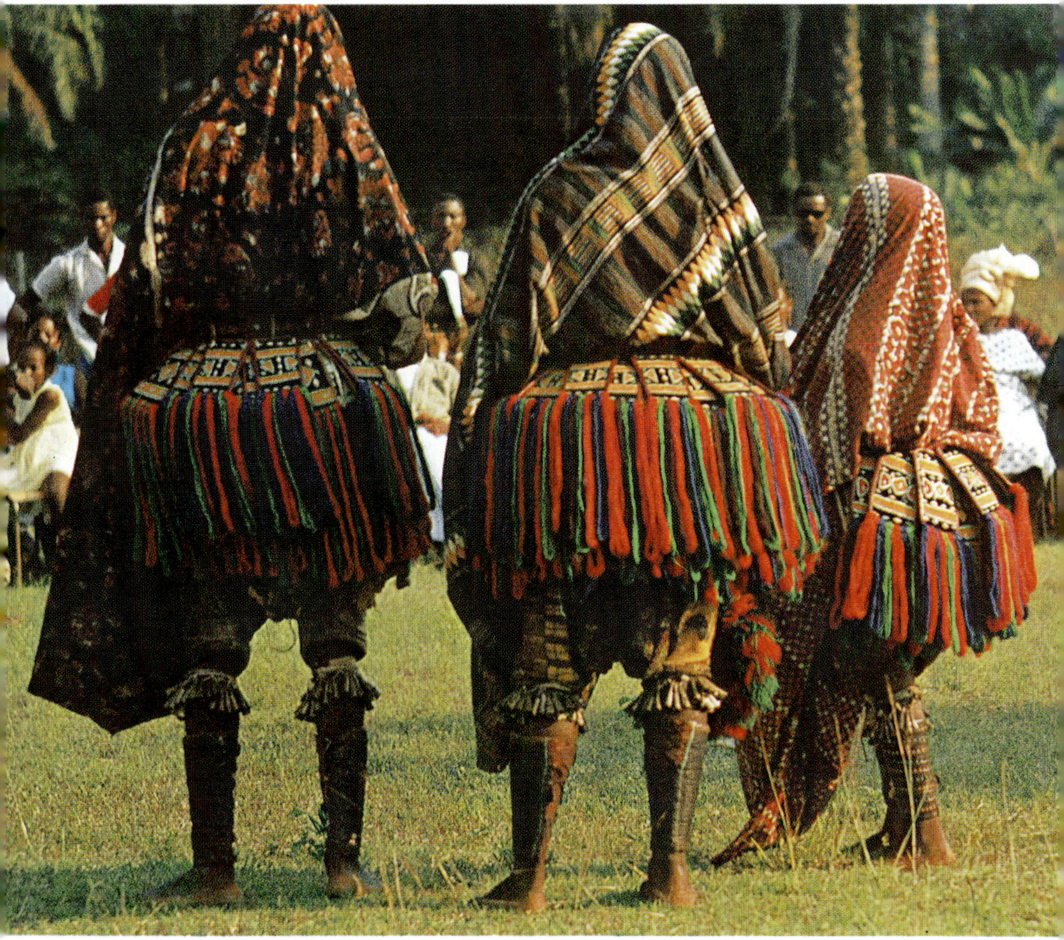

166 Membres du groupe *Éléwé* de danseurs *egungun* d'Ila, dans le nord du pays yorouba. Ils ne portent pas de masques mais leurs visages sont cachés par des costumes conçus pour permettre la liberté des mouvements de leurs danses athlétiques. Les clochettes fixées à leurs jambières de cuir tintent au rythme de leurs mouvements amplifiés par les franges de laine colorées qui leur pendent à la taille.

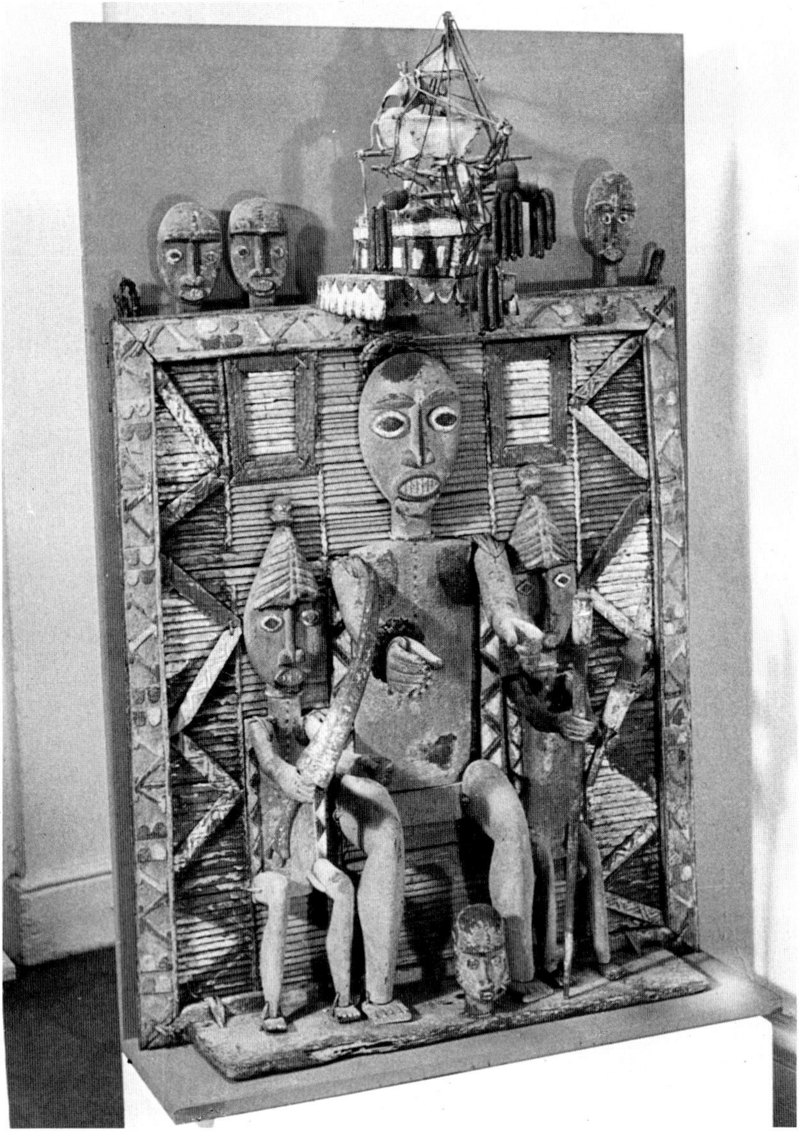

167 Les Kalabari fabriquent des panneaux commémoratifs (*duen fobara*) en l'honneur des ancêtres les plus révérés. Ces panneaux sont placés en évidence dans la salle de réunion de la maison où les ancêtres ont vécu. Le bateau indique que l'homme en question était un grand commerçant; les têtes indiquent qu'il possédait de nombreux esclaves. La forme rectangulaire et la disposition des personnages semblent inspirées des plaques du Bénin, alors que la construction, à partir de morceaux de bois séparés, est sans doute empruntée à la technique des constructeurs de navires. (British Museum, Londres. Haut.: 115,5 cm.)

qui, symbolisant l'esprit de l'eau, mêlent les traits de l'homme et de l'hippopotame [153]. Le plus connu des masques de ce type est celui de l'illustration n° 168 : combien l'ont admiré sans savoir qu'il n'était pas fait pour être vu ? La mascarade est dirigée vers l'esprit, non vers le spectateur, excellent exemple de la catégorie d'« art concernant l'esprit » de Margaret Trowell.

L'étude de Horton a fait exploser un grand nombre d'autres généralisations. Nous nous imaginons que, comme nous, ceux qui ont créé et utilisé ces objets ont vu leur beauté ; erreur : les Kalabari y sont indifférents ; même quand l'esprit est invoqué, on regarde à peine les masques [154]. De fait, ils provoquent plutôt la répulsion : on dira d'un homme laid qu'il ressemble à la figure d'un esprit, ou à celle « d'un dieu fabriquée par un mauvais sculpteur ». En outre, on conseille aux femmes enceintes de ne pas regarder les sculptures, « de peur que leurs enfants n'héritent de leurs gros yeux et de leur long nez [155] ». Les Kalabari montrent si peu d'intérêt pour l'aspect de leurs sculptures qu'ils conservent souvent celles des esprits dans des sanctuaires sombres où l'on ne peut entrer. Comme nous l'avons déjà dit, il arrive que le prêtre lui-même ne soit pas autorisé à les voir.

Les panneaux à la mémoire des ancêtres, à l'opposé, sont faits pour être regardés. De plus, ils constituent une autre exception à l'idée commune

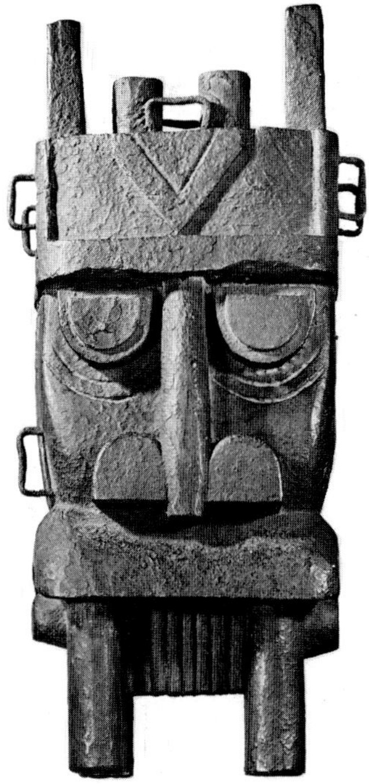

168 Masque *otobo* en usage dans la société *Ékiné* chez les Kalabari Ijo, pour représenter un esprit aquatique avec des traits d'homme et d'hippopotame. Cette belle sculpture a été très admirée dans des expositions, mais lorsque les Kalabari l'utilisaient, elle était cachée à la vue par une collerette. (Coll. Raymond Wielgus. Long. : 47 cm.)

169, 170 Les effigies dans le style du Bénin représentant des soldats portugais font preuve d'une plus grande liberté de position que les représentations traditionnelles d'officiels de la cour, comme celle du messager de droite. Il faut peut-être voir là une influence portugaise. XVIe ou XVIIe siècle. (Musée national, Lagos. Haut. : 44 cm et 63,5 cm.)

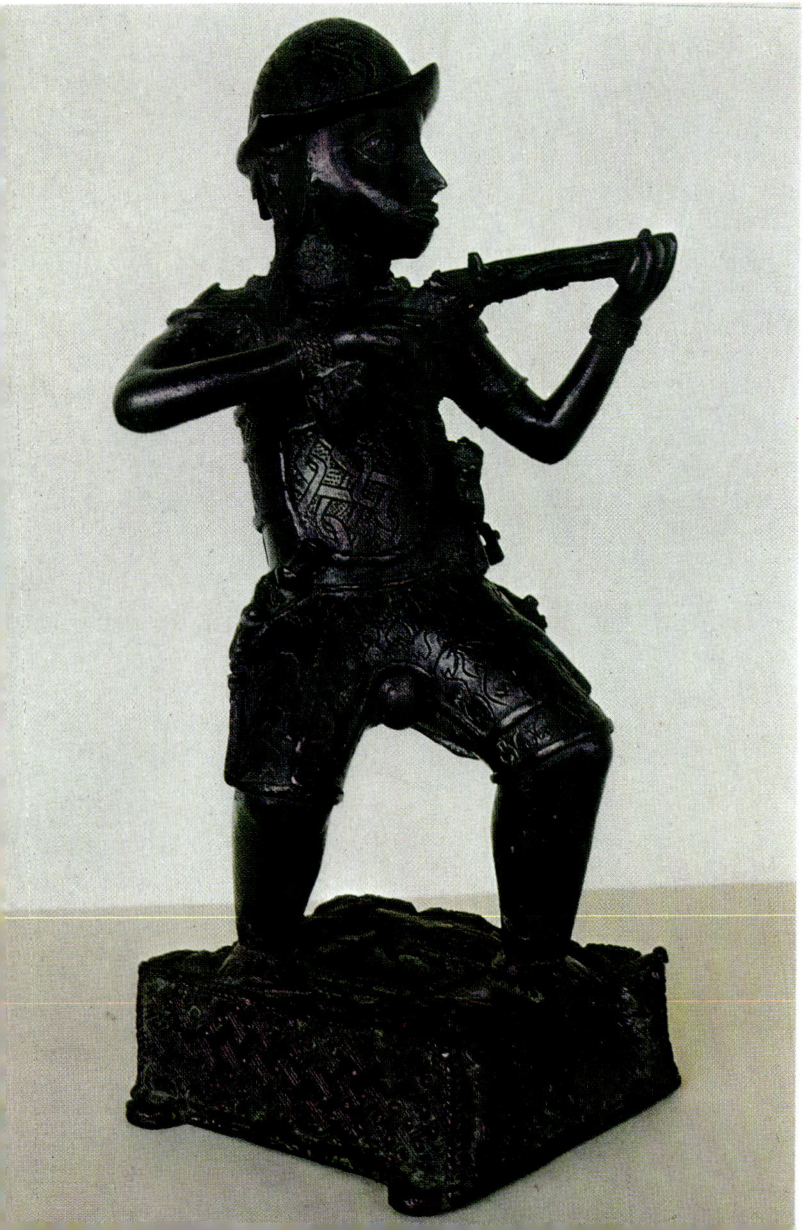

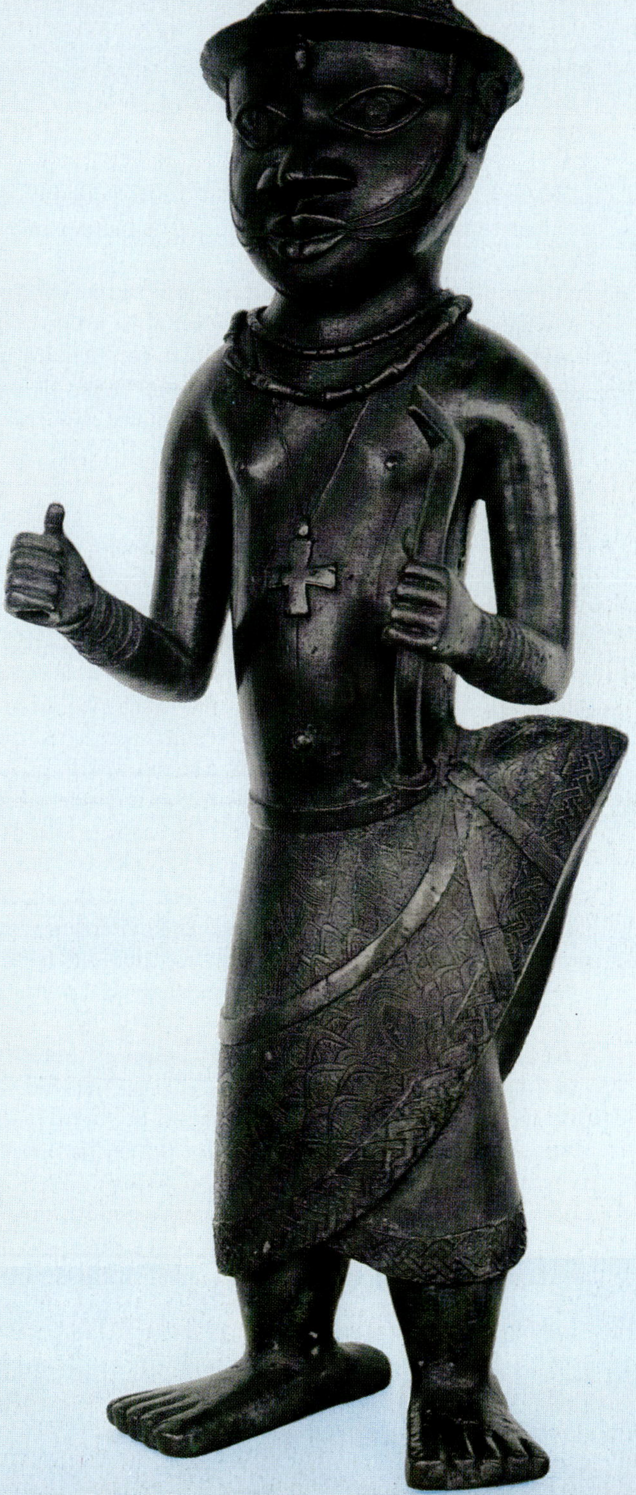

selon laquelle toute sculpture africaine serait monoxyle, c'est-à-dire gra-
vée dans un seul bloc de bois; en effet, ils sont composés de plusieurs
sections ajustées. Ce travail de menuiserie reflète une influence européenne,
à la suite du commerce d'huile de palme dans le delta du Niger, car ces
panneaux n'apparaissent qu'au XVIIIe siècle, peut-être inspirés des plaques
171, 251 de bronze rectangulaires du Bénin, elles-mêmes inspirées des gravures
de livres européens.

Naturellement, tous les masques Kalabari ne sont pas cachés. Le per-
sonnage central de la pièce *Ngbula* est ainsi un docteur indigène que sa
laideur, accentuée par la coiffe, aide à éloigner les mauvais esprits[156].
Horton note que les Kalabari ne possèdent pas de masques exprimant
la beauté, contrairement à certains groupes ibos qui ont des paires de
173, 172 masques représentant la laideur (l'esprit éléphant) et la beauté (l'esprit
jeune fille).

On a constaté par ailleurs que des masques apparemment semblables peuvent avoir des usages différents. Vandenhoute a montré que les masques de la vallée de la haute Cavally, en Côte-d'Ivoire, confectionnés par les Dan, les Ngéré (ou Géré, ou encore Kran) et les Wobé, présentent des différences hiérarchiques et fonctionnelles qui ne correspondent pas à des différences visibles extérieures. Pour eux, le masque est un moyen de communication avec le grand dieu Zlan, mais les vrais intermédiaires sont les esprits des ancêtres invoqués à travers le masque dont le pouvoir sur ces derniers dépend du prestige social de son propriétaire, puisqu'il n'a pu atteindre un rang élevé sans leur aide et que sa réussite est la preuve qu'ils lui ont accordé leurs faveurs. Un masque hérité conserve son pouvoir sur les ancêtres et plus celui qui l'a possédé était considéré de son vivant, plus grand sera son pouvoir en tant qu'ancêtre. De même, les masques anciens remontant à plusieurs générations sont particulièrement puissants. Le prestige d'un masque est ainsi un caractère acquis qu'on ne peut déduire de l'extérieur mais seulement à partir de renseignements appropriés glanés sur le terrain.

Là encore, des masques Dan apparemment semblables peuvent avoir des fonctions tout à fait différentes, elles-mêmes hiérarchisées. L'utilisation des masques est réglée par le maître de *go*, ou prêtre de *go* — la plus haute autorité. Dans sa case se trouve non seulement le puissant fétiche source de son pouvoir mais aussi la puissance réelle des ancêtres, car les notables y sont enterrés et leurs masques conservés. Ces derniers sont les masques du plus haut rang, suivis des masques sacrificiels, sur lesquels les chefs de famille effectuent les sacrifices aux ancêtres. Puis viennent

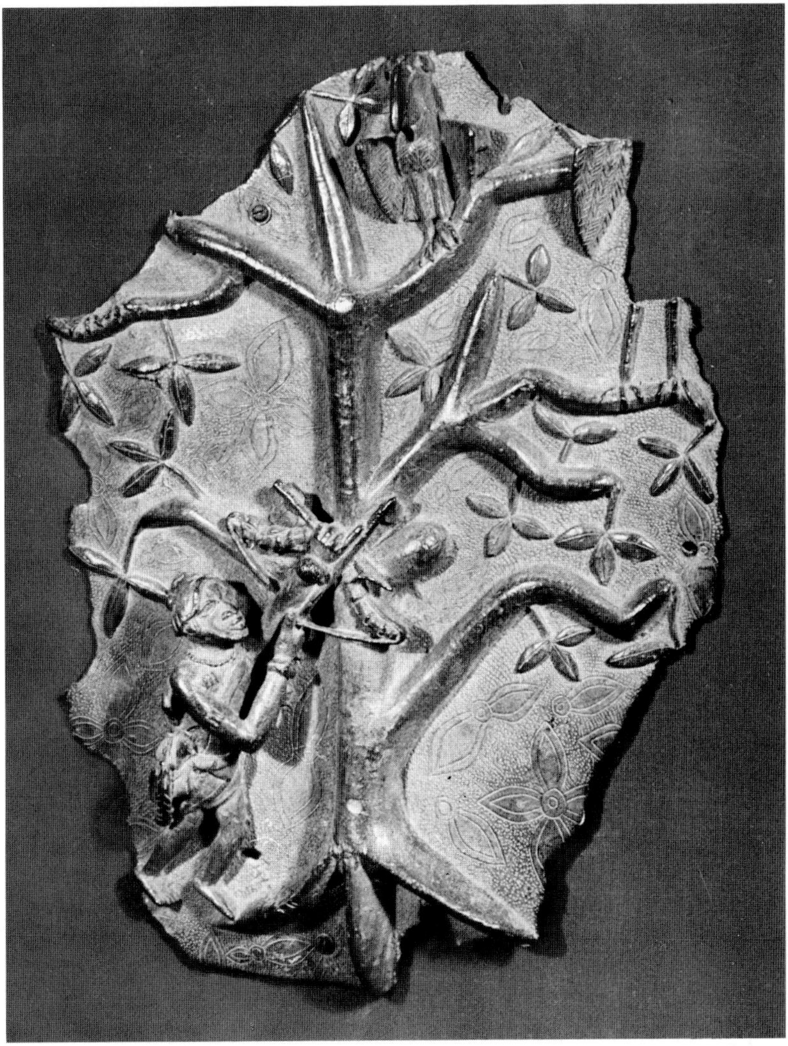

171 Plaque de bronze brisée du palais de Bénin. La position inhabituelle du chasseur dans ce qui semble être une tentative de perspective, ainsi que la forme rectangulaire des plaques intactes, laisse à penser que l'artiste avait pu voir des illustrations de livres européens. William Fagg a appelé l'artiste «le Maître de la chasse au léopard». Son œuvre est beaucoup moins rigide et plus imaginative que la majorité des plaques, comme celle de l'ill. n° 251 ; peut-être fut-il le premier à réaliser ce type de moulage, dont l'idée est attribuée à un Portugais. XVIe siècle ? (Museum für Völkerkunde, Berlin. Haut. : 45,5 cm.)

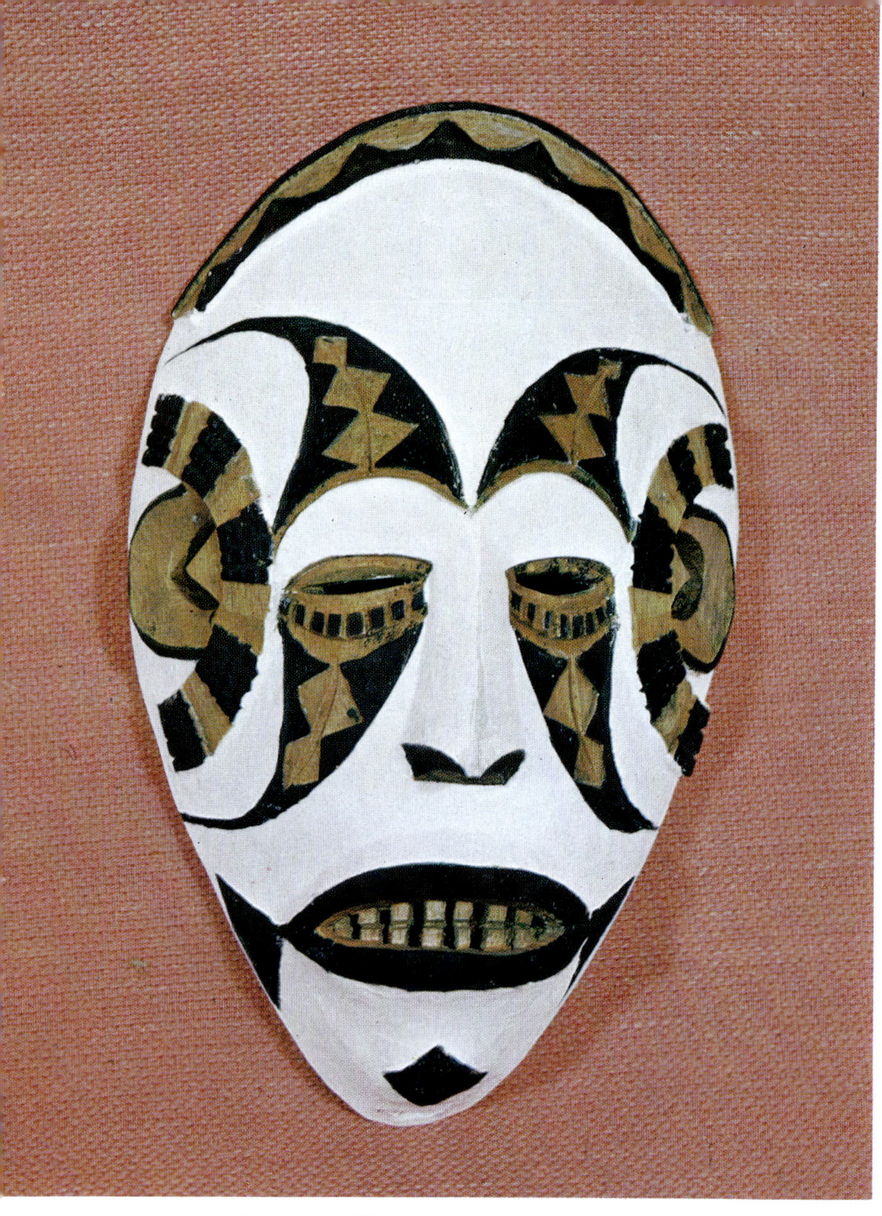

172 Masque d'esprit jeune fille, *Mmwo Ogbegu*, symbolisant la beauté, utilisé dans une pièce *Ekpe*, à Awkusu, Onitsha Ibo. (Musée national, Lagos. Haut.: 21 cm.)

173 Masque représentant l'esprit éléphant, symbole de la laideur, utilisé par la société *Ekpe* du clan Aba Asa, Owerri Ibo. Les oreilles, les défenses et les cornes ont été sculptées séparément et ajustées. (Musée national, Lagos. Haut.: 48 cm.)

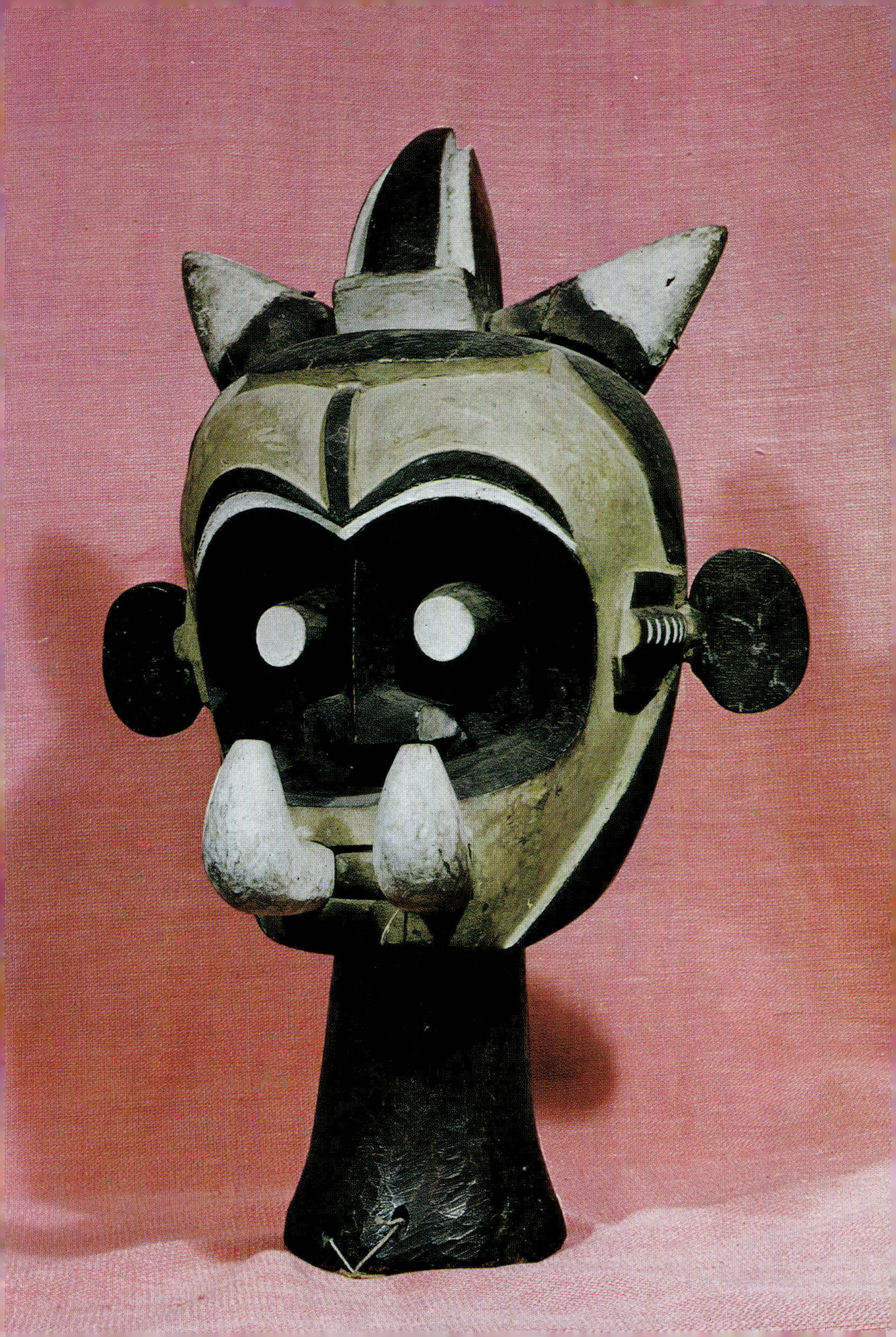

les masques vengeurs, qui font à la fois office de police et de juges; ils agissent parfois indépendamment du maître de go, le forçant ainsi à utiliser un de ses masques supérieurs afin de maintenir son autorité. Parmi les autres masques de haut rang, on compte ceux qui sont utilisés lors des initiations, non seulement pour instruire les initiés mais aussi pour distraire ceux qui sont restés au village. Les communautés des lisières des forêts et des savanes ont des masques *sagbwe*, avec leur propre hiérarchie; leur tâche consiste à protéger le village, en particulier contre le feu, un danger constant. Les masques des catégories inférieures sont réservés à la danse, au chant, à la mendicité et à la consolation; ils ont essentiellement une fonction didactique et ludique; leur utilisation suscite toutefois chez les spectateurs des manifestations de crainte. Mais ils peuvent gravir les échelons, généralement à la mort de leur propriétaire s'il est parvenu de son vivant à une haute position. Ce qui explique qu'il n'y ait pas de relation entre la forme d'un masque et son rang ou sa fonction.

Inversement, les masques peuvent rétrograder dans la hiérarchie s'ils se révèlent inefficaces ou sont endommagés, car ils doivent être doués de beauté afin de plaire aux ancêtres. Comme nous l'avons dit, on jetait autrefois les masques abîmés, mais aujourd'hui ils sont souvent vendus aux Européens. C'est l'une des raisons pour lesquelles on manque de documentation sur de nombreux spécimens des musées [157].

Himmelheber nie cependant que les masques Dan aient été utilisés dans le culte des ancêtres; il soutient qu'ils sont l'expression d'esprits de la brousse se révélant aux individus parce qu'ils souhaitent prendre part à la vie des humains. Aux trois grands groupes de masques correspondent trois types de coiffes. Une grande coiffe conique indiquant la « beauté »
174, 175 est portée avec le masque *dea* lié à la circoncision des jeunes gens. Il existe deux types de masques dea, dont l'un est destiné à instruire les initiés et à éloigner les femmes et les enfants, l'autre à collecter la nourriture chez les mères des jeunes gens. Ces masques sont gravés de façon à ressembler à une belle femme, à être agréables à l'œil et à plaire à l'initié. Certains, effrayants ou imposants, sont surmontés d'une énorme couronne de plumes signifiant qu'ils ont des responsabilités sociales, que ce soient des masques pacificateurs (grands masques à traits d'animaux dotés d'une mâchoire inférieure mobile) ou des masques de la société *Gor*, ou encore, dans la savane du Nord, des masques que l'on porte en courant et qui visent à la lutte contre l'incendie. Ce dernier type est clairement le groupe *sagbwe* mentionné par Vandenhoute, tandis que les deux pre-

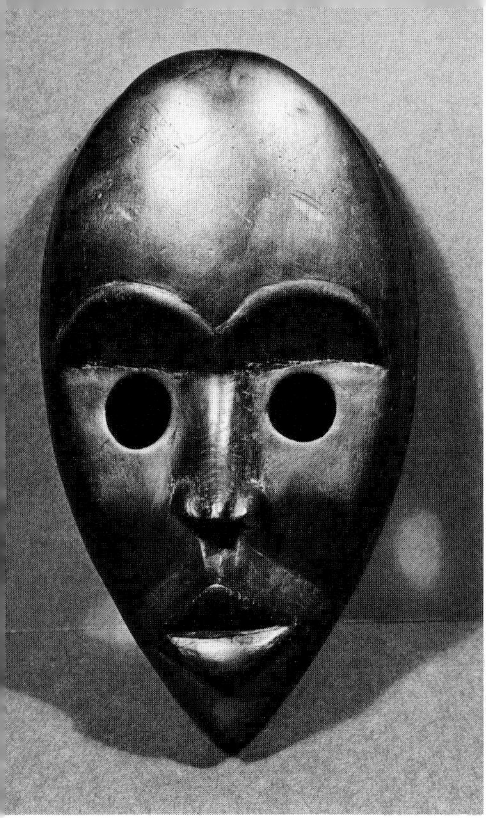

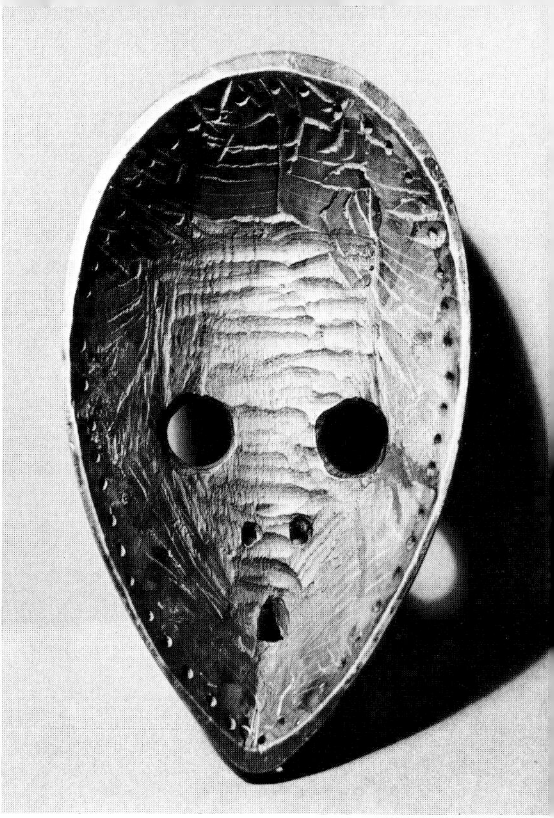

174, 175 Masque des Dan de la Côte-d'Ivoire et du Liberia. On voit à l'intérieur des marques de gouge, qui n'atteignent pas le pourtour, car cela le rendrait inconfortable. Divers masques sont utilisés, dans certaines régions, par la société *Poro*, bien qu'il ne semble pas qu'ils aient été sculptés pour elle à l'origine. (Coll. F. Willett. Haut.: 24 cm.)

miers semblent correspondre à sa catégorie des masques de vengeance, car le masque de la société Gor a une fonction semblable à celle du masque pacificateur, avec lequel il s'allie en de nombreux endroits. S'il n'existe pas de masque pacificateur dans une ville, on peut promouvoir un masque de rang inférieur afin qu'il agisse en faveur de la société Gor; en cela, Himmelheber confirme l'assertion de Vandenhoute selon laquelle on ne peut se fonder sur la forme pour comprendre la fonction d'un masque. Le troisième groupe de Himmelheber est celui des masques de divertissement pur, qui portent une espèce de perruque en tissu de coton. Ils sont de deux sortes: les masques de danse, susceptibles de prendre n'importe quelle forme, bien que la plupart aient un visage humain, de

176, 177, 178 Chaque matériau peut générer un style propre. Les sculptures sur bois des Azandé sont bien plus stylisées que leurs sculptures en argile. Les deux figures en bois représentent sans doute des ancêtres et ont dû servir dans des rituels de la société *Mani*. (British Museum, Londres. Haut. : 80 cm, 53 cm et 33 cm.)

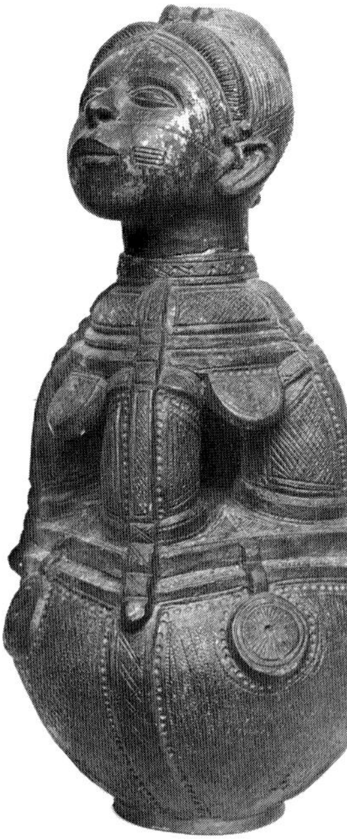

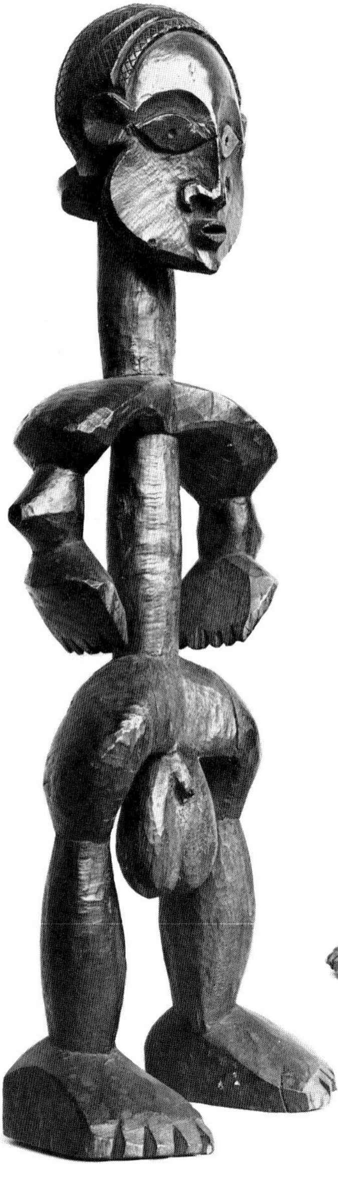

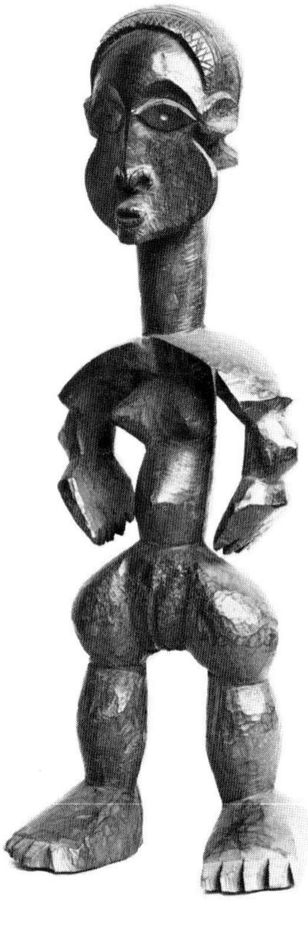

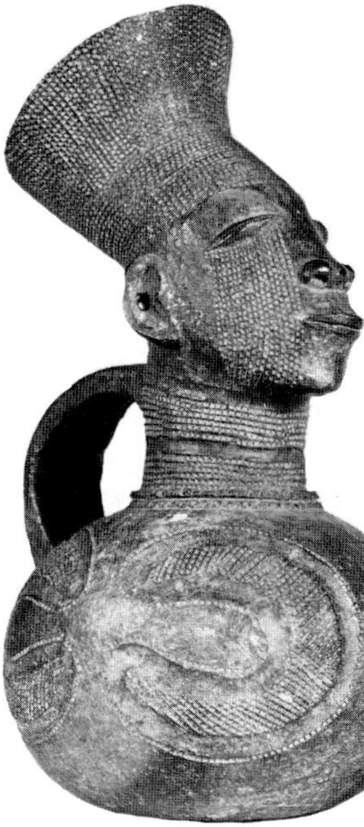

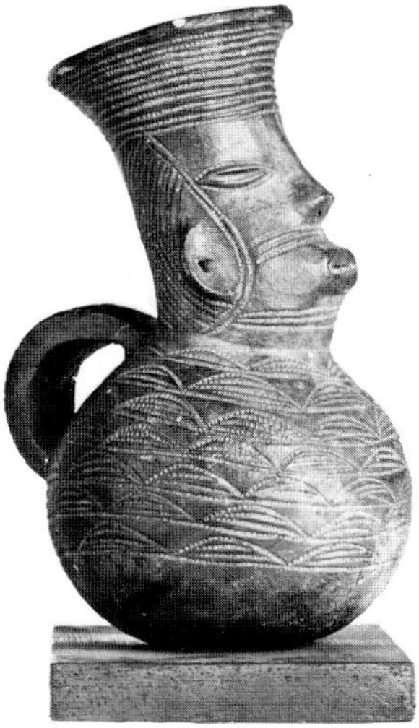

179, 180, 181 Les Mangbetu, voisins des Azandé, ont des styles de sculptures analogues pour la terre et pour le bois. La déformation de la tête illustre l'usage consistant à entourer de bandelettes les crânes des bébés pour les allonger et les embellir. L'effet obtenu est souligné par une coiffure haute et souvent volumineuse, également montrée par la sculpture. (British Museum, Londres. Haut. : 27 cm, 18 cm et 71 cm.)

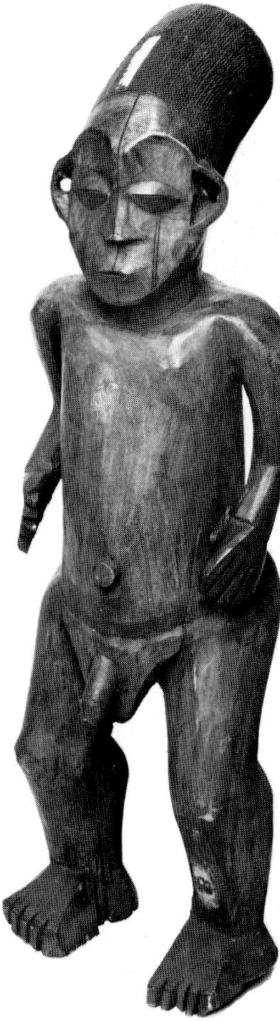

courts yeux tubulaires et des cornes d'antilope; et les masques accusateurs: ceux-ci jouent très brutalement, fouettant les spectateurs qu'ils ont incités par la ruse à commettre des fautes, par exemple à se moquer d'un masque qui représente une difformité[158].

Par son travail chez les Wobé, Girard nous a cependant donné une image différente[159]. Il nous dit qu'un groupe de purs esprits, les *kosri*, a fixé les lois de l'organisation sociale pour les premiers hommes et les a séparés des animaux. Chaque loi était symbolisée par un grand masque ressemblant à l'esprit qui l'avait forgée. Girard insiste sur le fait que le masque chez les Wobé, les Ngéré et les Yacuba — nom préjoratif désignant les Dan — ne représente jamais un visage féminin: symbole de virilité, le masque est à l'origine de la différenciation des sexes. Au commencement, les sexes étaient indifférenciés. Lorsqu'un groupe reçut le premier masque des kosri, ses membres obtinrent en même temps la virilité et la supériorité sur l'autre groupe, qui acquit des traits féminins. Les premiers hommes reçurent aussi des kosri les sociétés secrètes, déjà séparées en deux groupes: l'un tenait son pouvoir des ancêtres, formant la société des grands masques, tandis que l'autre le tenait des kosri. Ainsi, depuis le commencement, esprits et ancêtres sont liés aux masques mais, quelle que soit la source de leur pouvoir, les grands masques fonctionnent de la même manière. Plus tard encore, l'esprit des ancêtres, *Gnon Soa*, dut donner aux hommes suivants les masques inférieurs faits à sa propre image. En général, les récits de Girard précisent plus qu'ils ne contredisent ceux de Vandenhoute. En fait ils montrent que, malgré l'existence d'une hiérarchie établie, dans tout village, le masque principal — et de ce fait le plus puissant — peut être choisi parmi ceux que possède ce village. Bien que la description du rôle du masque dans ces groupes respectifs soit confuse, il ressort clairement des trois récits, encore une fois, que l'on ne peut se fier à l'apparence d'un masque pour en déduire son rang ou sa fonction.

Le style dans la sculpture africaine

Les spécimens de sculpture africaine exposés dans les musées ou reproduits dans les livres sont censés être représentatifs du style de l'ethnie d'où ils proviennent. Ainsi William Fagg écrit que «chaque tribu est, en ce qui concerne l'art, un univers en elle-même [...] Parmi bien d'autres moyens, la tribu [...] utilise l'art pour exprimer sa solidarité interne et

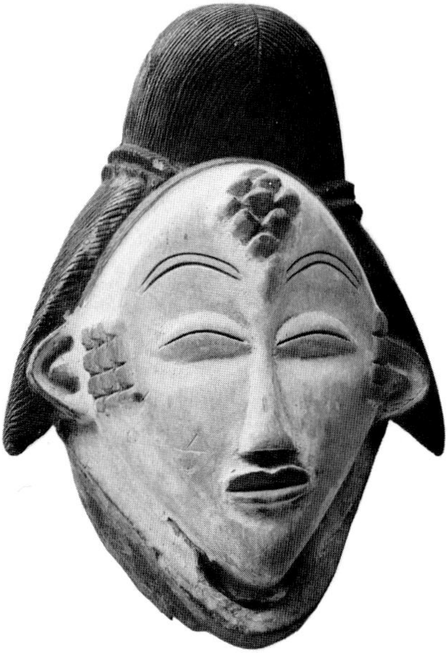

182 Masque à visage blanc d'un type en usage chez les Bakota, les Balumbo, les Bapunu, les Mpongwé et plusieurs autres tribus. On a trouvé des pièces assorties d'explications chez toutes ces ethnies. Chez les Bapunu, celui qui le porte danse sur des échasses. (Rietberg Museum, Zurich. Haut.: 30 cm.)

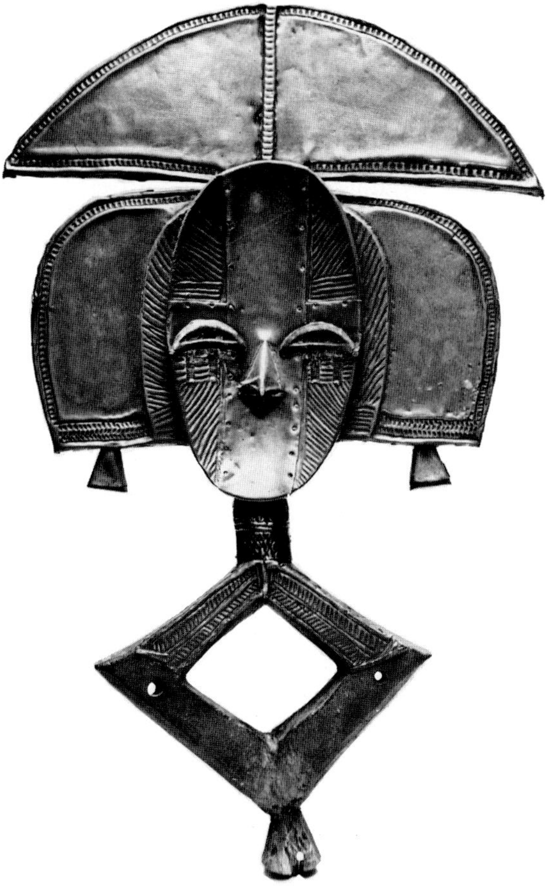

183 Des statuettes de bois couvertes d'une feuille de laiton ou de cuivre sont placées par les Bakota sur un paquet contenant des ossements d'ancêtres remarquables. Siroto croit que la forme aplatie permettait de mettre en évidence une quantité plus importante de métal précieux. L'utilisation des deux dimensions a beaucoup attiré les peintres occidentaux; Juan Gris en fit une copie sur carton en 1922. (British Museum, Londres. Haut.: 66 cm.)

son indépendance et, par opposition, sa différence d'avec toutes les autres[160] ». Il poursuit en mentionnant plusieurs cas où des peuples voisins partagent des caractéristiques stylistiques, mais ses planches, choisies dans chaque « univers artistique », ne reflètent pas la complexité de la situation. Ce n'est que lorsque l'étendue est très limitée qu'une œuvre unique peut être considérée comme typique d'un style, mais il est beaucoup de sociétés dans lesquelles les différents styles artistiques sont utilisés dans des contextes différents, par exemple lorsqu'un culte avec usage de masques vient d'une région voisine, comme c'est le cas pour les Bakota,
183 dont les statuettes de reliquaires sont très particulières mais dont les mas-
182 ques peints en blanc ne présentent pas de différences stylistiques avec ceux des Balumbo ou des Bapunu de la région de l'Ogooué, d'où semble dériver le culte. Les Babembé du Zaïre oriental ont toute une variété de styles très différenciés, chacun étant associé à un groupe de culte différent que l'on ne trouve nulle part en pays Bembé : on ne peut donc parler d'un style Babembé[161]. En 1946, Olbrechts faisait remarquer qu'au Congo les masques sont généralement employés par des sociétés dont les ramifications s'étendent à travers des territoires beaucoup plus vastes

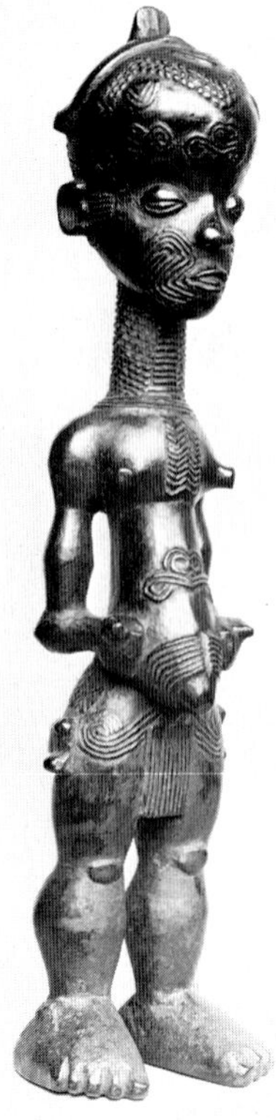

184 Les figures des Béna Lulua sont très particulières. Elles présentent des scarifications élaborées et ont souvent un nombril hypertrophié sans doute parce qu'elles représentent le lien physique avec les ancêtres. (British Museum, Londres. Haut. : 49 cm.)

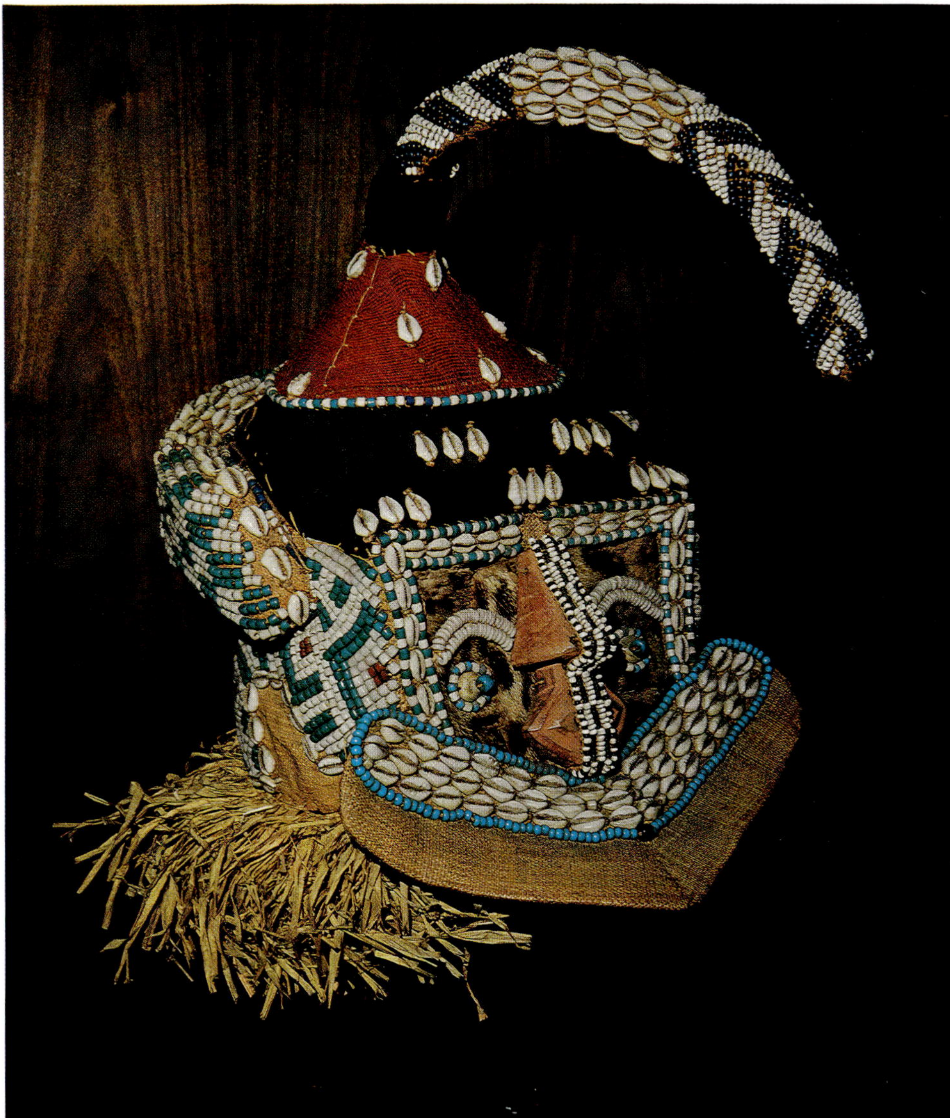

185 Les Bakoubas possèdent une grande variété de masques, dont beaucoup ont été repris par leurs voisins. Celui-ci, de type *mwaash a mboy*, est porté lors des rites d'initiation pour symboliser le héros de la culture Woot, qui est à l'origine de la royauté, de la structure politique et de la plupart des arts et métiers. Le sommet ressemble à une trompe d'éléphant (quelques spécimens portent aussi des défenses), un emblème royal. Le masque ne peut être porté que par des hommes d'ascendance royale. Acquis vers 1892 par le missionnaire afro-américain W. H. Sheppard. (Hampton University, Hampton, Virginie. Haut. : 41 cm.)

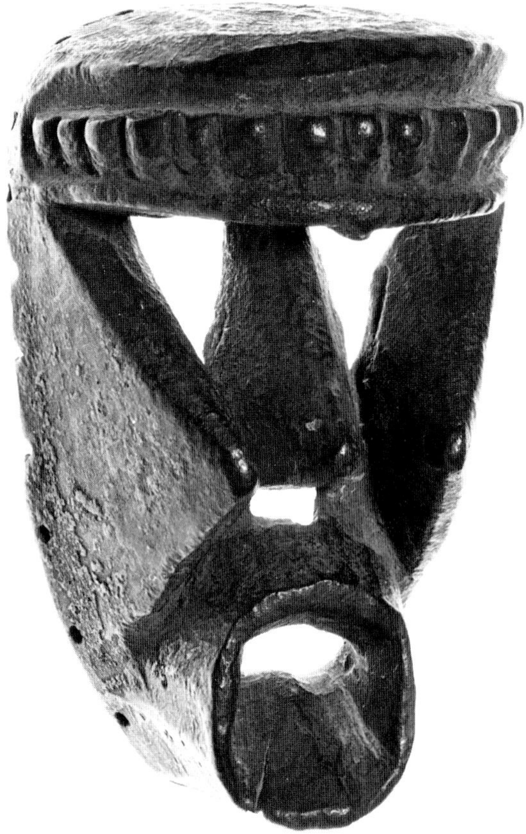

186 Les modes de sculpture Dan et Ngéré sont très différents, mais certains sculpteurs travaillent dans les deux styles. Comparez la construction cubiste de ce visage Ngéré avec celui de l'ill. n° 174. Liberia. (Yale University Art Gallery. Don de Mr. et Mrs. James Osborn pour la Linton Collection of African Art. Haut.: 23 cm.)

que ceux des styles régionaux, de sorte que le style des masques est souvent différent de celui de la statuaire; ainsi, les masques des Béna Lulua
184, 185 ne ressemblent pas à leurs statuettes, mais ils rappellent ceux de leurs
189 voisins les Bakoubas, alors que les masques Bapendé sont également répandus chez leurs voisins[162]. Pourtant, un groupe culturel étendu, au lieu de répandre un type unique de masques sur toute sa zone d'influence, peut utiliser une grande variété de styles différents. Ainsi la société Poro utilise en Sierra Leone des masques en cuir, mais une grande diversité de masques en bois en Guinée, au Liberia et en Côte-d'Ivoire, où elle

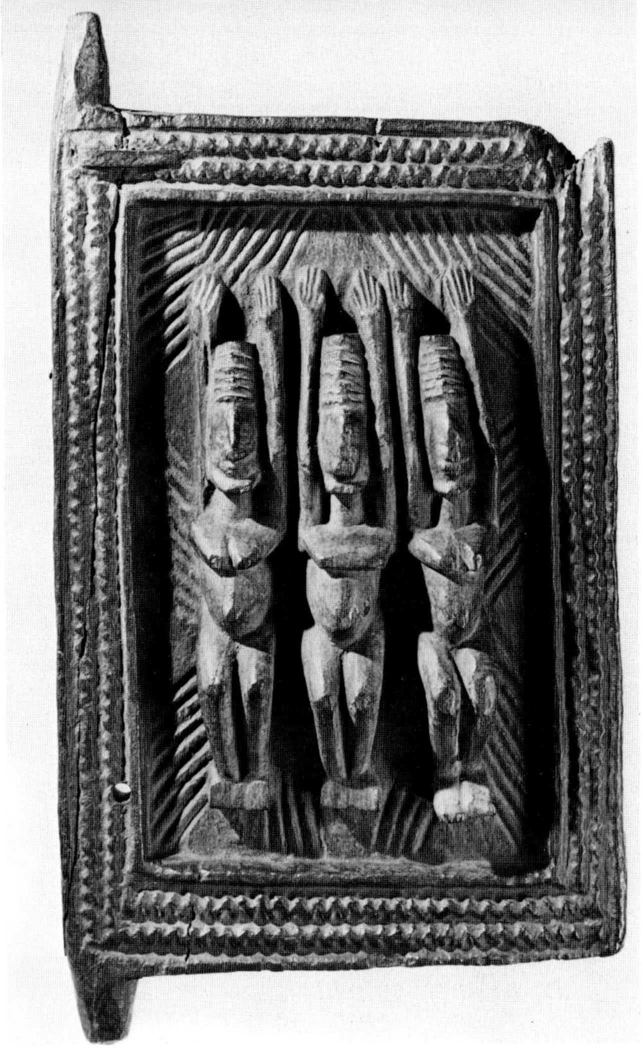

187 Porte de grenier décorée de figures d'ancêtres protégeant la nourriture contenue à l'intérieur ; la sculpture est de style très simplifié. Dogon. (Musée de l'Homme, Paris. Haut. : 39,5 cm.)

utilise les masques polis, assez naturalistes, associés au nom «Dan», et
les masques Ngéré qui sont, à l'inverse, de style cubiste et dont les fini- 174, 186
tions sont souvent grossières — bien que la société Poro n'existe ni chez
les Dan ni chez les Ngéré. De plus, Vandenhoute a montré que le même
artiste peut exécuter des objets dans ces styles opposés[163]. Sans influence
externe apparente, les Dogons comptent trois styles distincts, les formes
très simplifiées utilisées sur leurs masques, les figures cubistes des ancê-
tres servant de motifs décoratifs, par exemple sur les portes, et le style 111
fusiforme et bosselé de leurs statuettes d'ancêtres individuelles; ainsi, il 187

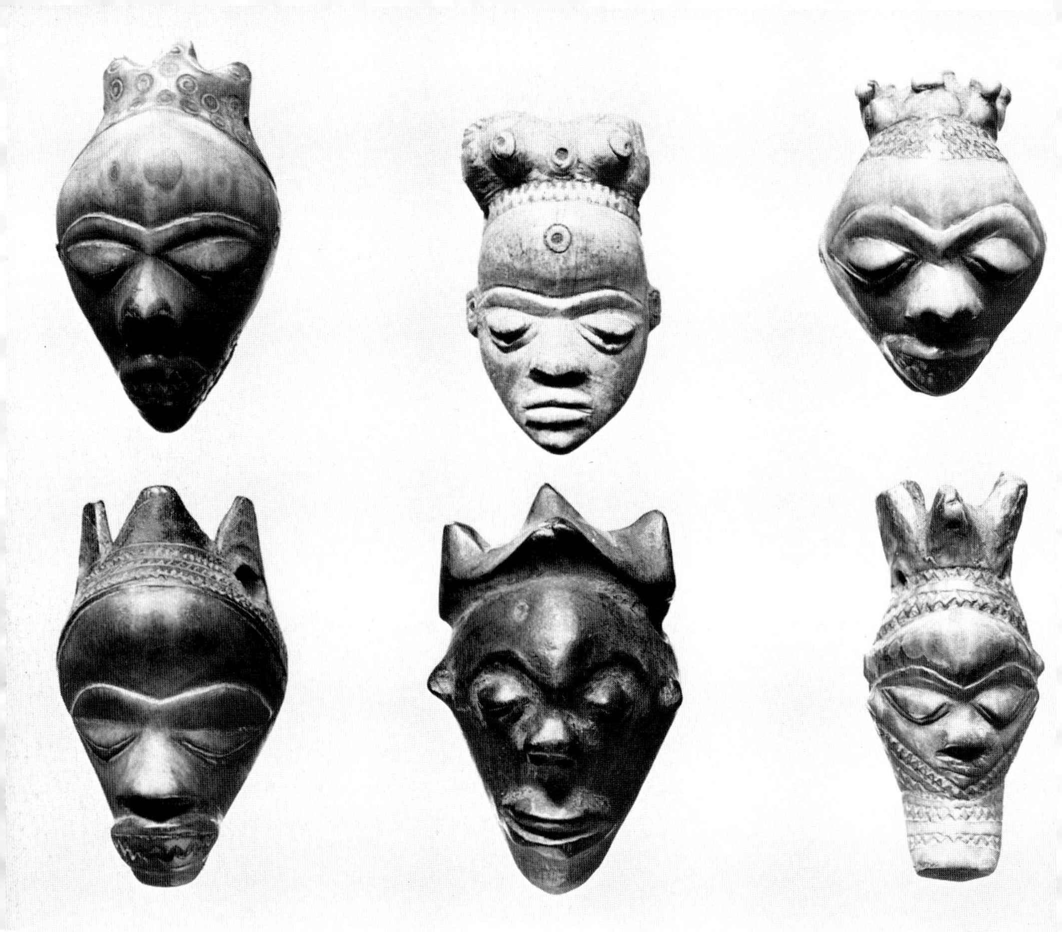

arrive qu'une statuette exécutée dans ce troisième style soit assise sur un
190 tabouret dont les pieds seront gravés dans le second style. Olbrechts souligne en outre que les éléments stylistiques peuvent être empruntés, tels celui des yeux Bayaka ou la pose dite «coudes sur les genoux» des cariatides Bapendé, qui tous deux semblent issus des Bajokwé[164].

Un aspect du phénomène semble avoir échappé à l'observation: il n'est pas exclu que les masques se répandent indépendamment du culte dans lequel ils sont traditionnellement utilisés. Dans le secteur d'Ishan, au nord-est de Benin, j'ai découvert en 1959 que les masques utilisés
191 dans les danses masquées des garçons avaient tous été fabriqués par des

188, 189 Les Bapendé possèdent une variété de masques plus grande encore que les Bakoubas. Ceux de ce type, *mbuya*, sont utilisés lors de cérémonies qui suivent l'initiation pour représenter un personnage important de la société Bapendé. Leur rôle concerne plus la société laïque que les esprits, mais ils servent aussi à contrôler des forces surnaturelles. La personne qui bénéficie de leur intervention peut avoir à porter en pendentif une réplique miniature du masque, souvent en ivoire. (British Museum, Londres; haut.: 6 cm. Collection privée; haut.: 32 cm.)

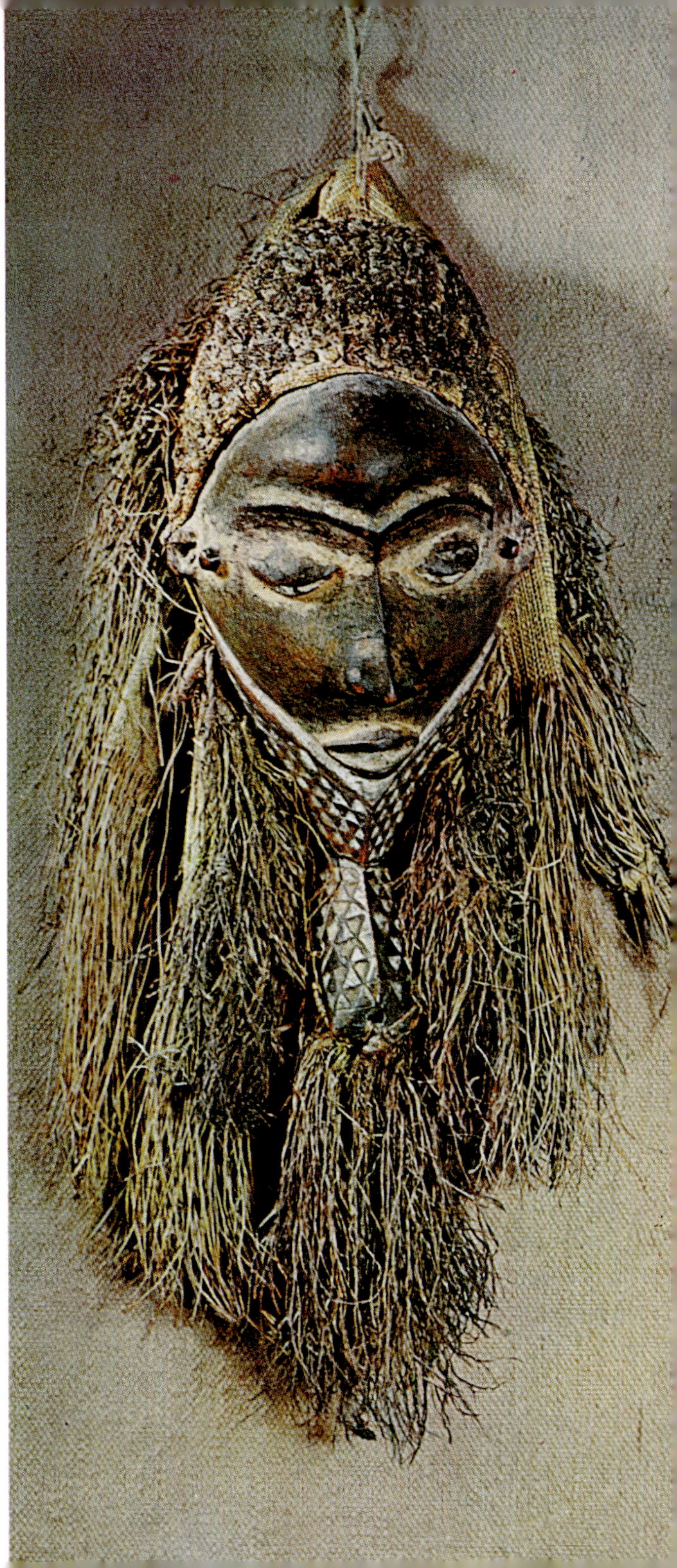

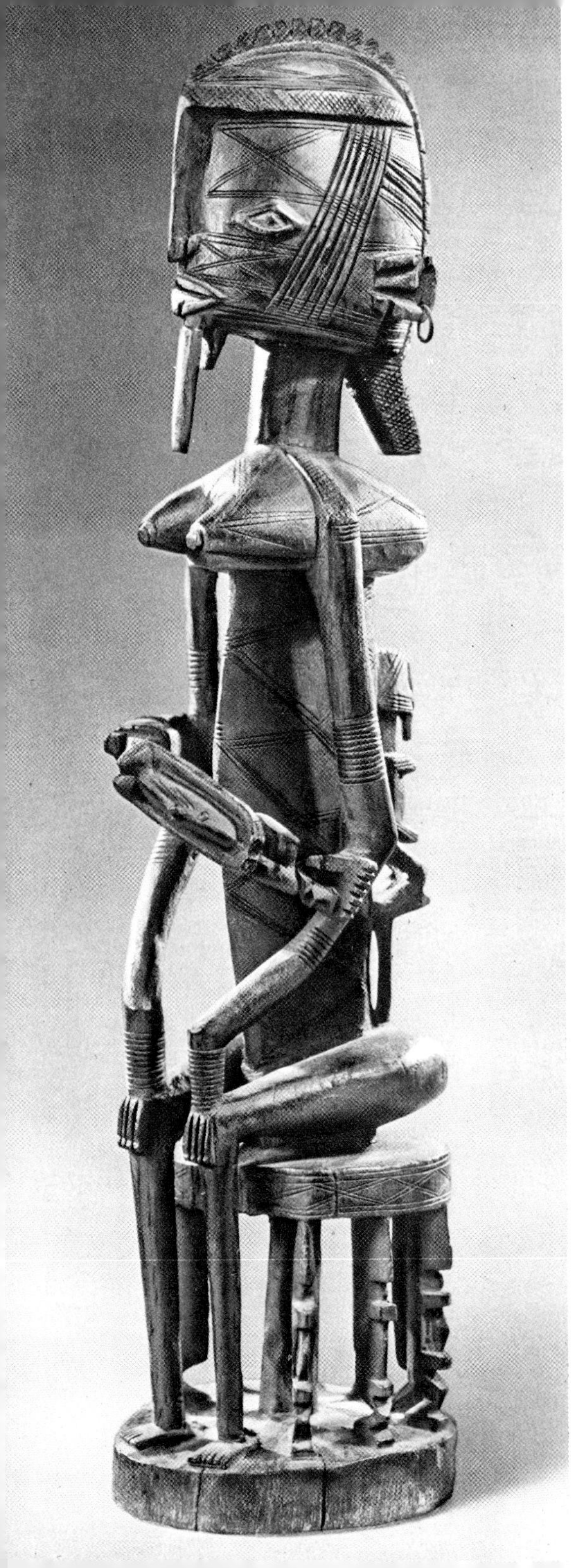

190 Figure en style fusiforme d'ancêtre dogon, assis sur un tabouret dont les pieds représentent des ancêtres exécutés dans le style de ceux de la porte : voir ill. n° 187. (University Museum, Philadelphie, Pennsylvanie. Haut. : 63,5 cm.)

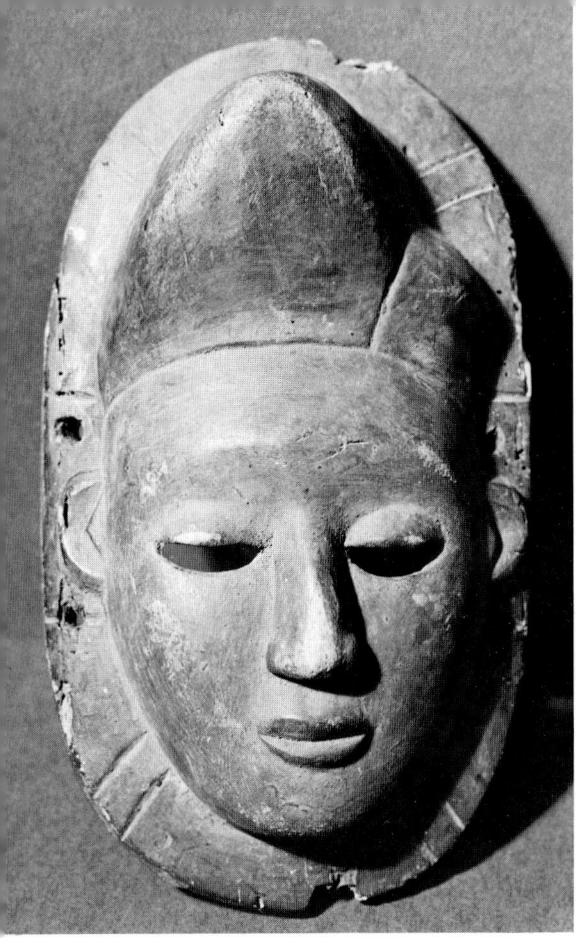

191 Masque sculpté par un Ibibio à Ikot Ekpéné, mais utilisé dans une mascarade par des garçons non initiés dans le secteur d'Ishan, à deux cent cinquante kilomètres de là. (Coll. F. Willett. Haut.: 28 cm.)

sculpteurs Ibibio à Ikot Ekpéné, à deux cent cinquante kilomètres de là, sur l'autre rive du fleuve Niger, alors que dans un village on m'avait dit qu'ils avaient été exécutés par un sculpteur local, absent au moment où je m'y trouvais. Mon compagnon, le regretté Dr R. E. Bradbury, acheta au même moment une statuette dans le style traditionnel d'Ishan. Les vendeurs ne semblaient pas établir de distinction entre le style indigène et le style importé. Dans un autre village, j'achetai une poupée typique 194
d'Ikot Ekpéné à une vieille femme qui me dit l'avoir en sa possession depuis son enfance: l'échange de sculptures Ibibio n'est donc pas un phénomène particulièrement récent. Ce que raconte John Picton est encore plus remarquable: «Dans des mascarades Igbira, j'ai vu les types de masques suivants: des gravures indigènes Igbira, des masques dans le

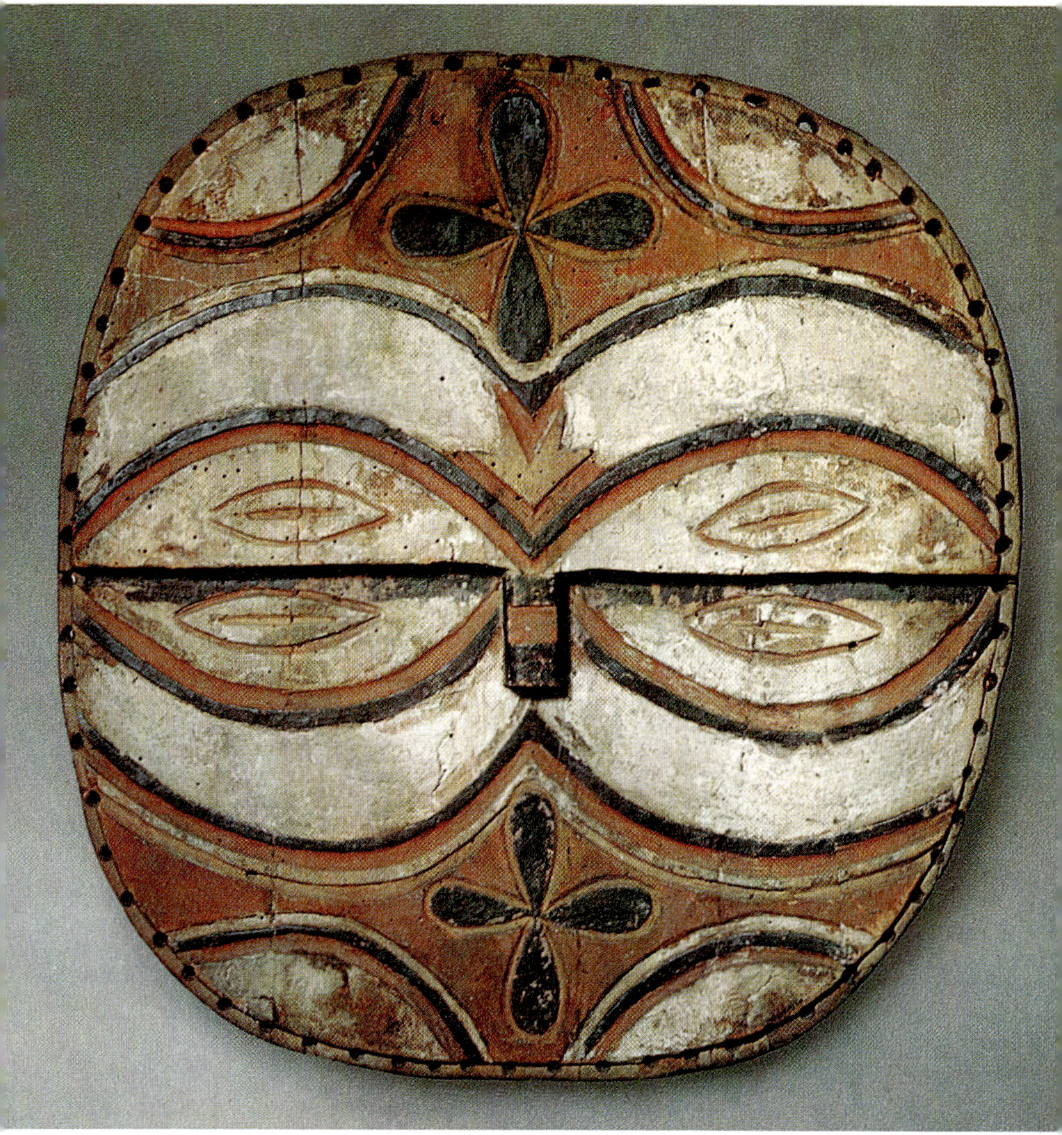

192 Le style des masques est souvent fort différent de celui des statuettes. Ainsi ce masque, utilisé par le sous-groupe Tsaye des Batéké, présente un contraste frappant avec leurs sculptures (voir ill. 150-152). A appartenu à André Derain. (Musée Barbier-Mueller, Genève. Haut.: 34 cm.)

193 *A gauche:* Statuette en bois des Bayanzi, appelée *mpuwu*, censée protéger le village. *A droite:* Statuette en bois du toit de la hutte de la première femme du chef, où l'on conserve les trésors royaux. Bapendé. (Musée royal de l'Afrique centrale, Tervuren. Haut.: 100 cm et 110 cm.)

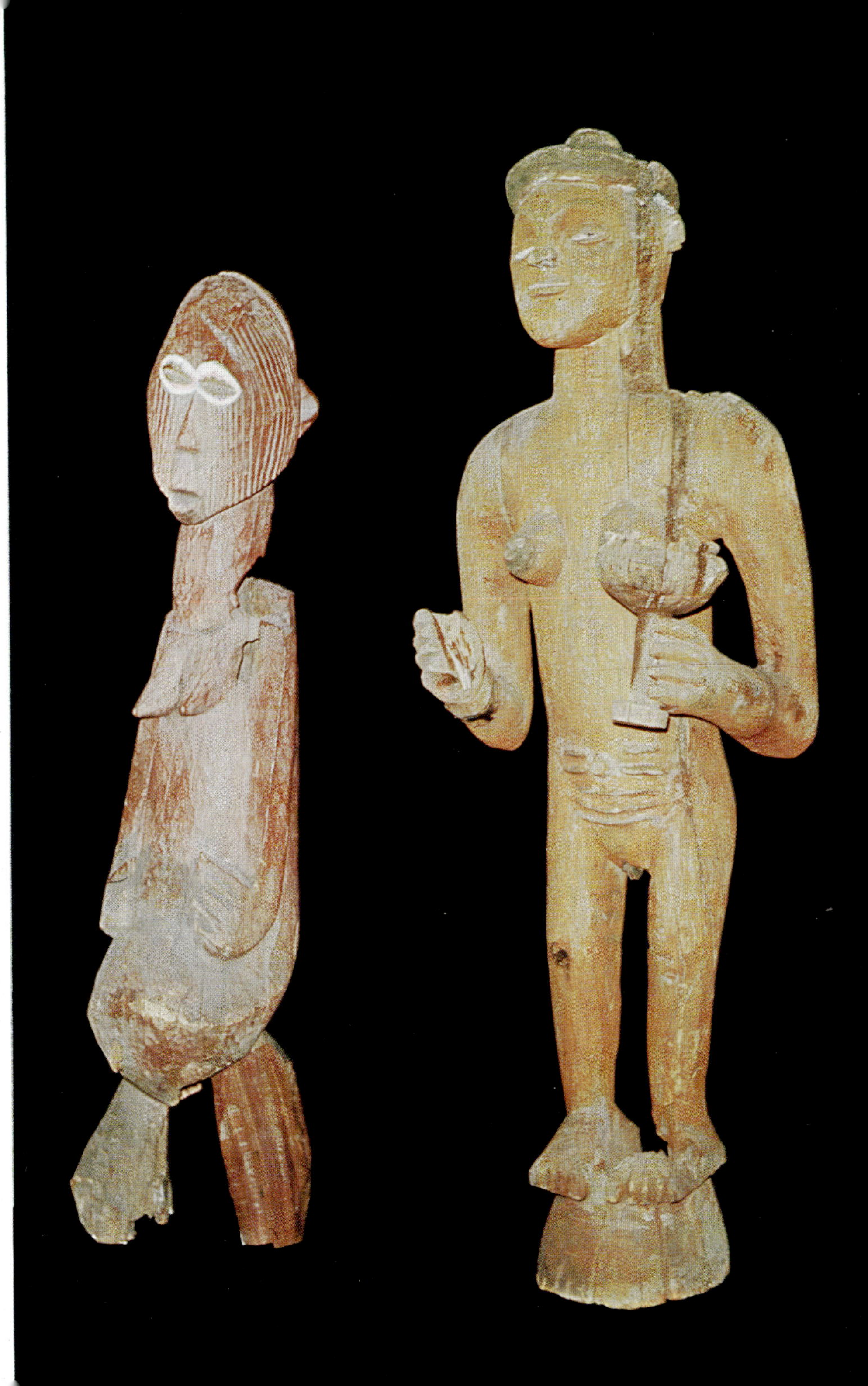

style des peuplades edos du Nord, des masques *gelede* yoroubas des envi-
65, 191 rons de Lagos, des masques Ibibio d'Ekot Ekpéné (ces deux derniers ayant
probablement emprunté des voies différentes), un visage en ébène fabri-
205 qué pour des Européens, et un masque gravé par un Basa Ngé. Cela représente six styles différents qui jouent le même rôle rituel pour les Igbira[165]. »

William Fagg reconnaît lui-même qu'il est possible qu'un style tribal en influence un autre, mais c'est pour lui une exception. Il considère pourtant que la philosophie fondamentale de toute société africaine, comme de toute société tribale du reste, forme un ensemble homogène : elle correspond au désir d'augmenter la puissance vitale des siens, leurs récoltes, leurs troupeaux et leur réserve de chasse ; il voit cette notion exprimée dans l'art par des courbes exponentielles, des spirales typiques de tout organisme en croissance : elles sont particulièrement évidentes sur les cornes des animaux et les coquilles d'escargots. Fagg détecte ces spirales dans les objets de toute l'Afrique — et dans d'autres sociétés tribales, comme celles du paléolithique en Europe —, ce qui semble entrer quelque peu

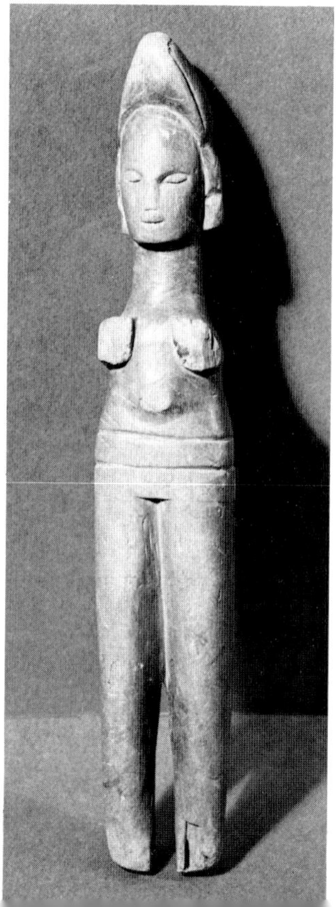

194 Dans le secteur d'Ishan, l'utilisation de sculptures Ibibio n'est pas récente, car cette poupée d'Ikot Ekpéné y fut achetée à une vieille dame qui déclara qu'elle la possédait depuis son enfance. (Coll. F. Willett. Haut. : 31 cm.)

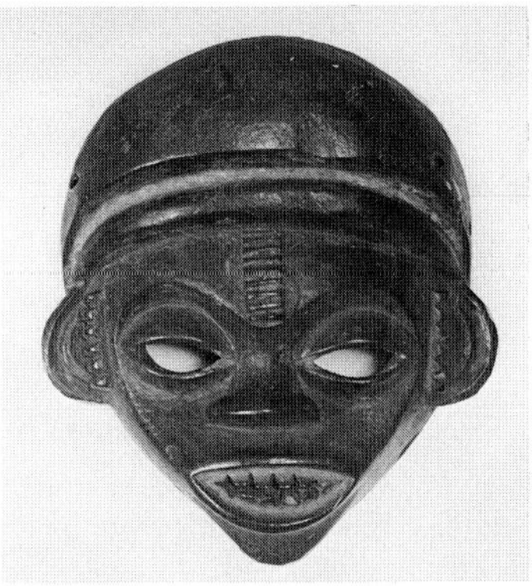

195, 196 Deux vieux masques Ibibio représentant des esprits, fabriqués pour la société *Ekpo* à laquelle appartenaient tous les hommes d'âge adulte. Ses devoirs comprenaient la propitiation des esprits des ancêtres et le maintien de l'ordre social par le soutien aux anciens. (British Museum, Londres. Haut. : 24 cm et 39,5 cm.)

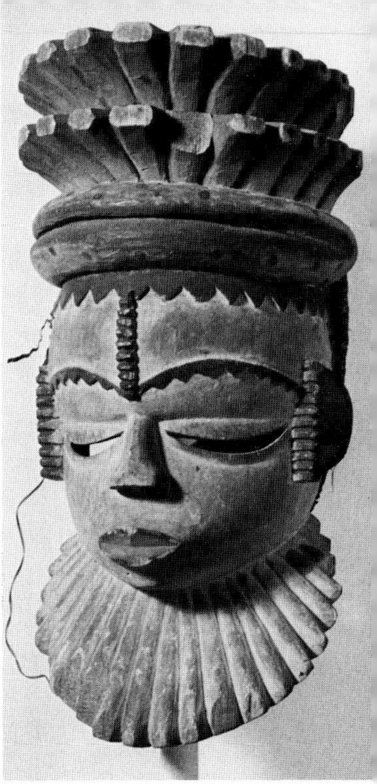

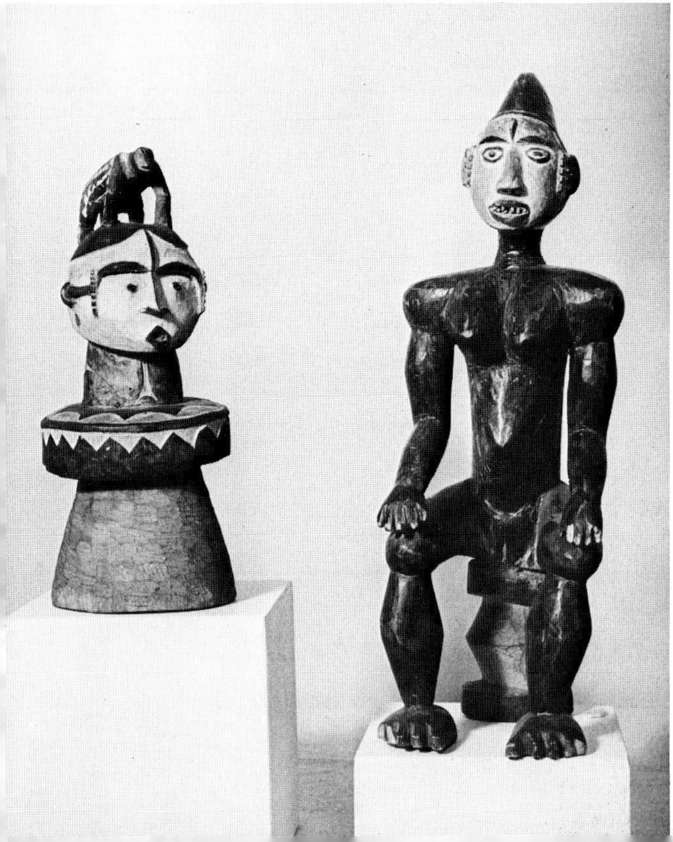

197 Plusieurs ethnies ont été fortement influencées par les styles artistiques de leurs voisins. Ces sculptures Idoma montrent l'influence des Ibos. *A gauche :* Sommet de coiffe de danse pour la société *Ogrinye* des hommes ayant tué un éléphant, un léopard, un buffle ou un homme. (British Museum, Londres. 25,5 cm.) *A droite :* Effigie pour le culte *Anjenu*, esprits des rivières et des termitières, invoqués par les femmes malades ou enceintes. (Coll. feu W. B. Fagg. Haut. : 38 cm.)

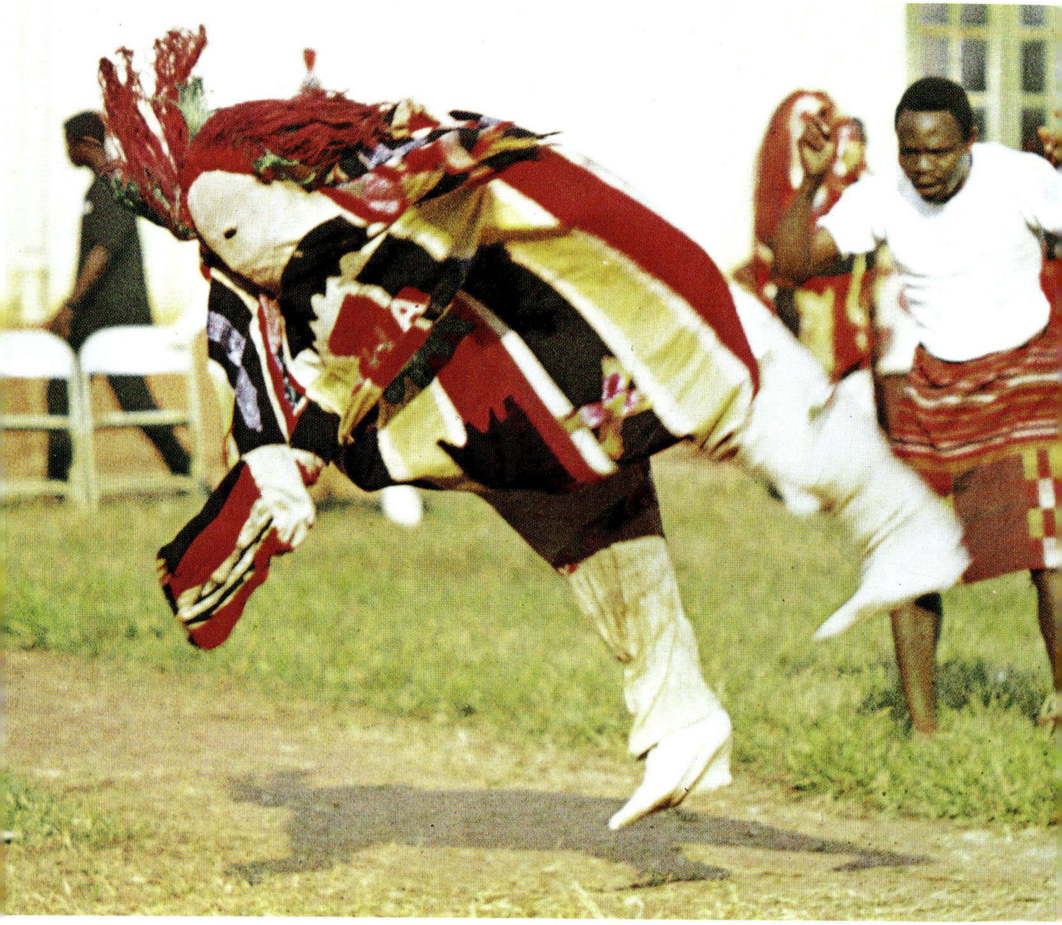

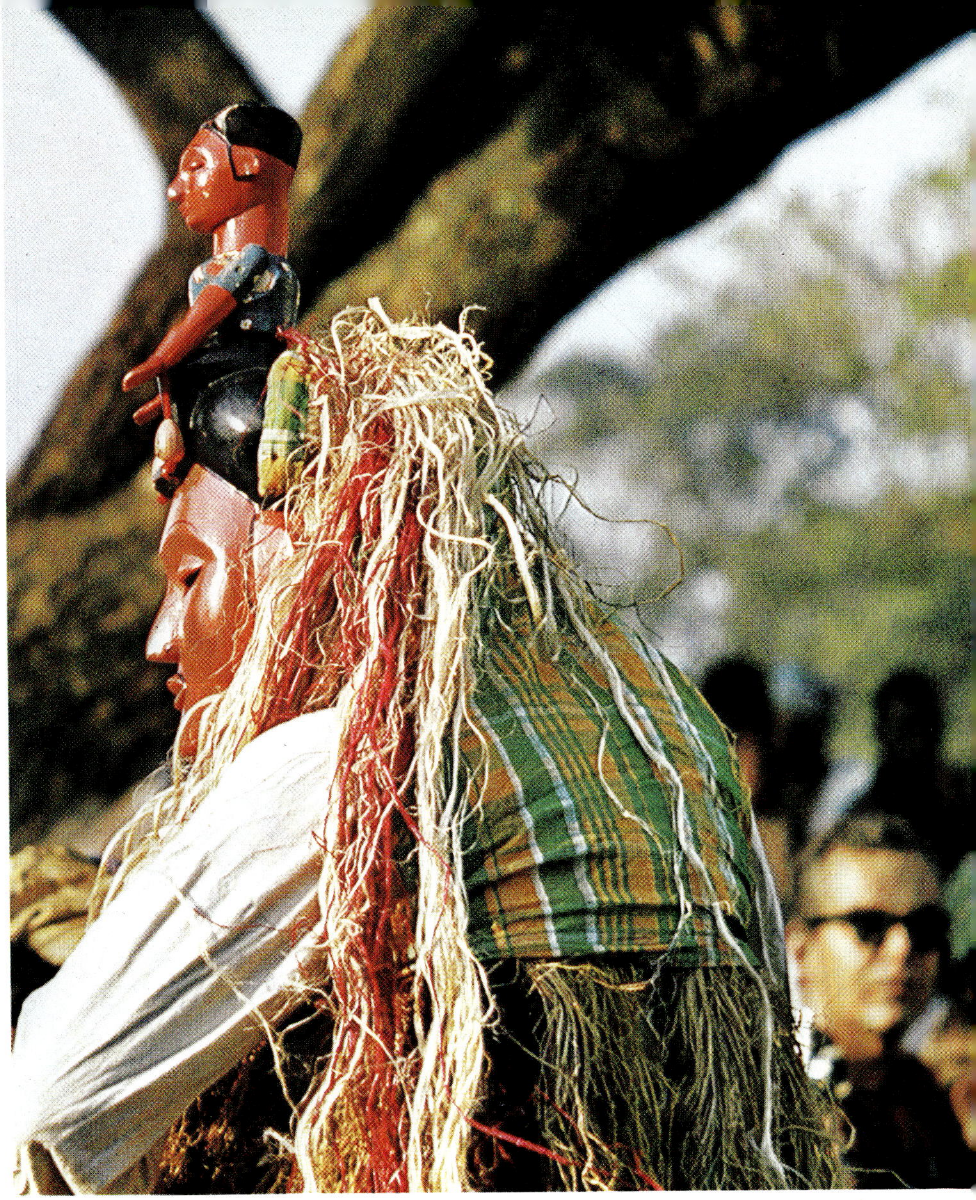

198, 199 Un groupe d'hommes Ishan qui vivent et travaillent aujourd'hui à Ibadan exécutent encore la danse acrobatique traditionnelle *Ikhien-ani-mhin* de leur région natale. Ils revêtent un costume bariolé et un filet couvrant le visage, et sont accompagnés d'un personnage qui porte un masque Ibibio d'Ikot Ekpéné analogue à celui de l'ill. n° 191.

200 Autel d'ancêtre dans la maison du chef Oghiamien à Benin. Les têtes en bois sont couvertes d'une feuille de laiton. On voit de grandes crécelles destinées à invoquer les esprits des ancêtres, du sang d'animaux sacrifiés et des crânes suspendus.

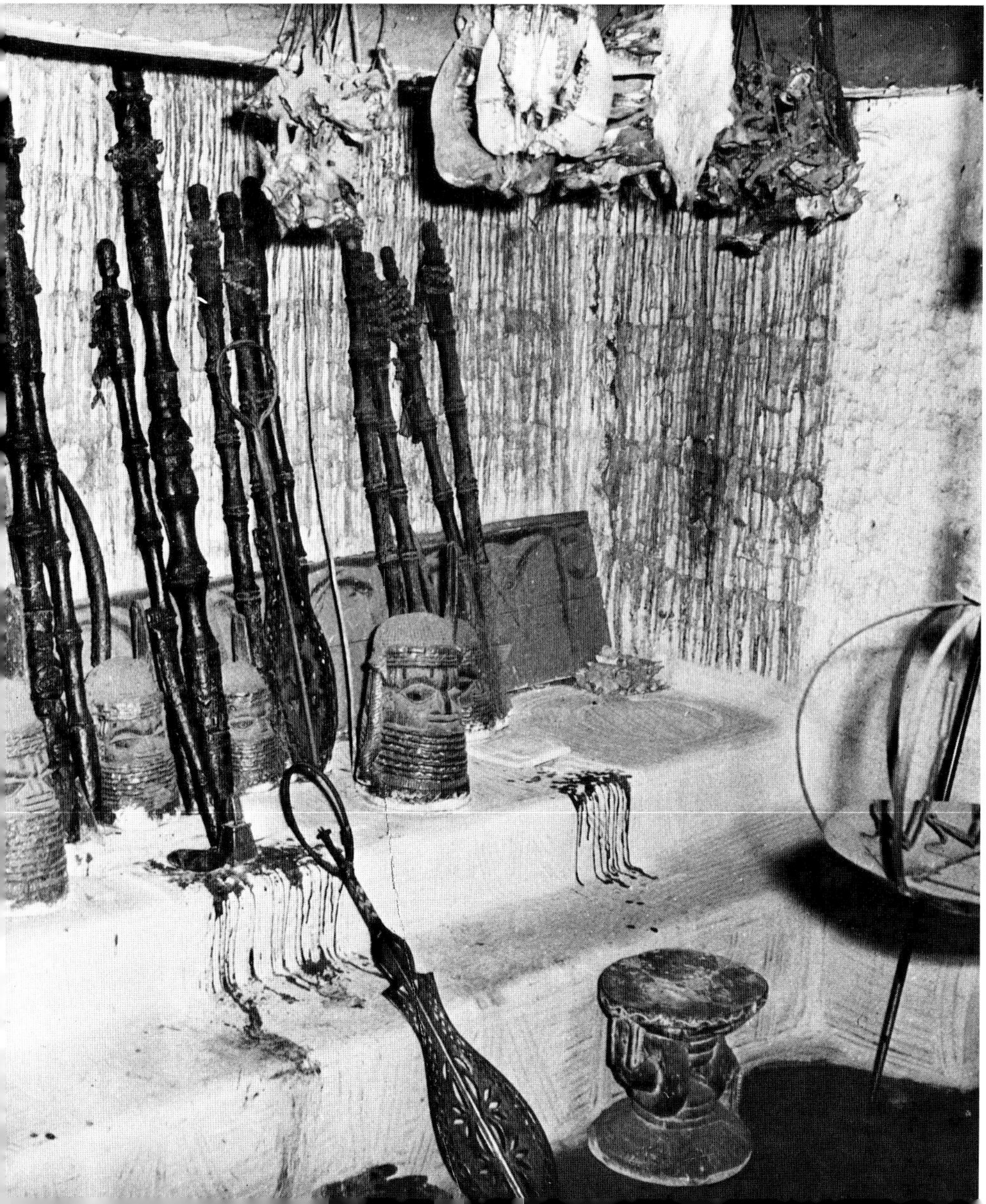

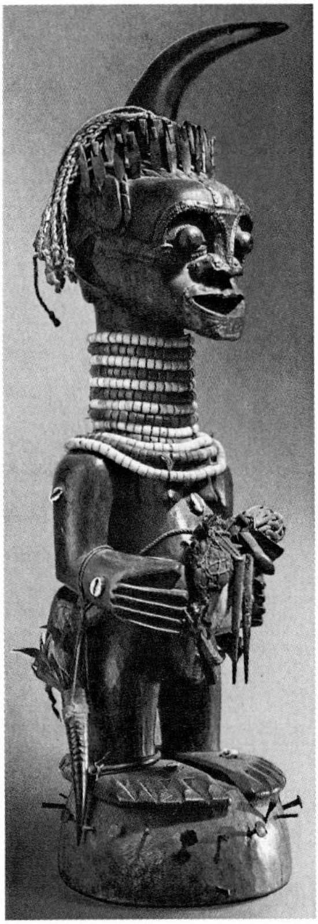

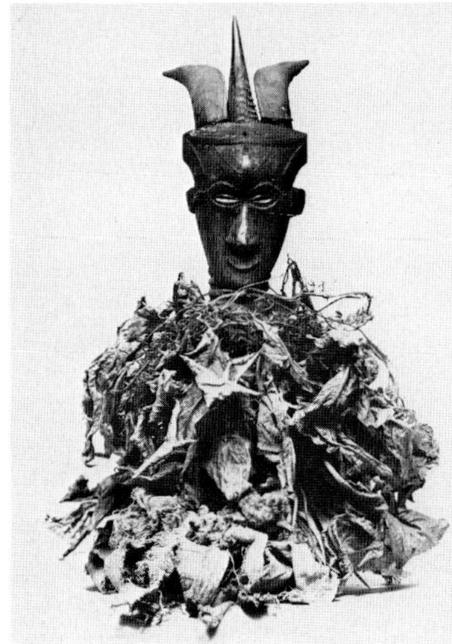

201 *A gauche:* Fétiche des Basongyé. La corne sur la tête renferme des substances magiques. Les figures de grande taille protègent la communauté, les petites les maisons et les individus. (Musée royal de l'Afrique centrale, Tervuren. Haut. : 87 cm.)

202 *Ci-dessus:* Fétiche «chasseur» des Bakoubas; style Bakouba, mais la corne est inspirée des Basongyé. (British Museum, Londres. Haut. : 46,5 cm.)

en contradiction avec son idée du «tribalisme», d'un univers tribal hermétiquement clos. S'il est probablement exact que toutes les religions africaines sont liées à la fertilité et à la croissance, il ne s'ensuit pas nécessairement que toute corne représentée dans une sculpture en soit le symbole. Les sacrifices font partie intégrante de toutes les religions africaines et il est d'usage de faire des offrandes de nourriture. Les animaux à cornes sont les créatures les plus précieuses pour les sacrifices, et leurs crânes sont conservés sur l'autel — rappel pour le dieu ou l'ancêtre, qui 200
ainsi n'oubliera pas les sacrifices faits en son honneur, et signe de dévotion de la part de ses adorateurs. Parfois, ces cornes et des coquilles d'escargots comestibles sont attachées aux statues. Leur forme creuse en fait des récipients naturels dans lesquels on place souvent des substances magi- 201, 202
ques — matériau fétiche. Vandenhoute dit que les «cornes de bélier emplies de substances étaient fixées sur la coiffe de grands guerriers, au départ

comme amulette protectrice de temps de guerre, puis comme marque honorifique. Les tresses portées sur le front ont pour origine cette décoration en forme de cornes de bélier». Ces cornes sont aujourd'hui sculptées sur les masques. De même, il explique que les masques ont parfois encore des cornes remplies de substances magiques[166]. John Boston nous dit que chez les Ibos du Nord, il arrive que de vraies cornes soient fixées au masque, ou bien elles sont représentées par le sculpteur: «La coutume consistant à utiliser des cornes de cette façon peut se rapprocher des chasses aux bêtes sauvages auxquelles participaient les jeunes gens pour assurer la réputation de leur groupe. Aujourd'hui cela s'est transféré dans d'autres domaines: il s'agit de donner des fêtes ou de construire des routes et des maisons, et la coiffe n'est plus un véritable trophée. Mais, encore porteuse du symbole de virilité, elle est toujours utilisée dans des représentations pour établir une analogie entre la perfection physique des animaux
204 sauvages et la force et la vitalité des jeunes gens[167].»

On trouve également des «courbes exponentielles» sur les canines des carnivores et les serres des oiseaux de proie qui sont, de même que les cornes des petites antilopes, utilisées comme ornements, soit en colliers, soit en coiffures. Ici, le symbolisme suggérerait que celui qui les porte cherche à partager le courage, la force ou la vélocité de ces créatures — à moins qu'elles ne soient purement décoratives. Les cornes et les coquilles apparaissent dans des contextes qui ne semblent pas directement liés à la croissance ou la fertilité, et il est donc improbable que toute courbe exponentielle dans une sculpture représente la croissance. En fait, beaucoup de ces «cornes» sur les têtes humaines sont considérées par d'autres
203 spécialistes comme des coiffes — par exemple sur les tasses des Bakoubas. Bien sûr, on pourrait dire que cette façon de se coiffer est une imitation des cornes d'animaux à la symbolique transposée. Quoi qu'il en soit, aucun chercheur sur le terrain n'a encore fourni de preuves que les courbes exponentielles soient une expression, consciente ou non, par l'artiste du désir de croissance... Par honnêteté envers l'auteur de cette théorie, il convient de faire remarquer qu'il la tient lui-même pour une simple hypothèse de travail: seuls ceux qui l'ont adoptée par la suite l'ont élevée au rang de doctrine.

On ne peut sans doute aller jusqu'à dire que les styles artistiques d'une ethnie sont étrangers à une autre ethnie mais, à ce sujet, John Picton a mené une enquête chez les Igbira. Un vieux sculpteur, Amodu Ihiovi,
205 regardait un joli masque Basa Ngé aux traits longilignes, quasi reptiliens, que Picton venait d'obtenir pour le Musée national du Nigeria.

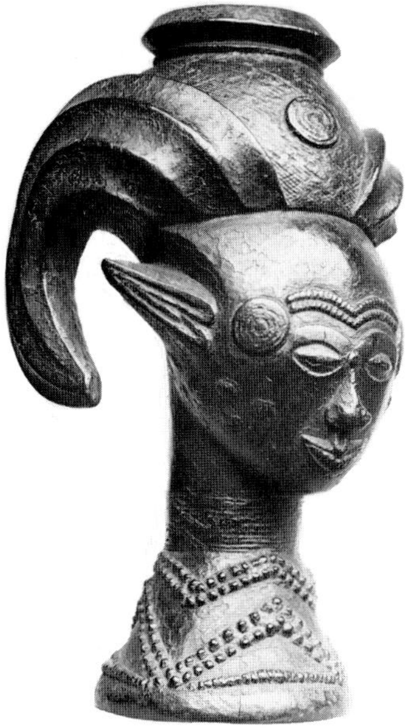

203 Tasse de chef, en bois. Les cornes élaborées représentent peut-être une coiffure. Origine: Bambala, sous-groupe des Bakoubas. (British Museum, Londres. Haut.: 20,5 cm.)

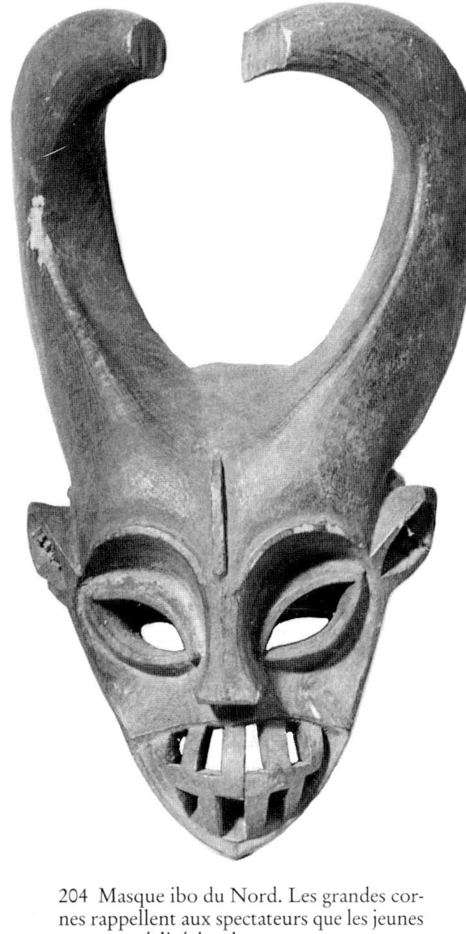

204 Masque ibo du Nord. Les grandes cornes rappellent aux spectateurs que les jeunes gens ont réalisé des chasses communes pour assurer la réputation de leur groupe. (Musée national, Lagos. Haut.: 61 cm.)

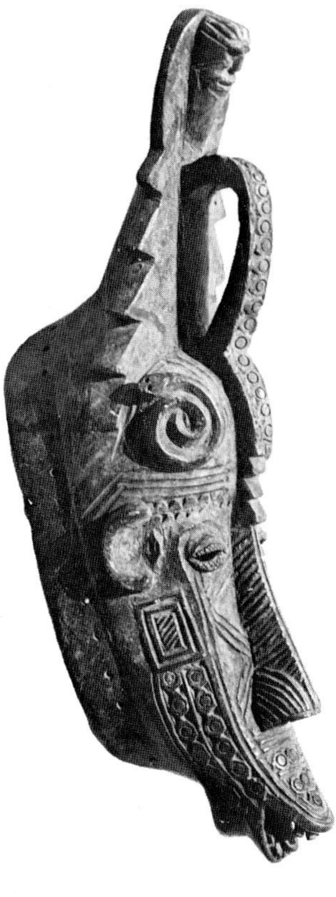

205 Masque acquis dans le district d'Eganyi en pays Igbira (à mi-chemin entre Okéné et le fleuve Niger), exécuté au tout début du siècle par un sculpteur Basa Ngé. C'est celui-là même qui a fait l'objet du commentaire par le sculpteur Igbira Ihiovi rapporté p. 208. (Musée national, Lagos. Long.: 56 cm.)

«Il s'extasia, l'admira un moment et fit des compliments sur l'artiste qui en était l'auteur. Puis il ajouta qu'il aurait préféré que la bouche fût placée plus haut dans le visage, que le nez fût deux fois moins long, et que le haut de la tête fût moins important. Ainsi, il aurait ressemblé à
207 un masque Igbira[168]!» Il était clair que ce sculpteur savait ce qu'il aimait et aimait ce qu'il connaissait : c'est la preuve que le changement répugne à un artiste dans le cadre d'une société éclectique dans son choix de masques.

L'ESTHÉTIQUE DANS LA SCULPTURE AFRICAINE

En quoi tout cela concerne-t-il notre compréhension de l'art africain? Y a-t-il, comme semble l'indiquer la grande variété des masques en usage chez les Igbira, des critères absolus de beauté qui dépassent les limites des cultures? Ou bien existe-t-il une esthétique spécifique à chaque société, comme le ferait penser le jugement du sculpteur Igbira Amodu Ihiovi?

206 Tabouret de bois destiné à une reine mère et décoré de feuilles d'argent, d'origine ashantie. D'autres tabourets de forme similaire on été trouvés chez d'autres peuplades Akan (les Baoulés et les Anyi, par exemple), chez les Fons de l'ex-Dahomey et les Doualas du Cameroun. (British Museum, Londres. Haut. : 40 cm.)

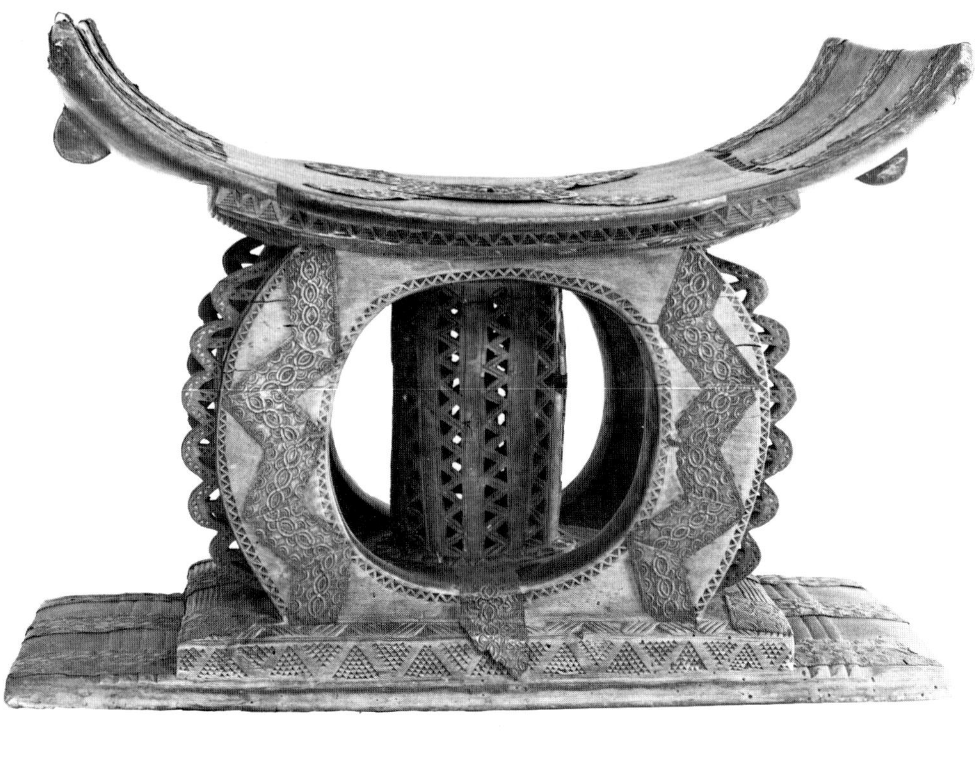

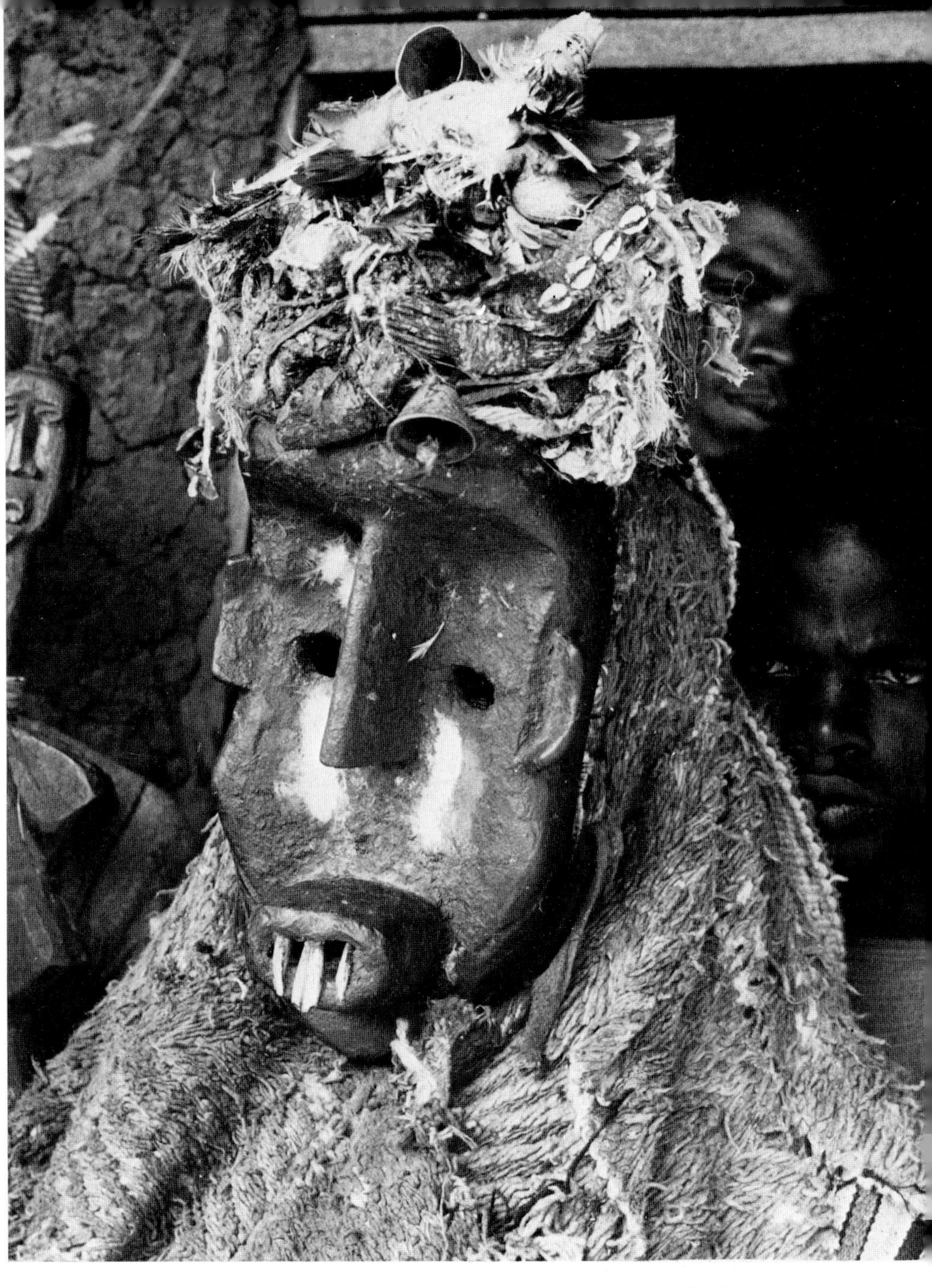

207 Masque sculpté au tout début du siècle par Ihiovi, du village d'Opopocho, dans le district d'Ihima en pays Igbira. Au sommet se trouvent plusieurs objets, dont des « médicaments » magiques et des restes de sacrifices.

Chez nous, pour comprendre l'art contemporain, on se renseignera auprès des critiques d'art, puis auprès des rares artistes capables d'exposer leurs idées. Le problème est le même pour l'étude de l'art africain, si ce n'est qu'il est encore plus difficile d'identifier les critiques.

Plusieurs enquêtes ont déjà été menées dans différents groupes, certaines centrées sur l'artiste, ses motivations et sa formation, d'autres sur les œuvres et les jugements émis sur elles ; une autre se livre à une estimation comparative de la sculpture par des Africains et des Américains.

De quelque biais qu'on appréhende la question, le point de départ doit être la société dans laquelle l'objet est fabriqué. Hans Himmelheber fut le premier à tenter de définir les critères de beauté en vigueur en Afrique. Dans son étude des artistes gouros et Atutu publiée en 1935, il constata qu'il existait effectivement des canons de beauté, qu'un client pouvait refuser un masque et que la somme versée à l'artiste pouvait dépendre de la beauté de son œuvre. Il demanda à ses porteurs de désigner les objets qu'ils préféraient parmi ceux qu'il avait réunis, puis posa la même question à des artistes et à des tiers. Trois sculptures recueillaient tous les suffrages, y compris le sien. Lorsqu'il demanda des explications de ce choix, il n'obtint que des réponses vagues, mais il semble que ses questions, traduites par des interprètes, aient porté sur la « beauté de la ligne » et « la force expressive », ce qui explique qu'il se soit heurté à « un mur d'incompréhension [169] ».

Il eut plus de succès en découvrant la ressemblance des masques et des statuettes avec leurs modèles. Dans de nombreux cas, ses informateurs arrivaient à donner sans hésitation aucune le nom de la personne représentée. Pour les non-Africains, les visages de ces sculptures semblent indifférenciés et dépourvus d'expression, mais les Gouros et les Atutu dirent que la bouche exprimait des sentiments. De fait, la bouche est l'élément le plus expressif du visage africain.

D'autres ont poursuivi les études d'Himmelheber, tentant d'établir les critères selon lesquels la sculpture est jugée dans sa société d'origine. Vandenhoute mena des expériences chez les Dan de la Côte-d'Ivoire, à l'aide d'objets dont certains furent représentés par Gerbrands [170]. Des trois masques qu'il avait faits lui-même, un sculpteur Lomé [171] du nom de Yituwo jugea que le meilleur était celui qui avait sur le front une frange de cornes stylisées, dont il était particulièrement fier. Après que l'on eut montré trois autres masques, il tomba d'accord avec le chef et plusieurs anciens pour choisir un masque différent, parce qu'il était mieux fini et que sa couleur était plus belle, bien que l'œil en fût légèrement endommagé, le bout du nez usé et l'arcade sourcilière pas tout à fait droite. Dans une autre expérience portant sur ses masques, le sculpteur Uwi Magbwe, un Gulomé[172], marqua sa préférence pour celui dont il avait inventé le style de coiffure, choix confirmé par les anciens du village. A la suite de ces expériences, Vandenhoute put avancer que le critère de beauté Dan était la symétrie par rapport à un axe vertical, un équilibre, un rythme, une harmonie entre les différentes masses, surfaces et lignes : l'appréciation, en outre, était plus intuitive qu'objective. Vandenhoute notait que ses informateurs n'avaient pas explicité ces critères, mais que lui-même les avait déduits en voyant l'artiste s'arrêter fréquemment pour évaluer son œuvre, la mettre la tête en bas, la regarder de derrière, plisser les yeux et la tenir à bout de bras. Comme cela a été confirmé à Fischer par d'autres artistes Dan, la réflexion est la partie la plus difficile de la création : il est capital, en effet, de reproduire dans le bois l'image préexistant dans son esprit. Dans la tradition européenne, l'artiste peut exécuter des croquis dont il reprendra des éléments ; l'artiste africain doit visualiser depuis le début son travail achevé et le garder constamment présent à l'esprit. Vandenhoute estima que les critères complémentaires étaient la finition — le poli et la couleur — et le confort du masque, pour que celui qui le porte puisse bien voir et bien respirer[173]. Les illustrations n° 174 et 175 montrent la finition intérieure et extérieure de ces masques.

Parmi d'autres groupes Dan du nord-est du Liberia, les informateurs de Fischer, contrairement à ceux de Vandenhoute, lui dirent qu'un sculpteur travaille souvent spontanément, inspiré par un beau visage, sans se limiter, toutefois, à représenter ce qu'il voit. En fait, une cuiller réalisée par Tompieme en prenant sa fille comme modèle fut critiquée par Si, 208
un de ses confrères : « Ce n'est pas une sculpture, c'est une photographie ! » Pour Fischer, cela signifie que Tompieme n'a pas atteint un niveau de transposition et de stylisation suffisant pour que sa sculpture accède au niveau d'œuvre d'art[174].

De telles observations sont rares. On croit souvent que les langues africaines manquent de vocabulaire critique. Mais Robert Thompson a demandé à quelque deux cents informateurs yoroubas d'émettre des opinions sur de nombreuses sculptures[175]. Il enregistra leurs commentaires intégralement en langue yorouba puis analysa la fréquence avec laquelle différents critères revenaient.

Ils en avaient mentionné dix-neuf, le plus fréquent étant *jijora*, la ressemblance modérée avec le sujet, l'équilibre entre portrait et abstraction. A propos d'une paire de figures jumelles, on lui disait constamment qu'elles

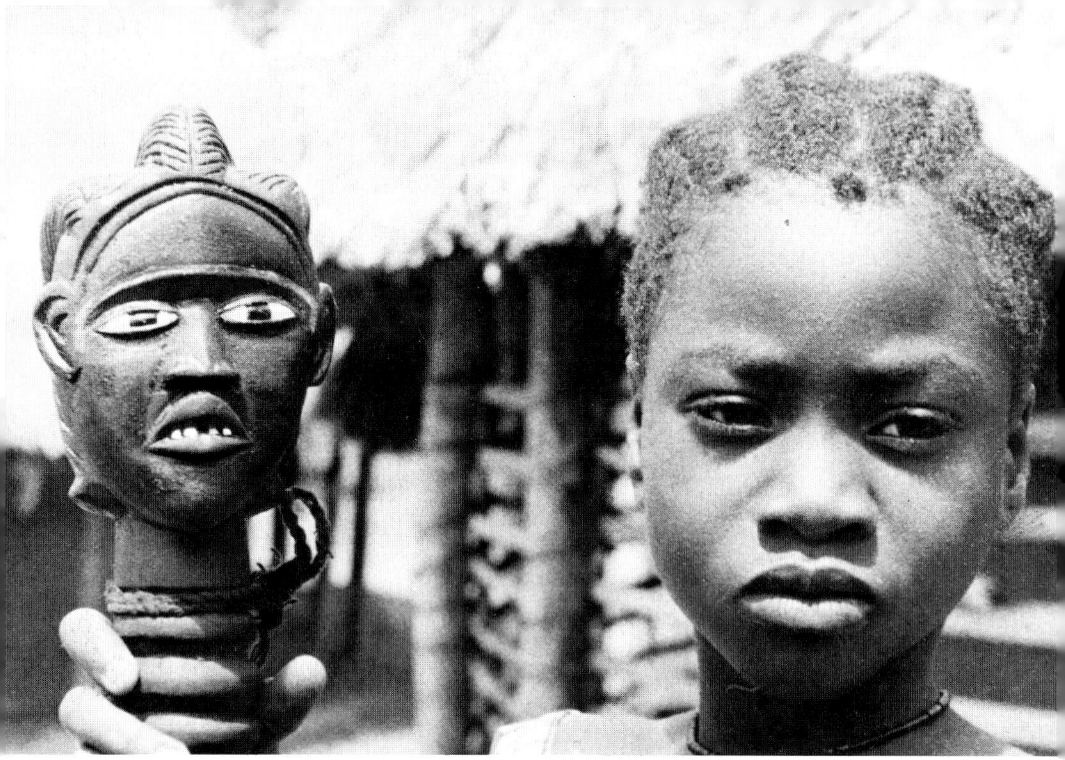

208 Tête d'une cuiller gravée par Tompieme, tenue par la fille de l'artiste, qui lui servit de modèle.

« ressemblaient à quelqu'un ». Il est d'ailleurs étonnant de voir qu'au pays
209, 210 yorouba on rencontre des gens dont les traits rappellent infailliblement tel ou tel style, tandis que les sculptures, même si elles sont censées avoir l'air de portraits, ne représentent pas un individu particulier.

Second critère : *ifarahon* — les différentes parties de la sculpture doivent bien être visibles, formées distinctement, à la fois au stade initial qui consiste à définir les masses sur le bloc de bois, et au stade final de la finition des détails au couteau.

D'importance égale, la qualité suivante a pour nom *didon* : la luminosité, ou le poli luisant de la surface, qui permet à l'ombre et à la lumière de jouer sur la sculpture. Puis vient *gigun*, une posture bien droite et une disposition symétrique, qui n'exclut pas l'asymétrie, mais la restreint à des détails.

Et encore *odo* : la représentation du sujet dans sa prime jeunesse.

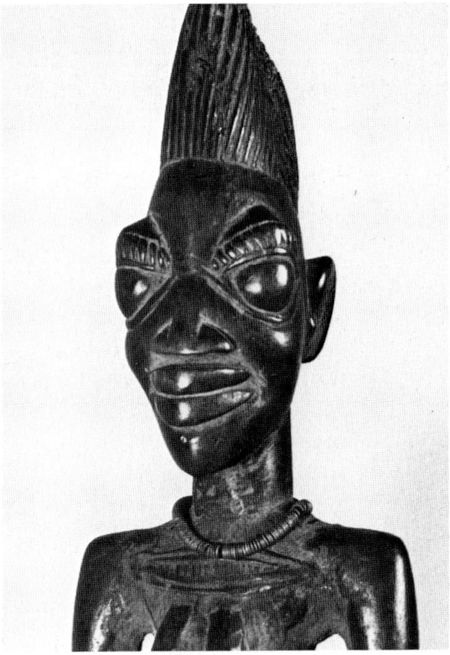

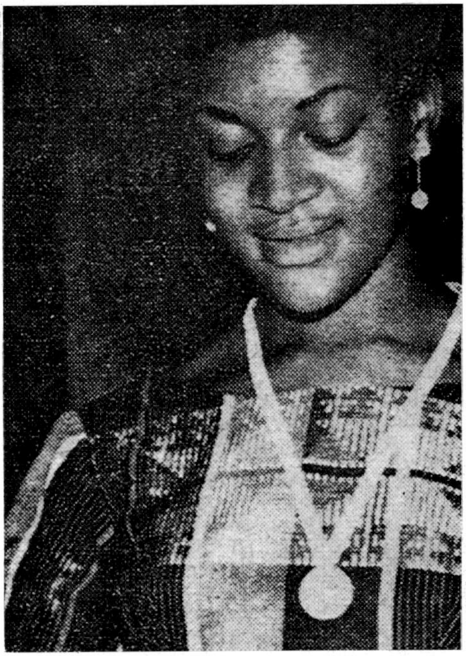

209, 210 Si la sculpture africaine semble souvent stylisée, certaines ressemblances avec des personnes réelles sont frappantes. Cette figure de jumeau yorouba sculptée à Ila rappelle ainsi le visage de Miss Yemi Idowu, qui représenta le Nigeria en 1963 au concours de « Miss Nations unies ». (Coll. Michelle Gilbert. Haut. : 28,5 cm.)

Une sculpture doit aussi montrer de l'« impassibilité », *tutu*, qualité recherchée dans le comportement humain. En sculpture, elle se manifeste par l'absence de violence dans l'expression du visage ou dans le geste ; dans la danse, par l'inexpressivité du visage ; le chef doit toujours rester calme, ne pas montrer d'émotion.

Ce dernier critère a également été noté par Warren D'Azevedo chez les Gola du Liberia :

« Le summum de la réussite [...] vient avec la faculté d'être nonchalant au bon moment [...] de ne laisser paraître aucune émotion dans des situations où l'excitation et la sentimentalité sont acceptables, en d'autres termes à agir comme si son esprit séjournait dans un autre monde. Il est particulièrement admirable d'effectuer des tâches difficiles avec un air de facilité et de silencieux dédain. On éprouve de l'admiration pour les femmes douées d'une expression boudeuse et détachée ; un mouvement, un

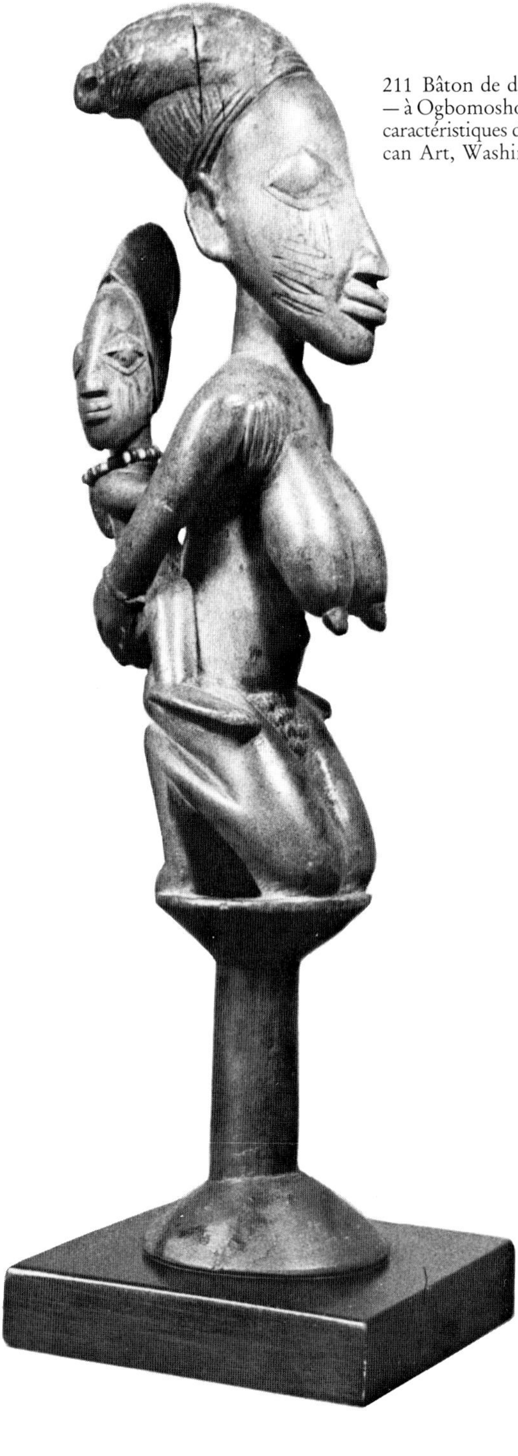

211 Bâton de dévot : temple de Shongo — le dieu du Tonnerre — à Ogbomosho. Cette sculpture présente les qualités esthétiques caractéristiques de la sculpture yorouba. (National Museum of African Art, Washington, D.C. Haut. : 42 cm.)

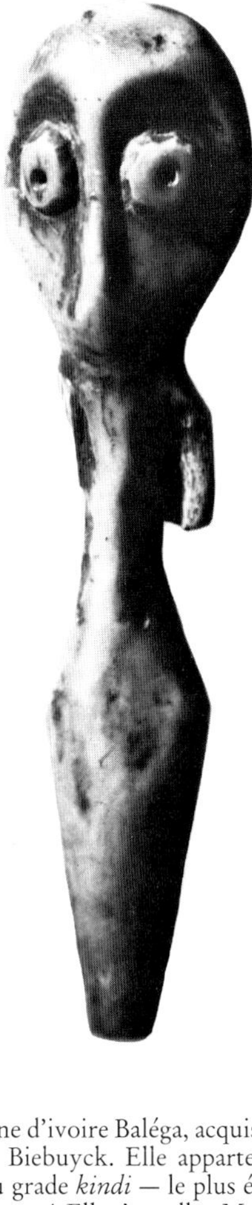

212 Figurine d'ivoire Baléga, acquise en 1952 par Daniel Biebuyck. Elle appartenait à un membre du grade *kindi* — le plus élevé — de la société *Bwami*. Elle s'appelle « Manchot » et représente le dommage physique et moral encouru si l'on intervient à tort dans les affaires d'autrui. (Coll. Daniel Biebuyck. Haut. : 13,5 cm.)

comportement somnambuliques au cours de la danse ou de toute autre représentation sont particulièrement appréciés [176].»

Certains critères définis par Thompson à partir de discussions générales plutôt que d'interrogations directes, susceptibles de fournir des réponses trompeuses, ont parfois été notés par des observateurs occidentaux dans la sculpture yorouba, comme le naturalisme modéré, lequel a toujours été souligné; on tient généralement la symétrie de la pose pour une caractéristique fondamentale de l'art africain, de même que la représentation d'êtres humains dans leur prime jeunesse; la visibilité équilibrée et l'expression semblent avoir été oubliées, alors qu'elles sont évidentes dans toute
bonne sculpture yorouba. Le jugement d'experts non africains coïnciderait 211, 23, 68
probablement avec celui des Yoroubas, même s'ils ne connaissaient pas les 94, 226-232
critères définis par Thompson; pourtant, sans la démonstration de ces 242, 243
critères sur le terrain, nous ne devrions pas préjuger de leur existence. Des recherches sur place ont permis à Thompson de montrer que le concept d'«impassibilité», également admiré dans les autres formes d'art, reflète un idéal moral, peut-être fort répandu si l'on en juge par l'étude des Gola. Armé de la liste des canons des Yoroubas établie par Thompson, le critique occidental est plus à même de corriger ses jugements intuitifs sur la sculpture, puisqu'il connaît le but de l'artiste.

Le fait que plusieurs de ces critères avaient été trouvés avant l'analyse de Thompson ne doit pas nous faire croire que les jugements occidentaux sur les objets d'art africain coïncideront toujours avec ceux des artistes qui les ont créés. Ainsi, chez les Baléga, Biebuyck constata qu'on jugeait
«bonnes» les sculptures traditionnelles utilisées dans ses rites par la société 212, 213
Bwami — ce qui signifiait qu'elles avaient bien rempli leur rôle. «La critique de l'aspect physique [...] est inconcevable [177].» Il en résulte que les poupées en celluloïd obtenues par échange jouissent d'autant de considération que des sculptures traditionnelles en bois ou en ivoire — ce qui est surprenant puisque les objets traditionnels servent à démontrer l'appartenance à la respectable association, seuls les membres initiés ayant le droit de les posséder; en outre, chacun d'eux est associé à un proverbe exprimant l'idéal de beauté morale auquel aspire l'initié; il semble donc étrange que des objets apparemment bon marché et faciles à se procurer soient acceptés dans une société relativement fermée. Pourtant Biebuyck a observé que la possession d'un grand nombre d'objets traditionnels était signe de prestige pour celui qui les détenait car, afin de les acquérir, il avait dû participer à de nombreux rituels et diriger des cérémonies funèbres d'autres membres de haut rang, étant donné qu'ils se transmettent

principalement par héritage. C'est ce fait même qui explique l'acceptation des objets étrangers, car seul le nombre importe : la qualité et l'âge des objets ne comptent pas.

La convergence générale des jugements des Yoroubas et des critiques occidentaux semble impliquer qu'il existe certains critères esthétiques communs de part et d'autre des frontières culturelles, même si certaines sociétés comme les Baléga paraissent les ignorer délibérément. Leon Siroto a envisagé cette possibilité[178].

Afin de s'assurer que les résultats ne soient pas déterminés par le contexte culturel, il choisit de recueillir des opinions sur une série de trente-neuf
215 photographies de masques Bakwélé auprès de seize informateurs Bakwélé et de treize étudiants des beaux-arts américains « ou autres personnes capables de porter de tels jugements ».

Demander à ses informateurs africains de juger des œuvres européennes aurait introduit un élément culturel, les Bakwélé connaissant peu d'objets d'art d'autres traditions, alors que le point de vue esthétique de ses informateurs occidentaux, familiers de nombreux styles différents, n'était pas limité par leur propre culture. Siroto souligne l'inconvénient d'utiliser des clichés plutôt que des originaux, car ses informateurs de New Haven avaient l'habitude des clichés mais pas ses informateurs Bakwélé, même s'ils avaient été sélectionnés parce qu'ils avaient fabriqué ou porté des masques.

On s'aperçut que huit masques induisaient en erreur les informateurs Bakwélé, dont le jugement était plus sûr quand on les excluait. On leur demandait de choisir les quatre plus beaux masques, puis les quatre plus beaux parmi ceux qui restaient, et ainsi de suite jusqu'à ce que les trente-neuf clichés fussent répartis en dix groupes par ordre de beauté. On mit à chaque cliché une note de zéro à neuf puis on compara les résultats de l'ensemble des informateurs de New Haven avec ceux des informateurs Bakwélé — considérés en groupe mais aussi en sous-groupes de quatre sculpteurs, quatre responsables du culte et huit autres personnes. Les jugements correspondaient *grosso modo.*

Il n'y avait qu'une chance sur cent pour que la concordance entre chaque groupe d'informateurs Bakwélé et celui de New Haven fût fortuite. La concordance entre les sculpteurs, les religieux et quatre des huit autres Bakwélé, et les jugements de New Haven ne pouvait être fortuite que dans un cas sur vingt.

Malgré ces concordances générales subsistaient des points de désaccord. Deux photographies étaient invariablement classées plus haut par les

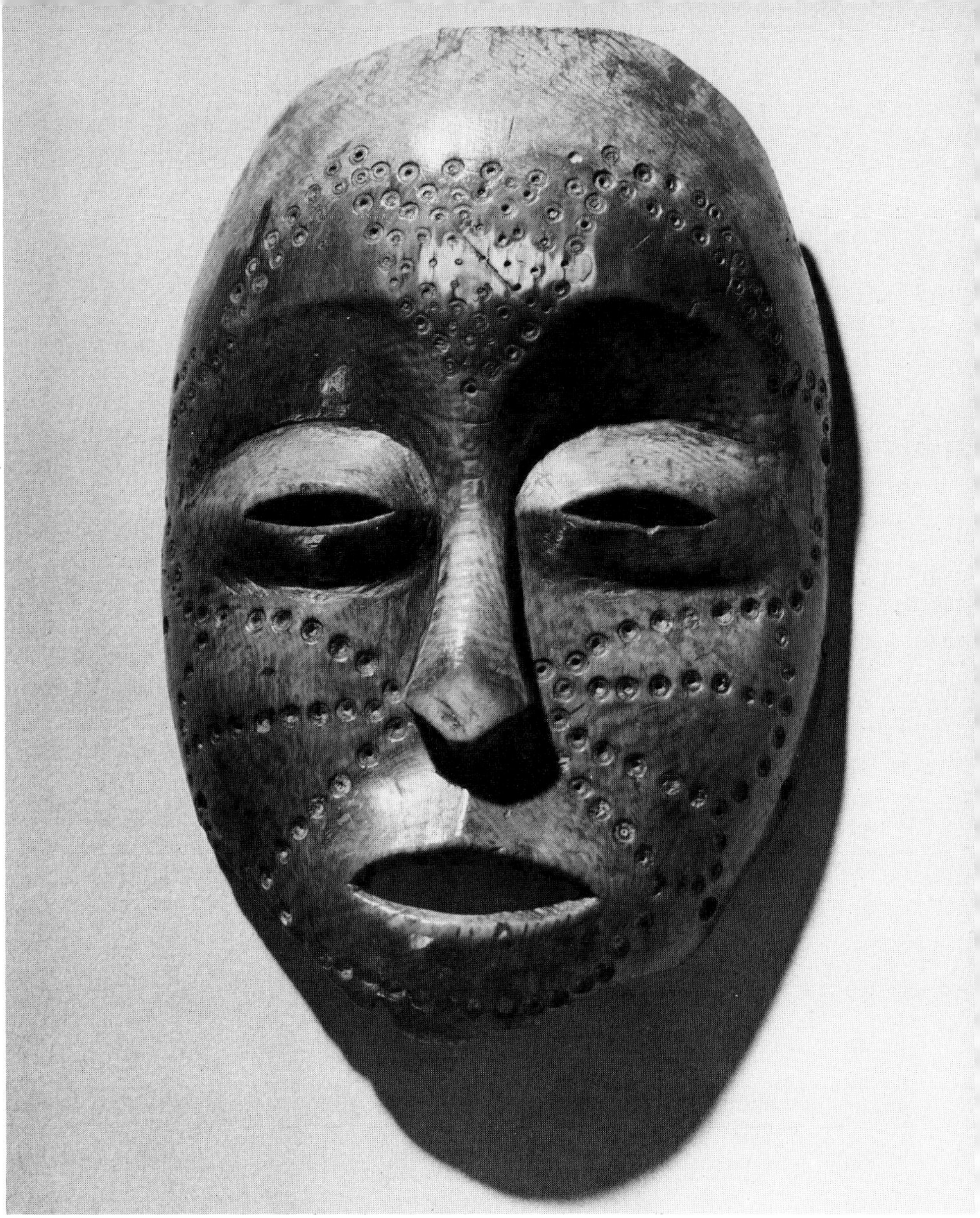

213 Masque Baléga en ivoire gravé et passé à l'huile de palme aussi méticuleusement que les initiés de la société *Bwami* s'enduisent le corps. Au cours des cérémonies d'initiation pour le plus haut grade, *kindi*, de tels masques sont soit portés, soit tenus en main, soit accrochés à une barrière, soit encore posés sur le sol. (Coll. Pablo Picasso. Haut.: 19,5 cm.)

Bakwélé que par le groupe de New Haven. Inversement, celles qui venaient en deuxième et troisième position pour New Haven n'étaient pas dans les quatre premières choisies par les Bakwélé. Ces décalages sont significatifs puisque les avis se tenaient entre les différents sous-groupes Bakwélé et concordaient davantage entre eux qu'avec le consensus de New Haven. Le seul désaccord portait sur un groupe de huit masques dits « féroces ». Étant donné qu'ils sont utilisés pour exercer un contrôle, il se peut que les personnes habilitées à exercer leur pouvoir à travers eux les considèrent d'un œil favorable alors que ceux qui sont dominés par eux les craignent sans les aimer. Il est évident que les informateurs Bakwélé connaissant le contexte, leurs jugements varièrent d'un individu à l'autre et furent, bien sûr, différents de ceux des étudiants de New Haven, qui ne les jugeaient que sur leur apparence.

Dans sa recherche portant sur l'esthétique fang, Fernandez découvrit aussi que le contexte de ses informateurs était important ; ils répugnaient à porter des jugements sur les sculptures dont on s'était servi comme reliquaires pour recevoir les ossements d'ancêtres ; une certaine crainte religieuse due à leur fonction les plaçait au-delà d'un jugement esthétique ordinaire. Il s'aperçut encore que les artistes étaient peu enclins à critiquer le travail de leurs confrères. Néanmoins, il demanda à huit informateurs de désigner leur statuette préférée et d'expliquer leur choix. Leurs réponses étaient naturellement fondées sur les qualités techniques — la surface était-elle lisse, la sculpture complète ? — mais soulignaient aussi le grand intérêt porté à l'équilibre (*bibwe*). Jambes, bras, épaules, yeux, seins, chaque élément était censé être l'exact pendant de son jumeau. Sans cet équilibre, « la statuette ne serait pas une vraie statuette : il n'y aurait ni vie ni vitalité en elle ». Fernandez constata « que les caractères qui semblaient exprimer ce que *nous* appellerions mouvement ou vitalité n'étaient pas pris en considération par les informateurs. Ils choisissaient en général les pièces dont la présentation et la posture étaient stables, formelles, voire — et peut-être est-ce le meilleur qualificatif — contenues [179] ». Il y a donc ici une nette opposition entre les jugements africains et occidentaux : la frontalité, trop statique pour les auteurs occidentaux, est précisément ce qui, aux yeux d'un Fang, confère sa vitalité à l'œuvre.

Fernandez vit que dans la société fang le sculpteur était soumis à une forte pression de la part de ses critiques lors de l'exécution de son travail : « Les villageois estiment être le moteur dernier de la statue et font peser toutes les pressions sociales possibles sur le moteur actif, le sculpteur, afin que l'œuvre réponde à leur attente [180]. » De cette façon, les

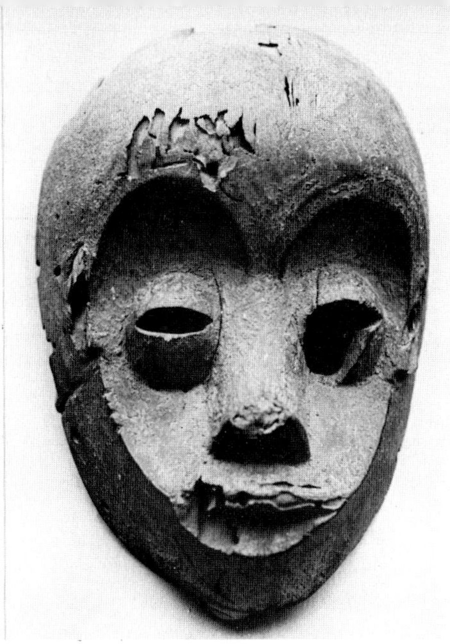

214, 215 Masque « en cœur » avec deux arcs de cercle qui se rejoignent ; on retrouve cette représentation du visage humain dans tout le bassin du Congo jusqu'au Nigeria et leur provenance est parfois difficile à déterminer. Celui de gauche (*Ngbangba Ikoro*) fut sculpté par un Ibo à Abiriba, dans la division de Bendé ; l'autre est l'œuvre d'un Bakwélé. (Musée national, Lagos ; haut. : 20,5 cm. British Museum, Londres ; haut. :26,5 cm.)

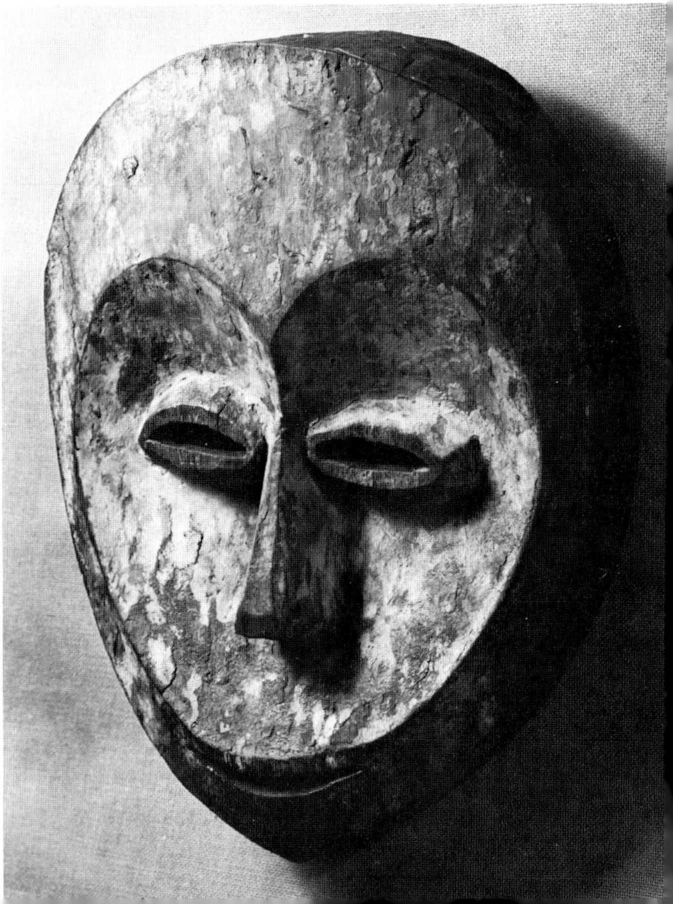

artistes ne peuvent imposer leurs vues esthétiques à leurs clients; Fernandez n'a jamais rencontré de cas où la statue avait été refusée. «On considère dans l'ensemble que toute statue peut remplir sa fonction sur le reliquaire, qu'elle soit satisfaisante ou non du point de vue esthétique[181]» — ce qui correspond d'ailleurs à l'attitude des Baléga, pour qui toutes les statuettes *Bwami* sont bonnes.

L'étude de Fernandez atteste l'influence d'un article de Paul Bohannan dans lequel il parlait de l'artiste et de sa critique dans la société tiv[182]. Bohannan disait que les Tivs s'intéressaient à l'art mais pas le moins du monde à l'artiste. Les artistes tivs n'avaient aucun commentaire à fournir; l'un d'eux lui confia que, de tout ce qu'il avait fait, il n'y avait pas un objet qu'il aimât plus qu'un autre, alors qu'un de ses parents expliqua, sans y avoir été invité, quels objets il préférait et pourquoi. Un autre, qui cousait du raphia sur du tissu, était plongé dans une discussion politique et ne prêtait absolument pas attention au dessin qu'il exécutait. Quand Bohannan en fit la remarque, on lui répondit qu'«il ne faut pas regarder le dessin avant qu'il ne soit fini: on ne peut regarder que le résultat final. "S'il n'est pas satisfaisant, dit l'artiste, je le vends aux Ibos; s'il est réussi, je le garde. Et s'il est particulièrement bien réussi, je le donne à ma belle-mère"».

Bohannan expliquait que toute personne présente peut s'ériger en critique.
216, 217 Un sculpteur fabriquait une statuette, une figure féminine, lorsqu'un jeune homme s'approcha et lui demanda pourquoi il lui avait fait trois bosses sur le ventre. Le vieillard lui répondit que c'étaient le nombril et les seins. Le jeune homme commença à objecter que «même s'ils tombaient, ils ne seraient pas...» — sur quoi le vieil homme coupa les trois bosses.

Il ne semblait pas exister de sens aigu de la vision de l'artiste, de sa créativité, malgré le fait que le même mot *gba* désignât à la fois création divine et création artistique. Il pouvait arriver que quatre sculpteurs travaillent à la suite sur une canne ou un tabouret: ici encore, aucun travail préparatoire, le seul critère étant la réussite finale.

Bohannan concluait que «chez les Tivs, tout le monde est critique. Comme il n'y a pas de spécialistes en matière de goût et quelques-uns seulement dans le domaine de la réalisation des œuvres d'art, chacun est libre d'aimer ce qu'il veut et de le fabriquer si cela lui chante. Autant de Tivs, autant de goûts en matière d'art — et cela vaut pour toutes les autres expressions de leur culture. Dans tous les domaines, les critères d'appréciation varient beaucoup d'un individu à l'autre».

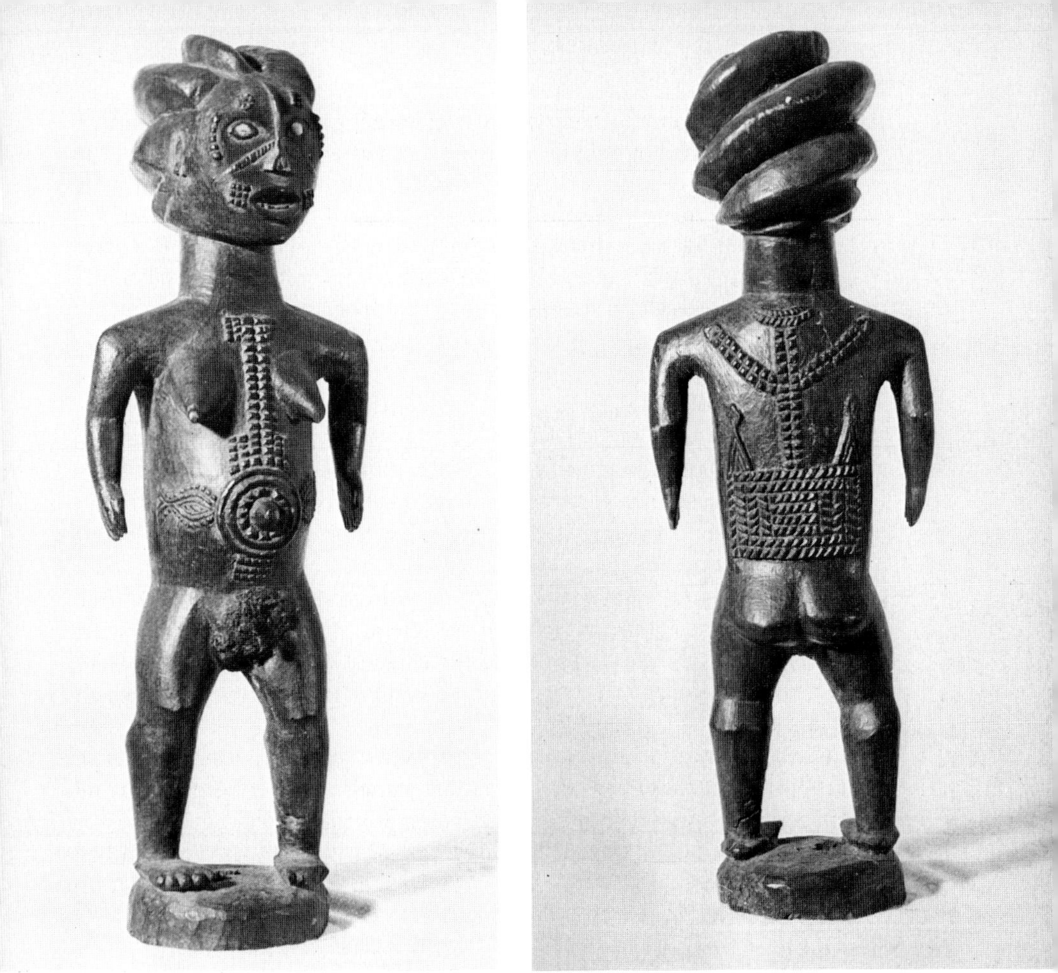

216, 217 Effigie de femme tiv, aux scarifications compliquées sur l'abdomen et le dos. Ce genre de statuettes sont placées devant la maison de l'aînée des épouses dans le but de « réparer la terre ». (Musée d'archéologie et d'ethnologie, Cambridge. Haut. : 47,5 cm.)

Bien que la plupart des études sur le terrain aient été menées dans des sociétés où exercent des artistes professionnels, il existe en fait beaucoup de sociétés dans lesquelles chacun est son propre artiste. Chez les Fanti et dans plusieurs groupes ibos, l'art n'est pas une profession, même s'il arrive qu'un homme particulièrement doué exécute des commandes pour un tiers.

D'ordinaire, on n'attache à l'œuvre aucune valeur en tant qu'expression personnelle de l'individu [183]. Mais il existe aussi des sociétés, comme les Yoroubas, où la profession, et de ce fait le talent, est transmise de père en fils. On ne retrouve pas, dans ce cas, la désinvolture dont, s'il faut en croire Bohannan, les Tivs font preuve vis-à-vis de l'art. Il semble que la pratique artistique soit moins sujette aux influences stylistiques extérieures lorsqu'elle est exercée par des professionnels [184].

L'ARTISTE INDIVIDUEL

Un des progrès que nous avons faits au cours de ces dernières années a été de démontrer que, dans les sociétés à tradition professionnelle, les artistes ont la possibilité de créer un style personnel dans le cadre de la tradition sculpturale de la société en question.

Ces styles sont identifiables et l'on peut fréquemment reconnaître l'artiste d'après son œuvre. Au fil des ans, le degré de connaissance de la sculpture africaine est passé de l'identification de styles tribaux, puis sous-tribaux, à ceux qui sont propres à certaines villes ou villages, avant de descendre jusqu'au niveau individuel. Nous commençons même à distinguer, à l'intérieur d'un même atelier, la facture du maître de celle de ses apprentis et à suivre le style de l'artiste depuis son apprentissage jusqu'à la maîtrise, voire le déclin.

Le premier style généralement reconnu comme individuel, bien que l'on ne puisse être certain qu'il ne s'agisse pas du style d'un atelier, est
218 le «style visage allongé de Buli». On a répertorié une dizaine d'objets de ce style, mais l'endroit où on les a découverts n'a été noté que pour deux d'entre eux: il s'agit de Buli. Cela même reste ambigu car c'est, dans la région occupée par les Baloubas, le nom à la fois d'un district et d'un village [185]. La dénomination de ce style par Olbrechts en 1938 n'en est pas moins un tournant important dans l'histoire de l'art africain, même si l'on ignore le nom du sculpteur.

A l'heure actuelle, des centaines de noms d'artistes sont cités dans les publications. Ainsi, Roy Sieber mentionne le nom de vingt-cinq sculpteurs pour quatre petits groupes nigérians dans une courte étude qu'il leur a consacrée [186]. Chez les Montol, le nom du sculpteur est tenu secret aussi longtemps que ses masques sont en usage, mais il peut être révélé par la suite [187]. Kenneth Murray fut le premier, dans les années 1930, à noter le nom des artistes nigérians.

Ces informations, moins diffusées qu'on pourrait l'espérer, sont recueillies dans les fichiers du Bureau des antiquités de Lagos qui a encouragé William Fagg à chercher les noms d'artistes dans l'ouest du Nigeria et ailleurs; Fagg donne dans ses textes de nombreux noms de sculpteurs accompagnés de reproductions de leurs œuvres.

L'une des études les plus détaillées est celle de Fischer portant sur les Dan du nord-est du Liberia [188]. Il a observé les techniques et les personnalités des sculpteurs Tame, Si, Tompieme et Son. A l'aide de schémas et de photographies, il montre qu'ils se servent tous quatre des mêmes outils mais de façon différente et que l'évolution du style individuel est fonction de celle de la technique. En outre, le sculpteur peut adopter

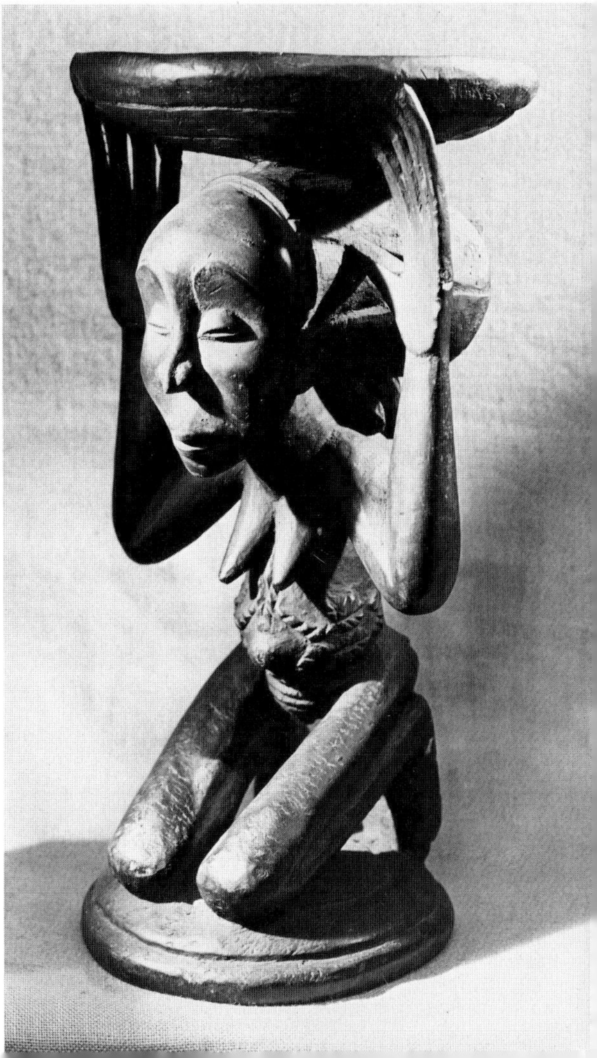

218 Tabouret de chef des Baloubas, dans le « style visage allongé de Buli », qui, très inhabituel, contraste fortement avec celui des pièces plus typiquement baloubas des ill. n° 219-222. (British Museum, Londres. Haut.: 43,5 cm.)

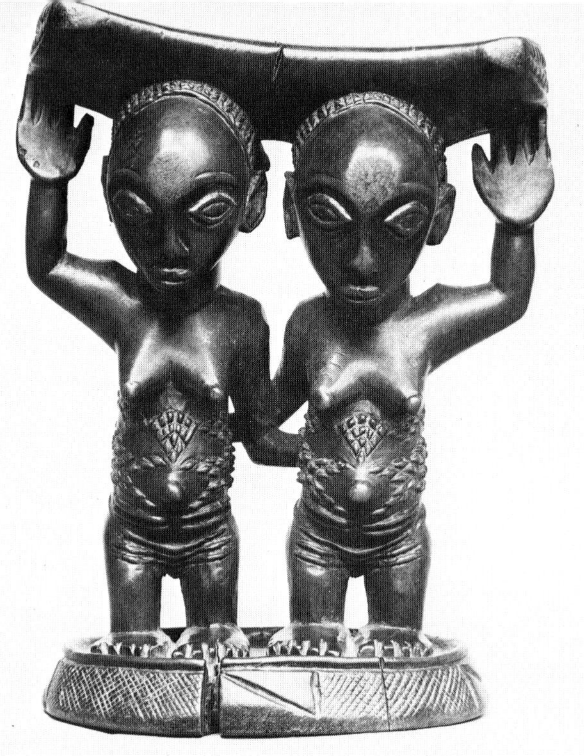

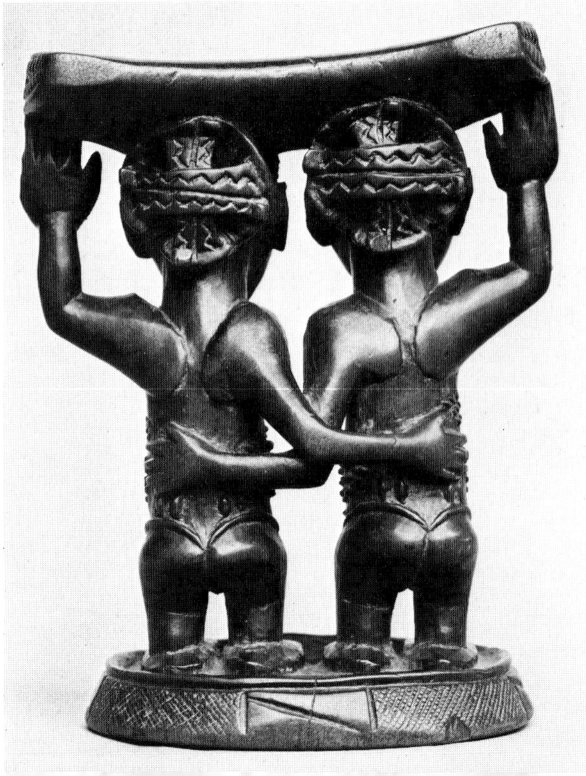

219, 220 Appui-tête balouba. La coiffure complexe des deux figures cariatides reproduit celles qui justifiaient l'usage de tels objets. La légère asymétrique créée par les bras est particulièrement bien maîtrisée. (British Museum, Londres. Haut. : 16,5 cm.)

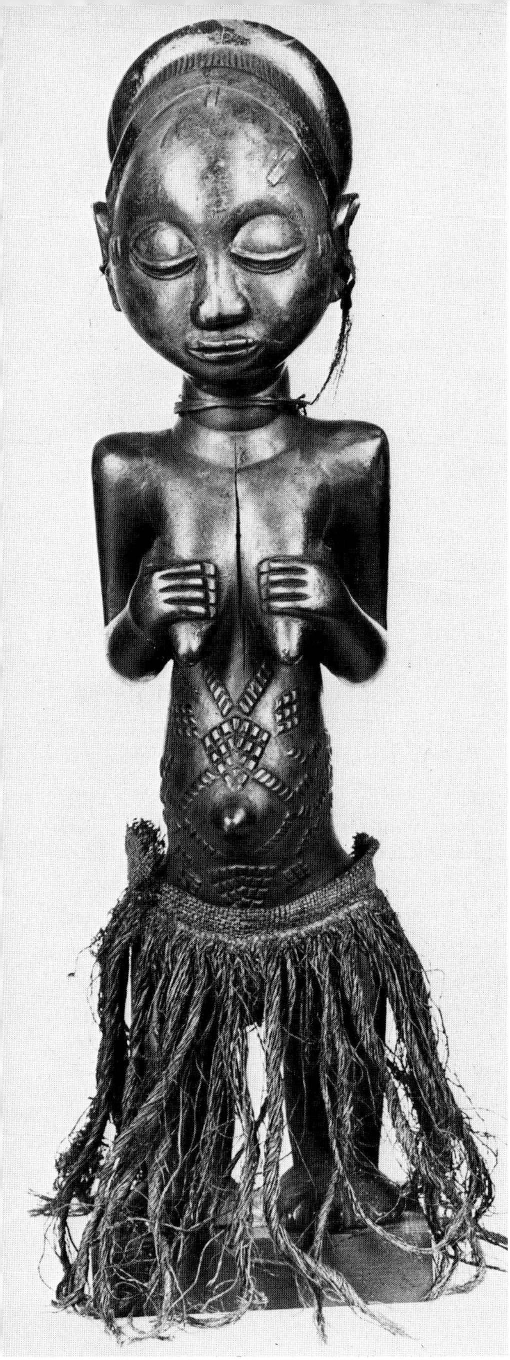

221 Statue d'ancêtre balouba. Les formes arrondies et lisses se retrouvent dans la plupart des sculptures baloubas. (British Museum, Londres. Haut. : 44,5 cm.)

222 Appui-tête en ivoire balouba. Anciennement dans la collection de Charles Ratton. (Haut. : 18 cm.)

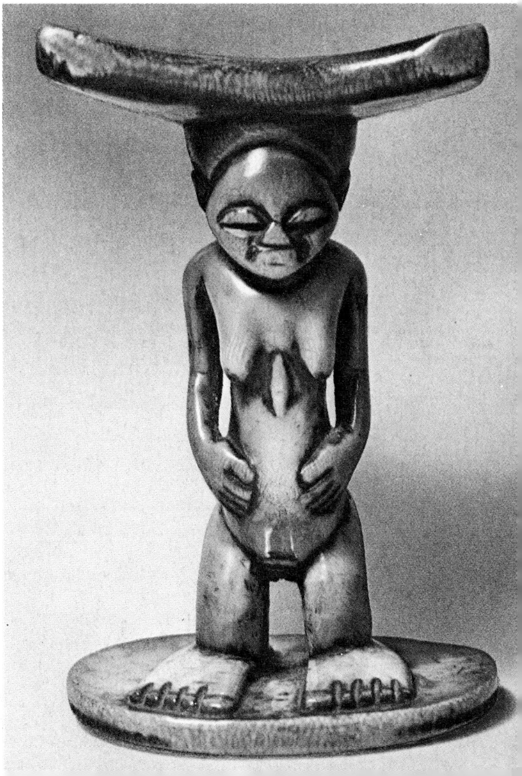

diverses méthodes selon le type de masque. Tame confectionne un mas
223 que *geangle* (dont la partie supérieure a des traits humains et la partie inférieure évoque un oiseau) à partir d'un bloc de bois cylindrique dont l'arrière est plan.

A l'aide d'une herminette[189], il commence par faire une profonde entaille sous le nez, pour ébaucher la forme d'un bec d'oiseau. Puis il creuse deux encoches horizontales, au-dessus et en dessous des yeux, ainsi que deux entailles obliques pour le nez. Il façonne ensuite les joues, le front et les yeux. Une fois définies les formes du visage, il évide l'arrière pour, enfin, terminer au couteau.

224 Pour faire un masque *ngede* à face humaine, il commence par donner au bloc une forme ovale, puis trace quatre sillons transversaux qui se rejoignent sur les côtés. Ce sont la bouche, le nez, les yeux, le front et les cheveux.

A l'arrière, il trace un sillon le long du bord et un autre transversal, vers le haut, puis évide le bas et le haut. Avant de terminer l'intérieur, il retourne le masque et façonne avec son herminette une série de blocs pour les formes principales.

Il transforme ensuite en cylindres les deux blocs cubiques des yeux, puis lisse la surface et commence à percer des trous pour les yeux; enfin, il achève l'arrière à l'herminette avant de finir les trous des yeux au couteau. Il utilise de l'aluminium pour les dents et le tour des yeux et passe de l'huile sur le masque terminé.

225 Pour réaliser un masque *dea* similaire à celui de l'illustration n° 174, Tompieme façonne le visage à l'herminette, creuse une entaille à l'arrière vers le haut en s'arrêtant juste au bord. Il frappe de toute part et les copeaux se coupent à la hauteur du sillon. Il enlève ainsi deux centimètres puis retourne le bloc et pratique deux entailles sur la face, au-dessus et en dessous des yeux, et enlève dès lors la masse entre ces deux entailles. Avec un ciseau, utilisant le manche de l'herminette comme maillet, il délimite les contours du nez, creuse les joues à l'herminette, obtenant ainsi deux blocs pour le nez et la bouche.

Il sépare à l'herminette le front et les cheveux puis trace les sillons de la coiffure au couteau, qu'il utilise comme un ciseau, frappant sur le dos de la lame avec un morceau de bois. Fischer décrit aussi les techniques des autres sculpteurs, avec plus de détails qu'il n'est possible d'en donner ici, et il est évident que chacun utilise les outils à sa façon. Son, par exemple, prend une gouge pour évider l'arrière de ses masques, alors qu'il utilise une herminette pour la face.

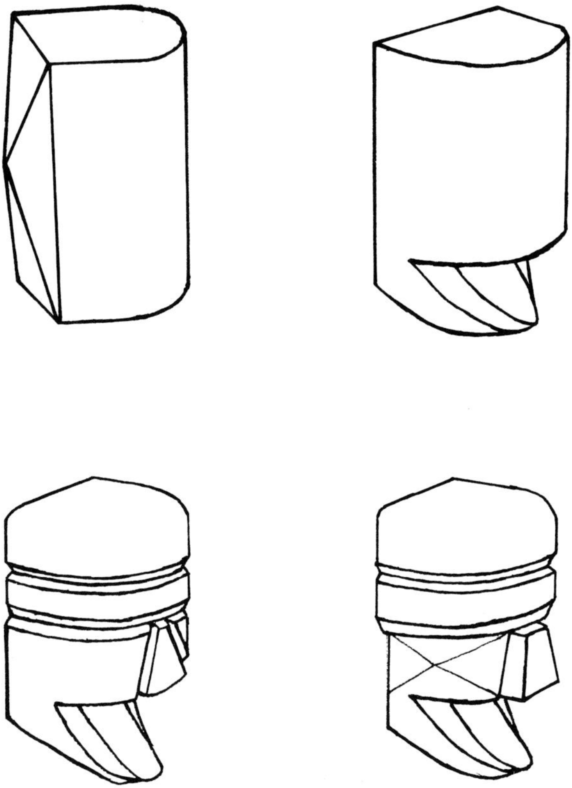

223 Étapes de la fabrication d'un masque *geangle*. Dan. (D'après Fischer.)

Le père Kevin Carroll a observé un groupe de sculpteurs yoroubas dans le cadre d'une structure qui sera décrite dans le dernier chapitre. Il a travaillé avec des sculpteurs de plusieurs générations : Arowogun (1880-1954), son fils Bandele (né vers 1910), qui ne fut pas l'apprenti de son père mais d'Oshamuko (mort vers 1945), lui-même formé par Arowogun, et enfin Lamidi, le fils de Fakeye (né vers 1925), apprenti de Bandele. Le père Carroll a écrit les biographies de ces trois sculpteurs [190] qui travaillaient tous dans le style de la ville yorouba d'Osi Ilorin. Issu d'une famille de

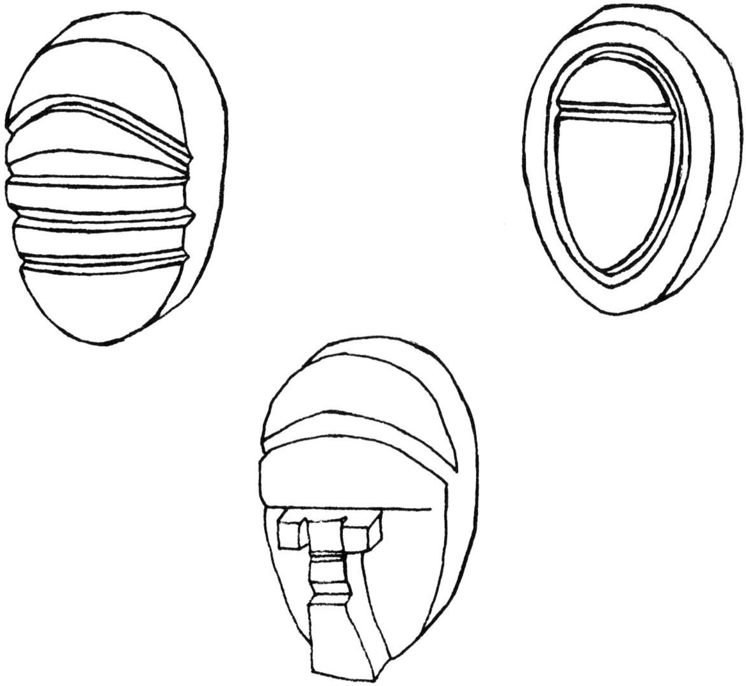

224 Étapes de la fabrication d'un masque *ngede* par Tame. Dan. (D'après Fischer.)

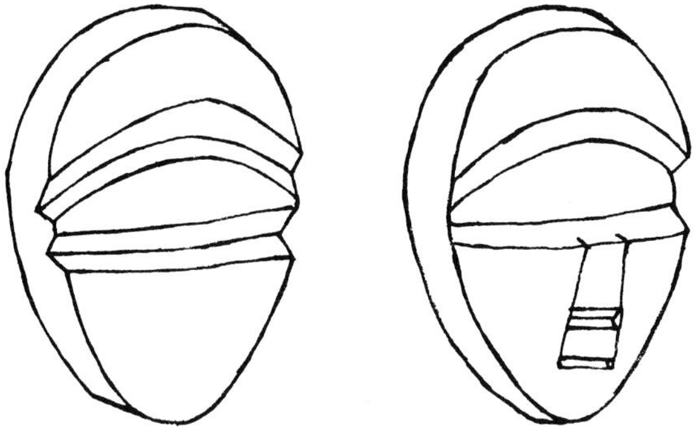

225 Étapes de la fabrication d'un masque *dea* par Tompieme. Dan. (D'après Fischer.)

sculpteurs vivant à Ila, Lamidi fut formé dans le style de celle-ci. Toutefois, il n'était pas vraiment consentant; mais après cinq ans passés à travailler avec son père, il s'installa seul dans la ville d'Oro, où il rencontra le père Carroll et Bandele dont il devint l'apprenti pendant trois ans et qui lui enseigna le style d'Osi. Pendant sa période d'apprentissage, son travail est difficile à distinguer de celui de son maître pour les panneaux de portes, alors que ses masques et ses poteaux sont identifiables.

L'un des sujets les plus populaires de la sculpture yorouba est le guerrier monté. Les illustrations n° 226 à 229 montrent le traitement du sujet par les sculpteurs cités plus haut. Sur un panneau de porte, le guerrier est souvent représenté entouré d'autres personnages qui réduisent l'espace libre et créent une richesse proche de la surcharge. Le style d'Arowogun 226
se caractérise par un relief assez peu marqué et des formes douces; la bouche est placée très bas et la ligne de la mâchoire inférieure forme approximativement un angle droit avec le profil des lèvres et du nez; cette ligne s'efface doucement pour former le front; les yeux sont très plats et grands ouverts. Le panneau exécuté par son apprenti Oshamuko est beaucoup 227
moins lisse et, bien que découpé et remonté, sans doute pour être placé sur une porte plus étroite, la verticalité est plus notable; le profil du visage est moins régulier et les yeux, de forme analogue, ressortent davantage. (Notez le prisonnier lié aux rênes du guerrier, représenté flottant au-dessus de la tête du cheval.)

On peut dire du style de Bandele qu'il est «audacieux». On y décou- 228
vre un remarquable savoir-faire, partagé par Oshamuko: il est parfaitement ambidextre, d'où une économie de temps et de mouvements. Le père Carroll remarque qu'«il est assez étrange de regarder Bandele façonner d'une main la courbe délicate d'une paupière, puis en changer pour exécuter l'autre paupière avec la même précision et la même fermeté [191]». Cette faculté en fait un sculpteur fort sûr, dont le travail en relief, souvent très creusé, transforme presque les figures en statuettes, comme sur l'illustration n° 228. L'illustration n° 229 montre un détail d'une des portes de Lamidi, commande exécutée au cours de son apprentissage. C'est l'un des deux battants du corps de garde arrière du palais d'Ife. Il est très difficile de distinguer les portes de Bandele de celles de Lamidi, si ce n'est que la sculpture de Bandele est légèrement plus creusée. La saillie sur le front, qui se continue souvent autour de l'œil, se retrouve chez l'un et l'autre, ainsi que les profils et les formes des oreilles. Dans cet exemple particulier, on a l'impression que le prisonnier se tient debout sur la tête du cheval.

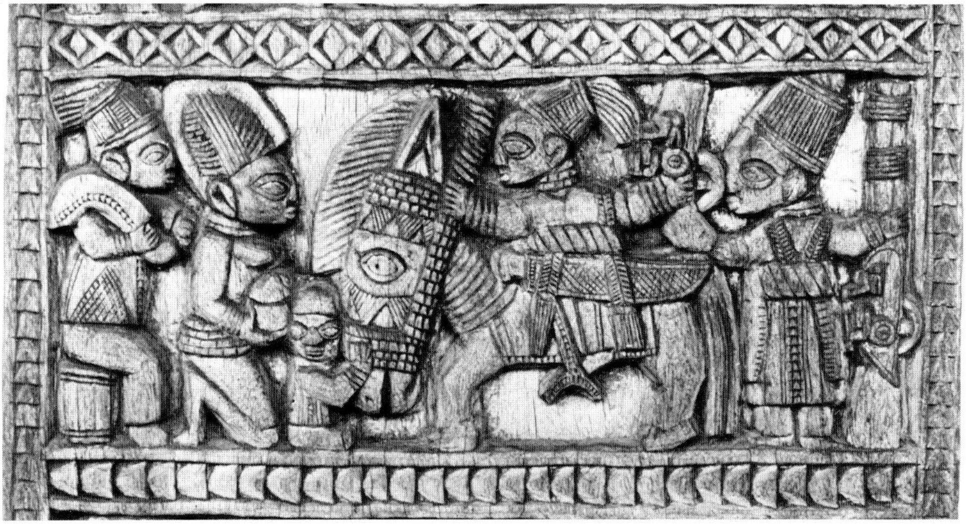

226 Panneau de porte gravé par Arowogun. (Musée national, Lagos. Larg.: 63,5 cm.)

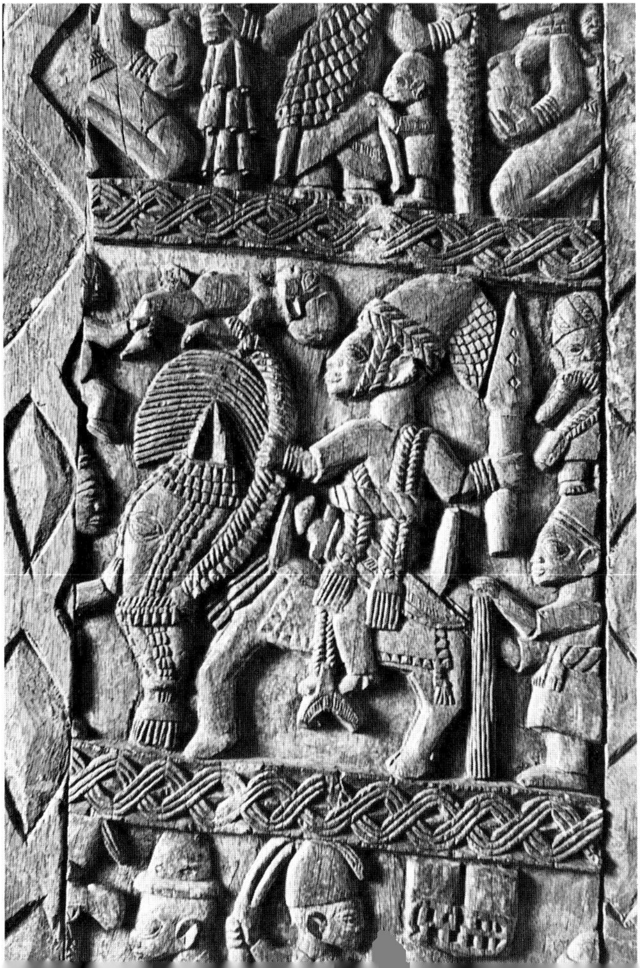

227 Panneau de porte gravé par Oshamuko, ancien apprenti d'Arowogun. (Musée national, Lagos. Haut. du panneau: 36 cm.)

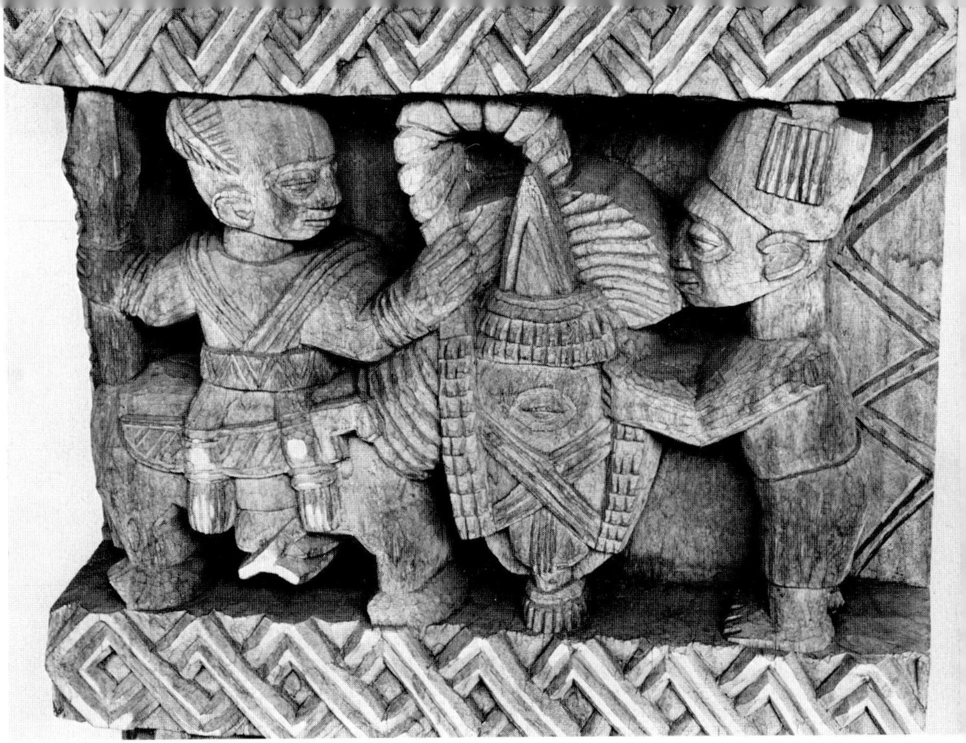

228 Détail d'un panneau gravé par Bandele, fils d'Arowogun et ancien apprenti d'Oshamuko. (Musée national, Lagos. Larg. : 67 cm.)

229 Panneau de porte par Lamidi, fils de Fakeye, ancien apprenti de Bandele. (Corps de garde Idena du palais de l'oni d'Ife. Larg. : 73,5 cm.)

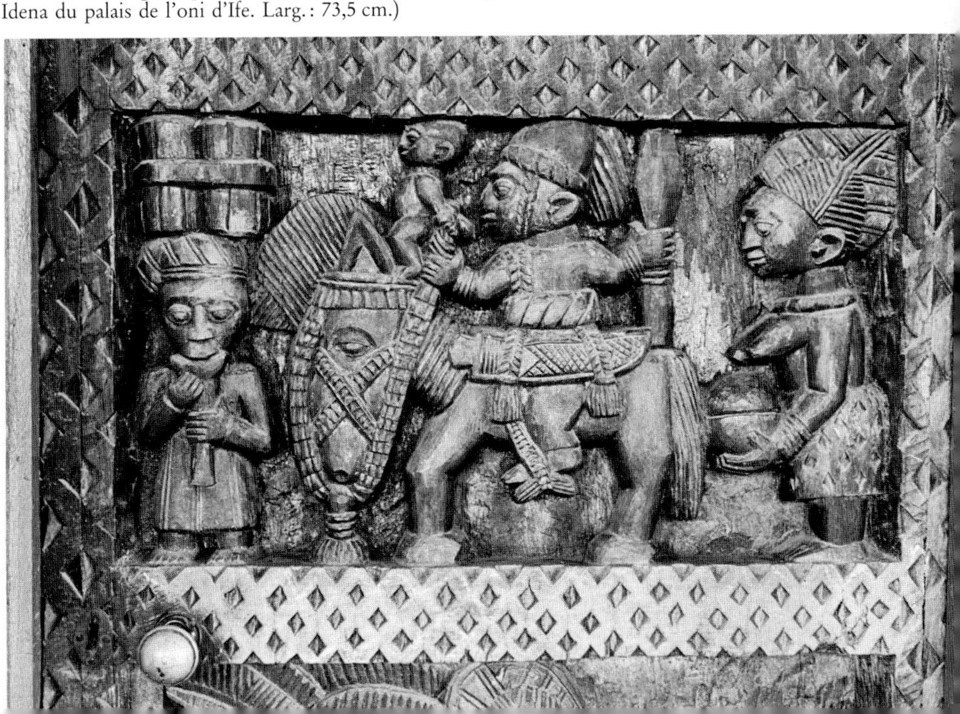

Un autre sculpteur doué d'une forte personnalité est Olowe, d'Isé (mort
230 en 1938), probablement le plus grand virtuose yorouba. Ses personnages se penchent vers l'extérieur et leur partie supérieure se détache de la porte. Ici, ses cavaliers sont un officier de district qui, selon la rumeur, représentait le capitaine Ambrose, commissaire itinérant pour la province d'Ondo en 1897, et son assistant Reeve Tucker [192]. Olowe jouissait d'une grande réputation. On lui commanda des portes et des poteaux pour plusieurs palais de rois yoroubas. Une porte que l'on pense être de lui se trouve encore au palais d'Ilesha, à quatre-vingts kilomètres de sa ville natale. Le panneau supérieur représente des hommes qui grimpent à des

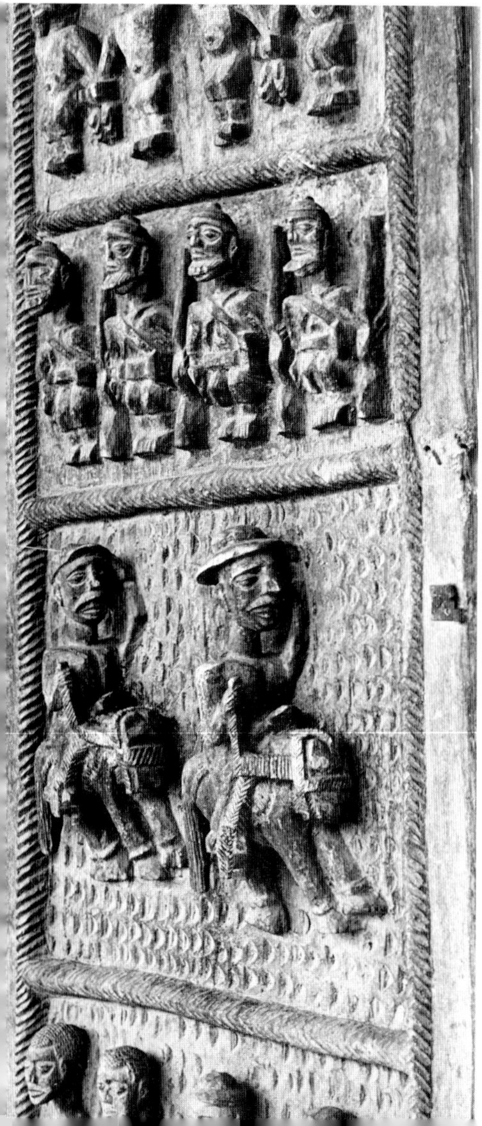

230 Section d'une porte sculptée par le virtuose yorouba Olowe, représentant le capitaine Ambrose en tournée, vers 1897. Son compagnon serait Reeve Tucker. (Musée national, Lagos. Larg. : 56 cm.)

231 Double porte gravée vers 1910 par Olowe pour le palais de l'ogoga d'Ikéré. Le capitaine Ambrose sur un brancard et sa suite sont reçus par l'ogoga portant sa couronne de perles et flanqué de ses serviteurs et de ses femmes. La figurine cassée, en bas à droite, montre combien les personnages sont détachés du fond. (British Museum, Londres. Haut. : 180 cm.)

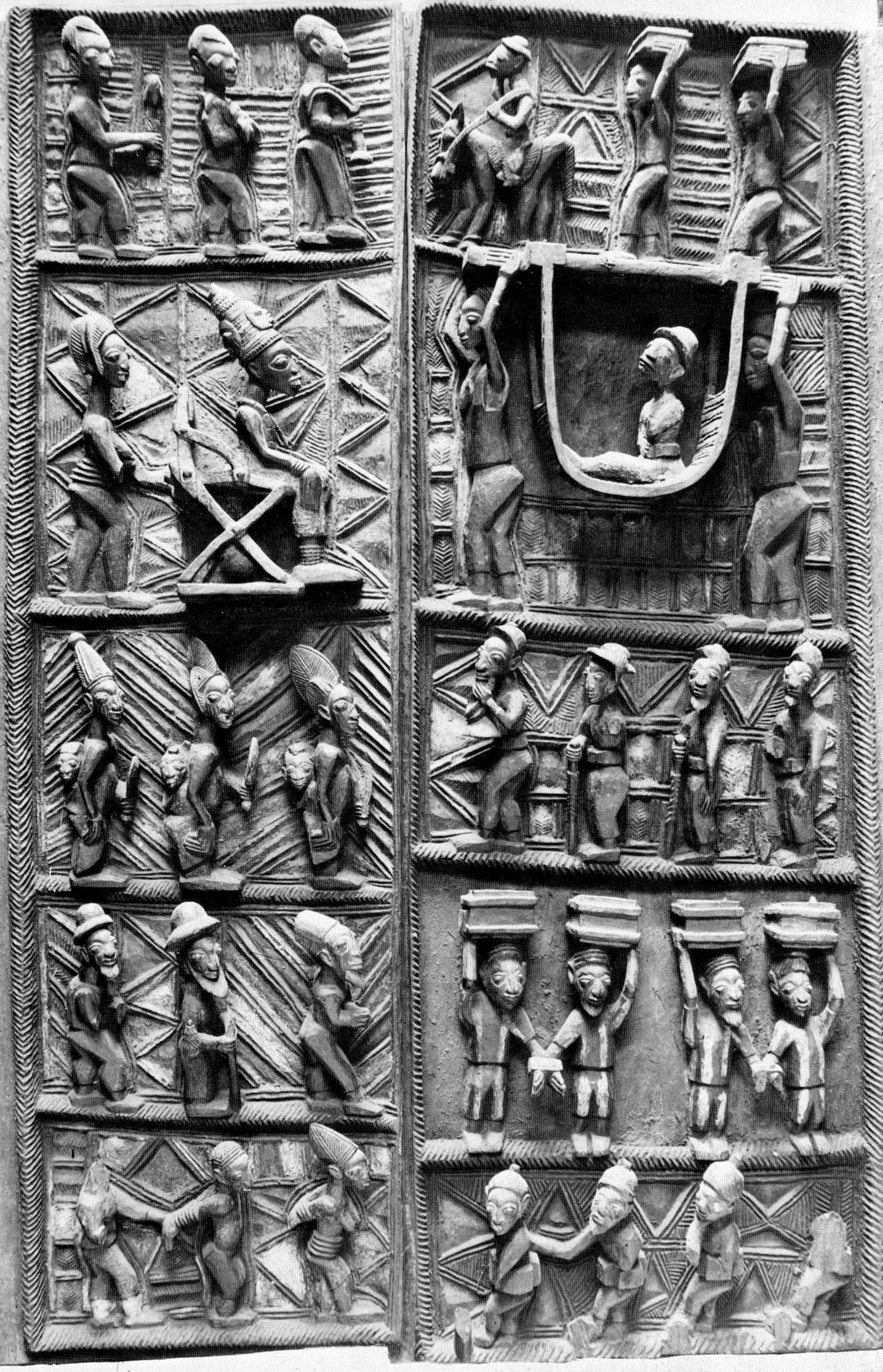

palmiers pour inciser les branches et faire du vin de palme. Les arbres semblent presque détachés du fond. Sa renommée était encore plus grande,
231 car c'est une double porte gravée par lui vers 1910 pour le roi d'Ikéré qui fut envoyée à Wembley en 1924 pour l'exposition de l'Empire britannique; elle se trouve aujourd'hui au British Museum. Dans son style habituel de haut-relief, il y représentait le même administrateur britannique, Mr. Ambrose, installé sur une chaise à porteurs, reçu par le roi d'Ikéré. Un autre tour de force d'Olowe est celui de l'illustration n° 232: la tête, entre les jambes des porteurs, est totalement libre, détachée selon une technique fréquente dans la sculpture chinoise ou indienne.

232 Bol sculpté vers 1925 par Olowe, muni d'un couvercle amovible. (Anc. coll. William J. Moore. Haut.: 63,5 cm.)

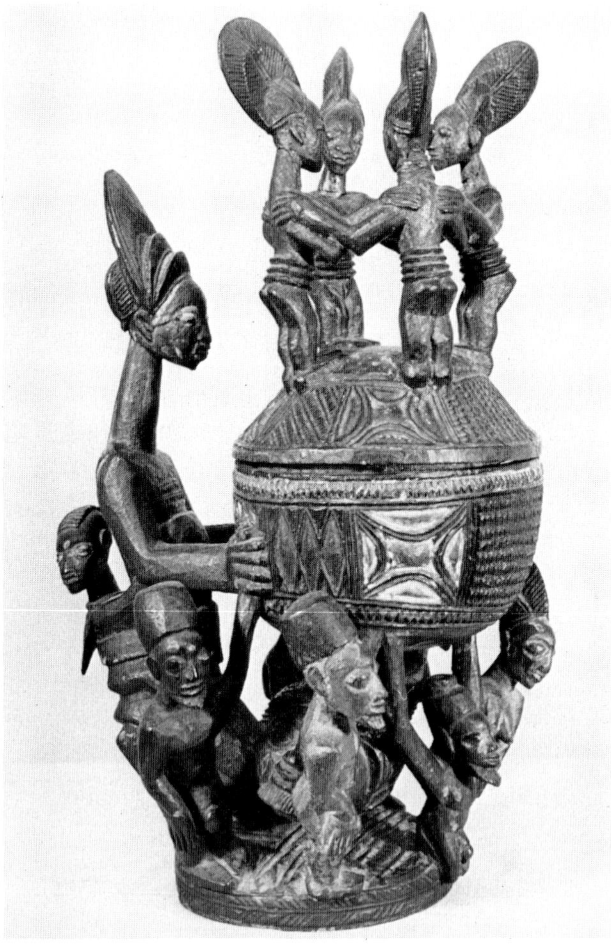

Lorsque j'ai rencontré Lamidi au début de 1960, devenu maître à son tour il préparait une grande exposition qui devait avoir lieu à Ibadan; quatre apprentis fabriquaient de menus objets, dans un style très proche du sien, qu'ils étaient assurés de vendre immédiatement. Il avait réalisé une figure de jumeaux pour qu'ils la copient et, à eux tous, ils en avaient fait une bonne cinquantaine. Je demandai à chacun de me montrer celles qu'il avait sculptées, ce qu'ils firent sans trop de mal. Puis j'examinai chaque groupe pour voir si je pouvais détecter un style individuel chez ces novices. L'un d'eux, un neveu de Lamidi nommé Buraima Akinlabi Adewuyi, débutait et, le plus souvent, exécutait les finitions pour les œuvres de Lamidi. Il n'avait pas sculpté de figure. Un autre, Amusa Akande, ne travaillant que depuis trois ou quatre mois, n'avait pas encore de style propre. Les deux derniers étaient parvenus à un style personnel, et je réussis à repérer une ou deux statuettes qu'ils avaient réparties de façon erronée. Les sculpteurs en furent étonnés, mais s'ils avaient regardé plus attentivement, je suis sûr qu'ils les auraient reconnues aussi. L'illustration n° 233 montre le modèle de Lamidi et une des statuettes exécutées par chacun des trois apprentis. Elles ont toutes quatre une facette allant de la lèvre inférieure jusqu'au bas du menton, trait typique de Lamidi, ainsi que le bourrelet sur le front et autour des yeux, légèrement arrondi chez Lamidi et Joseph Fakeye (un neveu de celui-ci). Les oreilles sont toutes semblables. Mais les figures ont des visages plus larges et moins hauts que chez le maître et dans aucune la surface de la lèvre n'atteint la quasi-verticalité caractéristique du style de Lamidi. Celle de droite est l'œuvre de Ganiyu Fakeye, autre neveu de Lamidi. Les seins de ses personnages féminins sont coniques et moins gonflés que ceux des personnages de Lamidi; leurs poils pubiens, très proéminents et anguleux, s'étendent jusqu'aux hanches; ses personnages masculins ont un pénis pointu; ses statuettes n'ont jamais de scarifications tribales. La seconde en partant de la gauche est de Joseph Fakeye. Il reste proche du style du maître, mais les seins sont moins pleins et tronqués à l'extrémité. Il est le seul à représenter des scarifications abdominales. La troisième en partant de la gauche est celle d'Amusa Akande, dont le style est moins régulier que chez les autres; il est le seul à reproduire les amulettes autour du cou; la forme des seins est plus proche de Lamidi, mais les cheveux sont très différents. Il est évident que même dans le cadre d'un apprentissage, le jeune élève n'est pas astreint à imiter servilement le modèle. Le sculpteur gouro Bassi Abigan devait se contenter de copier les gestes de son maître au détail près, sans aucune idée de ce que la sculpture allait devenir, mais il semble que ce soit là une méthode exceptionnelle[193]. Le père Carroll a décrit avec précision les étapes de la sculpture en Ekiti et le rôle de l'apprenti. En premier lieu, *ona lile* consiste à dégrossir le bloc à la hachette ou à l'herminette, puis *aletunle* est la transformation, en utilisant l'herminette ou le ciseau, des formes globales en masses plus petites, plus précises — à savoir les oreilles, les mains, les yeux; le *didon*, ensuite, est l'affinage des formes principalement au couteau ou au ciseau; en dernier lieu, *fifin*, l'élaboration des détails tels que les cheveux, les paupières et les motifs[194].

Le rôle des apprentis dans ces différentes étapes varie légèrement. «Lamidi écrit de ses deux apprentis qu'"ils peuvent parachever l'œuvre quand j'ai fait le plus gros[195]".» Mais les apprentis de Bandele exécutent aussi le travail de dégrossissage[196], qui consiste sans doute à écorcer et à enlever le bois aux endroits indiqués par le maître. Les derniers coups pour creuser et définir les contours généraux ainsi que toute la seconde étape sont exécutés par le maître, car c'est à ce moment-là que se définissent la forme et les proportions. Le lissage peut être confié entièrement aux apprentis, alors que les «derniers détails, *fifin*, sont mieux gravés par le maître[197]». Il ressort de cela que les apprentis commencent par les aspects plus ou moins mécaniques du travail pour se voir attribuer, à mesure que leur technique s'améliore, un nombre croissant de tâches. Cela s'applique naturellement aux grands masques, aux portes et aux poteaux; lorsque son savoir-faire est suffisant, l'apprenti confectionne entièrement lui-même de petits objets — comme les statuettes de l'illustration n° 233. De fait, dans d'autres groupes yoroubas, comme les Ijebu, où l'on ne sculpte plus de grandes statues, l'apprenti commence par fabriquer des cuillers et autres objets de ce genre[198].

Lorsqu'on compare les caractéristiques des grandes sculptures d'Ekiti en essayant de deviner qui les a faites, on peut établir une hiérarchie, car les formes de base établies par le maître durant *ona lile* et *aletunle* seront sans doute plus stables que les finitions, laissées d'ordinaire aux apprentis. Grâce à ce principe Willett et Picton ont pu venir à bout des doutes qui subsistaient quant aux attributions, déterminées d'après des renseignements obtenus sur place, d'anciennes sculptures de sanctuaire à Owo. Il est important d'avoir la possibilité d'établir une certitude: il est fréquent, en effet, que l'œuvre d'un sculpteur de moindre renommée soit attribuée par son propriétaire à un sculpteur plus connu, soit de façon délibérée, pour impressionner autrui avec un nom plus prestigieux, soit, plus probablement, parce que le nom du sculpteur mineur a été oublié.

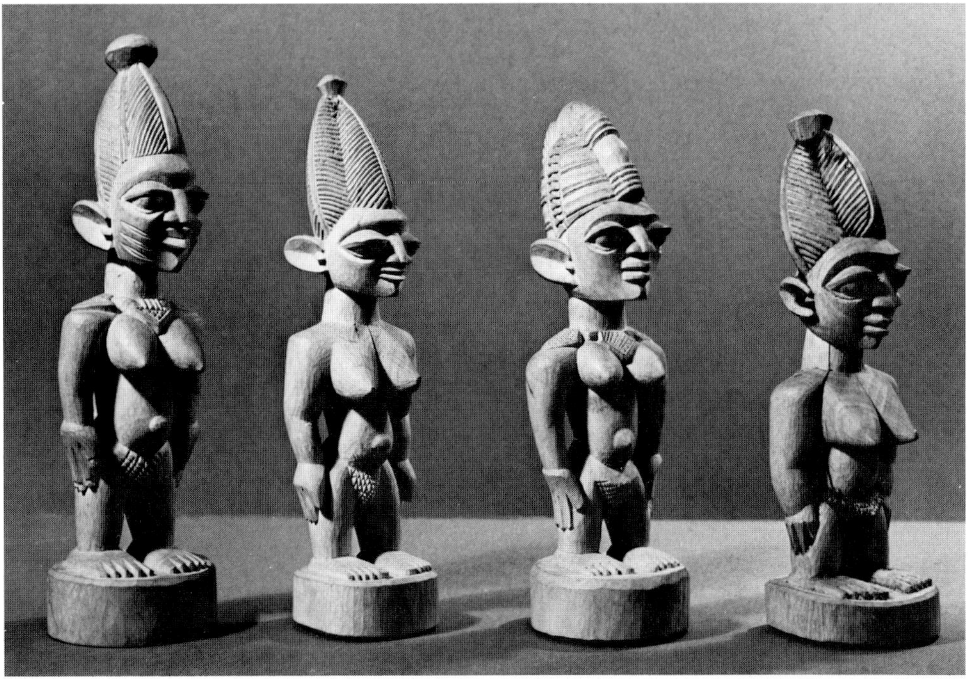

233 *Ibeji*, figures de jumelles. A gauche, le modèle sculpté par Lamidi, et les copies de ses apprentis Joseph Fakeye, Amusa Akande et Ganiyu Fakeye. (Coll. F. Willett. Haut. : 32,5 cm, 30 cm, 28,5 cm et 28 cm.)

Grâce aux progrès réalisés dans ce domaine, nous sommes en mesure, dans le cas d'un sculpteur pour lequel nous sommes bien documentés, de suivre l'évolution de ses assistants jusqu'à leur indépendance et à leur maîtrise. En résumé, on peut appliquer à l'art africain des techniques analytiques employées dans l'étude de traditions dont nous sommes davantage familiers. C'est, s'il en était besoin, une preuve supplémentaire de ce que nous avons affaire à un « art » véritable, à mettre sur le même plan que les arts occidental ou oriental.

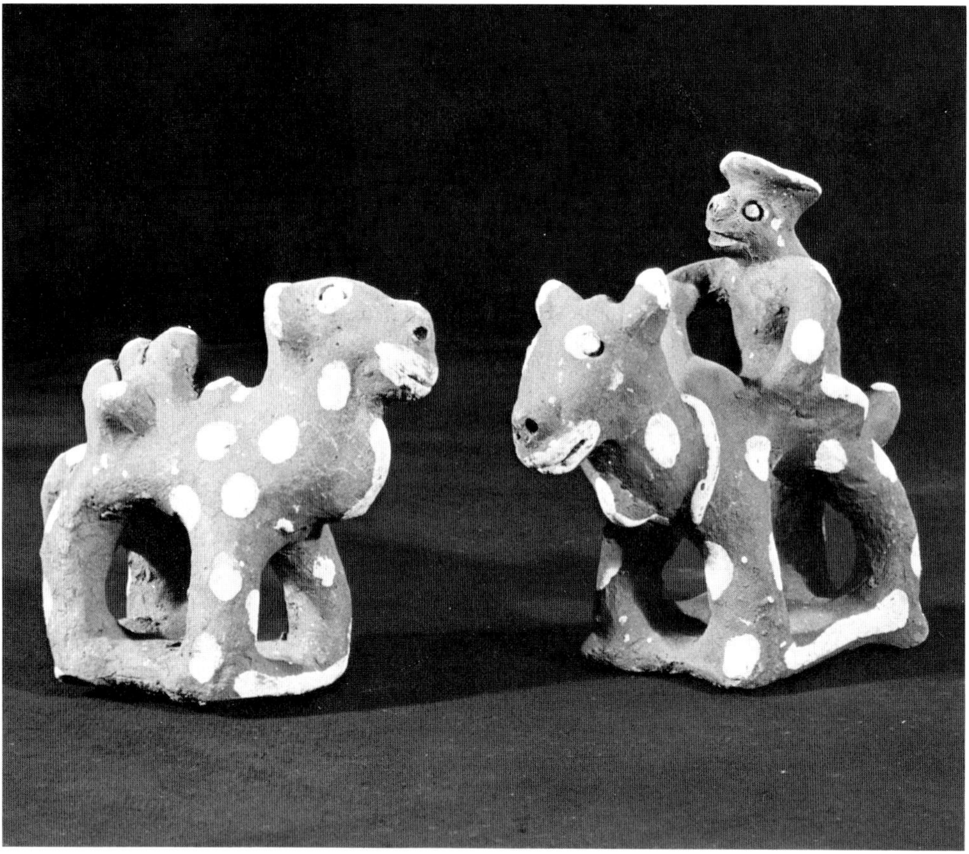

234 L'islam n'a pas totalement éliminé la représentation d'animaux et d'êtres humains. Ces poteries furent achetées sur le marché de Mbour, au sud de Dakar, Sénégal. (Coll. F. Willett. Haut. : 11 cm et 13,5 cm.)

CHAPITRE SEPT

L'art africain aujourd'hui

Lorsqu'il est question d'art africain traditionnel, on écrit souvent au présent, sans préciser et répéter qu'on parle d'une époque précise du passé. Ainsi est née la conviction que l'art africain n'a pas connu d'évolution avant l'influence relativement récente de l'islam ou des marchands et des missionnaires européens. Dans le chapitre trois, j'ai montré que l'art africain a connu de nombreuses mutations, mais notre connaissance est trop schématique pour que nous puissions donner des indications précises sur le rythme de son évolution. Il apparaît néanmoins que celle-ci s'est accélérée au cours du XXe siècle, en raison de l'afflux toujours croissant d'idées et de technologies occidentales.

La disparition des anciens modes de vie est fort regrettée par les auteurs occidentaux — bien moins par les Africains! Les Européens et les Américains déplorent en particulier le déclin de la production d'art traditionnel. En fait, elle est encore tellement élevée que la postérité situera sans doute dans la seconde moitié du XXe siècle une renaissance artistique pour l'ensemble du continent.

Les influences externes touchent l'Afrique depuis longtemps. L'une des plus connues est l'islam; établi d'abord en Afrique du Nord, il a ensuite traversé la savane soudanaise pour atteindre la corne et descendre le long de la côte est, il y a si longtemps qu'il doit être considéré comme un mode de vie traditionnel dans ces régions. Celles-ci appartiennent au monde islamique, en particulier du point de vue esthétique puisque l'islam déconseille la représentation des créatures vivantes, encourageant plutôt de complexes motifs ornementaux. On trouve néanmoins de nombreux peuples musulmans en Afrique dont l'art n'est pas entièrement non figuratif. Des Nupé du nord du Nigeria sont réputés aujourd'hui pour leur travail du laiton ciselé, couvert de motifs compliqués mais non figuratifs[199]. Leurs
portes, surtout décoratives, sont souvent ornées d'animaux. 235

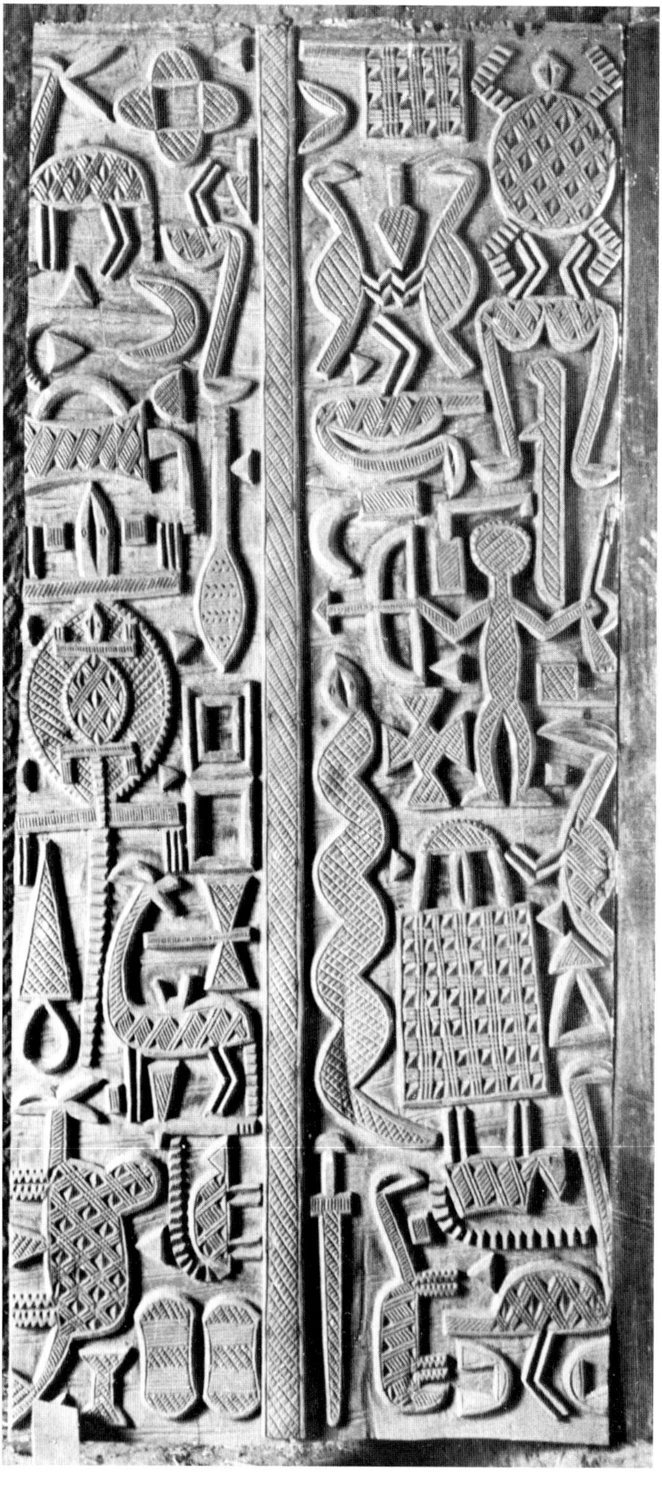

235 Détail d'une porte gravée par Sakiwa le jeune, de Lapai, dans une maison de la ville Nupé de Lapai.

Il y a encore des danseurs masqués en pays Nupé[200] et chez d'autres 236
peuples islamisés de l'Afrique occidentale. Labelle Prussin a montré en quoi la mosquée musulmane était typiquement africaine[201], et Roy Sieber a expliqué que le *kuduo* des Ashantis, récipient de bronze utilisé 237
pour contenir des offrandes lors des enterrements et d'autres rituels, dérive des gamelles constituées de récipients imbriqués, d'origine arabe[202]. On pensait autrefois qu'ils étaient typiquement ashantis. C'est ainsi que l'islam, non seulement n'a pas supprimé l'art figuratif traditionnel, mais a dans une certaine mesure conduit à une nouvelle créativité. Même là où, comme sur la côte est, la décoration islamique ne rencontrait pas un type de représentation préexistant, sa production mérite d'être analysée. Si la sculpture de figures humaines manque en Afrique orientale, on y trouve une sculpture ornementale de toute beauté[203].

236 Masque acquis en 1910 par Frobenius à Mokwa. L'islam n'a pas encore supprimé les mascarades traditionnelles Nupé, mais elles n'ont plus lieu aujourd'hui que le jour de la naissance du Prophète. (British Museum, Londres. Haut. : 64,5 cm.)

237 *Kuduo* en bronze ashanti. Les lignes en relief reproduisent les séparations du modèle d'origine, constitué de plusieurs compartiments superposés. (British Museum, Londres. Haut. : 28 cm.)

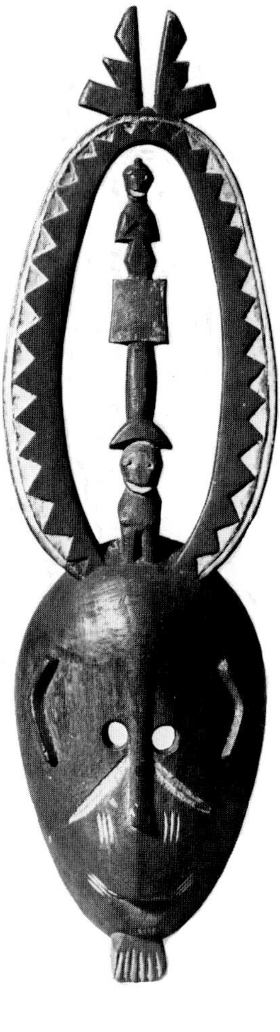

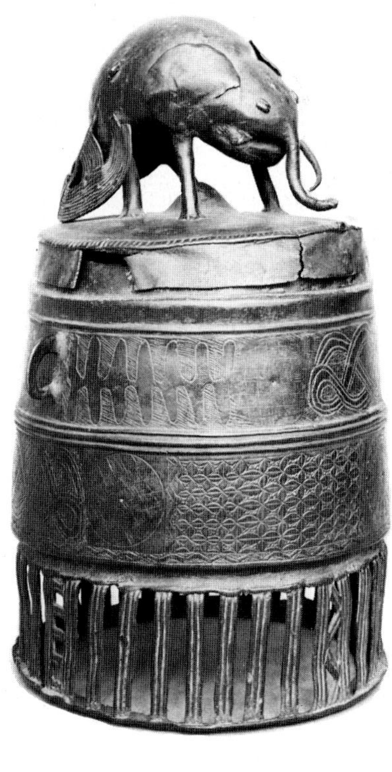

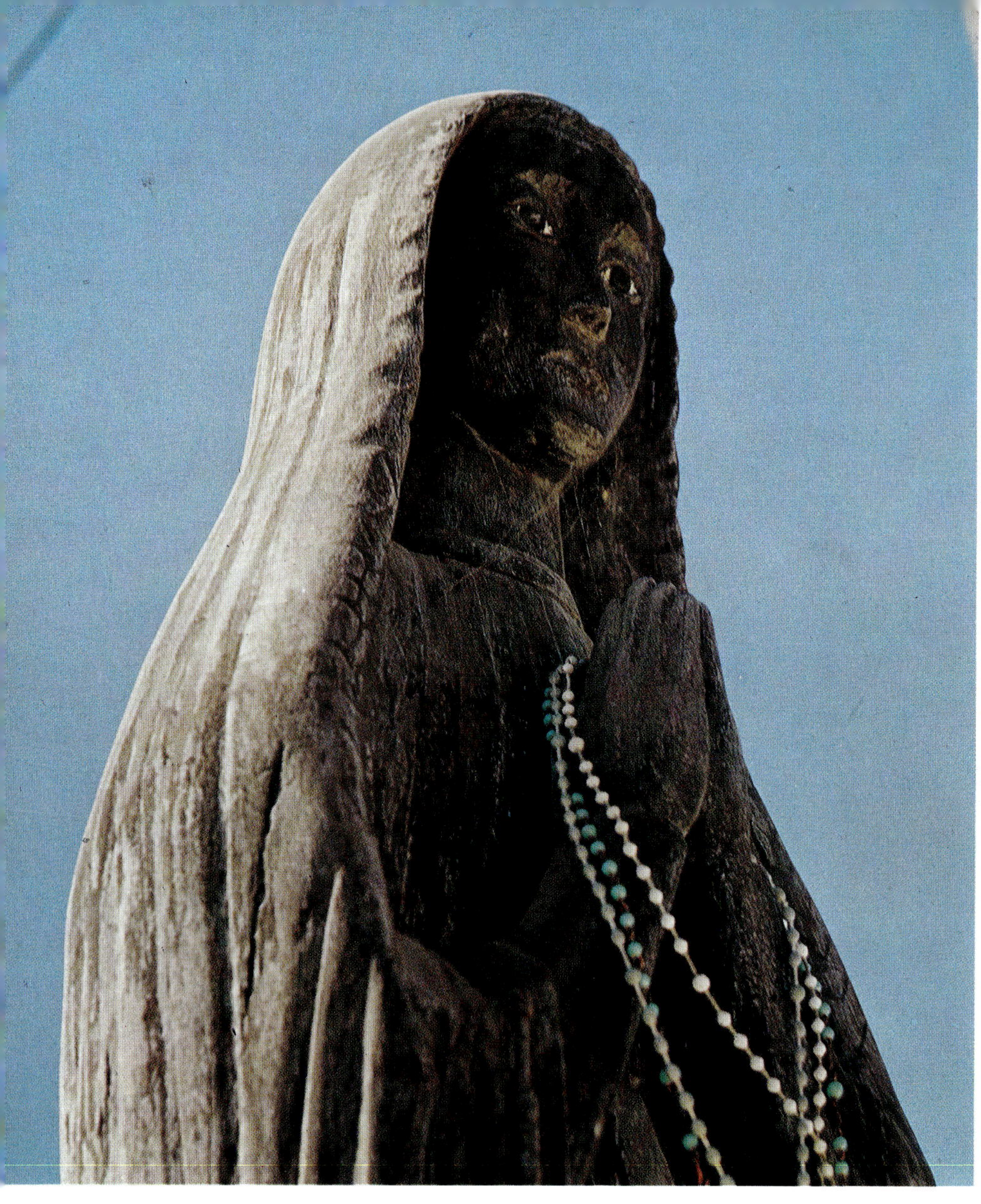

238 Statue de Notre-Dame au centre du village de pêche de Fadioute au Sénégal, sculptée par Laurent Ndonc.

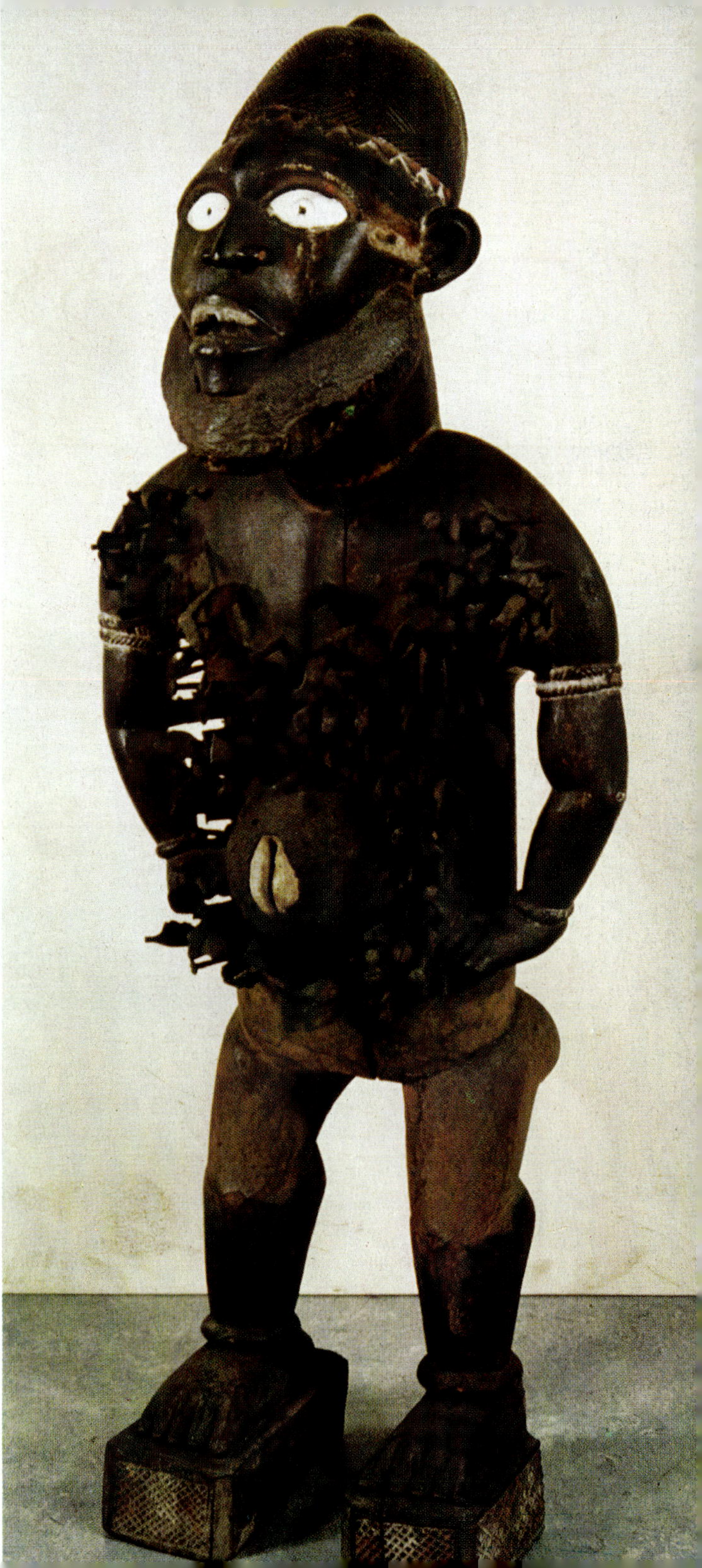

239 Fétiche à clous *mangaka* de Loango, subdivision Bavili des Bakongo, acquis vers 1898. On enfonce des clous ou des lames de métal dans ces statuettes pour stimuler leur pouvoir et obtenir une aide surnaturelle. (Musée de Manchester. Haut. : 118 cm.)

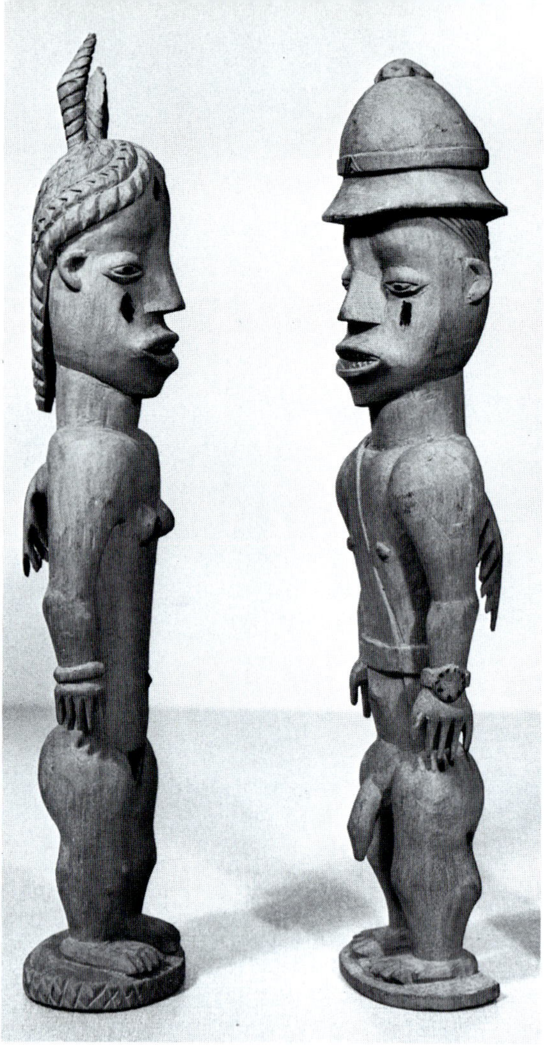

240 L'influence chrétienne sur la sculpture africaine s'est manifestée sous diverses formes. Ici, l'un des deux anges, l'homme, est représenté sous les traits d'un messager du gouvernement portant un casque colonial, une montre et un sac en bandoulière attaché à la ceinture. (Musée de Manchester. Haut. : 42,5 cm et 42 cm.)

Le christianisme a précédé l'islam en Afrique, puisque les coptes d'Égypte et d'Éthiopie remontent presque au temps du Christ, et que la Nubie fut chrétienne dès le VIe siècle, avant d'être islamisée au début du XVIIe. Nous ne savons pas quelles idées et quels motifs artistiques ont été transmis au reste de l'Afrique contemporaine. Des missionnaires européens firent à partir du XVe siècle des tentatives sporadiques de prosélytisme sur la côte ouest. Le résultat le plus tangible fut l'établissement d'un royaume chrétien de langue portugaise au Kongo, qui atteignit son apogée

au XVIe siècle, mais, à la suite d'une guerre avec le Portugal en 1665, le christianisme s'éteignit. Cette période avait néanmoins laissé sa marque sur les nombreux crucifix et peintures rupestres de Mbafu. Il est possible 36
également que le naturalisme de la sculpturc Bakongo soit dû à l'influence européenne. Toutefois, je n'irai pas aussi loin qu'un de mes collègues, pour qui la statuette typique de la mère à l'enfant est une copie de la 241
Madone de l'humilité, et le fétiche aux clous est dérivé du Christ 239
en croix[204].

En général, les missionnaires chrétiens ignorent, aujourd'hui comme jadis, les religions indigènes; tentant de les supprimer, ils s'en sont souvent pris à des sculptures qui en étaient l'expression, y voyant à tort des idoles et des objets de culte. Les dieux ne sont pour ainsi dire jamais représentés dans la sculpture africaine. Heureusement, l'œcuménisme

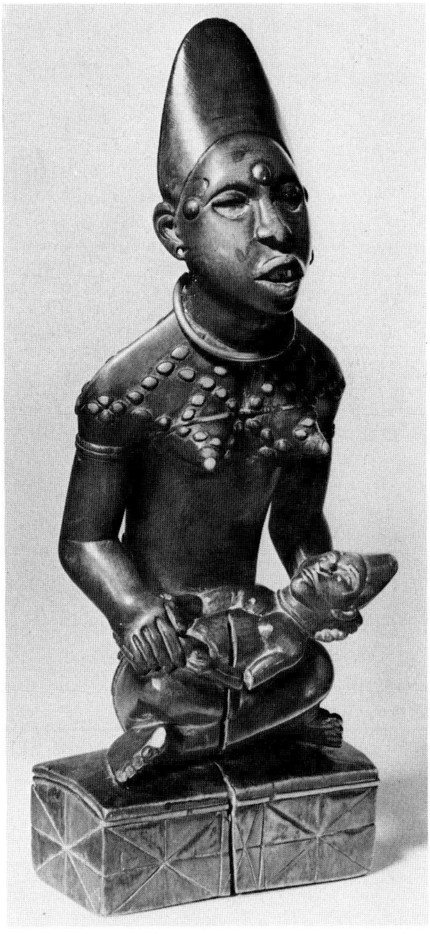

241 Figure d'ancêtre sous les traits d'une mère assise tenant un enfant. Bakongo. (Coll. Pierre Arman. Musée de l'Homme, Paris. Haut.: 31 cm.)

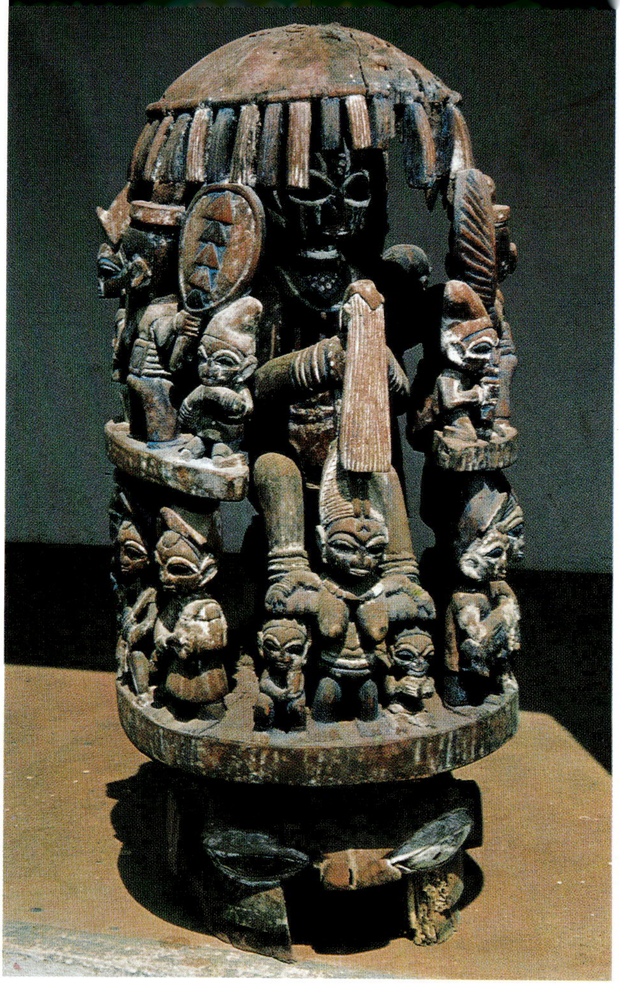

commence à s'étendre aux religions africaines et on tente d'intégrer au christianisme les formes artistiques traditionnelles. Il est intéressant de voir comment l'attitude de l'administration laïque s'est reflétée même dans ce contexte surprenant. L'administration française a tenté de faire des Africains des sujets français, et cette tendance à considérer que les valeurs européennes représentent le pinacle auquel doivent aspirer les Africains est illustrée par cinq ou six statues imitant manifestement les saints européens en plâtre, dans le village de pêche de Fadioute, sur la côte du Sénégal, réalisées dans les années 50 par Laurent Ndonc. La politique de gouvernement indirect de Lord Lugard — prolongeant la

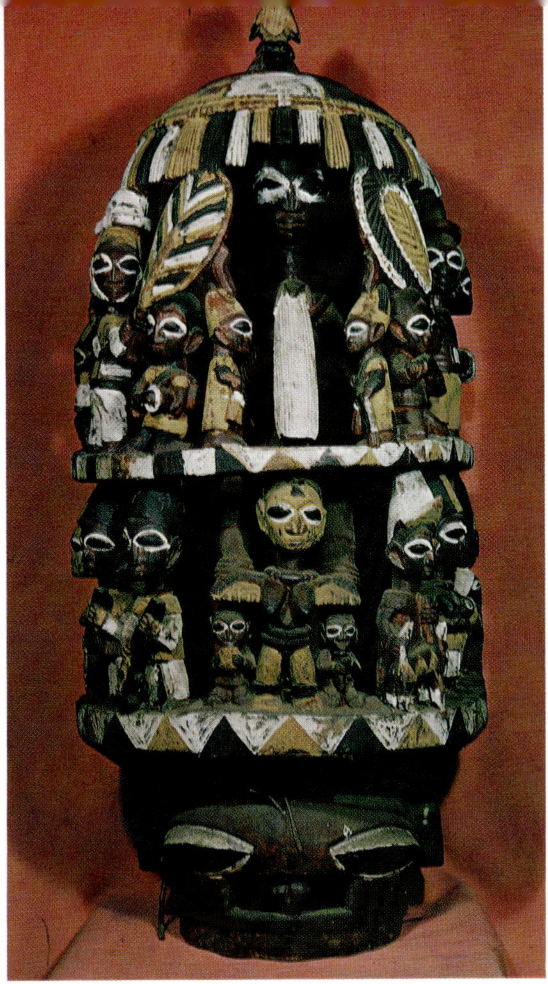

242, 243 Deux masques *epa* sculptés par Bamgboye d'Odo Owa. Les sculpteurs traditionnels parvenaient à la perfection en réalisant toujours le même objet. Le spécimen le plus ancien, acquis dans le village d'Oyaté, portait le nom d'*Omoboni*; il représente un personnage qui vécut assez vieux pour connaître ses arrière-petits-enfants. Le spécimen plus récent aurait été trouvé à Odo Owa, mais c'est tout ce que nous savons à son sujet. (Musée national, Lagos. Haut.: 108 cm et 118 cm.)

politique britannique à travers les chefs et institutions traditionnelles existants — pourrait bien avoir servi inconsciemment de modèle au projet Oyé Ekiti d'un groupe de pères de la Society of Missionaries in Africa au Nigeria. Le père Kevin Carroll a décrit les aspects sculpturaux de ce projet[205]. L'idée était d'établir un centre artisanal employant des formes artistiques traditionnelles — tissage, broderie, travail du cuir et des perles — afin de servir le culte du dieu chrétien. Le projet fut abandonné après quelques années, mais les pères Carroll et O'Mahoney continuèrent d'encourager un grand nombre de sculpteurs qui y avaient pris part, en particulier Bandele et Lamidi.

244 Un produit typique de ce centre est un Roi mage pour une crèche sculpté
par Lamidi et décoré par d'autres artisans. Les missionnaires ne tentaient
pas de convertir les artistes et étaient même prêts à accepter que les sculp-
teurs exécutent des commandes pour les cultes indigènes. Je me rappelle
bien avoir visité une maison Ogboni à Ekiti en 1959, avec le père
Carroll : j'y vis deux tambours fabriqués par Bandele à l'époque de sa par-
246 ticipation au projet. La mandorle autour de la tête est traditionnelle sur
ces tambours : elle est d'ordinaire plus large qu'ici, comme sur l'exem-
245 plaire du XIXe siècle, et on la retrouve souvent sur les sculptures chré-
247 tiennes, comme sur les fonts baptismaux de Bandele.

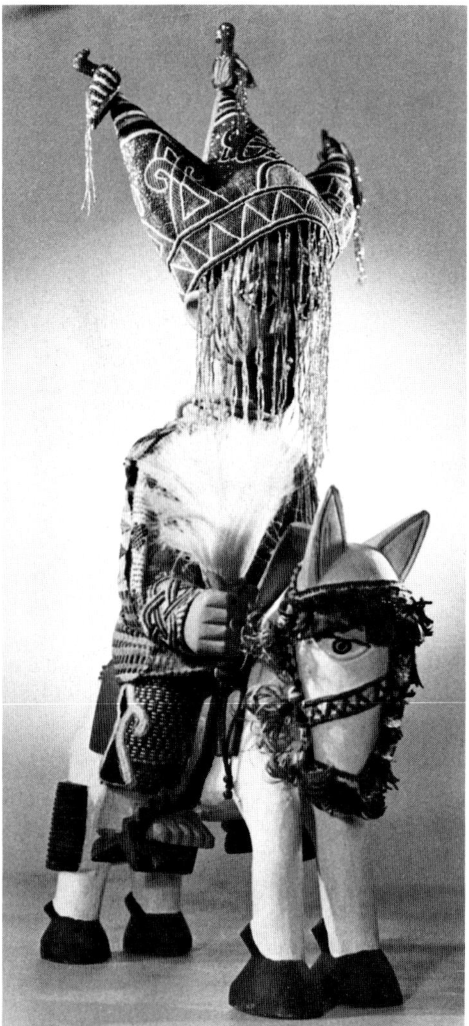

244 L'un des Rois mages, représenté sous les traits d'un roi yorouba portant une couronne ornée de perles. (Coll. Danford, Université de Birmingham. Haut. : 56 cm.)

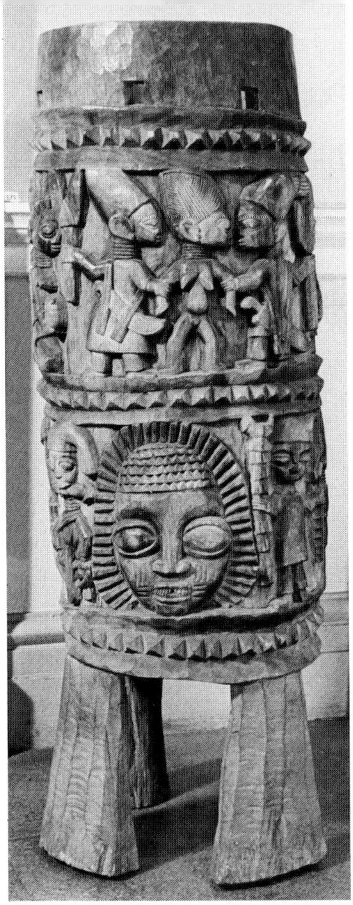

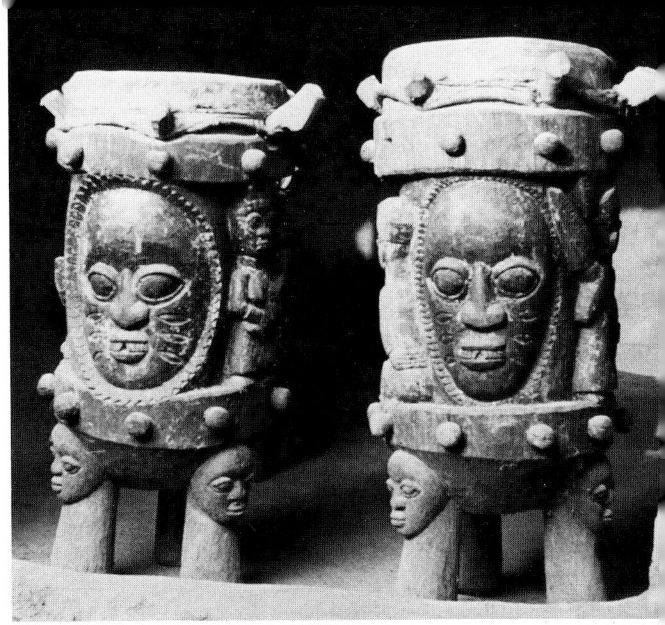

246 Deux tambours sculptés par Bandele pour une maison Ogboni à Ekiti. (Haut.: env. 90 cm.)

245 Tambour d'une maison Ogboni sculpté dans le style d'Osi Ilorin. Acquis au XIXe siècle. (Musée de Marischal College, Aberdeen. Haut.: 117 cm.)

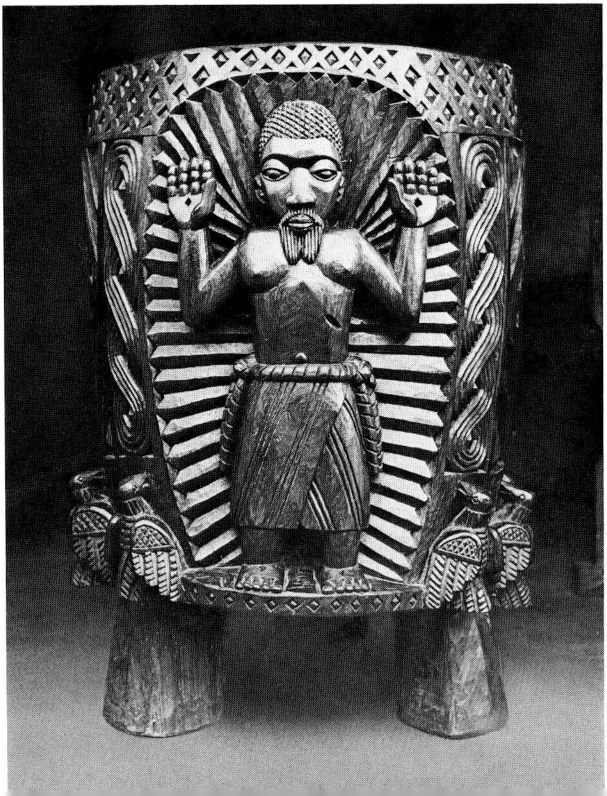

247 Fonts baptismaux sculptés par Bandele en 1965. La mandorle traditionnelle, visible sur les tambours de l'ill. n° 246, s'harmonise ici avec la figure du Christ ressuscité.

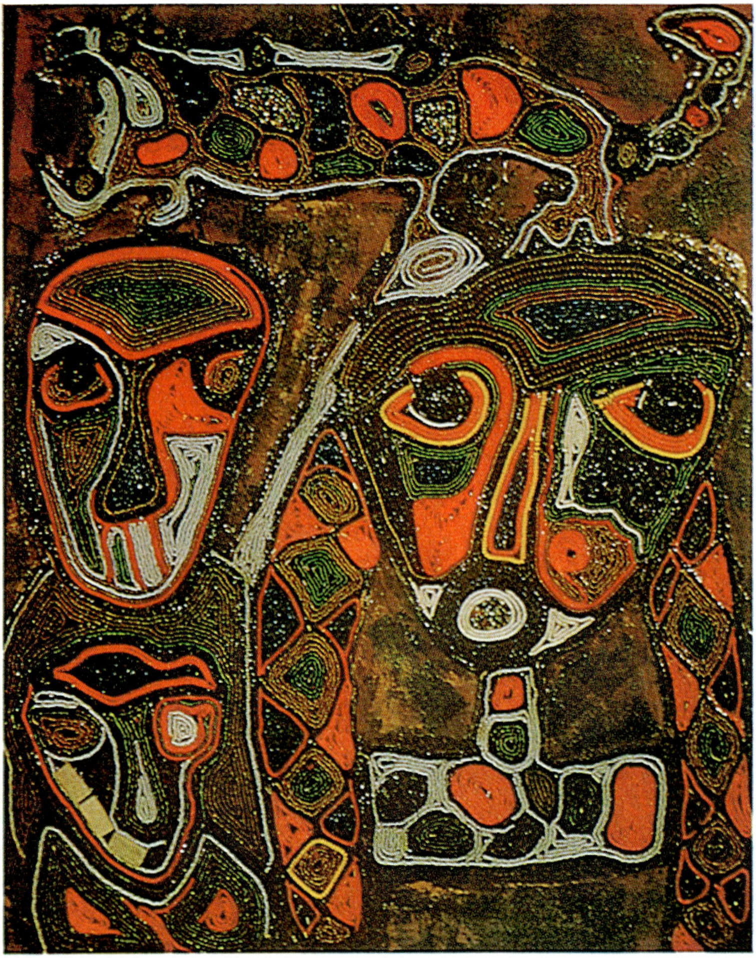

248 Tableau de perles sur tissu sans titre par Jimoh Buraimoh d'Oshogbo.

Son ancien apprenti Lamidi est aujourd'hui le plus connu des sculpteurs d'Oyé Ekiti. Il a notamment gravé de nombreuses portes pour des édifices publics, représentant souvent des scènes de la vie traditionnelle yorouba, ainsi que des scènes bibliques. Sur les portes de l'University College Hospital d'Ibadan, exécutées en 1960, il représenta en outre des scènes se déroulant dans un hôpital moderne: les trois thèmes s'harmonisent bien [206].

Il arrive souvent que l'artiste traite ces sujets nouveaux pour la première fois, après avoir répété à maintes reprises les motifs traditionnels, et résolu ses principaux problèmes artistiques. On demande souvent à Lamidi de produire de l'inédit, puisque le caractère unique d'une pièce a de la valeur aux yeux des Occidentaux. Par conséquent, avec ses apprentis, il n'a pas l'occasion de perfectionner ses idées et ses dessins en les répétant assez souvent et régulièrement. C'est cette répétition, avec de légères variations, qui assurait la sûreté de la touche des anciens maîtres car,

249 *Léopard dans un champ de maïs*, sérigraphie de Bruce Onobrakpeya, 1965. (Coll. F. Willett. Haut. : 60,5 cm.)

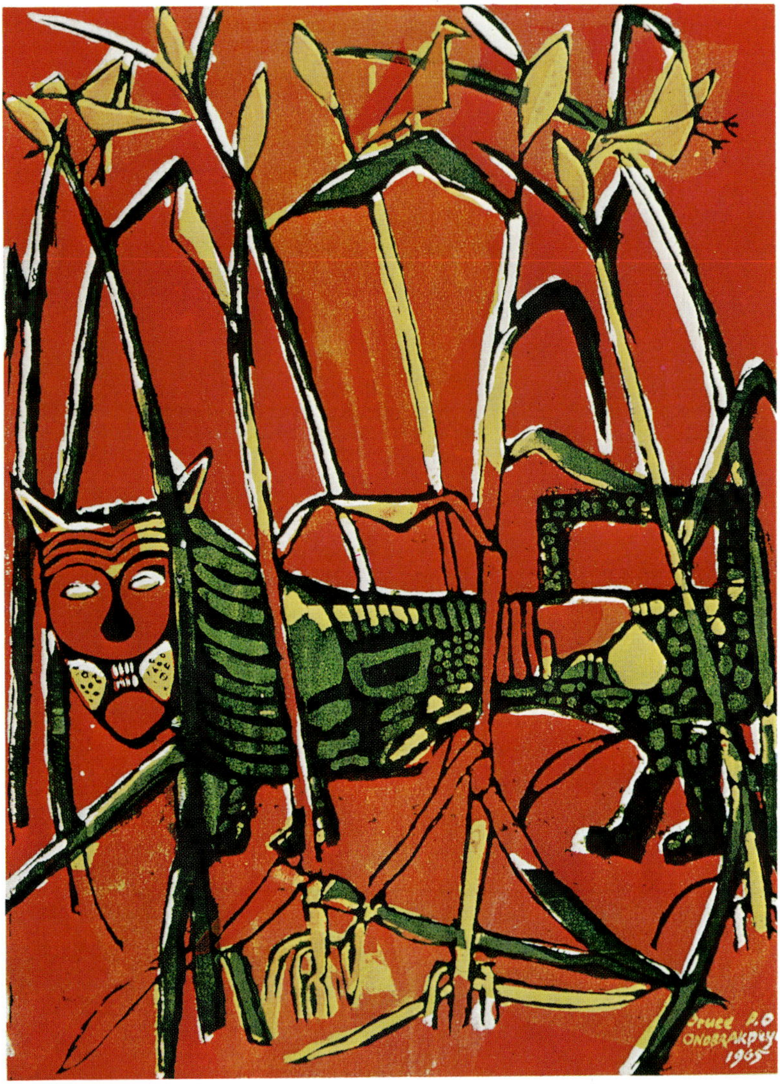

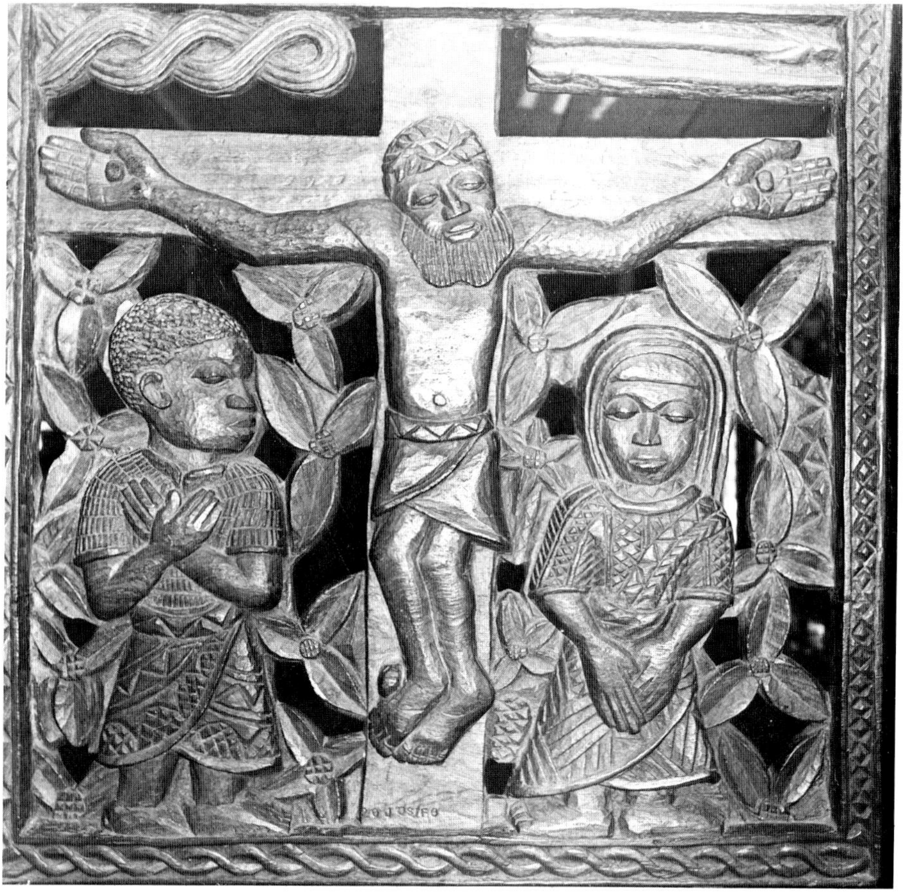

comme nous l'avons déjà mentionné, le sculpteur africain n'utilise pas de maquette préparatoire: son exercice est la sculpture achevée.

La présentation visuelle des récits bibliques dans les églises chrétiennes, objectif premier du projet Oyé Ekiti, correspond de très près à la façon dont les sculptures, les peintures et les vitraux des églises européennes du Moyen Age servaient à la fois à inspirer un sentiment religieux aux croyants et à instruire les membres analphabètes de la congrégation. Mais le projet Oyé Ekiti avait tenté d'aller plus loin en instituant des cérémonies où les images chrétiennes fonctionnent un peu à la manière des images païennes. A Noël les enfants portaient les images chrétiennes en

250, 251 Panneau représentant la Crucifixion, gravé par Osagie Osifo en 1961 pour la chapelle catholique de l'Université d'Ibadan. Osifo, né à Benin, emploie la frontalité pour le sujet et le fond à trois feuilles, analogues à ceux des célèbres plaques de bronze anciennes du Bénin. (*A gauche:* Chapelle catholique, Université d'Ibadan; haut.: 81 cm. *A droite:* British Museum, Londres; haut.: 48 cm.)

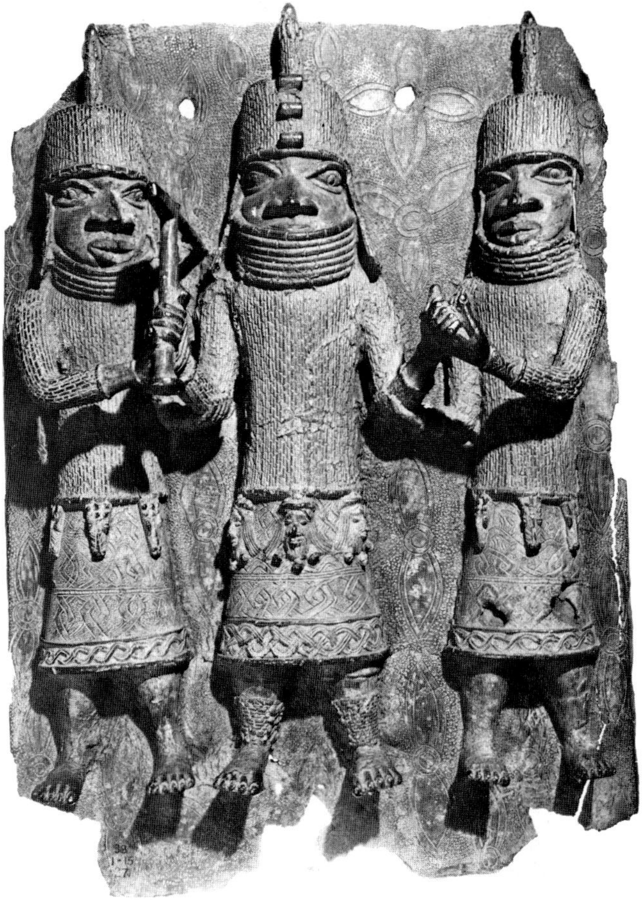

procession — idée inspirée d'une fête traditionnelle au cours de laquelle on porte les images de par la ville pour, si l'on peut dire, «bénir» la communauté. On est là assez loin des cultes utilisant les masques. Toutefois, avec leur formation traditionnelle, les sculpteurs d'Oyé Ekiti ne sont pas les seuls à tenter d'introduire une nouvelle base religieuse dans l'art africain. De nombreux artistes formés à l'occidentale dans des facultés des beaux-arts africaines ou européennes sont chrétiens. Leur formation les a ouverts à toutes les traditions du monde, et ils peuvent être aussi éclectiques qu'ils le souhaitent, tout en montrant souvent une préférence pour les modèles africains, comme dans la Crucifixion d'Osifo, organisée d'après 250, 251

l'exemple d'une plaque du Bénin. Par contre, les portes de Ben Enwonwu
252 pour la délégation apostolique à Lagos sont peut-être plus occidentales
qu'africaines dans leur conception. De nombreux artistes formés en Occident travaillent en Afrique[207], mais jusqu'il y a peu, ils devaient travailler soit pour le public occidental, soit pour des institutions publiques, en grande partie parce que les prix qu'ils demandent sont indexés sur le niveau du marché international et non sur celui du revenu moyen africain, pratique critiquée par Cyprian Ekwensi[208].

Il existe pourtant au moins un artiste qui a fixé ses prix de manière à attirer des acheteurs africains : Bruce Onobrakpeya; car si les artistes formés en Occident veulent rester africains, ils doivent répondre aux
249 besoins artistiques de leur propre société. L'œuvre d'Onobrakpeya, souvent africaine par le sujet, n'est pas d'un style particulièrement africain.

Les artistes formés à l'occidentale traversent diverses phases d'expérimentation inspirées par les traditions artistiques d'autres continents, un peu comme, au début du siècle, les artistes européens furent inspirés par les arts d'Afrique et d'Océanie. Leur art est par conséquent extrêmement individuel et souvent pas plus nettement africain que, par exemple, l'œuvre de Picasso. Les artistes africains sont actuellement absorbés par le monde cosmopolite de l'art moderne, qui doit beaucoup lui-même à l'art africain : la boucle est bouclée. Peut-être l'accélération de la diffusion des images permettra-t-elle aux artistes formés à l'occidentale de continuer dans la voie de l'éclectisme et dans leur rôle d'intermédiaire sur la scène artistique du XXe siècle, où les distinctions régionales ne semblent plus aussi importantes. Mais peut-être qu'avec le temps ils se tourneront de plus en plus vers les traditions de leurs ancêtres et chercheront davantage à vendre aux leurs. Dans ce cas, nous sommes en droit d'espérer l'apparition de nouvelles formes artistiques africaines.

De fait, de nouvelles formes d'un art typiquement africain ont fait leur apparition dans plusieurs régions, où l'on a créé des centres expérimentaux et où la population, le plus souvent dépourvue de formation artistique, dispose de matériel et a l'occasion de s'exprimer. Le premier a été fondé vers 1957 à Salisbury en Rhodésie (actuellement Harare au Zimbabwe) par Frank McEwen, alors directeur de la National Art Gallery. Il n'existait pas de tradition de sculpture ou de peinture vivante dans la région, lorsqu'il commença à mettre du matériel de peinture à la disposition des gardiens du musée. De là naquit bientôt un atelier qui encouragea quelque soixante-dix artistes de tous le pays. McEwen prétend que sa méthode ne consistait pas à donner à ces artistes une quelconque

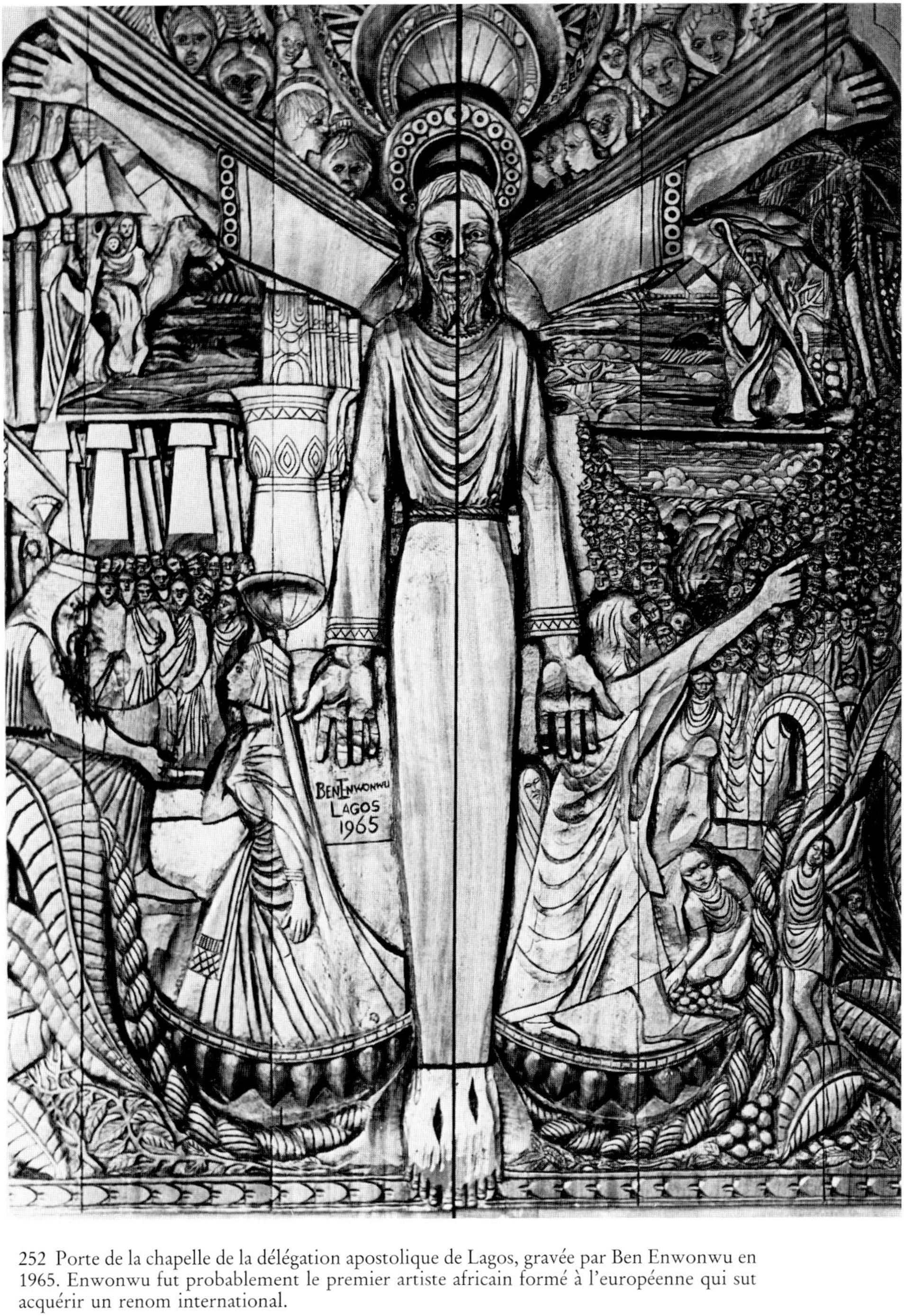

252 Porte de la chapelle de la délégation apostolique de Lagos, gravée par Ben Enwonwu en 1965. Enwonwu fut probablement le premier artiste africain formé à l'européenne qui sut acquérir un renom international.

formation mais à libérer leur esprit artistique[209] en les encourageant et en leur témoignant de l'intérêt. La plupart de ces artistes ont choisi la sculpture sur pierre lissée puis huilée. L'utilisation de ce matériau ardu décourage la production de masse, responsable de l'« art d'aéroport » — le terme est de McEwen —, qui est le même en Afrique qu'ailleurs. Mais la lenteur n'est pas un avantage si les résultats sont analogues.

L'« art d'aéroport » est lisse et brillant pour mieux s'intégrer à l'ameublement des salons européens ; or, certaines productions du Zimbabwe ont le même type de surface et une certaine naïveté qui passe pour « authentiquement africaine » aux yeux d'acheteurs qui soutiennent ce type de production sans le savoir.

Certaines œuvres, cependant, sont d'excellente qualité — mais elles ne peuvent l'être toutes. McEwen insiste sur le fait que les artistes sont libres, qu'il ne les influence pas. Toutefois, ils s'influencent mutuellement, et différents sculpteurs ont réalisé des travaux très semblables[210] : s'ils ne s'influençaient pas, ce ne serait pas devenu une « école ». Néanmoins, leurs
253 œuvres sont très variées, surtout lorsqu'elles sont exécutées en pierre tendre. L'école du Zimbabwe fonctionne depuis plus de trente ans avec pour seuls clients des Blancs — ses artistes étaient représentés à la Biennale de Venise en 1990 ; il est certain que l'entreprise de McEwen visant à « tenter de faire naître de nouveaux artistes dans le désert culturel rhodésien », comme dit Beier[211], méritait le succès.

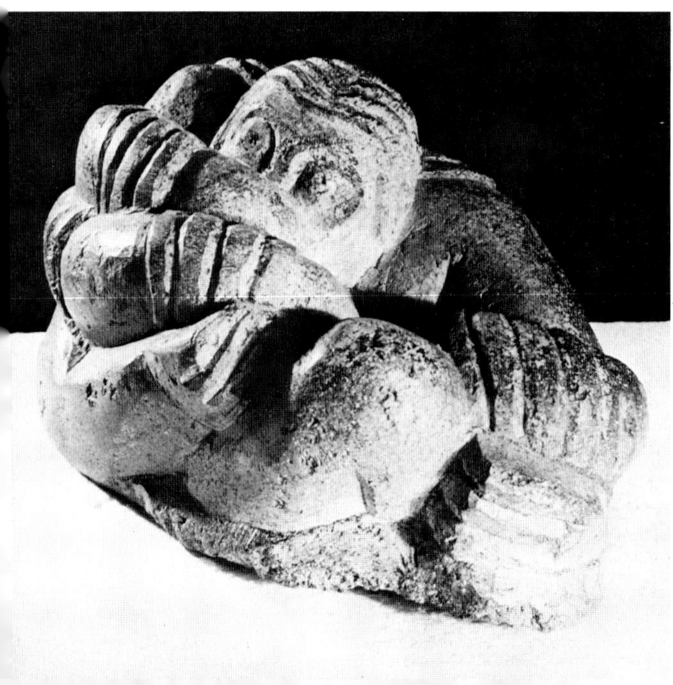

253 *Figure entrelacée*, sculptée en stéatite par Nicholas Mukomberanwa, de l'école de Salisbury (Zimbabwe).

254 *Le Fantôme anti-oiseau*, dessin à l'encre noire sur papier bleu-vert, par Twins Seven Seven, 1967. (Coll. Edward Garrison. Haut.: 63,5 cm.)

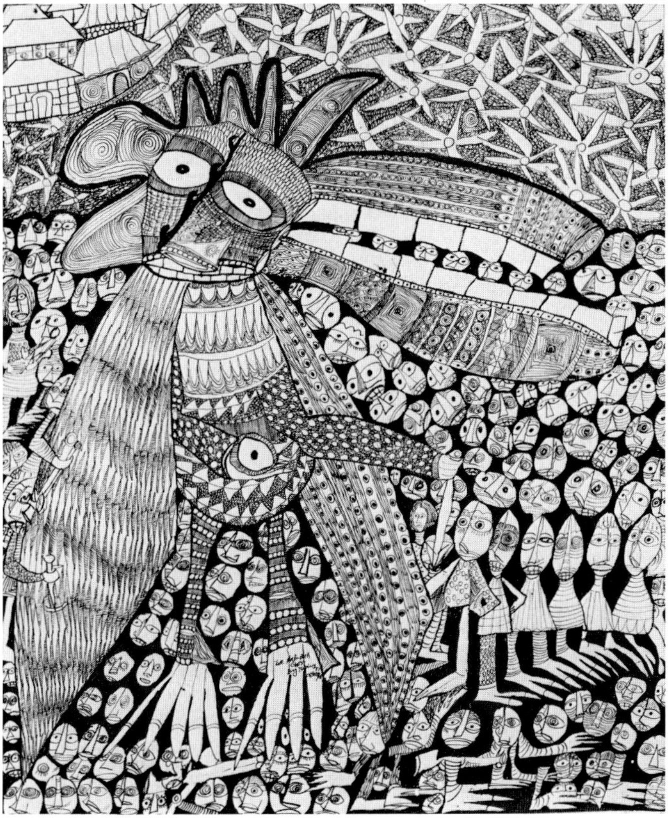

Une expérience inspirée par Ulli Beier attira plus vite les Africains. Elle commença par des stages d'été, dont les deux premiers, à Ibadan en 1961 et 1962, étaient à l'origine destinés aux artistes en exercice et aux enseignants; elle visait à les libérer des inhibitions acquises lors de leur formation de type occidental. Un stage analogue fut organisé à Mbari Mbayo, au club des artistes d'Oshogbo, puis d'autres encore. Ils étaient ouverts à tous et incitaient les participants à s'essayer à diverses formes d'art; de nombreux stagiaires persévérèrent, demandant souvent l'appui de Beier et de Susanna Wenger.

Les travaux réalisés par les artistes d'Oshogbo, tel Taiwo Olaniyi, qui travaillait aussi dans une discothèque comme batteur et danseur sous le nom de Twins Seven Seven, illustrent souvent des personnages esprits des 254 romans d'Amos Tutuola[212]. Cette approche littéraire, qui a tendance à

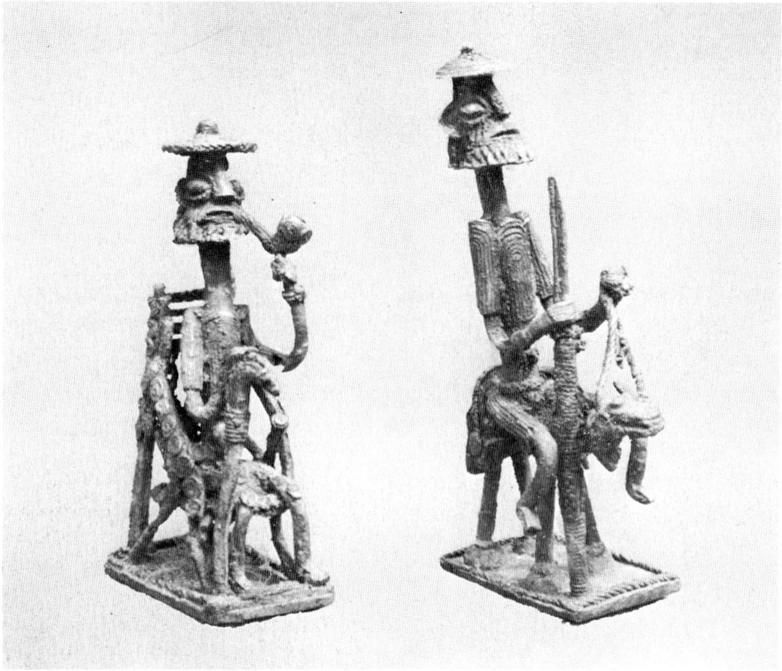

255, 256 Moulages en bronze d'Old Obo exécutés par un artiste inconnu pour le culte d'*egbe imole*. L'homme qui fume la pipe mesure 16 cm et le cavalier 18,5 cm.

représenter des personnages de contes, est caractéristique de l'art africain d'aujourd'hui. Elle est manifeste par exemple dans la sculpture moderne Makondé[213] mais aussi dans des œuvres exécutées par des artistes traditionnels pour des clients européens. Autre artiste dont la créativité fut stimulée par le stage d'été d'Oshogbo, Jimoh Buraimoh mit au
248 point une technique picturale à partir de perles cousues sur du tissu, pratique traditionnelle yorouba pour des objets destinés au roi. Il utilisa ensuite des résines époxy pour coller ses perles sur des planches[214], puis il a exécuté des mosaïques (voir *African Arts*, t. 2, n° 3, 1969 ; et Beier, 1991, p. 75), maniant avec une grande efficacité des masses audacieuses de couleurs vives; ses gravures, à l'opposé, sont composées de lignes très fines et illustrent des créatures mythiques.

L'école d'Oshogbo ne regroupe pas seulement des artistes sans formation, mais aussi un grand nombre d'artisans poussés par Ulli Beier et

Susanne Wenger à recevoir une formation artistique bien avant l'existence des stages d'été. Le premier à se faire un nom fut Yemi Bisiri, fondeur en laiton dans la tradition d'Obo-Ekiti[215]. Son originalité résidait 257
dans la taille de ses moulages, ses statucttcs mcsurant quarante centimètres, le double de ce qui se fait de nos jours à Obo — même si certaines pièces anciennes sont plus grandes. Bisiri continuait aussi à travailler pour 255-256
la société Ogboni locale, l'un de ses principaux clients.

Un autre artisan professionnel, Ashiru Olatunde, gagnait mal sa vie en vendant ses boucles d'oreilles en cuivre, dont les prix n'étaient pas compétitifs par rapport aux importations. Il dut se convertir et fabriquer des bibelots. Encouragé par Beier, il augmenta peu à peu leur taille jusqu'à environ un mètre et, en 1966, on lui commanda des portes pour 258
une église à Oshogbo[216]. Il a ensuite exécuté de vastes panneaux pour B.U.A. (1972) et Unilever (1977) à Lagos.

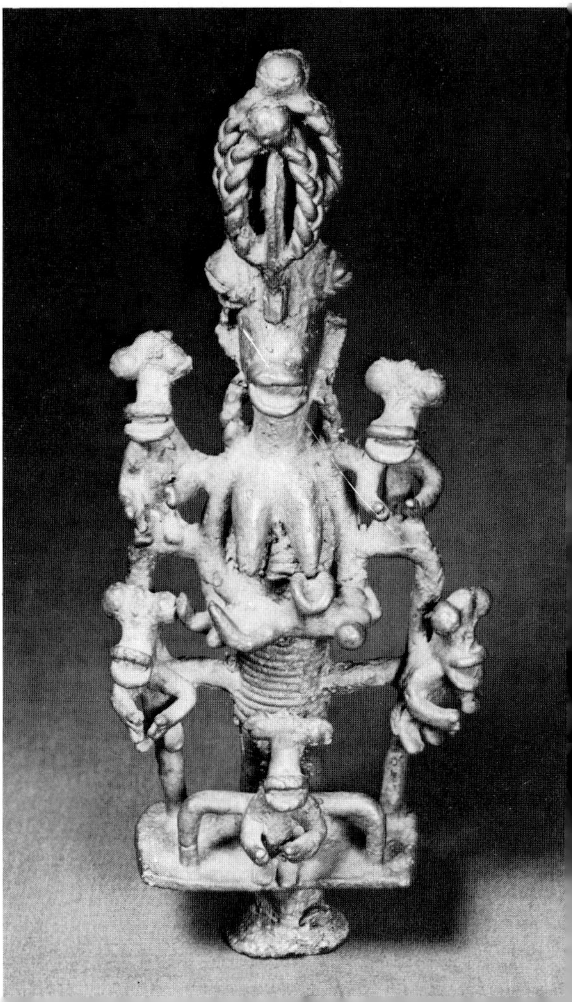

257 Une mère et ses enfants, dans le style d'Obo, par Yemi Bisiri d'Ilobu. (Coll. Ulli Beier. Haut.: 38 cm.)

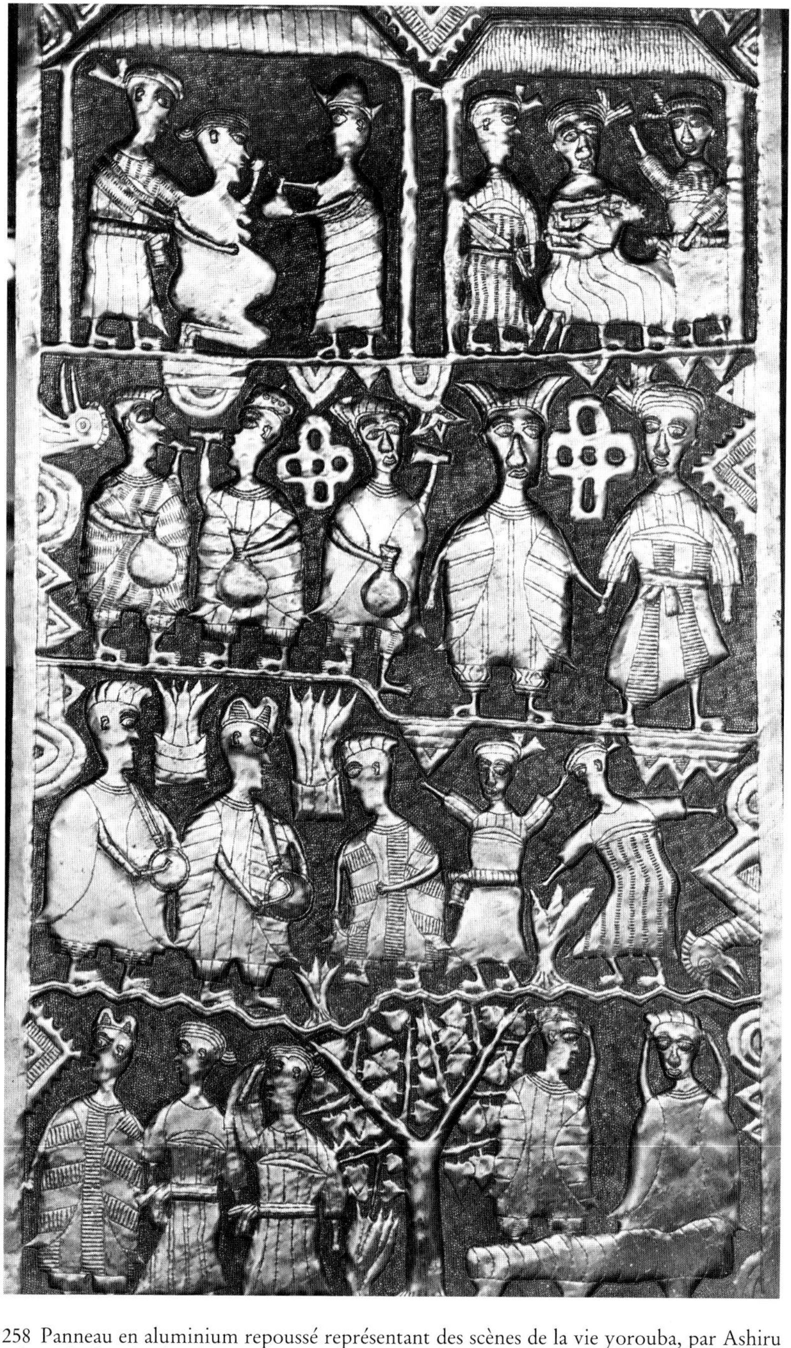

258 Panneau en aluminium repoussé représentant des scènes de la vie yorouba, par Ashiru Olatunde d'Oshogbo. (Institut d'études africaines, Université d'Ibadan. Haut.: 146 cm.)

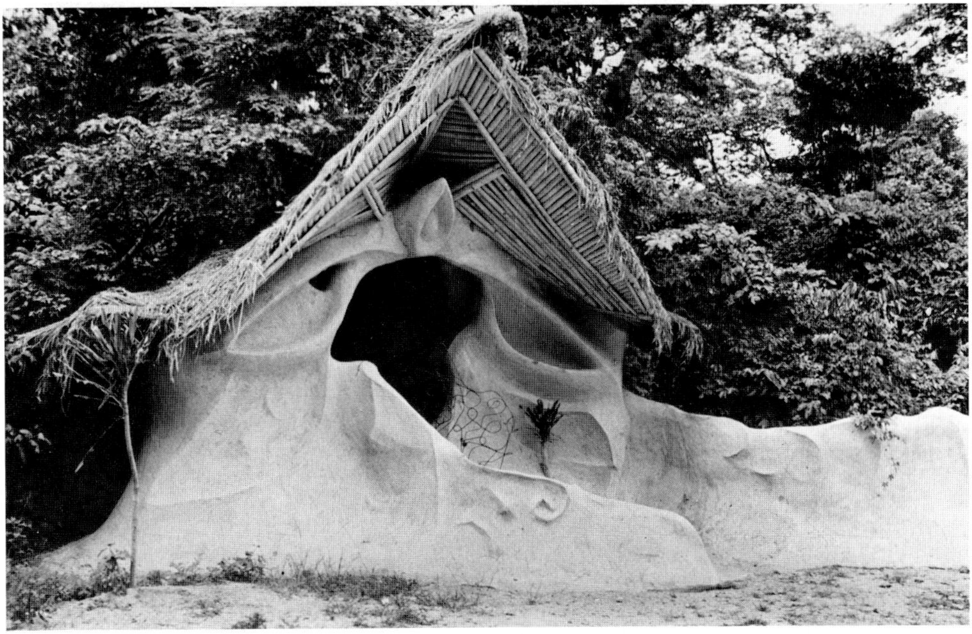

259 Partie du sanctuaire d'Oshun à Oshogbo restauré par Susanne Wenger et des artisans indigènes. Les lignes ondulantes sont destinées à répondre au mouvement du fleuve Oshun.

Susanne Wenger et Beier vivaient depuis quelque temps à Oshogbo lorsqu'ils se mirent en quête de talents du cru. Susanne faisait des expériences avec ses sérigraphies et ses batiks *adire* illustrant des mythes et des légendes dans son style anguleux. Devenue prêtresse Obatala, elle avait entrepris la décoration d'un grand nombre de sanctuaires à Oshogbo où elle créait des écrans en bois ajourés. Plus tard encore, lorsqu'elle commença à réaliser des sculptures en ciment, elle fit participer les indigènes. L'un de ses projets était la restauration du sanctuaire d'Oshun, la rivière déesse d'Oshogbo. Elle dessina des formes libres dont les lignes ondulantes en terre enduite de ciment rappellent le mouvement de la rivière, 259
puis demanda à des maçons indigènes d'orner les murs. La grille d'entrée fut décorée par Adebisi Akanji, le plus doué, qui, ayant acquis une cer- 261
taine renommée grâce à Beier, s'était déjà lancé dans la sculpture en ciment de grande échelle[217].

Adebisi fut chargé de décorer la station-service Esso en face du club de Mbari Mbayo à Oshogbo. Ses écrans de ciment qui cachent l'inévitable abri en verre typique de toutes les stations-service, sont décorés

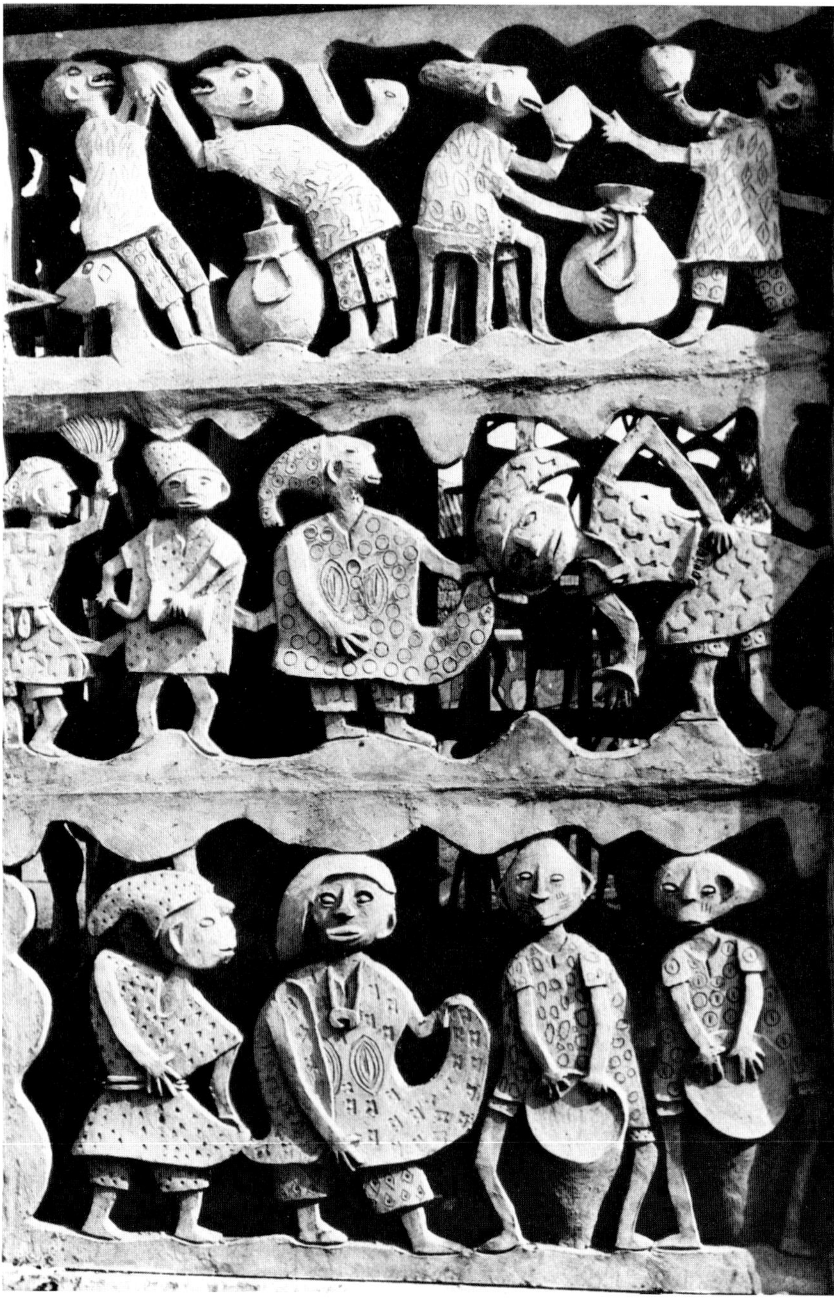

260 Écran ajouré en ciment autour de la station-service Esso à Oshogbo, par Adebisi Akanji.

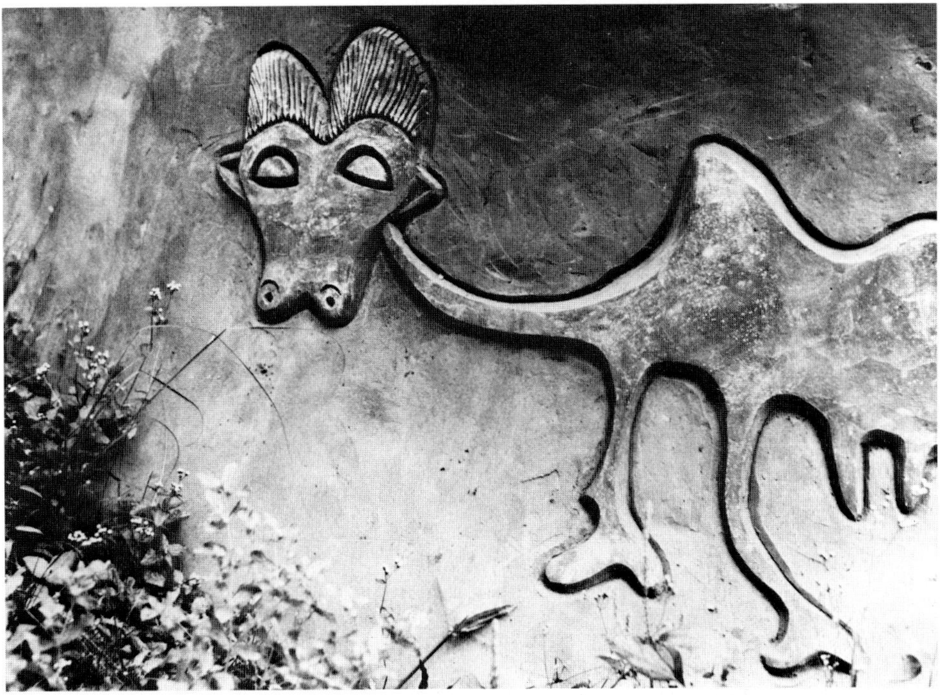

261 Détail du mur d'enceinte du sanctuaire d'Oshun à Oshogbo, montrant une vache sacrificielle en bas-relief, par Adebisi Akanji.

d'automobiles à l'arrêt devant les pompes (un des conducteurs représente Susanne Wenger), de buveurs de vin de palme, de danseurs et de joueurs 260
de tambour[218]. L'Oni d'Ife lui a également commandé des murs d'enceinte pour les sanctuaires trop exposés. La plupart des talents de l'école d'Oshogbo s'expriment en deux dimensions. Leurs réalisations dans le domaine du textile ont été couronnées de succès. Même les artistes formés à l'occidentale ont le plus souvent préféré la peinture et le graphisme à la sculpture, quoiqu'Idubor, Osifo et Enwonwu soient de remarquables exceptions. B. Lawal (1977) nous fournit un compte-rendu vivant de la situation de l'art contemporain au Nigeria, tandis que l'on doit se reporter à U. Eckhardt (1979) et S. Vogel et J. Ebong (1991) pour un panorama général sur l'Afrique.

Qu'arrive-t-il donc à l'art africain aujourd'hui ? Il change, comme il l'a toujours fait, mais alors que l'artiste traditionnel s'appuyait sur des formes traditionnelles pour servir les besoins de la communauté dans laquelle il vivait — cela se pratique encore dans de nombreuses régions —, l'artiste formé à l'occidentale peut tirer son inspiration du monde entier, tout en devant trouver une clientèle africaine. On voit apparaître des groupes d'artistes qui, n'ayant pas fait d'études et n'ayant jamais été séparés de leur communauté au cours de leur formation pratique, peuvent subvenir aux besoins de leurs propres régions. Peut-être l'avenir de l'art spécifiquement africain sera-t-il leur fait, alors que les artistes formés à l'occidentale appartiendront au monde de l'art international. Maints artistes se sont plaints de l'état pitoyable de l'art africain — et de sa mort prochaine. Dieu soit loué, ils ont eu tort.

Notes

En ce qui concerne les références bibliographiques, nous avons conservé la présentation anglaise abrégée, à savoir nom de l'auteur suivi de l'année (ou année seule lorsque ledit nom précède dans le texte principal immédiatement l'appel de note) chaque fois que l'ouvrage est mentionné dans la bibliographie qui suit. Par exemple, note 3 : « Voir Libby, 1952, et Barker, 1958. » Il s'agit de *Radiocarbon Dating*, 1952, de Willard F. Libby, et de « Radiocarbon dating : its scope and limitations », article de Harold Barker paru dans *Antiquity*.

1 Les chiffres concernant la population de l'Afrique ne sont absolument pas fiables. Ils ne sont donnés dans le texte qu'à titre indicatif. Lorsque les études dont il est question aux pages 41-42 seront plus avancées, nous aurons à n'en pas douter des statistiques sur l'art exprimées de façon similaire.
2 Ce terme s'applique à la ceinture de savanes qui traverse tout le continent d'est en ouest, au sud du Sahara. Il convient d'éviter les confusions possibles avec le pays du même nom qui se trouve à son extrémité orientale (l'ancien Soudan anglo-égyptien), et avec l'ex-Soudan français (aujourd'hui Mali) à son extrémité occidentale. Le mot vient de l'arabe et signifie : « le pays des gens noirs ». (Voir ill. n° 25.)
3 Pour des raisons d'identification, l'usage veut que l'on ne cite jamais les dates obtenues par le radiocarbone sans leur numéro de laboratoire (qui dans ce livre est donné entre parenthèses) et leur déviation standard, qui fait partie intégrante de cette date et exprime sa probabilité statistique : il y a 2 chances sur 3 pour que la date réelle soit comprise entre les limites données ; en doublant la déviation standard, on passe à 19 chances sur 20, et en la triplant à 997 chances sur 1 000, soit une quasi-certitude : il reste néanmoins 3 chances sur 1 000 pour que la date se situe entre la limite supérieure et le présent ou entre la limite inférieure et le passé infini. Les dates au radiocarbone isolées doivent donc être considérées avec prudence, et les archéologues modernes tentent d'obtenir plusieurs datations de chaque période pour s'assurer une vue d'ensemble. A propos de la technique elle-même, voir Libby, 1952, et Aitken, 1990, p. 56-119.
4 Voir notamment F. Clark Howell, *Early Man*, Time Inc., New York, 1965, p. 168-191.
5 Voir Nicholas England, « Bushman Counterpoint », *Journal of the International Folk Music Council*, t. XIX (1967), p. 58-66 ; « Hukwe Bushmen », *Ethnomusicology*, t. VIII, n° 3 (1964), p. 223-277, et aussi ses enregistrements de *Musique des Boschimans*, n°s 1433 et 1433A, Musée de l'Homme/Peabody Museum. Colin Turnbull a publié un enregistrement de musique pygmée : *Music of the Ituri Forest People*, Folkways Records n° FE 4483. Voir aussi G. Rouget et Y. Grimaud, *Notes sur la musique des Boschimans comparée à celle des Pygmées Babinga*, Phonodisc LD9, Musée de l'Homme/Peabody Museum.
6 Information fournie par le professeur Alan Jacobs.
7 Voir notamment les pièces reproduites dans L. Holy, 1967. Le groupe des Makondé est représenté par vingt-sept pièces, alors qu'il n'en donne que sept ou huit pour le groupe suivant, celui des Zoulous. Les Makondé, apparemment originaires du sud du bassin du Congo, sont des agriculteurs qui cultivent le manioc ; ils n'ont pas de bétail, alors que les Zoulous se partagent entre la culture du maïs et l'élevage. (Voir ill. n° 13 et n° 14.)
8 La taille médiane est la mesure qui se trouve à mi-distance entre les différentes tailles, c'est-à-dire que la moitié des spécimens sont plus grands et l'autre moitié plus petits. Pour le genre de comparaison établie dans le texte, une simple moyenne donnerait beaucoup trop d'importance aux pièces particulièrement grandes.
9 Kevin Carroll, 1967, p. 91. Cette suggestion semble être confirmée par l'école du Zimbabwe, où Frank McEwen encouragea des artistes en puissance dans une région sans tradition sculpturale récente mais où, en quelques années, on a assisté à l'émergence de plusieurs véritables artistes. Voir p. 254 sqq.

10 D'après Griaule, 1947, p. 15.
11 Turnbull, 1961.
12 Griaule, 1947, p. 20.
13 Par George W. Harley, 1941 et 1950.
14 Certains socio-anthropologues continuent toutefois à employer le terme « primitif » pour parler des sociétés sans écriture et de dimension réduite, sur l'étude desquelles se fondait à l'origine leur discipline. Essentiellement autarciques, ces sociétés produisent des biens pour leur propre consommation et non pour l'exportation. L'art de telles sociétés, produit pour la consommation interne, peut être assimilé à l'art de sociétés primitives; mais dans cette acception précise, c'est la société qui est primitive, non pas l'art. De la même façon, le terme « art tribal » de William Fagg transpose l'épithète de la société à l'art. William Fagg me fit savoir que, d'après Webster Plass, l'un des sens donnés par Samuel Johnson au mot « primitif » est « non dérivé » et que, dans ce cas, il peut largement s'appliquer à ces formes d'art. Mais ce sens a disparu de l'acception commune du terme. Pour une étude du terme « traditionnel », voir Picton, 1992, p. 35-44.
15 Gottfried Semper, *Der Stil in den technischen und tektonischen Künsten, oder praktische Aesthetik*, Francfort et Stuttgart, 1861, 1863.
16 Une bibliographie des textes de Holmes (jusqu'à son soixante-dixième anniversaire en 1916) fut publiée dans *Holmes Anniversary Volume*, Washington, 1916, p. 491-499. Ses articles les plus importants pour notre sujet se trouvent dans l'*Annual Report of the Bureau of Ethnology* (Washington), t. II (1883), t. III (1884), t. IV (1886), t. VI (1888), t. XIII (1896), et t. XX (1903); l'*American Anthropologist*, t. III (1890), t. V (1892), n.s. t. III (1901); et *Proceedings of the American Association for the Advancement of Science, 1892* (Salem, Massachusetts, 1892), *1893* (Salem, 1894).
17 *Indianerstudien in Zentralbrasilien*, Berlin, 1905.
18 A. Gerbrands, 1957, p. 33. Il s'agit d'un travail de grande valeur sur lequel je me suis largement appuyé pour la préparation de ce chapitre.
19 « Evolution in the ornamental art of savage peoples », *Transactions of the Rochdale Literary and Scientific Society*, t. III, 1891 (traduit d'*Ymer*, 1890); *Collected Essays in Ornamental Art by Hjalmar Stolpe*, trad. par H. C. March, Stockholm, 1927.
20 *Decorative Art of British New Guinea*, Royal Irish Academy Cunningham Memoirs n° 10, Dublin, 1894; *Evolution in Art: as illustrated by the Life-Histories of Designs*, Londres, 1895.
21 *Papers by General Pitt-Rivers, Anthropological, Archaeological and other Contributions to learned Societies up to 1884*. Imprimé par un particulier, Londres (Taunton Castle, Somerset), 1887-1903; *Evolution of Culture and Other Essays*, sous la direction de J. L. Myres, Oxford, 1906.
22 *The Evolution of Decorative Art*, Londres, 1893.
23 *Abstraktion und Einfühlung*, Munich, 1908; *Abstraction and Empathy*, New York, 1953. Les idées de Worringer ont été résumées par T. E. Hulme dans une conférence donnée en 1914 mais publiée en 1936 seulement: *Speculations*, sous la direction de Herbert Read, Londres, 1936, p. 75-109.
24 Éd. de 1953, p. 13.
25 Éd. de 1953, p. 54.
26 *Bulletin of the American Museum of Natural History*, t. IX, p. 123-176.
27 Cambridge, 1932.
28 Londres, 1960 et 1965.
29 Leipzig, 1915.
30 Cela fut observé pour la première fois par Robert Hottot en 1906. (Voir p. 161.)
31 Pour comprendre d'autres cultures, il est utile d'établir des parallèles appropriés avec la nôtre. Ici, nous pouvons comparer la scène de la pièce de Shakespeare (acte I, scène 5, trad. Yves Bonnefoy) dans laquelle Hamlet demande à Horatio et Marcellus: « Ce que vous avez vu, n'en jamais parler, / Sur mon mon épée, jurez-le. » L'épée étant cruciforme, elle symbolise la croix sur laquelle est mort le Christ, et c'est sur la croix qu'on leur demande de jurer.
32 Frobenius, « Die Kunst der Naturvölker » (l'Art des indigènes), *Westermanns Monatshefte*, t. LXXIX (1896), p. 329-340, 593-606; « Die bildende Kunst der Afrikaner » (L'Art figuratif des Africains), *Mitteilungen der Anthropologischen Gesellschaft in Wien*, t. XXVII (1897), p. 1-17; « Die Masken und Geheimbünde Afrikas » (Les masques et les sociétés secrètes en Afrique), *Abhandlungen der Kaiserlichen Leopoldinisch-Carolinischen Deutschen Akademie des Naturforscher*, t. LXXIV (1898), p. 1-278.
33 Voir également Jean Laude, 1966, p. 34-40; William Rubin, *« Primitivism » in 20th Century Art*, New York, 1984 et l'étude antérieure de R. J. Goldwater, *Primitivism in Modern Painting*, New York, 1938.
34 Traduit en français: *les Arts plastiques du Congo belge*, Bruxelles et Amsterdam, 1959.
35 Cela conduisit finalement à la publication de *Sculptures soudanaises* (Paris, 1948).
36 Versions originales: *The Sculpture of Africa*, 1958; *Nigerian Images*, 1963; *Tribes and Forms in African Art*, Paris, 1966.
37 Gerbrands a depuis complété son travail par des études sur le terrain en Nouvelle-Guinée, qu'il décrit dans *Wow-ipits, eight Asmat wood carvers of New Guinea* (La Haye, 1967), et dans « Symbolism in the Art of Amanamkai, Asmat Southern New Guinea »

(Leyde, *Mededeelingen van het Rijksmuseum voor Volkenkunde*, t. XV, 1962).
38 *Classical African Sculpture*, Londres, 1954 et 1964.
39 Très bonne description de Griaule, 1938 et 1950, ou Brain, *Art and Society in Africa*, Londres, 1980, p. 187-196.
40 Voir Horton, 1966.
41 *Current Anthropology*, t. X, n° 1, 1969, p. 3-44.
42 Anne-Marie Schweeger-Hefel, dans *Holzplastik in Afrika* (Vienne, 1960), analyse les caractères stylistiques de quelque neuf cent trente sculptures africaines de différents musées, dans l'intention de fournir une base statistique pour la définition des styles artistiques africains. L'étude de P. Vinnicombe (1976) sur la peinture boschiman a fourni les statistiques du livre de Lewis- Williams. Méthode décrite dans *The South African Archaeological Bulletin*, t. XXII (4), n° 88, 1967, p. 129-141.
43 Voir Willett, 1967; « Radiocarbon dates from Nigeria », *West-African Archaeological Newsletter*, t. IX (1968): « New Radiocarbon dates from Ife », *ibid.*, t. XI (1969), p. 23-25. A propos de la chronologie du Bénin, voir W. B. Fagg, 1963; R. E. Bradbury, « Chronological problems in the study of Benin history », *Journal of the Historical Society of Nigeria*, t. I, 1959, p. 263-287; et G. E. Connah, « Radiocarbon dates for Benin City... », *ibid.*, t. IV, 1968, p. 313-332.
44 Griaule, 1947, p. 15.
45 Willcox, 1984, p. 1.
46 Les sources générales les plus utiles sur l'art du Tassili sont Henri Lhote, 1959; *Peintures préhistoriques du Sahara*, Musée des Arts décoratifs, Paris, 1957-1958; « The rock art of the Maghreb and the Sahara » *in* Bandi *et al.*, 1961, p. 99-152; et J.D. Lajoux, 1963.
47 Pour le Tassili, voici quelques dates supplémentaires: Jabbaren II: 3520±300 av. J.-C. (Sa-66); Initinen I: 2910±250 av. J.-C. (Gif-286); Initinen II: 2680±250 av. J.-C. (Gif-287); Titerast-n'-Elias 3: 2610±250 av. J.-C. (Gif-288); Ekeham ouan Tartait 7: 2520±250 av. J.-C. (Gif-292); Jabbaren I: 2320±300 av. J.-C. (Sa-65). A Uan Muhuggiag dans l'Acacus, zone libyenne du Tassili, on a retrouvé un bloc de grès portant un fragment de peinture du milieu de la période bovidienne dans un gisement daté de 2770±310 av. J.-C. (GX-87); la peinture doit être antérieure à cette époque.
48 Une technique de datation par les acides aminés a été appliquée aux peintures des Boschimans. La technique semble limitée à deux mille ans.
49 On a établi que les peintures de personnages à tête ronde à Uan Telocat, dans l'Acacus, étaient antérieures à 4804±290 av. J.-C. (GX-88).
50 Ici les antérieurs sont tendus en avant et les postérieurs vers l'arrière, alors que dans les peintures précédentes l'allure de tous les animaux est plus naturelle, antérieurs et postérieurs décalés.
51 Bandi *et al.*, 1961, p. 133.
52 Voir J. H. Greenberg, *The Languages of Africa*, Bloomington, 1963, p. 7, 28-30, et G. P. Murdock, *Africa, its Peoples and their Culture History*, New York, 1959, p. 415.
53 Bernard Fagg, « The cave paintings and rock gongs of Birnin Kudu » (Northern Nigeria), *Proceedings of the Third African Congress on Prehistory*, Londres, 1957, p. 306-312; « The rock gong complex today and in prehistoric times », *Journal of the Historical Society of Nigeria*, t. I (1956), p. 27-42; « The discovery of multiple rock gongs in Nigeria », *Man*, t. LVI (1956), n° 23, et correspondance de divers auteurs: *Man*, t. LVI (1956), n° 73, et t. LVII (1957), n° 32, 33, 34, 96, 142, 182, 250, 251; et J. H. Vaughan, « Rock paintings and rock gongs among the Marghi of Nigeria », *Man*, t. LXII, 1962, n° 83.
54 Notamment Holm, Bandi *et al.*, 1961, p. 167-184.
55 1956, p. 70; 1963, p. 49-50; 1968.
56 *Journal of African History*, t. VII (1966), p. 501-502.
57 Voir J. R. Harding, « Interpreting the "White Lady" rock paintings of South-West Africa: some considerations », *South African Archaeological Bulletin*, t. XXIII (1968), p. 31-34.
58 Un examen de l'abri de Geji au Nigeria a montré que plusieurs styles se chevauchent, mais pas de façon significative. Apparemment, les différents styles étaient contemporains. (Voir H. Sassoon, « Cave paintings recently discovered near Bauchi », Northern Nigeria, *Man*, t. LX [1960], n° 70.)
59 Willcox, 1956, p. 61.
60 Sur l'art rupestre boschiman et apparenté, voir: Willcox, 1956, 1963 et 1984; Phillipson 1972 et 1977; Vinnicombe 1972 et 1976; Masao 1979; Lewis-Williams 1983; Lewis-Williams et Dowson 1989; The South African Archaeological Society, *Rock Paintings in Africa*, Le Cap, s.d.; et E. Goodall, C. K. Cooke, J. D. Clark et R. Summers, *Prehistoric Rock Art of the Federation of Rhodesia and Nyasaland*, Salisbury, 1959. On trouvera des références à des travaux antérieurs dans les ouvrages de Willcox.
61 Voir D. W. Phillipson, 1972 et 1977 p. 268-282. Voir aussi C. K. Cooke, « Rock Paintings and Engravings of Africa », *Tarikh*, t. I (1966), n° 3, p. 45-66; et M. Posnansky, *Prelude to East African History*, Londres, 1966, p. 51-57.
62 G. Mortelmans et R. Monteyne, 1962.
63 Voir Allison, 1968a et b.

64 Voir Bernard Fagg, 1977. Les vestiges de l'âge de pierre des sites originaux dans la région de Nok appartiennent à une occupation antérieure. La culture de Nok fait partie de l'âge de fer et non pas d'une période transitionnelle entre âge de pierre et âge de fer.
65 Allison, 1968a, p. 21-24; et P. Stevens, 1978.
66 W. B. Fagg, 1959; Bassani et Fagg, 1988.
67 Voir aussi Allison, 1968a, p. 36-41; Tagliaferri et Hawacher, 1974 et Tagliaferri, 1989.
68 Les dates du gisement dans lequel furent retrouvées ces sculptures sont: 1060±130 apr. J.-C. (BM-262) et 1150±200 apr. J.-C. (M-2119). Considérant également les dates de la couche inférieure qui semble contemporaine de celle à côté desquelles les sculptures gisaient — 960±130 apr. J.-C. (BM-261) et 1160±130 apr. J.-C. (BM-259) —, nous pouvons déduire que ce gisement remonte au XIIe siècle de notre ère.
69 Ce site est appelé Orun Oba Ado, et c'est l'endroit où étaient envoyées les têtes des rois du Bénin pour y être enterrées. Puits XI: 560±130 apr. J.-C. (BM-265); puits III: 800±120 apr. J.-C. (M-2114); puits V: 800±120 apr. J.-C. (M-2115); puits VI: 940±150 apr. J.-C. (M-2116) et 990±130 apr. J.-C. (BM-264).
70 840±145 apr. J.-C. (I-1784); 840±110 apr. J.-C. (HV-1515); 850±120 apr. J.-C. (I-2008); 875±130 apr. J.-C. (HV-1514); 920±300 apr. J.-C. (BM-); 1070±240 apr. J.-C. (BM-); 1230±360 apr. J.-C. (BM-).
71 Bernard Fagg, 1962; et D. C. Simmonds, «The depiction of gangosa on Efik-Ibibio masks», *Man*, t. LVII, n° 18.
72 L'histoire de la sculpture du Nigeria est étudiée de manière plus complète dans Willett, 1967 et 1986; Eyo et Willett, 1980 et Shaw 1978. D'autres sites importants dans l'histoire de la sculpture sont Igbo-Ukwu, décrit par Thurstan Shaw, 1970 et 1977; Daima, décrit par Graham Connah, 1981; et d'autres sites autour du lac Tchad, décrits par Lebeuf et Detourbet, 1950; Lebeuf, 1951 et 1962 et Connah, 1981. Le site d'Ilesha a été décrit par Willett, «Recent archaeological discoveries in Ilesha», *Odu*, t. VIII (1961), p. 4-20.
73 Des fouilles ont été menées dans les grottes d'où viennent ces figures. Voir R.M.A. Bédaux, «Tellem and Dogon material culture» *in African Arts*, t. XXI (4), août 1988, p. 38-45, 91, et R. Bédaux, *Tellem*, Bergen Dal, 1977.
74 Voir W. B. Fagg, 1963, pl. 54b, 55a et b; et Bassani et Fagg, 1988, p. 179-186, 239-247, n° 111 à 179.
75 «A note on the Afro-Portuguese ivories», *Journal of African History*, t. V (1964), p. 363-365.
76 *Esmereldo de Situ Orbis*, sous la direction de R. Mauny, Bissau, 1956.
77 Ce système est encore utilité par les Yoroubas du Bénin et du Nigeria, et les ethnies voisines se servent de systèmes dérivés. On saupoudre le plateau de poussière de bois ou de farine. On y trace des marques pour indiquer s'il reste une ou deux noix de palme dans la main gauche lorsque le devin tente de prendre seize noix de sa main droite. On trace un petit trait s'il reste deux noix et deux s'il n'en reste qu'une. On répète l'opération quatre fois, et l'on obtient l'un des seize schémas possibles dans la poussière. Le schéma indique au devin l'*odu* — ou passage de littérature orale — dans lequel on peut trouver la réponse. La répétition de l'opération lui indique l'une des seize sous-sections qui composent chacun des principaux *odu*. Le devin, à qui rien n'est dit du problème du client, récite les versets qui lui sont indiqués de cette manière, tandis que le client écoute, attendant celui qui répondra à sa demande. (Voir William Bascom, 1969, et Bernard Maupoil, *la Géomancie à l'ancienne côte des Esclaves*, Travaux et Mémoires de l'Institut d'ethnologie, t. XLII, Paris, 1943.)
78 Illustrées dans Trowell, 1960, pl. 58, centre.
79 Allison, 1968a, p. 42-45.
80 Le premier est reproduit dans Leuzinger, 1960, pl. 30a, et 1963, pl. 86a-d; les secondes dans William Fagg, 1951, pl. 26.
81 Fagg, 1963, légende de la fig. 111.
82 Von Luschan, 1919, classifie deux mille quatre cents pièces, dont la plupart furent apportées du Bénin au moment de l'expédition. Ce total inclut certains objets qui sont plus utilitaires qu'artistiques.
83 Par exemple, sept pièces qu'il reproduit dans *Das unbekannte Afrika*, Munich, 1923, furent, dit-il, «exhumées à Modakéké», qui fait partie d'Ife. Dans *Und Afrika Sprach*, Berlin, 1912, il écrit juste après son départ de Modakéké, qu'elles «viennent du tombeau d'un prêtre Shongo, à Oyo»; «d'un tombeau près d'Offa»; «de temples yoroubas»; et deux viendraient «des ruines d'Old Oyo», tandis que dans deux cas on n'indique pas de provenance.
84 1935, II, p. 28. Sur les sculptures de cette région, voir Jones, 1984.
85 M. Delafosse, dans *Haut-Sénégal-Niger* (Paris, 1912, p. 200), les appelle «griots».
86 Citation tirée des *Voyages d'Ibn Battuta en Asie et en Afrique*.
87 Éd. Mauny, *Esmeraldo de Situ Orbis*, Bissau, 1956, p. 132.
88 *Ibid.*, p. 134.
89 *Ibid.*, p. 136.
90 *Ibid.*, p. 76.
91 Walter Hirschberg, *Schwarzafrika*, Graz, 1962,

p. 55. On se reportera à cet ouvrage, dans lequel on trouvera la plupart des illustrations citées dans cette section.

92 1919, fig. 515.

93 1903, p. 161.

94 Citation tirée de Ling Roth, 1903, p. 160.

95 « A bronze snake head and other recent finds in the old palace at Benin » (Tête de serpent en bronze et autres découvertes récentes dans l'ancien palais à Benin), *Man*, t. LXIII (1963), n° 174.

96 Citation tirée de Ling Roth, 1903, p. 162, dans le sillage de *Description of Guinea* de William Bosman, Londres, 1705.

97 « The late Commander [Hugh] Clapperton », *Journal of a Second Expedition into the Interior of Africa from the Bight of Benin to Soccatoo*, Londres, 1829, p. 48.

98 F. Willett, « Investigations at Old Oyo, 1956-1957, an interim report », *Journal of the Historical Society of Nigeria*, t. II (1961), p. 59-77.

99 William Allen, de la Royal Navy, *Picturesque Views on the River Niger...*, Londres, 1840, p. 16 et planche en vis-à-vis.

100 William Fagg, 1963, p. 30-39 et pl. 11 à 53. Voir aussi Forman et Dark, 1960.

101 W. J. Perry, *The Children of the Sun*, Londres, 1923, et *The Growth of Civilization*, Londres, 1924 ; et G. Elliot Smith, *Human History*, Londres, 1929.

102 1964, p. 51, 52, 53, 62 et 83. Noter aussi qu'elle cite l'affirmation de Michael Sadler (*Arts of West Africa*, Londres, 1935, p. 54) selon laquelle « les masques à deux visages » (de la région de la Cross, dans le sud du Nigeria) « rappellent infailliblement Janus, la divinité romaine à deux visages d'où, étant donné ce que l'on sait de l'histoire ancienne de cette région, ils peuvent effectivement venir » (p. 67). A propos de la même région, elle écrit p. 43 : « Il semble probable, au vu de quelques spécimens d'œuvres en bronze découvertes dans la localité et selon d'autres indications, que les Carthaginois établirent un comptoir sur la Cross vers l'an 500 av. J.-C. » Elle se fonde sans doute sur la pièce d'Andoni Creeks reproduite par Underwood, 1949, pl. 61, qui est, de toute évidence, un produit des industries du bronze du bas Niger, et pour la date de laquelle il n'existe encore aucune preuve.

103 Voir par exemple P. A. Talbot, *The Peoples of Southern Nigeria*, Londres, 1926, *passim* ; C. K. Meek, *A Sudanese Kingdom*, Londres, 1931 ; E. L. R. Meyerowitz, *The Divine Kingship in Ghana and Ancient Egypt*, Londres, 1960. Robert G. Armstrong a publié un article intéressant sur « The development of Kingdoms in Negro Africa », *Journal of the Historical Society of Nigeria*, t. II, 1re partie, p. 27-39.

104 *Africa and Africans*, Garden City, New York, 1964, p. 81-82.

105 C'est-à-dire que la figure est franchement de face dans une pose symétrique.

106 Opinion inspirée par Cyril Aldred qui, dans *Old Kingdom Art in Ancient Egypt*, Londres, 1949, p. 1, établit un parallèle avec les pratiques polynésiennes.

107 *Ibid.*, p. 1-3.

108 Il y a le cas par exemple d'une statuette égyptienne trouvée au Shaba (ex-Katanga), dans le sud du Zaïre, et reproduite par R. Grauwet dans *la Revue coloniale belge*, t. IX (1954), n° 214, p. 622 : on ne sait pas comment elle est arrivée là.

109 Voir l'article de L. Segy, « The Ashanti Akua'ba statues as archetype, and the Egyptian Ankh : a theory or morphological assumptions », *Anthropos*, t. LVIII (1963), p. 839-867.

110 Voir par exemple la tentative de l'archidiacre J. O. Lucas, dans *The Religion of the Yoruba*, Lagos, 1948, pour montrer que la langue et la religion yoroubas, et de ce fait les Yoroubas eux-mêmes, sont d'origine égyptienne. Roger Westcott fit une longue critique de ce livre, ainsi que de celui de E. L. R. Meyerowitz, *The Divine Kingship in Ghana and Ancient Egypt*, Londres, 1960, dans *The Journal of African History*, t. II (1961), p. 311-321. On trouvera une série de textes sur les relations entre l'Afrique et l'Égypte dans le livre de Robert O. Collins, *Problems in African History*, Englewood Cliffs, N.J., 1968, p. 7-55.

111 J.-P. Lebeuf, 1961. Voir aussi : C. Seignobos, *Nord Cameroun : montagnes et hautes terres*, Parenthèses. 1982.

112 M. Swithenbank, 1969.

113 J. Glück, 1957 ; H. Haselberger, 1964 ; Oliver, 1971 ; Fraser, 1968 ; Guidoni, 1975 ; voir aussi Dmochowski, 1990, vol. II, p. 4.57 à 4.75, et Denyer, 1978.

114 Voir M. W. Smith, 1961, planches XIIIc et d.

115 Voir Dmochowski, 1990, vol. II, p. 4.2 à 4.13, et Moughtin, 1988, p. 74-75. C. K. Meek, dans *Tribal Studies in Northern Nigeria*, Londres, 1931, vol. II, p. 51-53, décrit la version Katab de ce type de maisons, en donnant un diagramme qui indiquerait qu'elles sont moins raffinées que celles des Ham, dont Meek pensent qu'elles sont inspirées. Carroll, 1992, p. 41-45.

116 M. Trowell, 1960, pl. I.

117 *Ibid.*, pl. IX.

118 Raymond Lecoq a donné, en 1953, une description de la construction de ces maisons et de belles illustrations.

119 Moughtin, 1985 ; Dmochowski, 1990, vol. I, p. 1.2 à 1.56.

120 Voir Neville Chittick, « Kilwa », *Azania*, t. I (1966), p. 20 et pl. XI.
121 Illustration dans le *Nigeria Magazine*, t. XXX (1949), p. 304-305. Sur les pages 306-307, on voit des bols et des assiettes en porcelaine incrustés dans les murs.
122 Prussin, 1968 ; 1970a et b.
123 Ojo, 1966, p. 97.
124 Glück se trompe lorsqu'il parle de « briques d'argile ».
125 Information du Dr R. E. Bradbury. Voir aussi Akenzua, 1965.
126 Voir P. Robertshaw, *The Journal of African History*, t. XXV (4), 1984, p. 384-385.
127 M. Trowell, 1964, p. 57.
128 *Ibid.*, p. 75.
129 P. S. Wingert, *Primitive Art, its Traditions and Styles*, Cleveland, 1965, p. vii.
130 *West Africa: Court and Tribal Art*, Arts Council, Londres, 1967, catalogue d'une exposition organisée par William Fagg.
131 Voir par exemple ses articles « Bronze Age Technology in Western Asia and Northern Europe », *Man*, t. LVIII (1958), n° 13, 39 et 64.
132 Underwood, 1947, p. 41.
133 *Ibid.*, p. 42.
134 Présentée à Berlin et Paris (Fagg, 1964), puis publiée avec des exemples supplémentaires : Fagg, 1965 (dont Fagg, 1966 est une version condensée en édition de poche).
135 Paulme, 1962, p. 21.
136 Carroll, 1967, p. 94.
137 Horton, 1966, p. 21.
138 L'interprétation de Frobenius est mentionnée p. 35.
139 Hottot, 1956.
140 Fernandez, 1966, p. 59.
141 Herskovits, 1938, II, p. 354-361.
142 Himmelheber, 1964, p. 255.
143 *In* M. W. Smith, 1961, p. 96.
144 Gerbrands, 1957, p. 111-121.
145 Le mot « fétiche » a souvent été utilisé à tort par les auteurs. Il ne devrait désigner que les objets soit composés, soit contenant des « médicaments » dotés d'un pouvoir magique propre.
146 Voir P. Morton-Williams, « The Yoruba Ogboni cult in Oyo », *Africa*, t. XXX (1960), p. 362-374, et Drewal *et al.*, 1989, p. 136 *sqq.*
147 Hottot, 1956, p. 34.
148 Horton, 1966, p. 13.
149 *In* M. W. Smith, 1951, p. 95.
150 Présence africaine, 1978.
151 Paulme, 1962, pl. VI et p. 23.
152 Voir Dominique Darbois, *African Dance*, Prague, 1962, p. 71, 74-80.
153 Horton, 1966, p. 15.
154 *Ibid.*, p. 12.
155 *Ibid.*, p. 12.
156 *Ibid.*, p. 14.
157 Ce compte rendu du travail de Vandenhoute est tiré de Gerbrands, 1957.
158 Himmelheber, 1964. Voir aussi Fischer et Himmelheber, 1984, pour une étude plus récente.
159 J. Girard, 1967.
160 Fagg, 1965, p. 11.
161 Voir Biebuyck, 1969, p. 2-3.
162 Olbrechts, 1959, p. 26.
163 Rapporté et illustré par Gerbrands, 1957, p. 89-90 et pl. 4-7.
164 Olbrechts, 1959, p. 47-48 et 81.
165 Lettre à l'auteur, 12 janvier 1967. Voir aussi *African Arts*, t. VII, n° 2, 1974, p. 38-41. Voir Picton, 1974, p. 41.
166 Vandenhoute, 1948, p. 18-19.
167 Boston, 1960, p. 58.
168 Communication privée mais voir Picton, 1974, p. 41.
169 Himmelheber, 1935, p. 72-74.
170 Gerbrands, 1957, pl. 4-7.
171 Sous-groupe Dan.
172 Autre sous-groupe Dan.
173 Critère trouvé par Picton chez les Igbira.
174 Fischer, 1963, p. 209-210.
175 Thompson, 1968, et de manière plus complète dans W. d'Azevedo, 1973, p. 18-61, ou 1970, p. 31-32.
176 D'Azevedo, 1966, p. 63-64. Abodium, 1983.
177 Biebuyck, 1969, p. 17. Ce compte rendu suit les commentaires de Biebuyck dans ce livre et dans l'ouvrage publié sous la direction de D. Fraser et H. M. Cole : *African Art and Leadership*, Madison, Milwaukee, Londres, 1972, p. 7-20. Il convient de faire remarquer que la société *Bwami* a été mise hors la loi par le gouvernement belge en 1948. Biebuyck mena ses enquêtes sur le terrain en 1953-1954, 1955 et 1958, si bien que plusieurs de ses informations peuvent ne pas être le reflet fidèle d'une période antérieure.
178 Child et Siroto, 1965. L'expérience fut mise au point par Child et menée sur le terrain par Siroto.
179 Fernandez, 1966, p. 56.
180 *Ibid.*, p. 55.
181 *Loc. cit.*
182 « Artist and critic in an African society », *in Smith*, 1961, p. 85-94.
183 K. C. Murray, « The artist in Nigerian tribal society : a comment », *in* Smith, 1961, p. 95-101.
184 Murray, *loc. cit.*, p. 100.
185 Information fournie par le professeur Jan Vansina.

186 Sieber, 1961.
187 *Ibid.*, p. 12.
188 Fischer, 1963.
189 Outil qui ressemble à une hache mais dont le tranchant est perpendiculaire au manche au lieu d'être dans le même plan.
190 Carroll, 1967, p. 79-115.
191 *Ibid.*, p. 93-94.
192 Allison, 1944.
193 Himmelheber, 1935, p. 17-18.
194 Carroll, 1967, p. 94. Voir aussi F. Wille et J. Restea, An African sculptor at work, *African Arts*, II (2), 1978, p. 28-33 et 96.
195 Carroll, 1961.
196 Carroll, 1967, p. 94.
197 *Ibid.*, p. 94-95.
198 Cordwell, 1956.
199 Illustré dans le *Nigeria Magazine*, t. LXXIV (1962), p. 57-60.
200 Stevens, 1973, p. 43, rapporte qu'à Mokwa, la fête appelée *elo* n'a plus lieu que le jour de l'anniversaire du Prophète. Voir *African Arts*, t. VI, n° 4, p. 40-43 et 94. Pour un compte rendu antérieur de ce culte et d'autres, voir S. F. Nadel, *Nupe Religion*, Londres, 1954, en particulier p. 214-216 et pl. 28. Les autres mascarades Nupé s'appellent *Ndakogboza* et *Gugu*; illustrations dans le *Nigeria Magazine*, t. L (1956), p. 275-277, 1974.
201 Voir p. 120-127.
202 Dans une conférence à l'African Studies Association, New York, octobre 1967. Voir aussi R.A. Silverman, « Akan Kuduo, Form and Function », *Akan Transformations*, sous la dir. de D.H. Ross et T.F. Garrard, Los Angeles, 1983, p. 10-29.
203 Voir par exemple V. L. Grottanelli, « Somali Wood Engraving », *African Arts*, t. I, n° 3, p. 8-13, 72-73, et F. R. Barton, « Zanzibar doors », *Man*, t. XXIV (1924), n° 63. Voir aussi l'étude importante de Bravmann, 1974.
204 Douglas Frazer, *Primitive Art*, Londres, 1962, p. 56-59.
205 Carroll, 1967.
206 *Ibid.*, pl. 90-94.
207 Des articles sur leur travail paraissent régulièrement dans *African Arts*; voir par exemple t. I, n° 1 (1967), p. 16 *sqq*: Ibrahim el Salahi; t. II, n° 1 (1968), p. 30: Felix Idubor; n° 2 (1969), p. 34 *sqq.*: Jimo Akolo, Yusef Grillo, Ben Osawe, Erhabor Emokpae, Bruce Onobrakpeya; n° 3 (1969), p. 18-19: Hezbon Edward Owiti; p. 26 *sqq.*: Farid Belkahia; n° 4 (1969), p. 20 *sqq.*: Gebre Kristos Desta; t. III, n° 1 (1969), p. 8 *sqq.*: Nnaggenda; p. 20 *sqq.*; Mahmoud Sehili; n° 4 (1970), p. 8 *sqq.*: Vincent Kofi; p. 28 *sqq.*: Francis Msanji.
208 « High price of Nigerian art », *Nigeria Magazine*, t. LXXXVIII (1966), p. 36-41.
209 McEwen, 1968, p. 88.
210 Par exemple des têtes par Boira Mteki (reproduites par McEwen, 1968, p. 22) et par Richard Mteki (reproduites par Beier, 1968, pl. 41).
211 Beier, 1968, p. 89.
212 *Ibid.*, pl. 52-54.
213 Stout, 1966; Mohl, n.d., et 1990.
214 Voir *African Arts*, t. II, n° 3 (1969), p. 34 et Beier, 1991, p. 75.
215 Voir Beier, 1968, pl. 3-4.
216 Voir Beier, 1968, pl. 92-99; 1991, p. 57-61; et Wahlman, 1974, p. 48-55.
217 Voir Beier, 1968, pl. 77-79.
218 *Ibid.*, pl. 86-90. Voir également Beier, 1991.

Bibliographie

Abiodum, R., « Identity and the artistic process in the Yoruba aesthetic concept of Iwa », *Journal of Cultures and Ideas*, t. I, n° 1, p. 13-30, 1983.

Adams, M., « African visual art from an art historical perspective », *The African Studies Review*, t. XXXII, n° 2, p. 55-103, 1989.

Aitken, M. J., Science based Dating in Archaeology, London / New York, 1990.

Akenzua, E., « The Oba's Palace in Benin », *Nigeria Magazine*, t. LXXXVII, 1965, p. 244-251.

Alexandre, P., et Binet, J., *Le groupe dit Pahouin* (Ethnographic Survey of Africa), Paris, 1958.

Alimen, *Préhistoire de l'Afrique.*

Allen, J., *Lamu*, The Kenya Museum Society, Nairobi, s.d.

Allison, P.A., « A Yoruba carver », *Nigeria Magazine*, t. XXII, 1944, p. 49-50.

African Stone Sculpture, Londres, 1968a.

Cross River Monoliths, Lagos, 1968b.

Antiquités africaines, série, CNRS.

A propos d'une donation : les Côtes d'Afrique équatoriale il y a 100 ans..., cat. de l'exp. du musée des Beaux-Arts de Caen, 1982.

Bandi, H.-G., Breuil H., Berger-Kirchner, L. Lhote, H., Holm, E. et Lommel A., *The Art of Stone Age*, Londres/New York, 1961.

Bascom, William R., *Ifa Divination : Communication between Gods and Men in West Africa*, Bloomington, Indiana, 1969.

African Art in Cultural Perspective, New York, 1973.

Bassani E. et Fagg W.B., *Africa and the Renaissance*, New York, 1988.

Bastin, Marie-Louise, *Art décoratif Tshokwe*, 2 vol., Lisbonne, 1961.

Art et mythologie : figures Tshokwe, cat. de l'exp. du musée Dapper, 1988.

Introduction aux arts d'Afrique noire, Arts d'Afrique noire, 1984.

La Culture Tshokwe, Meudun, 1982.

Beier, H.U., *Art in Nigeria 1960*, Cambridge 1960.

Contemporary Art in Africa, Londres/New York, 1968.

The Return of the Gods : The Sacred Art of Susanne Wenger, Cambridge, 1975.

Thirty Years of Oshogbo Art, Bayreuth, 1991.

Ben-Amos, P., « African visual art from a social perspec-tive », *The African Studies Review*, t. XXXII, n° 2, p. 1-53.

Biebuyck, D., *Tradition and Creativity in Tribal Art*, Berkeley, 1969.

Lega Culture : Art, Initiation and Moral Philosophy, Berkeley/Londres, 1973.

The Arts of Zaïre, 5 vol., Berkeley, 1986,...

Blier, S., *The Anatomy of Architecture : Ontology and Metaphor in Batammaliba Architectural Expression*, Cambridge, 1987.

Boston, J.S., « Some Northern Ibo Masquerades », *Journal of the Royal Anthropological Institute*, t. XC, n° 1, 1960, p. 54-65.

Bourgeois, A.P. et Chaffin, F., *Art of the Yaka and Suku*, Meudun, 1984.

Brain, R., *Art and Society in Africa*, Londres, 1980.

Bravmann, René A., *Islam and Tribal Art in West Africa*, Londres/New York, 1974.

Carroll, K.C., « Three generations of Yoruba carvers », *Ibadan*, t. XII, 1961, p. 21-24.

Yoruba Religious Carving, Londres, 1967.

Architectures of Nigeria, Londres, 1992.

Child, I.L., et Siroto, L., « BaKwele and American esthetic evaluations compared », *Ethnology*, t. IV, n° 4, 1965, p. 349-360.

Clouzot, H., *Sculptures africaines et océaniennes*, Librairie de Médicis, Paris, 1925.

Cole, H. M. et Aniakor, C.C., *Igbo Arts : Community and Cosmos*, Los Angeles, 1984.

Comité scientifique pour la rédaction d'une histoire générale de l'Afrique (Unesco), *Histoire générale de l'Afrique* (vol. I-IV), 1985.

Connah, G.E., *Three Thousand Years in Africa*, Cambridge University Press, Cambridge, 1981.

Coquery, C., *La Découverte de l'Afrique*, Julliard, Paris, 1965.
Cordwell, J., « The problem of process and form in Yoruba art », *Proceedings of the Third International West African Conference 1949*, Lagos, 1956, p. 53-60.
Cornet, Joseph, *Art of Africa: Treasures from the Congo*, Londres/New York, 1971.
Davidson, B., *L'Afrique noire avant les Blancs*, PUF, Paris, 1962.
D'Azevedo, Warren, *The Artist Archetype in Gola Culture*, Article présenté à la conférence sur l'artiste traditionnel dans la société africaine (28-30 mai 1965. Tahoe Alumni Center, Lake Tahoe, Californie); preprint n° 14, Desert Research Institute, Université du Nevada, Reno, 1966.
D'Azevedo, Warren (sous la dir. de), *The Traditional Artist in African Societies*, Bloomington/Londres, 1973.
Delange, Jacqueline, *Arts et peuples de l'Afrique noire*, Paris, 1967.
Denyer, Susan, *African Traditional Architecture*, Londres, 1986.
Dmochowski, Z.R., *An Introduction to Nigerian Traditional Architecture*, 3 vol. Londres, 1990.
Drewal, H.J., Pemberton, J. et Abodium, R., *Yoruba: Nine Centuries of African Art and Thought*, New York, 1989.
Eckardt, U., *Moderne Kunst aus Afrika*, Berlin, 1979.
Elisofon, E. et Fagg, W. B., *The Sculpture of Africa*, Londres/New York (Trad. sous le titre: *la Sculpture africaine*, Paris, 1958.), 1958.
Engelbrecht, B. et Gardi, B., « Man does not go naked », *Basler Beiträge zur Ethnologie*, t. XXX, Basel, 1989.
Etienne-Nugue, Jocelyne, *Artisanats traditionnels en Haute-Volta*, Harmattan, 1983.
Eyo, E. et Willett, F., *Treasures of Ancient Nigeria*, New York, 1980.
Fagg, Bernard, « The Nok terracottas in West African art history », *Actes du IVe congrès panafricain de Préhistoire*, Tervuren, sect. III, 1962, p. 445-450.
« Nok Terracottas », *Ethnographica*, Londres et Nigerian Museum, Lagos, 1977.
Fagg, William B., « De l'art des Yoruba », L'Art nègre, *Présence Africaine*, n° 10-11, p, 103-135, 1951.
« On the nature of African art », *Memoirs and Proceedings of the Manchester Literary and Philosophical Society*, t. XCIV, 1953b, p. 93-104. (Réimprimé dans Legum, C.: *Africa, a handbook to the continent*, 1961, p. 414-424.)
« The study of African art », *Bulletin of the Allen Memorial Art Museum*, t. XII, 1955-1956, p. 44-61, *Bulletin of Oberlin College*, t. XIV, n° 3, 1955, p. 44-61, réimprimé dans Ottenberg, S. et P.: *Cultures and Societies of Africa*, 1960, p. 458-473.
Afro-Portuguese Ivories, Londres (Trad. sous le titre: *Les Ivoires afro-portugais*, Prague, 1959.), 1959.
Nigerian Images, Londres (Trad. sous le titre: *Merveilles de l'art nigérien*, Paris, 1963.), 1963.
Afrika: 100 Stämme - 100 Meisterwerke, Berlin (Trad. sous le titre: *Afrique, 100 tribus, 100 chefs-d'œuvre*, Musée des Arts décoratifs, Paris, 1964.), 1964.
Tribes and Forms in African Art, Londres (Trad. sous le titre: *les Univers artistiques des tribus d'Afrique.*), 1965.
African Tribal Sculptures: I. The Niger Basin Tribes; II. The Congo Basin Tribes, n° 82 et n° 83, Petite encyclopédie de l'art, Paris/New York, 1966.
The Art of Western Africa (MQ 772, U24); *The Art of Central Africa* (MQ 773, U23), Mentor-Unesco, New York/Fontana Unesco, Londres, 1967.
African Tribal Images, Cleveland, Ohio, 1968.
African Sculpture, Washington, D. C., s.d., 1970.
Fagg, W. et Pemberton, J., *Yoruba: Sculpture of West Africa*, New York, 1982.
Fernandez, J., « Principles of opposition and vitality in Fang aesthetics », *Journal of Aesthetics and Art Criticism*, t. XXV, 1966, p. 53-64.
Fischer, E., « Künstler der Dan, die Bildhauer Tame, Si, Tompieme, und Sön - ihr Wesen und ihr Werk », *Baessler-Archiv*, Neue Folge, t. X, 1963, p. 161-263.
Fischer, E. et Himmelheber, H., *The Arts of the Dan in West Africa*, Zürich, 1984.
Fischer, E. et Homberger, L., *Die Kunst der Guro, Elfenbeinküste*, Zürich, 1985.
Fondation Dapper, *Objets interdits*, Paris, 1989.
Forman, Werner et B. et Dark, Philip, *Benin Art*, Londres, 1960.
Förster, T., *Die Kunst der Senufo*, Zürich, 1988.
Fraser, D., *Village Planning in the Primitive World*, New York, 1968.
Fry, Philip, « Essai sur la statuaire Mumuyé », *Objets et Mondes*, t. X, n° 1, 1970, p. 3-28.
Garlake, P., *Great Zimbabwe*, Londres, 1973.
Gaskin, L. J. P., *A Bibliography of African Art*, Londres, 1965.
Gerbrands, A., « Art as an element of culture, especially in Negro Africa », Mededeelingen van het Rijksmuseum voor Volkenkunde, Leyde, t. XII, 1957.
Gillon, W., *A Short History of African Art, Harmondsworth*, 1984.
Girard, J., *Dynamique de la société Oubé*, Mémoires de l'Institut fondamental d'Afrique noire, n° 78, Dakar, 1967.

Glück, J., « Afrikanische Architektur », *Tribus*, N.F., t. VI, 1956, p. 65-82.
Goldwater, R. J., *Primitivism in Modern Painting*, New York, 1938.
Bambara Sculpture from the Western Sudan, New York, 1960.
Senufo Sculpture from West Africa, New York, 1964.
Goodall, E., Cooke, C. K., Clark, J. D. et Summers, Roger, *Prehistoric Rock Art of the Federation of Rhodesia and Nyasaland*, Salisbury, Rhodésie, 1959.
Graburn, N. ed., *Ethnic and Tourist Arts: Cultural Expressions from the Fourth World*, Berkeley/Los Angeles/Londres, 1976.
Griaule, M., *Les Masques Dogon*, Travaux et Mémoires de l'Institut d'ethnologie, Paris, n° 33 (réimprimé en 1963), 1938.
Les Arts de l'Afrique noire, Paris, 1947.
Guidoni, E., *Primitive Architecture*, Londres, 1979.
Hardy, G., *L'Art nègre*, H. Laurens, Paris, 1927.
Harley, George, W., « Masks as agents of social control in Northeast Liberia », *Peabody Museum Papers*, t. XXXII, n° 2, 1950.
« Notes on the Poro in Liberia », *Peabody Museum Papers*, t. XIX, n° 2, 1941.
Harter, Pierre, *Arts anciens du Cameroun*, Arts d'Afrique noire, 1986.
Haselberger, Herta, *Bautraditionen der westafrikanischen Negerkulturen*, Vienne, 1964.
Hersak, D., *Songye Masks and Figure Sculpture*, Londres, 1986.
Herskovits, M. J., *Dahomey*, New York, 1938.
Background of African art, Denver, Colorado, 1945.
Herskovits, M. J. et F. S., « Bush Negro art », *The Arts*, octobre 1930.
« The art of Dahomey », *American Magazine of Art*, t. XXVII, 1934, p. 67-76, 124-131.
Himmelheber, Hans, *Negerkünstler*, Stuttgart, 1935.
« Arts et Artistes Batshiok », *Brousse*, 1939.
« Arts et Artistes Bakuba », *Brousse*, 1940.
Negerkunst und Negerkünstler, Brunswick, 1960.
« Sculptors and Sculptures of the Dan », *in* L. Brown et M. Crowder, *Proceedings of the First International Congress of Africanists*, Londres, 1964, p. 243-255.
Histoire générale de l'Afrique, Unesco, publication en cours, 9 vol.
Holy, Ladislav, *The Art of Africa: Masks and Figures from Eastern and Southern Africa*, Londres, 1967.
Horton, R., *Kalabari Sculpture*, Lagos, 1966.
Hottot, R., « Teke Fetishes », *Journal of the Royal Anthropological Institute*, t. LXXXVI, 1956, p. 25-36.
Jacques-Meunié, D., *Cités anciennes de Mauritanie*, Paris, 1961.
Jones, G.I., *The Art of Eastern Nigeria*, Cambridge, 1984.
Kasfir, S. ed., *West African Masks and Cultural Systems*, Tervuren, 1988.
Keay, R. W. J., *Vegetation Map of Africa*, Londres, 1959.
Kelly, B.M., *Nigerian Artists: A Who's who and Bibliography*, Washington, D.C., 1993.
Kennedy, J., « New Currents, Ancient Rivers: Contemporary African Artists » in *Generation of Change*, Washington D.C., 1992.
Kerchache, J., Paudrat, J.-L. et Stephan, L., *L'art africain*, Mazenod, Paris, 1988.
Kjersmeier, Carl, *Centres de style de la sculpture nègre africaine*, Paris, 1935-1938.
Laburthe-Tolra, Ph. et Falgayrettes-Leveau, Ch., *Fang*, Paris, 1991.
Lajoux J. D., *Merveilles du Tassili N'Ajjer*, 1962.
Laude, Jean, « La Statuaire du pays dogon », *in Revue d'esthétique*, t. XVII, fasc. 1-2, janv.-juill., 1964.
Les Arts de l'Afrique noire, Paris, 1966.
La Peinture française (1905-1914) et l'« art nègre ». (Contribution à l'étude des sources du fauvisme et du cubisme), Paris, 1968.
Lavachery, *La Statuaire de l'Afrique noire*, La Baconnière, Neuchâtel, 1964.
Lawal, B., « The Search for identity in Contemporary Nigerian Art », *Studio International*, t. CLXCIII, N° 2, n° 986, p. 145-150, 1977.
Leakey, M., *Africa's Vanishing Art. The Rock Paintings of Tanzania*, New York, 1983.
Lebeuf, J. P., « L'Art ancien du Tchad », *Cahiers d'art*, 1951.
L'Habitation des Fali, montagnards du Cameroun septentrional, Paris, 1961.
L'Art ancien du Tchad; bronzes et céramiques, Grand Palais, Paris, 1962.
Lebeuf, J. P. et Masson-Detourbet, A., *La Civilisation du Tchad*, Paris, 1950.
Lecoq, R., *Les Bamiléké*, Paris, 1953.
Leiris, Michel, « Les Nègres d'Afrique et les Arts sculpturaux », *in Originalité des cultures*, Unesco, 1954.
« Réflexions sur la statuaire religieuse de l'Afrique noire », *in Les Religions traditionnelles africaines*, Le Seuil, Paris, 1965.
Leiris, Michel, et Delange, Jacqueline, *Afrique noire, la création plastique*, Paris, 1967.
Lem, F. H., *Sculptures soudanaises*, Paris, 1949.
Leuzinger, E., *Africa, The Art of the Negro Peoples*, Londres/New York, 1960.
African Sculpture, A Descriptive Catalogue, Museum Rietberg, Zurich, 1963.
Die Kunst von Schwarz-Afrika, Zurich, 1970.

Lewis-Williams, D., *The Rock Art of Southern Africa*, Cambridge, 1983.
Lewis-Williams, D. et Dowson, T., *Images of Power: Understanding Bushman Rock Art*, Johannesburg, 1989.
Lhote, Henri, *A la découverte des fresques du Tassili* (nouvelle éd., 1988).
« Art préhistorique », *Encyclopaedia Universalis*, corpus 15, 1973, p. 63-70.
Les gravures du pourtour occidental et du centre de l'Aïr, Recherche civilisations, 1987.
Libby, Willard F., *Radiocarbon Dating*, Chicago, Illinois, 1952.
Luschan, Felix von, *Die Alterthümer von Benin* (3 vol.), Berlin et Leipzig, 1919.
Mack, J., *Emile Torday and the Art of the Congo 1900-1909*, Londres, s.d.
Mc Leod, M.D., *The Asante*, Londres, 1981.
Mc Naughton, P., *The Mande Blacksmiths*, Bloomington, Indiana, 1988.
McEwen, Frank, « Return to origins: new directions for African Arts », *African Arts*, t. I, n° 2, 1968, p. 18-25 et 88.
Maesen, A., *Umbangu, Art du Congo au Musée royal du Congo belge*, Tervuren.
Masao, F.T., *The Later Stone Age and the Rock Paintings of Central Tanzania*, Wiesbaden, 1979.
Mauny, *Gravures, Peintures et Inscriptions rupestres de l'Ouest africain*, IFAN, Dakar, 1954.
Meyer, P., *Kunst und Religion der Lobi*, Zürich, 1981.
Mohl, M., *Masterpieces of the Makonde*, 2 vol., Heidelberg, s.d. et 1990.
Mortelmans, G. et Monteyne, R., « La grotte peinte de Mbafu, témoignage iconographique de la première évangélisation du bas Congo », *Actes du IVe congrès panafricain de Préhistoire*, Tervuren, Sect. III, 1962, p. 457-486.
Moughtin, J.C., *Hausa Architecture*, Londres, 1985.
Mount, M.W., *African Art: The Years since 1920*, Bloomington/Londres, 1973.
Muzzolini, A., « L'Art rupestre préhistorique des Massifs centraux sahariens », *BAR International Series*, t. CCCXVIII, Oxford, 1986.
Nettleton, A. and Hammond-Tooke, D., *African Art in Southern Africa: From Tradition to Township*, Johannesburg, 1989.
Ojo, G.J.A., *Yoruba Palaces*, Londres, 1966.
Olbrechts, F.M., *Les arts plastiques du Congo belge*, Bruxelles/Amsterdam, 1959.
Oliver, Paul (sous la dir. de), *Shelter in Africa*, Londres, 1971.
Ottenberg, Simon, *Masked Rituals of Afikpo*, Seattle/Londres, 1975.
Ouattara, Abdoulaye (sous la dir. de), *l'Artisanat*, Nouv. éd. africaines, 1986.
Paudrat, Jean-Louis, Kerchache, Jacques et Stephan, Lucien, *L'Art africain : esthétiques et sculptures*, Paris, 1988.
Paulme, Denise, « Un problème de l'histoire de l'art en Afrique noire : les bronzes du Bénin », *in C.R. Institut français d'anthropologie*, Paris, fasc. 11, janv. 44-déc. 46, 1944-1946.
Les sculptures de l'Afrique noire, 1956.
African Sculpture, Londres, 1962.
Perrois, L., *Ancestral Art of Gabon*, Genève, 1985.
Phillipson, D.W., *Prehistoric Rock Paintings and Rock Engravings of Zambia*, Livingstone, 1972.
Later Prehistoric of Eastern and Southern Africa, Londres, 1977.
Picton, J., « Masks and the Igbirra », *African Arts*, t. VII, n° 2, p. 38-41, 1974.
« Tradition, technology and lurex », in *History, Design and Craft in West African Strip-woven Cloth*, National Museum of African Art, Washington, D.C., p. 13-52, 1992.
Présence africaine, t. X-XI, « L'art nègre », Paris, 1951.
Prussin, Labelle, « The architecture of Islam in West Africa », *African Arts*, t. I, n° 2, 1968, p. 32-35, 70-74.
« Sudanese architecture and the Manding », *African Arts*, t. III, n° 4, 1970a, p. 12-19, 64-67.
Traditional Architecture in Northern Ghana, Berkeley, Californie, 1970b.
Renaudeau, M., *Musée de Dakar, témoin de l'Art nègre*, Nouv. éd. africaines, 1973.
Robbins, W.M. et Nooter, N.I., *African Art in American Collections: Survey 1989*, Washington, D.C., 1989.
Roberts, A.F. et Maurer, E.M. (sous la dir. de), *Tabwa: The Rising of a New Moon: A Century of Tabwa Art*, Ann Arbor, Michigan, 1985.
Roth, H. Ling, *Great Benin, Its Customs, Art and Horrors*, Halifax, 1903.
Roy, C., *Art of the Upper Volta Rivers*, Paris, 1987.
Segy, Ladislas, *Rites funéraires ba-kota, Zaïre*, 1952.
Schmetzer, H., *Traditional Architecture in Zambia*, Gävle, 1987.
Schwerdejeger, F.W., *Traditional Housing in African Cities*, Chiester, 1982.
Shaw, C. Thurstan, *Igbo-Ukwu: An account of archaeological discoveries in Eastern Nigeria*, Londres/Evanston, Illinois, 1970.
Sieber, Roy, *Sculpture of Northern Nigeria*, Museum of Primitive Art, New York, 1961.
Smith, M.W. (sous la dir. de), *The Artist in Tribal Society*, Londres, 1961.
Starkweather, Frank, *Traditional Igbo Art: 1966*, Ann Arbor, Michigan, 1968.

Stevens, P., « The Nupe elo masquerade », *African Arts*, t. VI, n° 4, p. 40-43 et 94, 1973.
The Stone Images of Esie, Nigeria, Ibadan, 1978.
Stout, J. A., *Modern Makonde Sculpture*, Nairobi, 1966.
Stow, George William, *The Native Races of South Africa*, Londres, 1905.
Stow, George William et Bleek, Dorothea F., *Rock Paintings of South Africa*, Londres, 1930.
Summers, R., Robinson, K. R., et Whitty, A., *Zimbabwe Excavations 1958*, Occasional Papers of the National Museums of Southern Rhodesia, t. III, n° 23A, 1961.
Swithenbank, Michael, *Ashanti Fetish Houses*, Accra, 1969.
Tagliaferri, A., *Stili del Potere*, Milan, 1989.
Tagliaferri, A. et Hammacher, A., *Fabulous Ancestors : Carvings from Sierra Leone and Guinea*, Milan, 1974.
Tempels, P., *Bantu Philosophy*, Paris, 1959.
Thompson, R. F., « Esthetics in traditional Africa », *Art News*, t. LXVI, n° 9, 1968, p. 44-45, 63-66.
Trésors de l'ancien Nigeria, cat. de l'exp. du Grand Palais, Paris, 16 mai-13 juil. 1984, Assoc. franç. act. artist., 1984.
Trowell, M., *African Design*, Londres, 1960.
Classical African Sculpture, Londres, 2e éd., 1964.
Underwood, L., *Figures in Wood of West Africa*, Londres, 1947.
Bronzes of West Africa, Londres, 1949.
Vandenhoute, P.J.L., *Classification stylistique du masque Dan et Guéré de là Côte-d'Ivoire occidentale*, Mededeelingen van het Rijksmuseum voor Volkenkunde, Leyde, t. IV, 1948.
Vansina, J., *Art History in Africa*, Londres/New York, 1984.
Vinnicombe, P., « Myth, Motive and Selection in Southern African Rock Art », *Africa*, t. XXXXII, n° 3, p. 192-204, 1972.
People of the Eland, Pietermaritzburg, 1976.
Von Sydow, Eckart, *Handbuch der afrikanischen Plastik, I Die westafrikanische Plastik*, Berlin, 1930.
Afrikanische Plastik, sous la dir. de G. Kutscher, Berlin, 1954.
Vogel, S. (sous la dir. de), *For Spirits and Kings*, New York, 1981.
Vogel, S. et Ebong I. (sous la dir. de), *Africa Explores : 20th Century African Art*, New York/Munich 1991.
Wahlman, M., *Contemporary African Arts*, Chicago 1974.
Walker Art Center, *Art of the Congo*, Minneapolis Minnesota, 1967.
Wenzel, M., *House Decoration in Nubia*, Londres 1972.
Willcox, Alex. R., *Rock Paintings of the Drakensberg* Londres, 1956.
The Rock Art of South Africa, Londres, 1963.
The Rock Art of Africa, Londres, 1984.
Willett, Frank, *Ife in the History of West African Sculpture*, Londres/New York, 1967.
« A missing millennium ? From Nok to Ife and beyond », Ezio Bassani, *Arte in Africa*, Modène 1986, p. 87-100.
Willett, Frank et Picton, John, « On the identification of individual carvers : a study of ancestor shrine carvings from Owo, Nigeria », *Man*, n.s. t. II, n° 1, 1967, p. 62-70.

Remerciements et crédits

C'est avec un grand plaisir que j'adresse mes remerciements à ceux qui m'ont apporté leur aide, directement et indirectement, dans la préparation de ce livre, car, ce faisant, je me remémore les amitiés qui sont nées grâce à cette étude. Je remercie Robert Plant Armstrong, Paul J. Bohannan, James D. Breckenridge et William Fagg d'avoir eu l'amabilité de lire le premier jet du manuscrit et de m'avoir fait des suggestions fort utiles ; Susannah Stevens, Luann Walther et plusieurs de ses amies qui ont accompli la difficile tâche de dactylographier le premier manuscrit ; Esther Greene qui contribua de diverses manières à la préparation de la version définitive ; John Picton, Klaus Wachsmann et Richard Wilson, avec lesquels j'ai passé de nombreuses heures en de fructueuses discussions ; Roy Sieber qui m'a autorisé à citer des travaux non publiés ; William Bascom, Ulli Beier, Daniel Biebuyck, Fred Bosley, John Boston, feu R. E. Bradbury, Kevin Carroll, Desmond Clark, Justine Cordwell, Dan Crawley, Philip Dark, Oliver Davies, Jacqueline Delange, Edet Essang, Ekpo Eyo, Brian Fagan, Bernard Fagg, James Fernandez, Eberhardt Fischer, James Forde-Johnston, Douglas Fraser, Philip Fry, Adrian Gerbrands, Robert Goldwater, Marilyn Hammersley, Hans Himmelheber, Kathleen Hunt, Alan Jacobs, Kurt Krieger, Elizabeth Little, Richard Long, Malcom McLeod, Brigitte Menzel, Georges Mortelmans, Peter Morton-Williams, Vicki Mundy-Castle, Kenneth Murray, Afolabi Ojo, Peter Olagunju, Hans Panofsky, Zbyszek Plocki, Merrick Posnansky, Labelle Prussin, H. Rhotert, Femi Richards, Arnold Rubin, P. C. Sestieri, Leon Siroto, Edward Soja, Robert F. Thompson, Margaret Trowell, Leon Underwood, Jan Vansina, Allen Wardwell, Paul Wingert et J. Zwernemann pour toute sorte de raisons. L'auteur et les éditeurs adressent leurs remerciements aux propriétaires des pièces reproduites, et aux personnes et institutions suivantes pour les illustrations :

Art Institute, Chicago, 139 ; David Attenborough, 120 ; Daniel Biebuyck, 212 ; Ulli Beier, 248, 260, 261 ; feu le Dr R. E. Bradbury, 87 ; British Museum, Londres, 3-5, 12-14, 17-19, 47, 61, 62, 81, 92, 97, 101, 107, 115, 134-136, 150-152, 155, 156, 160, 176-181, 183, 184, 188, 202, 203, 206, 215, 218-221, 231, 236, 237, 251 ; Kevin Carroll, 247, 250, 252 ; *Daily Times*, Lagos, 210 ; Philip Dark, 119 ; Dominique Darbois, 165, 189, 192 ; M. le directeur des Musées du Zimbabwe, 121 ; collections ethnologiques de l'Université de Zurich, 7 ; éd. Hamlyn Group, 257 ; Hans Himmelheber, 208 ; Photo Hoa-Qui, 105 ; Bayo Iribhogbe, 110-112 ; J. D. Lajoux, 27, 29-31 ; musée Lowie d'anthropologie, Université de Californie, Berkeley, 98, 100, 149 ; Helen Maetzler-Prohaska, 7 ; Stephen Moreton-Prichard, 253 ; Georges Mortelmans, 36 ; musée de l'Homme, Paris, 153, 187, 192, 241 ; Musée Royal de l'Afrique Centrale, Tervuren, 20, 93, 147, 201 ; Museum für Völkerkunde, Berlin, 163 ; The Metropolitan Museum, New York, 6 ; Musée national, Lagos, 66, 214 ; G. J. A. Ojo, 117 ; John Picton, 205, 207 ; musée Luigi-Pigorini, Rome, 60 ; Merrick Posnansky, 99 ; Labelle Prussin, 113, 114 ; Rietberg Museum, Zurich, 145, 146, 182 ; Rijksmuseum voor Volkenkunde, Leyde, 158 ; Robert Ritzenthaler, 106 ; Arnold Rubin, 51 ; Emil Schulthess, 26 ; Doug Simmonds, 258 ; Société des amis du musée de l'Homme, 22, 213 ; Edward Soja, 259 ; Frank Speed, 244 ; Phillips Stevens, 235 ; Michelle Treiman, 209 ; U.D.F., La Photothèque, 222 ; University Museum, Philadelphie, 190 ; Photo S. Volta, 93 ; A. R. Willcox, 33, 34 ; Raymond Wielgus, 168 ; Yale University Art Gallery, 186.

Toutes les autres illustrations sont de l'auteur.

Index

Les chiffres en caractères romains renvoient aux numéros de pages et indiquent les références dans le texte ; ceux en italique renvoient aux numéros des illustrations et indiquent les références dans les légendes ; enfin ceux marqués *n* renvoient aux notes.

Dans la même collection

Chaque volume, broché, 15×21, sous couverture pelliculée

1 Le Bauhaus *Frank Whitford*. 216 p., 154 ill. dont 16 en couleurs. ISBN 2-87811-000-5

2 L'Art grec *John Boardman*. 252 p., 250 ill. dont 30 en couleurs. ISBN 2-87811-001-3

3 Seurat *John Russell*. 288 p., 225 ill. dont 53 en couleurs. ISBN 2-87811-002-1

4 Art déco *Alastair Duncan*. 216 p., 194 ill. dont 44 en couleurs. ISBN 2-87811-003-X

5 L'Art égyptien *Cyril Aldred*. 252 p., 199 ill. dont 20 en couleurs. ISBN 2-87811-004-8

6 Du Rococo à la Révolution *Michael Levey*. 252 p., 154 ill. dont 22 en couleurs. ISBN 2-87811-005-6

7 L'Architecture de la Renaissance italienne *Peter Murray*. 252 p., 202 ill. ISBN 2-87811-010-2

8 Histoire de la mode et du costume *James Laver*. 288 p., 322 ill. dont 58 en couleurs. ISBN 2-87811-011-0

9 Van Gogh *Melissa McQuillan*. 216 p., 168 ill. dont 25 en couleurs. ISBN 2-87811-012-9

11 Egon Schiele *Frank Whitford*. 216 p., 151 ill. dont 20 en couleurs. ISBN 2-87811-013-7

12 La Peinture vénitienne *John Steer*. 216 p., 175 ill. dont 33 en couleurs. ISBN 2-87811-015-3

13 Joan Miró *Roland Penrose*. 216 p., 140 ill. dont 54 en couleurs. ISBN 2-87811-017-X

14 L'Art japonais *Joan Stanley-Baker*. 216 p., 167 ill. dont 20 en couleurs. ISBN 2-87811-016-1

15 Histoire du mobilier *Edward Lucie-Smith*. 216 p., 188 ill. dont 20 en couleurs. ISBN 2-87811-018-8

16 L'Art de la Renaissance *Peter et Linda Murray*. 288 p., 251 ill. dont 51 en couleurs. ISBN 2-87811-026-9

17 David Hockney *Marco Livingstone*. 252 p., 186 ill. dont 36 en couleurs. ISBN 2-87811-028-5

18 L'Art indien *Roy C. Craven*. 252 p., 200 ill. dont 30 en couleurs. ISBN 2-87811-029-3

19 La Décoration intérieure au XXe siècle *Anne Massey*. 216 p., 180 ill. dont 25 en couleurs. ISBN 2-87811-033-1

20 Gustav Klimt *Frank Whitford*. 216 p., 158 ill. dont 28 en couleurs. ISBN 2-87811-034-X

21 L'Art chinois *Mary Tregear*. 216 p., 162 ill. dont 20 en couleurs. ISBN 2-87811-032-3

22 Edvard Munch *J. P. Hodin*. 216 p., 168 ill. dont 30 en couleurs. ISBN 2-87811-025-0

23 Histoire de l'opéra *Leslie Orrey et Rodney Milnes*. 252 p., 254 ill. dont 32 en couleurs. ISBN 2-87811-035-8

24 La Sexualité dans l'art occidental *Edward Lucie-Smith*. 288 p., 275 ill. dont 29 en couleurs. ISBN 2-87811-036-6

25 Toulouse-Lautrec *Bernard Denvir*. 216 p., 169 ill. dont 31 en couleurs. ISBN 2-87811-041-2

26 Le Langage classique de l'architecture *John Summerson*. 144 p., 139 ill. ISBN 2-87811-042-0

27 L'Impressionnisme *Phoebe Pool*. 288 p., 209 ill. dont 77 en couleurs. ISBN 2-87811-044-7

28 La Sculpture de la Renaissance italienne *Roberta J. M. Olson*. 216 p., 171 ill. dont 20 en couleurs. ISBN 2-87811-047-1

29 L'Art romain *Mortimer Wheeler*. 252 p., 215 ill. dont 60 en couleurs. ISBN 2-87811-048-X

30 L'Art celte *Lloyd et Jennifer Laing*. 216 p., 212 ill. dont 22 en couleurs. ISBN 2-87811-056-0

31 L'Art gothique *Andrew Martindale*. 288 p., 206 Ill. dont 32 en couleurs. ISBN 2-87811-058-7

32 Les Sources de l'architecture moderne et du design *Nikolaus Pevsner*. 216 p., 198 ill. dont 15 en couleurs. ISBN 2-87811-059-5

33 L'Architecture du XVIIIe siècle *John Summerson*. 176 p., 174 ill. ISBN 2-87811-063-3

34 Le Design depuis 1945 *Peter Dormer*. 216 p., 170 ill. dont 25 en couleurs. ISBN 2-87811-064-1

35 La Peinture anglaise *William Gaunt*. 288 p., 222 ill. dont 41 en couleurs. ISBN 2-87811-066-8

36 L'Art du Haut Moyen Âge *John Beckwith*. 270 p., 206 ill. dont 53 en couleurs. ISBN 2-87811-065-X

37 Baroque et Rococo *Germain Bazin*. 288 p., 208 ill. dont 43 en couleurs. ISBN 2-87811-073-0

38 Francis Bacon *John Russell*. 208 p., 172 ill. dont 44 en couleurs. ISBN 2-87811-072-2

39 L'Art de l'Islam *David Talbot Rice*. 288 p., 249 ill. dont 55 en couleurs. ISBN 2-87811-063-3

40 Michel-Ange *Linda Murray*. 216 p., 161 ill. dont 20 en couleurs. ISBN 2-87811-075-7.

41 La Sculpture grecque archaïque *John Boardman*. 252 p., 413 ill. noir et blanc. ISBN 2-87811-076-5.

L'UNIVERS DE L'ART

La collection L'Univers de l'art est un classique de l'édition diffusé dans le monde entier, en quatorze langues, à plus de vingt millions d'exemplaires.

Chaque volume, rédigé par un spécialiste internationalement reconnu, offre une synthèse claire, scientifique sans jamais être difficile d'approche, des connaissances sur le sujet.

De nombreuses illustrations en couleurs, ainsi qu'en noir et blanc, un prix extrêmement contenu en font une véritable encyclopédie riche et vivante, utile à l'étudiant et à l'amateur, un instrument de formation et de culture sans équivalent sur le marché actuellement.

L'ensemble offre une vue très complète sur tous les aspects de l'art et s'organise en plusieurs sections:

Les grands foyers *L'Art grec*, *l'Art égyptien*, *l'Art africain* (*nouvelle édition*), *l'Art de l'Islam*, *l'Art japonais*, *l'Art indien*, *l'Art chinois*, *l'Art romain*, *l'Art celte*, *l'Art des Aborigènes d'Australie*, *l'Art des Indiens d'Amérique du Nord*, *la Peinture vénitienne*, *la Peinture anglaise*.

Les grandes époques *La Sculpture grecque archaïque*, *L'Art du Haut Moyen Âge*, *l'Art gothique*, *l'Art de la Renaissance*, *la Sculpture de la Renaissance italienne*, *l'Architecture de la Renaissance italienne*, *Baroque et Rococo*, *Du Rococo à la Révolution*, *le Langage classique de l'architecture*, *l'Architecture du XVIIIe siècle*, *l'Art romantique*, *les Sources de l'architecture moderne et du design*, *le Design depuis 1945*.

Monographies et mouvements *Michel-Ange*, *Van Gogh*, *Toulouse-Lautrec*, *Seurat*, *Egon Schiele*, *Gustav Klimt*, *Edvard Munch*, *Joan Miró*, *Francis Bacon*, *David Hockney*, *l'Impressionnisme*, *les Expressionnistes*, *le Bauhaus*, *Art déco*.

Les franges de l'art *Histoire de la mode et du costume*, *Histoire du mobilier*, *Histoire de l'opéra*, *la Décoration intérieure au XXe siècle*, *la Sexualité dans l'art occidental*.